K. NIEDERWIMMER

DER BEGRIFF DER FREIHEIT
IM NEUEN TESTAMENT

DER BEGRIFF DER FREIHEIT IM NEUEN TESTAMENT

VON

KURT NIEDERWIMMER

1966
VERLAG ALFRED TÖPELMANN · BERLIN

THEOLOGISCHE BIBLIOTHEK TÖPELMANN

HERAUSGEGEBEN VON

K. ALAND, K. G. KUHN, C. H. RATSCHOW UND E. SCHLINK

11. BAND

© 1966 by Verlag Alfred Töpelmann, Berlin 30 (Printed in Germany)
Alle Rechte, insbesondere das der Übersetzung in fremde Sprachen, vorbehalten. Ohne ausdrückliche Genehmigung des Verlages ist es auch nicht gestattet, dieses Buch oder Teile daraus auf photomechanischem Wege (Photokopie, Mikrokopie) zu vervielfältigen.
Archiv-Nr. 3901652/11
Satz und Druck: Thormann & Goetsch, Berlin 44

VORWORT

Die Darstellung des neutestamentlichen Freiheitsbegriffes steht vor zwei Aufgaben: der religionsgeschichtliche Zusammenhang, in dem der neutestamentliche Begriff steht, und der sachliche Gehalt des neutestamentlichen Begriffs sollen dargestellt werden. Beides ist im Folgenden versucht worden. Daß bei einer im Ganzen exegetischen Arbeit auf bestimmte Kategorien der Systematik nicht verzichtet werden konnte, rechtfertigt sich von der Sache her: stehen doch Exegese und Systematik in einem methodischen Zirkel zueinander, der bei dem Versuch der Interpretation eines neutestamentlichen Begriffs sofort deutlich heraustritt. Eine dogmatische Vermittlung des Freiheitsbegriffes im System liegt gleichwohl hier nicht vor. Vielmehr war es meine Absicht, exegetische Vorarbeiten für diese große, der Systematik allein zukommende Aufgabe zu leisten. Dabei zeichnen sich bestimmte Lösungsversuche ab, deren Tragfähigkeit zu erweisen ist; andererseits treten, so hoffe ich, gerade auch die Aporien des neutestamentlichen Begriffs deutlich in Erscheinung. Sie gründen m. E. in dem unzureichenden Maß der Vermitteltheit der paulinischen und johanneischen Theologie und werden insbesonders im eschatologischen Radikalismus der neutestamentlichen ἐλευθερία anschaulich.

Die vorliegende Untersuchung ist bei der evangelisch-theologischen Fakultät in Wien als Habilitationsschrift eingereicht worden. Einige erst nach Abschluß des Manuskripts erschienene Arbeiten konnten für die Drucklegung nicht mehr berücksichtigt werden. Ich bedaure das insbesonders im Blick auf J. Cambier, La Liberté chretiénne selon saint Paul, Stud Ev 2 (1964) S. 315 ff. Das Buch von R. N. Longenecker, Paul, Apostle of Liberty, 1964 (Anzeige im JBL 84, 1965, 310 f.) war mir nicht zugänglich.

Herrn Prof. D. Kurt Aland, D. D. und Herrn Prof. D. Dr. Carl Heinz Ratschow möchte ich auch an dieser Stelle dafür danken, daß meine Untersuchung in die Reihe „Theologische Bibliothek Töpelmann" aufgenommen werden konnte. — Herr Assistent Gerhard Wilhelm und Herr stud. iur. Peter Pieler lasen dankenswerter Weise die Korrekturen. — Mein besonderer Dank gilt meinem Lehrer, Herrn Prof. Dr. Gottfried Fitzer, der meine theologischen Versuche von Anfang an mit seinem Wohlwollen und seiner Kritik begleitete.

Wien, im November 1965.   Kurt Niederwimmer

INHALTSVERZEICHNIS

Seite

DIE VORGESCHICHTE DES FREIHEITSBEGRIFFES 1
  I. Der Freiheitsbegriff in klassischer Zeit 1
    1. Der politische Freiheitsbegriff 5
    2. Die Freiheit des Geistes 13
    3. Der philosophische Freiheitsbegriff 24
  II. Der Freiheitsbegriff der Stoa 28
    1. Die geistige Situation im Zeitalter des Hellenismus 28
    2. Der kynische Freiheitsbegriff 34
    3. Das Problem der Freiheit in der stoischen Philosophie 37
    4. Der Freiheitsbegriff der späteren Stoa 43
    5. Zusammenfassung und Kritik 50
  III. Der Freiheitsbegriff der Gnosis 54
    1. Vorbemerkung 54
    2. Gnostisches Lebensgefühl und gnostische Freiheit 57
    3. Libertas aliena 66

DIE PARADOXIE DER FREIHEIT 69
  I. Herkunft und Problematik des neutestamentlichen
    Freiheitsbegriffes 69
    1. Die Herkunft des neutestamentlichen Freiheitsbegriffes 69
    2. Das Problem des neutestamentlichen Freiheitsbegriffes 85
  II. Entscheidungsfreiheit und Verantwortlichkeit 90
  III. Die Gebundenheit des Menschen 102
    1. Vorbemerkung: Der Konflikt in der kreatürlichen (endlichen) Freiheit 102
      a) Die Kategorie der Schöpfung als theologischer Horizont der
        Paradoxie der Freiheit 104
      b) Der innere Konflikt der kreatürlichen, endlichen Freiheit 105
      c) Das Bewußtwerden der Freiheit als auslösendes Motiv des Übergangs von der essentiellen Freiheit (der Freiheit „an sich") zur existentiellen Freiheit bzw. Unfreiheit (der Freiheit „für sich") 107
      d) Die Trennung von Freiheit und Notwendigkeit und der Fall der Freiheit in das servum arbitrium 109
      e) Die Unfähigkeit des Nomismus, das liberum arbitrium wieder herzustellen 109
    2. Von der vierfachen Knechtschaft des Menschen 113
      a) Der Mensch als Knecht der Sünde 113
      b) Der Mensch als Knecht des Gesetzes 117
      c) Der Mensch als Knecht der Täuschung und der Lüge 135
      d) Der Mensch als Knecht des Todes 137

	Seite
3. Freiheit als Geschenk. Die Erwählung	139

DIE ESCHATOLOGISCHE FREIHEIT ... 150

I. Die Freiheit der Gottesherrschaft (Jesus) ... 150
1. Vorbemerkung ... 150
2. Die Freiheit des kommenden Reichs ... 151
3. Freiheit und Gesetz ... 153
4. Freiheit im Konflikt ... 158
5. Ursprung der Freiheit ... 164
6. Die Vollmacht Jesu ... 165

II. Die Freiheit im Heiligen Geist (Paulus) ... 168
1. Vorbemerkung ... 168
2. Die Befreiung durch Christus ... 169
3. Die Vermittlung der Freiheit ... 178
4. Die Verwirklichung der Freiheit ... 188
   a) Die Freiheit von der Sünde ... 188
   b) Die Freiheit vom Gesetz ... 192
   c) Die Freiheit vom Tod ... 213

III. Die „wahre" Freiheit (Johannes) ... 220
1. Vorbemerkung ... 220
2. Die Unfreiheit der „Welt" ... 223
3. Die Freiheit aus der Wahrheit ... 228

Literaturverzeichnis ... 235

ABKÜRZUNGSVERZEICHNIS

BZ   Biblische Zeitschrift

Diels   Hermann Diels, Die Fragmente der Vorsokratiker, 5. Auflage, herausgeg. von Walther Kranz, Bd. I—III, Berlin 1934—37.

Ev Th   Evangelische Theologie

KuD   Kerygma und Dogma

Pauly-W   A. Pauly, Real-Encyclopädie der classischen Altertumswissenschaften, neue Bearbeitung begonnen von G. Wissowa, fortgeführt von W. Kroll und K. Mittelhaus, herausgeg. von K. Ziegler.

RGG   Religion in Geschichte und Gegenwart, 3. Auflage, 1957 ff.

StrBill   H. L. Strack und P. Billerbeck, Kommentar zum Neuen Testament aus Talmud und Midrasch, 1922 ff.

SVF   Hans von Arnim, Stoicorum veterum fragmenta, 4 Bde, 1903 ff.

ThLZ   Theologische Literaturzeitung

Th W   Theologisches Wörterbuch zum NT, herausgegeben von Gerhard Kittel (†) und von Gerhard Friedrich.

ThZ   Theologische Zeitschrift Basel.

Wbch z. NT Wörterbuch zum Neuen Testament von Walter Bauer.

ZNW   Zeitschrift für neutestamentliche Wissenschaft.

ZThK   Zeitschrift für Theologie und Kirche.

ZsTh   Zeitschrift für systematische Theologie.

DIE VORGESCHICHTE DES FREIHEITSBEGRIFFES

I. Der Freiheitsbegriff in klassischer Zeit

Vorbemerkung:
Freiheit als griechisches Lebensideal

Eine Untersuchung über den Freiheitsbegriff hat mit einer Besinnung auf den griechischen Freiheitsbegriff zu beginnen, denn das klassische Griechenland ist es gewesen, dem zum ersten Mal in der Geschichte der Menschheit Freiheit als bestimmende Macht der Existenz und als Problem bewußt wurde. Freiheit ist in diesem Sinn ein hellenischer Begriff, ja Freiheit ist das eigentlich Hellenische an Hellas. Was für die römische Welt der Respectus, für die semitische Welt Vorderasiens das Mysterium der Natur (symbolisiert im Hieros-Gamos) und für Israel der „Glaube" ist — das „Sich-fest-machen-in-Jahwe" —, als die Zentren, aus denen heraus gelebt wurde, das ist für Griechenland die Freiheit. Der starke Selbstbestimmungsdrang des hellenischen Menschen, der ihn dazu treibt, sich persönlich ein Urteil zu bilden und sein Leben nach eigenem Ermessen zu gestalten, ist nach Max P o h l e n z[1] der seelische Grund, aus dem die hellenistische ἐλευθερία ersteht. Freiheit ist d a s griechische Lebensideal und die Geschichte Griechenlands kann verstanden werden als Versuch, dieses Ideal in verschiedener Weise zu verwirklichen. Es ist ein V e r s u c h : Der Hellene weiß, daß Freiheit nicht einfach eine Gegebenheit ist. Freiheit ist dem Menschen nur insofern gegeben, als sie ihm aufgegeben ist. Der Grieche weiß um die Begrenzung der Freiheit. Das griechische Lebensgefühl, die griechische Kunst, die Philosophie sind bestimmt von der P o l a r i t ä t v o n F r e i h e i t u n d M a ß. Das rechte Maß begrenzt die Freiheit; aber gerade die Grenze setzt ja einen Bereich voraus, in dem der Mensch tatsächlich frei ist. Es kommt also darauf an, die Grenze der Freiheit zu bestimmen. Die Geschichte des Freiheitsbegriffes auf griechischem Boden ist gekennzeichnet durch die Intention, diese Grenzen zu bestimmen. Nicht o b es Freiheit gibt, stand für den Grie-

---

[1] Max Pohlenz, Griechische Freiheit; Wesen und Werden eines Lebensideals, 1955, S. 5.

chen zur Frage, sondern **wie weit die Selbstbestimmung reicht**. Das wird anders erst im hellenistischen Dualismus und im Christentum.

Wird Freiheit als griechisches Ideal bestimmt, dann bedeutet das freilich nicht, daß Freiheit auf das hellenische Wesen beschränkt ist. Die Frage nach der Freiheit ist eine allgemein menschliche Frage. Als solche gilt sie für jedermann und zu jeder Zeit. Sie bestimmt die menschliche Existenz als menschliche, auch dort, wo Begriff und Wort der Freiheit fehlen[2]. Die Bedeutung des griechischen Freiheitsbegriffes liegt also darin, daß hier eine wesentliche Bestimmung der menschlichen Existenz, nämlich gerade das Menschliche der Existenz, in seiner Größe und Gefahr zum Begriff wurde. Dem klassischen Griechenland kommt das Verdienst zu, Größe und Problematik des Wortes Freiheit für die Welt „entdeckt" zu haben. Man kann sagen, daß dem griechischen Geist hier der sokratische „Hebammendienst" zukam, sofern die Berührung mit dem griechischen Freiheitsideal Freiheit auch im Barbaren bewußt machte und ihm damit einen neuen Bereich, den er als ureigensten zu erkennen vermochte, erschlossen hat. So wurde aus dem Freiheitsideal Alt-Griechenlands das Ideal der hellenistischen Welt und so taucht Freiheit innerhalb des Neuen Testaments (von der singulären Mt-Stelle abgesehen) zum ersten Mal in den griechischen Briefen des Apostels Paulus auf (freilich in einer ganz „ungriechischen" Bedeutung des Worts) und so wurde Freiheit zum europäischen oder „abendländischen" Lebensideal[3].

Etymologie und Grundbedeutung von ἐλευθερία, ἐξουσία, παρρησία

Ἐλεύθερος[4] geht wahrscheinlich auf die indogermanische Wurzel (e)leudh (= wachsen, steigen, erheben) zurück und bezeichnete ursprünglich wohl den Heranwachsenden, später dann den Volksangehörigen (vgl. das althochdeutsche liut = Volk, das neuhochdeutsche „Leute"), den Mitbürger im Gegensatz zur unterworfenen Bevölkerung. Ἐλεύθερος hängt etymologisch auch mit dem Stamm ἐλυθ- zusammen. Darauf beruht die alte Volksetymologie: παρὰ τὸ ἐλεύ-

---

[2] Die Probleme, die sich für das griechische Denken um den Begriff Freiheit kristallisieren, erscheinen im AT im Zusammenhang mit dem Begriff **Sünde** (!). Diese Tatsache hat weitreichende Folgen für den neutestamentl. Freiheitsbegriff und für das Freiheitsproblem in der Dogmengeschichte.

[3] „In den **Griechen** ist erst das Bewußtsein der Freiheit aufgegangen, und darum sind sie frei gewesen". Hegel, Die Vernunft in der Geschichte, Bd XVIII a der Felix-Meinerschen Gesamtausgabe, 3. Auflage, 1955, S. 62.

[4] Vgl. Alois Vaniček, Griechisch-lateinisches etymologisches Wörterbuch, 1877, Bd I; W. Prellwitz, Etymologisches Wörterbuch der griechischen Sprache, 1905 2. Auflage; O. Schrader, Reallexikon der indogermanischen Altertums-

θειν ὅπου ἐρᾷ (Etymologium Magnum 329, 44), die für die sprachgeschichtliche Ableitung keinen Wert hat[5], wohl aber den wesentlichen Sinngehalt aufzeigt, den der griechische Geist seit seiner Bewußtwerdung mit dem Wort ἐλεύθερος verbunden hat: Frei ist, wer gehen kann, wohin er will. Der häufigste Gegensatz zur ἐλευθερία ist in der Antike das Gefesseltsein, das an der freien Bewegung hindert. Noch Lukrez bestimmt an einer Stelle, wo er die epikureische Begründung der Willensfreiheit vorträgt, diese als die voluntas per quam progredimur quo ducit quemque voluptas (II 257 ff) und Epiktet Diss IV 1, 34 beschreibt seine Freiheit so: „Ich gehe, wohin ich will; ich komme, woher ich will und wohin ich will", πορεύομαι ὅπου θέλω, ἔρχομαι ὅθεν θέλω καὶ ὅπου θέλω (P o h - l e n z)[6]. „Gehen" hat hier offenbar sinnbildliche Bedeutung, es steht für das Handeln überhaupt. Frei ist demnach, wer tun kann, was er will. Freisein heißt, sich selbst bestimmen können, über sich selbst verfügen können, sein eigener Herr sein; Freiheit ist die Macht über sich selbst, die Selbstmächtigkeit: ἐλεύθερον τὸ ἄρχον ἑαυτοῦ (Pseud. Plat. Def. 415a)[7]. Freiheit ist zutiefst verwandt mit Macht, der griechische Freiheitsdrang ist Machtdrang, Wille zur Macht, der Gegensatz zur maßvollen Freiheit die H y b r i s. Frei sein wollen, heißt herrschen wollen. In der attischen Demokratie geht es um den Anteil des Bürgers an der Herrschaft; der spätantike Mensch, dem das Mitherrschen in einer demokratischen Polis nicht mehr möglich ist, weil die Polis vom „Reich", vom ökumenischen Imperium abgelöst wurde, sucht gleichwohl nach einem „Reich", in dem er Herrscher sein kann: es ist die Innerlichkeit. Der Stoiker ist König in seiner Innerlichkeit und so König der Welt. Auch hinter der stoischen Freiheitsidee steht der Wille zur Macht. Das gleiche Motiv kommt in der Tradition des hellenistischen und gnostischen Dualismus zum Ausdruck. Die Pneumatiker „herrschen" durch und vermittels ihrer absoluten ἐξουσία (vgl. 1. Kor 4,8); ihre „Freiheit" besteht eben gerade darin, daß sie frei sind von den herrschenden

kunde, II. Bd., 2. Auflage 1928, S. 458 ff.; J. B. Hofmann, Etymologisches Wörterbuch des Griechischen, 1949; É. Boisacq, Dictionnaire étymologique de la langue Grecque, 1950 4. Auflage; H. Frisk, Griechisches etymologisches Wörterbuch, Bd I, 1960.

[5] Anders urteilt Pohlenz, a. a. O. S. 189.

[6] ebdt. —
Eine interessante Parallele dazu findet sich bei H ö l d e r l i n in der Ode „Lebenslauf", 2. Fassung, wo es in der letzten Strophe heißt:
   „Alles prüfe der Mensch, sagen die Himmlischen,
   Daß er, kräftig genährt, danken für alles lern,
   Und verstehe die F r e i h e i t,
   A u f z u b r e c h e n, w o h i n e r w i l l."
Hier wirkt wohl das griechische Sprachempfinden unbewußt ein. Freilich kennt auch das deutsche Wort „frei" dieses Element.

[7] Vgl. auch Th W II, 484, 4 ff. (Schlier).

Mächten des Kosmos (in paulinischer Deutung ist es dann die Freiheit von der Herrschaft der Sünde, des Gesetzes, des Todes). Die eschatologische Freiheit der „Söhne" ist eschatologische Herrschaft, freilich — und hierin unterscheidet sich das neutestamentliche Verständnis wesentlich von dem heidnisch-antiken, auch vom gnostischen — es ist die Herrschaft jener, die Gottes Knechte geworden sind, weil es jene Herrschaft ist, die der „Sohn" inaugurierte, von dem es heißt, daß er gekommen sei, zu dienen.

Von da aus wird die Nähe der Begriffe ἐλευθερία und ἐξουσία verständlich. Ἐξουσία ist von ἔξεστιν abgeleitet. Mit ἔξεστιν und ἐξουσία drückt das Griechische die Potenz zum Akt aus. Ἐξουσία bedeutet die „Möglichkeit zu einem Handeln"[8], die „Vollmacht", die „Erlaubnis", das „Anrecht", die „Freiheit". Epiktet fragt τί μοι ἔξεστιν, er fragt damit nach dem, worüber ich verfügen kann, er fragt nach dem Bereich der Freiheit[9]. So kann ἐξουσία einfach auch dazu dienen, um das Recht und die Macht zur Selbstbestimmung des freien Menschen auszudrücken[10]: ἐλευθερία ἡγεμονία βίου· αὐτοκράτεια ἐπὶ παντί· ἐξουσία τοῦ καθ' ἑαυτὸν ἐν βίῳ· ἀφειδία ἐν χρήσει καὶ ἐν κτήσει οὐσίας (Pseud-Plat Def. 412 d). Über etwas ἐξουσία haben, heißt über etwas gebieten, „zu sagen haben", heißt über etwas Macht haben[11]. Freiheit ist die Macht, sich selbst zu bestimmen. Freiheit ist Macht.

Der dritte Ausdruck, der in diesen Zusammenhang gehört, ist παρρησία. Das Wort wird von παν und der Wurzel ῥη- abgeleitet und bedeutet demnach ursprünglich: „alles sagen (dürfen)"[12]. Es ist weitgehend Synonym von ἐξουσία. Das Wort stammt aus der attischen Demokratie und bezeichnet zunächst die demokratische Freiheit des Bürgers, seiner Meinung ungehindert Ausdruck zu verleihen. παρρησία ist Meinungsfreiheit. So gehört es mit Demokratie, Exousia und Eleutheria aufs Engste zusammen[13]. Als Freiheit, alles sagen zu dürfen, steht die Parrhesia dem Begriff „Wahrheit" nahe. Wer alles sagen darf, braucht nichts zu verbergen, Wahrheit aber ist das „Unverhehlte", „Unverborgene", Παρρησία ist die Gesinnung dessen, der offen ausspricht, was er denkt, der den Mut zur Wahrheit hat, die Gesinnung des τολμηρὸς ἄνθρωπος ... λόγῳ ἑπόμενος μόνῳ (Plat Leg VIII 835 c)[14].

---

[8] Th W II 559, 10 (Foerster).
[9] Diss I, 1, 21.
[10] Th W ebdt., 26 f.
[11] So besonders bei Epiktet, Ench 14,2.
[12] Vgl. Plat Gorg 461 d e. Th W V 869 A 1. (Schlier).
[13] Jedoch spielt der Begriff auch im privaten Bereich eine Rolle. Im Hellenismus bekommt er auf dem Hintergrund eines gewandelten Weltverständnisses moralische Bedeutung. Der innerlich Wahrhafte ist frei, im Angesicht der Welt alles zu sagen. Th W a. a. O. 871,33 ff.
[14] Sensu malo ist παρρησία Frechheit, Unverschämtheit a. a. O. 870,39 ff. 871,62 ff. 872,34 ff.

Mit Eleutheria, Exousia, Parrhesia wird zutiefst das Sein selbst bezeichnet, in seiner Selbstheit, Mächtigkeit, Offenheit. Jedoch ist das nicht von Anfang an bewußt. Die Geschichte des Freiheitsbegriffes ist vielmehr die Geschichte langsamer Aufhellung, Konkretisierung und Differenzierung der Freiheit im Bewußtsein.

1. Der politische Freiheitsbegriff

Am Anfang der Geschichte der griechischen Freiheit steht das Machtbewußtsein und Selbstgefühl derer, die „zum Volke gehörten" und nicht zu der unterworfenen Bevölkerung, das Gefühl der Distanz, das der „Herr" seinen „Knechten" gegenüber empfand. In diesem Sinn ist der Begriff Freiheit älter noch als die Polis; er gehört ursprünglich in den **privatrechtlichen** Bereich, in das Haus, er geht zurück auf die sozialen und rechtlichen Unterschiede, die durch die Sklaverei gesetzt waren[15]. Der Sklave kann sich nicht frei bewegen wie er will, er ist nicht Herr über sich selbst, verfügt nicht über sich selbst. Er kann nicht dorthin gehen, wohin er will, sondern muß dorthin gehen, wohin er geschickt wird. Da die Sklaverei die ganze Antike über bestand, hat auch der Freiheitsbegriff den sozialen und rechtlichen Aspekt nie verloren, auch dann nicht, als „Freiheit" längst einen philosophischen bzw. religiösen Klang bekommen hatte. Das Paradigma sowohl der kynischen oder stoischen Freiheit wie auch der ekstatisch-gnostischen bzw. der eschatologisch-christlichen blieb der rechtliche Gegensatz, in dem die Freien zu den Sklaven standen und wer immer auch im philosophischen oder religiösen Sinn von Freiheit sprach, mußte zeigen, welche Folgen sein Freiheitsbegriff für die Sklaven mit sich brachte[16].

---

[15] Pohlenz, Freiheit, S. 12.
[16] Über Sklaverei in der Antike vgl. Pauly-W. Suppl. VI Sp. 894 — 1068 (W. L. Westermann). Die Willkür der Sklaverei kam erst in der Sophistik zum Bewußtsein. Von dem Redner Alkidamas, Schüler des Sophisten Gorgias, wird im Scholion zu Aristoteles' Rhetorik I 13 p 1373 b 18 der Satz überliefert: ἐλευθέρους ἀφῆκε πάντας θεός, οὐδένα δοῦλον ἡ φύσις πεποίηκεν. Sophistische Meinung scheint es auch zu sein, die Aristoteles Pol I 3 p 1253 b 20 ff. zitiert: τοῖς δὲ παρὰ φύσιν τὸ δεσπόζειν. νόμῳ γὰρ τὸν μὲν δοῦλον εἶναι τὸν δ' ἐλεύθερον, φύσει δ' οὐδὲν διαφέρειν. διόπερ οὐδὲ δίκαιον· βίαιον γάρ. Die These der Sophisten, die Sklaverei gehe nicht auf das Naturrecht, sondern lediglich auf menschliche Satzung zurück und entspringe der Gewalt, wird von Aristoteles in Pol I 3 p 1253 b 23 ff. — wie er

Im Zeitalter der Perserkriege bekam der Freiheitsbegriff v a t e r -
l ä n d i s c h e n , p a n h e l l e n i s c h e n Charakter[17]. In der Not identifizierte sich jeder Einzelne mit seinem Volk, der Hellene mit ganz Hellas;
die alten Gegensätze wurden zurückgestellt, da die Freiheit Griechenlands auf dem Spiele stand. Die Bedeutung der Perserkriege für das Freiheitsbewußtsein der Griechen kann kaum überschätzt werden. Die Griechen wollten nicht die Sklaven des Großkönigs werden, weil sie, anders
als andere Völker, mit ihrer Freiheit zugleich auch sich selbst aufgegeben
hätten. Mit ihrer Freiheit verteidigen sie den Nomos, der bei ihnen
herrschte, dem sie sich freiwillig unterworfen hatten. Der Begriff „Freiheit" ist mit den beiden Begriffen P o l i s und N o m o s verknüpft.
I n d e r k l a s s i s c h e n Z e i t i s t F r e i h e i t w e s e n t l i c h e i n
p o l i t i s c h e r B e g r i f f. Das hängt damit zusammen, daß sich der
freie Grieche in dieser Zeit in erster Linie als πολίτης versteht. Der Horizont seines Lebens und seines Selbstverständnisses ist durch die Polis
bestimmt[18]. Freiheit ist für ihn die politische Unabhängigkeit der Polis
und ihrer πολῖται[19]. Der Grieche bejaht seine Polis nicht zuletzt deshalb,

---

meint — widerlegt. Es gibt Sklaven von Natur, Aristoteles definiert: ὁ γὰρ
μὴ αὑτοῦ φύσει ἀλλ' ἄλλου, ἄνθρωπος δέ, οὗτος φύσει δοῦλός ἐστίν.
(4 p 1254 a 14 f.) und deutlicher: ἔστι γὰρ φύσει δοῦλος ὁ δυνάμενος ἄλλου
εἶναι (διὸ καὶ ἄλλου ἐστίν) καὶ ὁ κοινωνῶν λόγου τοσοῦτον ὅσον αἰσθά-
νεσθαι ἀλλὰ μὴ ἔχειν (5 p 1254 b 20 ff.). Für den Sklaven ist also dies kennzeichnend, daß er die körperliche Arbeit leistet, welche die materielle Not
wendet, daß er aber keinen Zugang hat zu dem eigentlich Menschlichen, zur
direkten Betätigung des λόγος. (Das sieht dann die Stoa anders). Immerhin
sind nicht alle Sklaven wirklich Sklaven von Natur, z. B. will Aristoteles
die Abkömmlinge edler Geschlechter, die im Kriege gefangen und versklavt
wurden, durchaus davon ausnehmen (p 1255 a 14 ff.). — Hinter den Ausführungen des Aristoteles steht der doppelte Gedanke: der Gegensatz von
Herrschen und Beherrschtwerden ist im Naturrecht verankert (und eben als
solcher nicht bloß menschliche Satzung); und: Er ist zur Harmonie der Polis
notwendig. Vgl. Th W II 484,12 ff.
Im Übrigen war der Streit um die Herkunft der Sklaverei ein lediglich aka-
demischer (Pauly-W. a. a. O. 894). Die Gegner der Sklaverei haben kein
revolutionäres Programm daraus abgeleitet. Die ganze Antike hat das In-
stitut der Sklaverei als solches einfach hingenommen.
17 Pohlenz, Freiheit, S. 14 ff.
18 So Schlier, Th W a. a. O. 30 ff. Ders.: Das vollkommene Gesetz der Freiheit,
   in: Die Zeit der Kirche 1956, S. 194.
19 „Es war sowohl Freiheit nach außen wie nach innen. Nach außen, weil sich

weil sie, und sie allein, jene Freiheit garantiert, die er für sein Leben braucht[20]. Zur Konstituierung der so verstandenen politischen Freiheit ist das Gesetz, der νόμος τῆς πόλεως, nötig. Freiheit und Gesetz bilden — nach der Sicht, mit der der Hellene die Verhältnisse in der Polis sehen wollte — keineswegs einen Gegensatz, vielmehr gehören die Freiheit und das Gesetz der Stadt zusammen. Das Gesetz ist die Norm, die die staatliche Ordnung bestimmt. Das Gesetz macht die Polis erst zu dem, was sie ist. „Wo die Gesetze nicht herrschen, gibt es keinen Staat"[21]. Das Gesetz ist die „Seele" des Staates[22]. Die Sklaven des Großkönigs sind von seiner Willkür beherrscht, die freien Griechen aber allein vom Gesetz. Das Gesetz übt die Herrschaft über die Polis aus[23], aber solche Herrschaft unterscheidet sich wesentlich von der Tyrannis: Im Gesetz der Stadt wird nach ursprünglichem Verständnis nicht menschliche Willkür aufgerichtet, sondern die sakrosankte göttliche Ordnung, durch die das Miteinander der Freien möglich und wirklich ist. Der Sklave hat wie an der Polis so auch am Gesetz keinen Anteil. Der freie Bürger kann in s e i n e m Sinn durchaus sagen, daß das Gesetz frei macht, daß die Freiheit aus dem Ge-

---

die Polis von den sie umgebenden Siedlungen abgrenzen und ihre Gemeinschaft im Notfall verteidigen mußte. Nach innen bedeutet die Freiheit „αὐτονομία" und „αὐτάρκεια". Erik Wolf, Griechisches Rechtsdenken, I, Vorsokratiker und frühe Dichter, S. 168. Wolf verweist auf Arist Pol VII 4 p 1326 b 3: ἡ δὲ πόλις αὐτάρκες. Vgl. Pohlenz, Freiheit, S. 21 ff.

[20] Die Polis ist nach der berühmten Definition des Aristoteles (Pol III, 6 p 1279 a 21) die κοινωνία τῶν ἐλευθέρων. In der Polis waren die Freien (= die herrschende Schicht!) unter ihresgleichen. Im Miteinanderleben der Freien sollte sich der Sinn des Daseins erfüllen.

[21] Pol IV 4 p 1292 a 32: ὅπου γὰρ μὴ νόμοι ἄρχουσιν, οὐκ ἔστι πολιτεία.

[22] Stob Ecl IV 1, 144.

[23] Vgl. Verdroß, Grundlinien der antiken Rechts- und Staatsphilosophie, S. 1 f.: „Der Ausdruck der Gemeinschaftsordnung (scil. der Polis) ist der N o m o s , der ursprünglich die mündlich überlieferte Staatsordnung bedeutet, später aber die geschriebenen Gesetze mitumfaßt. Er ist der eigentliche Herrscher der Polis". Verdroß verweist dann auf die in solchem Zusammenhang gern zitierte Stelle bei Herodot VII 104, wo der Spartaner Demaretos dem Perserkönig gegenüber mit Bezug auf die Spartaner erklärt: „Denn Freie sind sie, aber nicht in allem und jedem sind sie frei: Vielmehr gibt es für sie einen Herrn, das Gesetz; dem unterwerfen sie sich noch viel mehr als die Deinen dir". Schlier a. a. O. 485,15 ff., der die Stelle auch zitiert, hat noch angemerkt: Herod III 38 VII 102 Aristot Pol III 16 p 1287 a 18 ff. IV 4 p 1292 a 4 ff.

setz folgt, daß das Gesetz die Freiheit aufrichtet: „legum idcirco omnes servi sumus, ut liberi esse possimus[24]." Es ist deutlich, daß hinter dieser Auffassung des Gesetzes (und damit des Staates und der Freiheit) letztlich ein religiöses Motiv steht, das möglicherweise enger mit dem Apollon-Kult von Delphi in Berührung gebracht werden mag. Denn dem Gesetz gehorchen, heißt, dem Gott selbst gehorsam zu sein. Wer dem Gesetz gehorcht, erscheint als Diener der Gottheit, als homo religiosus und der homo religiosus ist der Bürger wie er sein soll.

Scheint in diesem System der Gegensatz von Gesetz und Freiheit aufgehoben in einer paradoxen Einheit, so darf man sich nicht täuschen lassen: In Wirklichkeit ist die harmonische Einheit der Gegensätze aus der Tiefe durch die l a t e n t e   E n t f r e m d u n g zwischen Nomos und Eleutheria gefährdet, eine Entfremdung, die im Fortschritt der Entwicklung, bei größerer Differenzierung des Bewußtseins, manifest werden mußte[25].

Der erste Schritt zur Manifestation des Gegensatzes von Freiheit und Gesetz war mit dem Auftreten des individuellen Selbstbewußtseins getan. Nun traten zum ersten Mal das Gesetz der Stadt, das das Gemeinwohl sichert, und die persönliche Freiheit des Einzelnen als Gegensätze auseinander. Es ist kennzeichnend für den griechischen Geist, daß er diese Gegensätze meint durch die Harmonie der rechten Staatsverfassung aufheben zu können[26]. In Sparta reichte der Wunsch nach Selbstbestimmung und Unabhängigkeit nur bis zu der Größe „Polis"; das spartanische Staatswesen war eben dahin frei, daß sich jeder Einzelne dem Gesetz

---

[24] Cic Pro Cluent 53,146. „Gesichert wurde die ἐλευθερία durch den νόμος. Nicht eine obrigkeitlich schaltende Befehlsgewalt schützte die Unabhängigkeit der Polis nach außen und innen, sondern eine autonome Gemeindesatzung, ein freiwillig befolgter und heilig gehaltener Brauch". (Erik Wolf, a. a. O. S. 168 f.).

[25] Pohlenz, Freiheit, S. 25 — 39.

[26] Theologisch gesprochen: die Rechtsordnung, in der das rechte „Maß" und folglich auch die „Harmonie" herrschen sollten, entspricht dem ius sacrum ante lapsum. Seine Aufrichtung muß scheitern, solange wir im Äon post lapsum leben. Die archaische Staats- und Rechtsauffassung der Griechen lebt von einer Idee, die aus der „Uroffenbarung" stammt, deren Verwirklichung aber in Wahrheit und auf die Dauer unmöglich ist. — Die nova „lex" Christi gehört dem kommenden Äon an (der sich freilich schon hier in gebrochener Weise verwirklicht). Sie ist eine eschatologische Größe. Auch das Recht Altgriechenlands ist seinen Motiven nach eine eschatologische Größe — es wird nur nicht als solche erkannt (weil Griechenland die eschatologische Kategorie im strengen Sinne fehlt).

Spartas unbedingt fügte. Abgesehen von der staatlichen Freiheit gab es keine andere und sollte es keine andere geben. War der Staat frei, so war es auch der Einzelne, und zwar deshalb, weil sich der Einzelne mit dem Staat identifizierte. Die Freiheit der Spartaner war „kollektive Freiheit". Anders stand es in Athen[27]. Der Freiheitsdrang der Athener fand in der Unabhängigkeit des Staates allein keine Befriedigung. Der Athener forderte persönliche Unabhängigkeit, „individuelle Freiheit" — freilich zunächst noch nicht im Gegensatz zum Staat (der ihm ja nichts Fremdes, sondern sein Eigenes war), sondern innerhalb der staatlichen Ordnung, ja er forderte die Möglichkeit, seine individuellen Anlagen ausbilden zu können, gerade v o n der staatlichen Ordnung. Das Individuum stand mit eigenen Rechten und Ansprüchen dem Staat gegenüber, erwartete aber die Verwirklichung der Rechte und Ansprüche gerade vom Gesetz des Staates. Das spartanische System war für den Athener unerträglich. Er suchte ein System, das ihm die möglichste Unabhängigkeit ließ, die Freiheit, soweit als möglich nach eigenem Gutdünken zu leben, τὸ μὴ ἄρχεσθαι, μάλιστα μὲν ὑπὸ μηδενός, εἰ δὲ μή, κατὰ μέρος (Aristot. Pol VI 2 p 1317 b 15 f). In Athen gestaltete sich jeder ohne staatlichen Zwang sein Leben so, wie er es für richtig hielt[28]. Dazu gehörte die möglichste Unabhängigkeit voneinander. Die Bürger wollten frei sein als ἐλεύθεροί τε ἀπ' ἀλλήλων (Plat Leg VIII 832 d)[29]. Dieses Ideal sollte die D e m o - k r a t i e verwirklichen. Die Demokratie ist verknüpft mit den Begriffen „Rechtsgleichheit" (Isonomie), „Redefreiheit" (Parrhesie), „Unabhängigkeit" (Eleutherie). Sie soll nach dem perikleischen Ideal sowohl die Interessen des Staates wie die des Einzelnen in harmonischer Ordnung (in der εὐνομία) wahren. Nicht der Zwang sollte unter den Bürgern herrschen,

---

[27] Zum Gegensatz von Sparta und Athen vgl. Verdroß a. a. O. S. 8 ff. Verdroß bezeichnet im Anschluß an Schillers „Gesetzgebung des Lykurg" Sparta als „militaristischen Machtstaat", Athen als „humanitären Rechtsstaat" (S. 14).

[28] Vgl. Thuk. II, 37 Über die Enwicklung des attischen Staatswesens schreibt Friedrich Warncke, Die demokratische Staatsidee in der Verfassung von Athen, 1951: „Überall ist hier anfangs der Einzelne in den Fesseln der Gesellschaft, das gesellschaftliche Leben in Familie, Geschlecht, Phratrie und Phyle absorbiert das Einzelleben. Aber schon früh hat die Individualität ihr Recht gefordert. Zunächst im Adelsstaat, wo die überlegene Kraft des adeligen Einzelkämpfers ihre Anerkennung verlangt, dann aber ist die reiche Gliederung der attischen Demokratie wie geschaffen um allen Talenten ein Betätigungsfeld mit großer Entwicklungsmöglichkeit zu geben." S. 92 f.

[29] Vgl. Schlier a. a. O. 485, 30 ff.

sondern der „freie Gehorsam", sofern jeder von ihnen sich als Träger des Staatsganzen wissen durfte (das eben sicherten die genannten Freiheiten) und demnach mit der Sache des Staates seine eigene Sache vertrat. Die Freiheit der attischen Demokratie bestand im Grunde darin, daß jeder Freie an der Macht des Staatsganzen mehr oder weniger partizipierte. Die demokratische Verfassung hatte ihren νόμος. Aber der eigentliche Zweck des νόμος war es, das Recht und die Macht des Einzelnen, die Unabhängigkeit des Bürgers, durchzusetzen.

Man mag, um den Niedergang der attischen Demokratie zu erklären, nach äußeren Ursachen suchen: im Grunde liegt der Keim zur Auflösung in diesem System selbst[30]. Die Selbstbestimmung des Einzelnen ist als solche nicht geeignet, die Grundlage einer Staatsverfassung zu bilden. Wird die Selbstbestimmung zum Prinzip erhoben, dann offenbart sie sehr bald ihre zerstörerische Tendenz. Die möglichste Unabhängigkeit des Einzelnen kann zwar innerhalb einer staatlichen Ordnung gewährleistet sein, aber sie kann nicht (und sei es auch nur zum heimlichen) Prinzip des Staates erhoben werden, ohne die staatliche Ordnung zu zerstören. In diesem Punkt ist der Verfall der attischen Demokratie von theologischer Relevanz. Die einmal erregte und bewußt zum Prinzip erhobene Freiheit kann auf die Dauer nicht vom Nomos gebändigt werden und das um so weniger, als der Nomos in den Dienst der Selbstbestimmung gestellt ist. Die Selbstbestimmung, die jene Ordnung nach eigenem Gutdünken wählte, kann sie auch wieder verwerfen. Nach der Trennung vom Nomos wird die Freiheit notwendig zur Willkür[31].

Die Perversion der Freiheit zur selbstherrlichen Willkür, zur παντελὴς καὶ ἀπὸ πασῶν ἀρχῶν ἐλευθερία (Leg III 698 a/b) ist von niemandem heftiger kritisiert worden als von Platon[32]. Jedoch sieht Platon die Wurzel des Übels lediglich in der Maßlosigkeit des Freiheitsdranges, wie sie in der attischen Demokratie zum Ausdruck kam. Daß das Moment der Destruktion bereits in dem Drang nach Selbstverwirklichung als solchem mitgesetzt ist (obgleich Selbstverwirklichung zugleich das ist, was dem endlichen Wesen aufgegeben ist), und daß folglich das „Maß" gar nicht zu bewahren, bzw. — ist es einmal verloren — nicht mehr zu gewinnen

---

[30] Vgl. Schlier, a. a. O. 486, 38 ff.
[31] Natürlich wäre die gewaltsame Hemmung der einmal erwachten Autonomie genauso zerstörerisch. — Beide Wege sind ungangbar: es gibt keine politische τέχνη, die den „wahren" Staat herstellen könnte. Extra Christum ist lediglich der — zeitweilig beschränkte — Kompromiß möglich.
[32] Zum Folgenden vgl. Pohlenz, Freiheit, S. 89 ff.

ist, blieb dem Griechen verborgen. Man vergleiche etwa die zum Teil von grimmiger Ironie erfüllten Ausführungen über die Demokratie und die demokratische Freiheit in der Politeia VIII 10—15. Platon beschreibt das Wesen der Demokratie mit den Begriffen: ἐλευθερία, παρρησία und ἐξουσία ... ποιεῖν ὅτι τις βούλεται (557 b). „Wo aber eine solche ἐξουσία ist, da richtet offenbar jeder sich seine Lebensweise für sich ein, welche eben jedem gefällt" (ebdt)[33]. Im Fortgang zeigt Platon, daß eine solche Staatsform mit Notwendigkeit in die Tyrannis umschlagen muß (562 a). Die Ursache für das Umschlagen der Demokratie in die Tyrannis liegt nach Platon in der Unersättlichkeit des Wunsches nach Freiheit. Die Unersättlichkeit (ἡ ἀπληστία) im Wunsche nach dem vorgesetzten Gut löste bisher jede Staatsform auf. „Und die Demokratie, löst nicht auch diese sich auf durch die Unersättlichkeit in dem, was sie sich als ihr Gut vorsetzt? Was meinst du aber, daß sie sich vorsetze? Die F r e i h e i t, antworte ich. Denn von dieser willst du immer in einer demokratischen Stadt hören, daß sie das Vortrefflichste sei, und daß deshalb auch nur in einer solchen leben dürfe, wer von Natur frei sei" (562 b c). In einer solchen Stadt muß sich aber, wie Platon im Folgenden zu erweisen sucht, die Freiheit letztlich überallhin erstrecken, das heißt, sie wird mit Notwendigkeit früher oder später zur unbegrenzten, zur absoluten Freiheit. Der Bürger wird sich auch nicht den geringsten Zwang auferlegen lassen. „Und zuletzt weißt du ja, daß sie sich auch um die Gesetze nicht mehr kümmern, mögen es nun geschriebene oder ungeschriebene sein, damit auf keine Weise irgend jemand ihr Herr sei" (563 d). Diese Entwicklung aber führt zur Auflösung der demokratischen Polis und zur Paralyse der Freiheit. Die absolute Freiheit schlägt in ihr Gegenteil um. „Also auch die äußerste Freiheit wird sich wohl für den Einzelnen wie für den Staat in nichts anderes umwandeln als in die äußerste Knechtschaft (!) ... So kommt denn natürlicherweise die Tyrannei aus keiner anderen Staatsverfassung zustande als aus der Demokratie, aus der übertriebensten Freiheit die strengste und wildeste Knechtschaft (!)" (564 a)[34]. Die zweite Hauptstelle, eine Parallele dazu[35], findet sich Nomoi III 14—16. Platon

---

[33] Die Platonübersetzung hier und im Folgenden nach Schleiermacher.
[34] Ἡ γὰρ ἄγαν ἐλευθερία ἔοικεν οὐκ εἰς ἄλλο τι ἢ εἰς ἄγαν δουλείαν μεταβάλλειν καὶ ἰδιώτῃ καὶ πόλει ... Εἰκότως τοίνυν ... οὐκ ἐξ ἄλλης πολιτείας τυραννὶς καθίσταται ἢ ἐκ δημοκρατίας, ἐξ οἶμαι τῆς ἀκροτάτης ἐλευθερίας δουλεία πλείστη τε καὶ ἀγριωτάτη.
[35] Man beachte den Zusammenhang, in dem beide Abschnitte stehen. Platon entwirft eine historische Kritik der Staatsformen, wobei er den Zyklus Timo-

setzt dort der persischen Sklaverei das anfangs gesetzestreue Verhalten der athenischen Demokratie entgegen, fährt aber dann kritisch fort: In der athenischen Demokratie begegne „gewissermaßen derselbe Unfall wie den Persern, indem jene das Volk jeder Art von Sklaverei zuführten, wir dagegen die große Menge zu jeder Art von Freiheit antrieben ..."
(699 e)[36]. Platon läßt die Zügellosigkeit mit der dionysisch-dithyrambischen Musik einreißen[37] und fährt dann fort: „Nach dieser Freiheit dürfte wohl die sich erzeugen, nicht Sklave der Obrigkeiten sein zu wollen; an diese aber schließt sich der Widerwille gegen das von Vater und Mutter und Bejahrteren ausgehende Sklaventum und die Zurechtweisung dieser an, und bereits der äußersten Grenze nahe das Bestreben, den Gesetzen nicht untertan zu sein; endlich sind sie bereits an der Grenze selbst angelangt, sich nicht zu kümmern um Schwüre und Versprechungen und vollends nicht um die Götter, indem sie die alte Titanennatur, von der die Sage berichtet, hervorkehren und nachahmen und so, wieder zu jenen Zuständen zurückkehrend, ein trauriges Leben führend des Ungemachs kein Ende sehen" (701 b c). Platon hat das Titanische des absoluten Selbstbestimmungsdranges durchschaut. Darum erscheint ihm der einmal erregte Wunsch nach absoluter Freiheit immer stärker Maß und Ordnung zu zerstören und endlich die Eudämonie zu paralysieren[38]. Für das pro-

---

kratie—Oligarchie—Demokratie—Tyrannis zu Grunde legt (ähnlich im Politikos 291 d—292 d. Die diesbezügliche platonische Theorie gründet auf der älteren Lehre von den drei Grundverfassungen: Monarchie—Oligarchie—Demokratie, vgl. Herod III, 80 ff., Xen Mem 4, 6, 12 und Überweg, Grundriß der Geschichte der Phil. 12. Auflage, 1926, Bd I S. 114 f.). Im Übrigen hat die attische Demokratie mit der modernen wenig gemeinsam. Die Frauen, Metöken und Sklaven waren vom politischen Leben ausgeschlossen. Die Bürger übten ihre politischen Rechte unmittelbar aus (vgl. Verdroß, a. a. O. 11). Die platonische Kritik trifft darum die moderne Demokratie nicht.

[36] ... ἐκείνοις μὲν (scil. die Perser) ἐπὶ πᾶσαν δουλείαν ἄγουσι τὸν δῆμον, ἡμῖν δ' αὖ τοὐναντίον ἐπὶ πᾶσαν ἐλευθερίαν προτρέπουσι τὰ πλήθη ..

[37] Es ist wohl kein Zufall, daß Platon die athenische Zügellosigkeit mit den Formen des Dionysoskultes beginnen läßt. Dionysos zerstört das Werk des Apollon.

[38] Die Verfassungsentwürfe Platons fallen in das entgegengesetzte Extrem zurück: Seine Gesetzlichkeit — entsprungen dem Wahn, über die Wahrheit zu verfügen — bedroht wiederum die persönliche Freiheit. In den Sog der Destruktion wird sogar die Wahrhaftigkeit mithineingezogen. Vgl. Verdroß, a. a. O. S. 114. — Die antike Staatsphilosophie exemplifiziert in politicis

blematisch gewordene und sich wandelnde Freiheitsverständnis der Griechen in jener Zeit sind diese Ausführungen kennzeichnend. Das politische Freiheitsideal war im Begriff sich aufzulösen: aber Griechenland lebte damals ja überhaupt in einer Zeit der Auflösung und Umgestaltung, von der auch das Freiheitsverständnis ergriffen werden mußte.

2. Die Freiheit des Geistes

Haben wir bisher nur den politischen Freiheitsbegriff dargestellt und behauptet, Freiheit sei in klassischer Zeit wesentlich ein politischer Begriff gewesen, so darf nicht der Eindruck entstehen, als habe das klassische Griechenland nichts von jenem geistigen Freiheitsbegriff gewußt, der dann später, in der hellenistischen Epoche, ausschlaggebend geworden ist. Der Freiheitsdrang als Drang nach Unabhängigkeit und Selbstbestimmung wurde als Grundzug des hellenischen Wesens bestimmt. Der politische Bereich war keineswegs der einzige, in dem sich der Drang nach Freiheit auswirkte. Daß das, was Freiheit ist, im politischen Bereich zum Bewußtsein kam und ἐλευθερία wesentlich ein politischer Begriff war, hängt mit dem schon besprochenen Selbstverständnis des griechischen Menschen als „politisches" Wesen zusammen. Jedoch beherrschte der Drang nach Selbstbestimmung und Unabhängigkeit nicht nur das politische Leben. Er bestimmte auch die Kunst und Philosophie[39].

Die Brücke zwischen dem politischen und dem „geistigen" Freiheitsbegriff bildet etwa jene Bedeutung von ἐλεύθερος, die man mit „vornehm", „edel", „Mensch von freier Art" wiedergeben kann[40]. Mit dem Ausdruck ἐλευθερία wird die freie und adelige Gesinnung bezeichnet, der „innere" Adel eines Menschen, die aristokratische, noble und elegante Lebensart; der ἐλεύθερος ist sozusagen der Gentleman der griechischen Gesellschaft. „Freiheit" bezeichnet hier eine innere Gesinnung, eine Lebenshaltung, ein persönliches Lebensideal, im Grunde das Ideal des ἀνὴρ καλὸς κἀγαθός. Von hier führt der Weg zum „gerechten, weisen, tugendhaften" Menschen der sokratischen Schule, ja sogar zu jenem „königlichen Mann", der, selbst nicht gesetzlos, doch ü b e r dem Nomos steht, von dem noch im Zusammenhang mit Platon und Aristoteles zu reden sein wird. In

---

das non posse non peccare. Der Sinn dieses Satzes ließe sich an Hand der antiken Staatslehre vermitteln.
[39] Pohlenz, Freiheit, S. 39 ff.
[40] ἐλεύθερος in diesem Sinn z. B. Arist Eth Nic IV 14 p 1128 a 17 ff.

gewisser Weise läßt sich die Linie sogar verlängern bis zum Pneumatiker der hellenistischen Zeit.

Freiheit als geistiges Prinzip kennzeichnet d i e g r i e c h i s c h e K u n s t , sie ist „freiheitlich", sie ist bestimmt von Weite, Großzügigkeit, Adel und Maß. Aus dieser Freiheit wächst und auf sie zielt aber vor allem auch d i e g r i e c h i s c h e P h i l o s o p h i e[41]. Der Hellene tritt als erster aus der Gebundenheit des Mythos heraus und nimmt sich die Freiheit, die Dinge selbst zu bestimmen. Der Ursprung der griechischen Philosophie liegt in dem Drang, von sich aus, a se, zu einem Be-stimmen und Be-greifen der Dinge zu gelangen, um sie in die Gewalt zu bekommen und über sie verfügen zu können, wobei die Anwendung der Vernunft nicht wie bei anderen Völkern und in anderen Kulturen auf Teilgebiete beschränkt bleibt, sondern zum methodischen Prinzip erhoben wird. Der Kosmos wird nicht mehr hingenommen, wie er sich von sich selber her zeigt, wie er sich ausspricht im Mythos, im priesterlichen Wort, in der Tradition, sondern der Mensch stellt die grundsätzliche Frage τί ἐστιν εἶναι — hierin liegt die denkbar größte Parrhesie des Geistes — und er unternimmt es, mit Hilfe des absichtsvoll eingesetzten Logos in der ἱστορίη den Sinn des Seins im Ganzen in die Hand zu bekommen[42]. Wahrheit als

---

[41] Das früheste Zeugnis einer rein geistigen Freiheit außerhalb der res publica allein aus der Beschäftigung mit der θεωρία erwachsend bei Anaxagoras: Ἀναξαγόραν ... τὴν θεωρίαν φάναι τοῦ βίου τέλος εἶναι καὶ τὴν ἀπὸ ταύτης ἐλευθερίαν λέγουσιν. (Clem Alex Strom II 130; Diels II 13, 10 f.).

[42] Der Übergang vom Mythos zum Logos ist durch folgende Elemente bestimmt:
(1): Mythos bezieht sich auf das Denken, das zu uns kommt, Logos auf das Denken, das wir bewußt setzen. Im M y t h o s sprechen sich d i e G e d a n k e n aus, d i e z u u n s k o m m e n (der Mythos kommt aus dem Unbewußten). Im L o g o s kommen zu Wort die G e d a n k e n , d i e w i r u n s m a c h e n. — Die Griechen machten mit der Freiheit des Nous ernst. Sie wollten nicht mehr auf die Erkenntnis als Gnade warten, sondern sich selbst Erkenntnis verschaffen. Der Ursprung wird nicht mehr im Mythos vernommen, sondern im Logos absichtsvoll aufgesucht und angeeignet. Der Mensch im Mythos nimmt die Dinge hin, wie sie zu ihm kommen, wie sie sich ihm zeigen. Der Mensch im Logos läßt die Dinge nicht mehr sich selbst enthüllen, sondern er kommt ihnen zuvor. Er will nicht auf die Gnade der Offenbarung warten, sondern (selbstmächtig, ungeduldig und — ängstlich) selber die Dinge aufdecken. Er besinnt sich auf seine Freiheit = auf seine Macht. — In dem Augenblick, wo er sich selbstherrlich den Dingen gegenüberstellt, werden sie ihm fremd. Er beginnt, sie neu zu sehen, er beginnt

wirklicher Sachverhalt, dann aber auch als das ὄντως ὄν, wird Gegenstand der „technischen" Vernunft, der logischen und hernach der dialektischen Methode: Die Wahrheit wird entwickelt im freien Gespräch, in der geistigen Auseinandersetzung, auf der Kampfbahn des Geistes. Das alles hat in der Offenheit und Ungebundenheit des griechischen Geistes seinen Ursprung[43].

Zum vollen Bewußtsein kam die geistige Freiheit erst bei Sokrates; ein philosophisches Problem wurde ἐλευθερία erst bei Platon und Aristoteles. Als Vorstufen müssen die Sophistik auf der einen, die attische Tragödie auf der anderen Seite genannt werden. Die S o p h i s t i k ist gekennzeich-

---

zu staunen. Darum ist Staunen der Anfang der Philosophie (Plat Theait 155 d Arist Met I, 2 p 982 b 12 ff.).

(2): Der Übergang vom Mythos zum Logos ist eine Revolution. Eine Freiheit, die Freiheit des denkenden Geistes, tritt aus der Möglichkeit in die Wirklichkeit. Damit setzt sich der Mensch in Gegensatz zur Tradition. Er vernichtet mit seiner Freiheit die (religiöse) Tradition. — Freilich: Er schafft neue (auch neue religiöse) Traditionen. Er tut, streng genommen, nicht einfach den Mythos ab, sondern setzt ihn in Logos um (dazu vgl. Werner Jaeger, Die Theologie der frühen griechischen Denker, 1953, passim). Entsprechend führt der Weg des griechischen Geistes wieder zum Ursprung zurück, oder genauer: Vom M y t h o s über den L o g o s zur M y s t i k (späthellenistische Philosophie, Neuplatonismus!).

(3): Der Übergang vom Mythos zum Logos vollzog sich folglich nicht in abstrakter Weise. Die Ionier (insbesondere Heraklit) sind — gemessen an späteren Zeiten — reich an echten mythischen Erfahrungen und mythischem Wissen. Die ἱστορίη ist kein absoluter Abbruch, sondern der Protest gegen den Mythos lebt (wie es revolutionärer Bewegung eigen ist) von dem, wogegen er protestiert. Der Mythos selbst treibt zum Logos.

[43] Nach Martin Heidegger liegt darin freilich der Sündenfall der abendländischen Vernunft: der Mensch ist nicht mehr eins mit dem Sein, sondern macht sich selbst zum Subjekt und das Sein zum Objekt, versucht mit Hilfe des Logos das Sein zu vergewaltigen, statt sich das Sein im Denken schenken zu lassen (Beginn der Seinsvergessenheit in der abendländischen Metaphysik). Soweit stimmt die Theologie Heidegger zu: in dem gewaltsamen (und zutief ängstlichen, daher auch fanatischen) Versuch, sich das Sein mittels des Logos anzueignen, liegt ein Moment der Destruktion; aber nicht in der Subjekt-Objekt-Beziehung als solcher, sondern in der ängstlichen Gewaltsamkeit dieses Versuches (was auf den Sündenfall im biblischen Sinn hinweist). — Vgl. das zur griechischen Staatslehre, insbesondere zur griechischen Demokratie Gesagte. Demokratie und Philosophie haben e i n e Wurzel: den Drang nach Selbstbestimmung.

net durch die Hinwendung zum Menschen, sie ist anthropozentrisch. Der Mensch wird sich seiner selbst bewußt. Er tritt damit aus den gegebenen Normen heraus, durchschaut die Relativität der Werte und Maßstäbe, und meint sich selbst als Maß aller Dinge sehen zu müssen. Die sophistische Kritik — die uns hier nur soweit interessiert als sie für den Freiheitsbegriff von Belang ist — kommt dadurch zu einer Relativierung des Nomos, der seinen Ursprung nicht mehr wie bisher in den Göttern haben kann, sondern, da die Götter „entmythologisiert" werden und der Mensch an ihre Stelle tritt, als „menschlicher" Nomos erkannt wird. Damit hat er freilich zugleich auch seine verpflichtende Kraft eingebüßt. Verpflichtend und verbindlich kann allein die φύσις sein, die nun dem Nomos (der subjektiv-menschlichen Instanz der θέσις) als die allein objektiv geltende Instanz gegenübertritt. Das Gesetz der Polis ist θέσει, nicht φύσει und darum ohne Anspruch, das Leben des Menschen zu gestalten. An seine Stelle tritt das „Gesetz der Natur" (νόμος τῆς φύσεως) — im Grunde der Wille zur Macht[44]. So entsteht ein neues Freiheitsideal: frei ist der Mächtige, der, seiner Natur entsprechend, die Fesseln der Konvention zu seinem eigenen Vorteil gesprengt hat. Die Sophisten verkündeten d i e s c h r a n k e n l o s e   i n d i v i d u e l l e   F r e i h e i t und haben mit dieser Verkündigung mitgeholfen, jenen Niedergang der Polis herbeizuführen, von dem oben schon die Rede war[45].

Der Aufbruch der Freiheit führt Hellas in die Krise. Als existentielle Krise kommt sie in der T r a g ö d i e zur Sprache. Der Widerspruch innerhalb der menschlichen Existenz, der Riß, der durch das Leben geht,

---

[44] Vgl. etwa Plat Gorg 483 d ff.: „Denn nach welchem Recht führte Xerxes Krieg gegen Hellas oder sein Vater gegen die Skythen — und tausend Dinge derart könnte man anführen: Ich meine, sie tun das der Natur gemäß, und beim Zeus, auch dem Gesetz gemäß, nämlich dem der Natur (κατὰ νόμον γε τὸν τῆς φύσεως); freilich nicht nach dem, was wir selbst willkürlich machen (οὐ μέντοι ἴσως κατὰ τοῦτον ὃν ἡμεῖς τιθέμεθα), die wir die Besten und Kräftigsten unter uns, gleich von Jugend an, wie man es mit Löwen macht, besprechen und bezaubern und unterjochen, indem wir ihnen immer vorsagen, alle müssen gleich viel haben und: Das ist das Schöne, das ist das Gerechte. Wenn aber einer, meine ich, der die entsprechende Natur hat, zum Manne wird, dann schüttelt er alles ab, reißt sich los, durchbricht und zertritt unsere Schriften, die Gaukeleien und Besprechungen und widernatürlichen Gesetze alle, steht auf und tritt als unser Herr in Erscheinung, er der Knecht, und gerade darin leuchtet hervor das Recht der Natur."

[45] Vgl. Franz Mayr, Das Freiheitsproblem in Platons Staatsschriften, Diss. Wien 1960, bes. S. 24 f.

wird sichtbar. Das Gesetz hat seine Eindeutigkeit verloren: In der Antigone des Sophokles steht Gesetz gegen Gesetz, und an dem Widerspruch des Gesetzes, der als Widerspruch in der Gottheit gedeutet wird, geht der Mensch zu Grunde. Die Schuldhaftigkeit der menschlichen Existenz, die in der Begrenzung des Menschen gründet, wird offenbar. Ödipus wird schuldig, weil er nicht weiß, was er tut, und — da er Mensch ist, nur ein Mensch und kein Gott — nie ganz wissen kann, was er wissen sollte. Er muß schuldig werden, weil er endlich ist. Dabei darf „Schuld" offenbar nicht als „moralische Verderbtheit" verstanden werden, geschweige denn im Sinne der Lehre vom vitium originis, wie sie in der Patristik ausgebildet wurde; Schuld ist die Verfehlung (ἁμαρτία!)[46] des Rechten, des Richtigen. Sie folgt mit Notwendigkeit aus der Beschränktheit der Einsicht. Darum ist die Schuld des Helden sein tragisches Geschick. Bleibt so der Begriff der Schuld weit hinter dem zurück, was die biblische Tradition überliefert, so ist doch im tragischen Lebensgefühl insofern eine Bewußtseinsdifferenzierung, ein Fortschritt gegenüber dem Bewußtseinsstand früherer Zeit erreicht, als in der Tragödie der Mensch mit der unausweichlichen Zweideutigkeit und inneren Gebrochenheit menschlicher Existenz konfrontiert wird. Die Individualität kommt zu sich selbst, der Mensch lernt sich selbst als Mensch, seine Existenz als eine menschliche kennen, die Entfremdung wird ihm bewußt[47]. Von da aus bestimmt sich auch der Freiheitsbegriff der Tragödie. Er ist nicht mehr wesentlich vom Horizont der Polis bestimmt. Der Gegenpol zur Freiheit ist jetzt das Schicksal. „Die Tragödie hat ihre tiefste Wurzel in dem menschlichen Gefühl der Griechen, daß ihr naturhafter Selbständigkeitsdrang auf den Widerstand äußerer Mächte stößt, die das Geschehen bestimmen; wie das ‚Ich will', so ist auch der Satz ‚Dem Schicksal kann niemand entrinnen' für sie Urerlebnis[48]." Das Ich, das will, als innere Macht, und das Schicksal, das den Willen des Menschen begrenzt, als äußere Macht, treten einander gegenüber[49]. Unter der Macht des Schicksals scheint die menschliche Freiheit zu vergehen.

---

[46] Vgl. Th W I 295 ff. (Stählin/Grundmann).

[47] „Der Mensch ist in dieser Bewegung herausgetreten aus der sicheren Hut der Tradition und mitten hineingestellt in die Welt der Antinomien." Lesky, Die griechische Tragödie, S. 136.

[48] Pohlenz, Freiheit, S. 60.

[49] Je mehr der Mensch zu sich selbst kommt (Fortschritt in der Personalisation), um so fremder wird ihm auch das Schicksal. Aischylos glaubt noch, einen Sinn des Leidens angeben zu können: das Leid führt den Menschen

ἅπαντ' ἐπαχθῆ πλὴν θεοῖσι κοιρανεῖν.
ἐλεύθερος γὰρ οὔτις ἐστὶ πλὴν Διός.
(Aischylos, Prom 49 f.)

Niemand ist frei, außer Zeus. Und auch Zeus ist letztlich nicht frei, auch über ihm steht die ἀνάγκη[50]. Und doch wird gerade hier wieder Freiheit offenbar — U n f r e i h e i t w a r f ü r d e n G r i e c h e n u n d e n k - b a r : vor und neben Sokrates entdeckt die griechische Tragödie die „innere" Freiheit, mit der sich der Mensch gegen das Geschick auflehnt bzw. dieses von innen her besiegt. Das innerste Ich des Menschen ist stärker als das Schicksal[51]. „Der Mensch vermag seinem Wesen getreu zu bleiben auch angesichts des Todes. Er kann sein bestes Teil, sein Ich, auch im physischen Untergang wahren. Das ist seine Freiheit und seine Größe[52]." Man sieht, daß in alledem ein neues Freiheitsverständnis durch-

---

zur Einsicht in die Gültigkeit der göttlichen Satzung. Er soll durch Leiden lernen: πάθει μάθος (Agam 176 ff.). Der Held besiegt das Schicksal, indem er sich ihm unterwirft, indem er es von sich aus versteht und bejaht. Bei S o p h o k l e s ist die Welt der Götter und Menschen getrennt. Der stolze Mensch versteht das Wirken der Götter nicht mehr, der Sinn des Schicksals ist ein unaufhebbares Geheimnis. Jetzt erst ist die tragische Existenz im Vollsinn erkannt, wo sich der Mensch dem Schicksal ergeben muß. Bei E u r i - p i d e s ist an die Stelle des göttlichen Schicksals die blinde, willkürliche τύχη getreten. Die menschliche Haltung ihr gegenüber ist auch nicht mehr die (fromme!) heroische, sondern μηχάνημα, die List, die Intrige. Der Mensch ist „mehr" geworden als Gott. Euripides war Sophist. (Zum Ganzen vgl. Lesky, a. a. O. passim).

50 Die Verfasserschaft des „Gefesselten Prometheus" ist bekanntlich umstritten. Zeus ist für Aischylos sonst der Gott über den Göttern, der Hüter des Rechts. Im Prometheus liegt ein anderes Zeusbild vor. Er ist ein „neuer" Gott (!), ein Tyrann, maßlos, rachsüchtig (vgl. Lesky, a. a. O. 78 ff. und ders. Die tragische Dichtung der Hellenen, S. 77 ff.). Hier offenbart sich dem Hellenen der „deus absconditus". Der gefesselte Prometheus ist die griechische Parallele zu Hiob.

51 Pohlenz, Freiheit, S. 50 ff.: „Die Wendung nach innen".

52 Pohlenz, Freiheit, S. 60. Dem tragischen Helden geht es, wie Lesky, Die griechische Tragödie, S. 110 formuliert hat, nicht um den Bestand, wohl aber um die Würde des Menschen. Würde, das ist das, was im NT dann die καύχησις des Menschen genannt wird, der Ruhm, ein Selbst zu sein. Das Leben kann verloren gehen, die Integrität des innersten Selbst bleibt bewahrt. — Kennzeichnend ist in diesem Zusammenhang auch die Versuchung des tragischen Helden, zu regredieren. „Ihn (scil Ödipus) hat das Schicksal

bricht, das in der Subjektivität des Menschen seine Verankerung hat[53]. Dieses Bewußtsein der inneren Freiheit ist nicht wieder verloren gegangen und hat die Voraussetzung für das Freiheitsverständnis des Hellenismus gebildet. Man möchte diese Freiheit **heroische** Freiheit nennen. Das Heroische liegt im Hinnehmen und Überwinden der Tragik. Die Krise des griechischen Geistes, die jenes naive Freiheitsbewußtsein der alten Zeit gestürzt hatte, indem sie den Menschen die Schicksalsverflochtenheit seines Lebens und die Gebrochenheit seiner Existenz kennen lehrte, brachte ihm zugleich aus eben dieser Quelle eine neue, stärkere, ja, wie Sokrates zeigen wird, unbezwingbare Freiheit: Sie entdeckte ihm das innerste Ich, das in den Schmerzen seiner Einsamkeit zugleich seine Unbezwingbarkeit offenbarte.

Sokrates geht von der Sophistik aus: Mit den Sophisten teilt er die Überzeugung, daß die althergebrachte Tradition einer neuen Begründung bedarf, oder besser: Daß sie durch anderes ersetzt werden soll. Zugleich aber transzendierte Sokrates die Sophistik, sofern er eine neue Dimension sichtbar zu machen suchte: Nicht mehr die φύσις sollte das Absolute sein, sondern das, was auch noch die φύσις übersteigt; den Weg dazu fand er über die kritische Prüfung und Erkenntnis des Selbst. Sokrates erkannte, daß der Weg zur Relativität, den die Sophisten betreten hatten, letztlich zu einer neuen, absoluten Position führen mußte, die ihre Kraft und Verbindlichkeit nicht mehr aus den hergebrachten Normen, wohl aber aus dem im Geist des Menschen sich erschließenden ewigen Gesetz nimmt[54]. Das, was in der Tragödie dichterisch zum Ausdruck

---

umstellt, dichter und dichter sieht er das Netz sich zusammenziehen, aber noch im letzten Augenblick kann er die Katastrophe vermeiden, wenn er den Schleier, den er selbst gelüftet, wieder über die Dinge fallen läßt. Er könnte es, wenn er nicht Ödipus wäre, der tragische Held, der alles versteht, außer dem einen: Im schwächlichen Kompromiß sich selbst um des äußeren Friedens der Existenz willen aufgeben." (Lesky, S. 109).

[53] Etwas ganz anderes ist die Freiheit, die Dionysos, der Befreier, verleiht. Die Wunder des Dionysos veranschaulichen die vormenschliche, numinose Macht. **Vor** der Noogenese war der Mensch „frei" — und er ist es wieder, wenn er im dionysischen Rausch auf die vornoetische Bewußtseinsstufe zurücksinkt. Freilich: es ist eine Freiheit, die teuer erkauft wird. Das Menschliche am Menschen muß geopfert werden. Die bakchische Freiheit ist „untermenschlich", sie ist darum gerade nicht echte Freiheit.

[54] Vgl. Pohlenz, Freiheit, S. 64 ff. Die durch den sokratischen Ansatz bestimmte Entwicklung läßt sich am Logos-Begriff aufzeigen: In der **Sophistik** verselbständigt sich der Logos, er wird zum Mittel des Individuums, seine

kommt, nämlich die Freiheit des Selbst, oder des Geistes, wurde bei ihm zu der aus dem Dialog entwickelten intellektuellen und existentiellen Gewißheit.

Das treibende Motiv ist der Anspruch des „Daimonion". Es zwingt ihn zur Selbstprüfung, aber auch zur Prüfung der anderen, es zwingt ihn, dem Gesetz der Polis zu gehorchen. Im Gegensatz zur Sophistik und zu der Stimmung seiner Zeit ist der Nomos für Sokrates absolut bindend. In diesem Sinn steht er auch noch innerhalb der „politischen" Existenz[55]. Die tragische Situation erscheint auch in seinem Leben: Das Gesetz der Stadt hat ihn zum Tod verurteilt; das Gesetz irrt, es steht gegen die Gerechtigkeit, aber man muß ihm (heroisch) gehorchen. Wie ist dieser Gehorsam begründet? Zunächst einmal: Er b e d u r f t e jetzt einer Begründung, während er früher naiv und unreflektiert gefordert worden war. Die Problematik Gesetz — persönliche Freiheit, die nun einmal aufgebrochen ist, ist dem Sokrates bewußt. Aber er stellt sich mit reflektiertem, „freiem" Gehorsam auf die Seite des Gesetzes. Dieser Grundgedanke ist im platonischen Kriton in der Epiphanie des Gesetzes im Gefängnis

---

Ansprüche durchzusetzen (vgl. die berühmte Formulierung: τὸν ἥττω λόγον κρείττω ποιεῖν, Platon Ap 18 b). Die Sophisten lehren den für das Individuum nützlichen „technischen" Gebrauch des Logos; wobei sie wie den alten Nomosbegriff so auch den alten Begriff des Logos auflösen. Ihre Tätigkeit gehört zur demokratischen Existenz. Der Bürger der demokratischen Polis muß, um seine politische Existenz, und das heißt, wie wir gesehen haben, seine Existenz als F r e i e r , zu verwirklichen, über den Logos verfügen. „In der Art und Weise wie S o k r a t e s und P l a t o n den individualistischen λόγος der Sophistik überwinden, indem sie diesen Weg konsequent zu Ende gehen, gewinnt eine neue, vertiefte Auffassung des λόγος Gestalt..." (Kleinknecht im Th W IV 81,30 ff.). Es ist, wie Kleinknecht dann zeigt, der Weg zu der Gemeinschaft stiftenden Kraft des Logos. Wer auf den Logos recht hört, findet von der utilitaristischen Isolierung zur Harmonie des Seins zurück. Auf dieser Grundlage erhebt sich der Logosbegriff der S t o a .

[55] Hier liegt ein wesentlicher Unterschied zwischen Sokrates und dem hellenistischen, epiktetischen Ideal. Sokrates steht innerhalb der Ordnung der Polis und sucht hier die Freiheit zu verwirklichen. Das aus dem Wissen entspringende rechte Tun verwirklicht sich hier noch innerhalb der politischen Gemeinschaft. Die stoische Ethik kennt Freiheit nur mehr als Folge einer unpolitischen, weltbürgerlichen Eudämonie, die letztlich individualistisch ist. Sie spricht den Einzelnen an und ist für den Einzelnen gedacht. Inzwischen ist der Verlust der Polis eingetreten und der Mensch ist mit sich allein.

ergreifend dargestellt worden. Daß der Einzelne nicht das Recht hat, sich dem Nomos zu entziehen (und daher Sokrates nicht das Recht hat, aus dem Gefängnis zu entfliehen), wird mehrfach begründet. Οἱ νόμοι καὶ τὸ κοινὸν τῆς πόλεως (Plat Crito 50 a) haben Anspruch auf die Pietät des Sohnes, ja sie stehen noch über Vater und Mutter; daher hat man ihnen gegenüber nicht die Freiheit, Unrecht mit Unrecht zu vergelten; zudem hatte Sokrates die Freiheit, eine andere Stadt zu wählen als seine Heimatstadt Athen; da er diese gewählt hat, hat er auch ihren Satzungen zu gehorchen[56]. Würde er in eine benachbarte Stadt fliehen, so käme er dort an als Feind der Staatsordnung, wenn diese Stadt ein gutes Gesetz hat; im anderen Fall — etwa wenn er nach Thessalien geht — würde sein Auftreten einen kläglichen Eindruck machen, weil er die Satzungen verletzt hat, um der Lebensgier zu fröhnen. Und endlich haben die Gesetze „Brüder im Hades"[57], die ihn nicht wohlgesinnt empfangen werden, wenn er zu ihnen hinabsteigt. Das entscheidende Argument steht aber schon am Anfang der mahnenden Rede der Nomoi: „Sag an, Sokrates, was hast du im Sinn zu tun? Die Tat, zu der du dich anschickst, will ja nicht mehr und nicht weniger als uns, die Satzungen, und damit die ganze Stadt zerrütten, soviel an dir liegt: Oder glaubst du, daß eine Stadt noch Bestand haben kann und nicht in Trümmer geht, in welcher die ergehenden Urteile keinerlei Wirkung haben, sondern von Privatleuten außer Kraft gesetzt und zunichte gemacht werden?" (50 a/b). Es ist die Einsicht, die durch den überführenden Dialog hervorgerufen wird und als solche das rechte Handeln bestimmt. Sokrates bleibt im Gefängnis — und bleibt so frei.

Das Besondere am Gesetzesgehorsam des Sokrates ist also zunächst dies, daß er das Gesetz nicht bloß als eine äußere Norm versteht, die gilt oder nicht gilt, sondern als eine innere Norm, die absolut gilt, ja sogar (Brüder im Hades!) über die irdische Existenz hinaus Geltung hat, eine Norm, der er innerlich zustimmt, die in ihm, in seiner „Seele" spricht. Diese Norm appelliert an die Einsicht. Die Voraussetzung ist dabei überall die, daß die rechte Einsicht, die die Unwissenheit überwindet, das rechte Han-

---

[56] „Wir stellen frei, wir kommandieren nicht herrisch Gehorsam gegen alle unsere Befehle, nein, wir lassen zwischen zwei Dingen die Wahl, entweder uns umzustimmen oder zu gehorchen, und dennoch tut er keines von beiden" 52 a.

[57] καὶ ἐκεῖ οἱ ἡμέτεροι ἀδελφοί, οἱ ἐν Ἅιδου νόμοι, 54 c.

deln notwendig mit sich bringen muß. Tugend ist Wissen und folglich erlernbar[58].

Fragt man nach dem eigentlichen „Sitz" der Freiheit im Menschen, dann ergibt sich für Sokrates die Antwort: die Freiheit gründet in der ψυχή; die ψυχή ist das, was nicht untergehen kann. Die Herkunft des Begriffes in diesem Zusammenhang mag umstritten sein (aus orphischen und pythagoreischen Mythen?), seine Bedeutung an dieser Stelle ist klar: ψυχή ist „Seele" oder „Geist" im Sinne des eigentlichen und wahren Ich des Menschen. Es ist das innerste und geistige Zentrum des Menschen, das, **in dem der Mensch er selbst bei sich selbst ist**[59]. Nur so darf die Rede von der „Unsterblichkeit" der Seele verstanden werden, bzw. so muß und will sie „entmythologisiert" werden. Die sokratische Freiheit ist die Freiheit des Geistes, als **Freiheit des wahren Ich**, um das allein sich zu kümmern demnach die vornehmste, ja einzige Aufgabe des Lebens ist. „Denn ich tue nichts anderes als daß ich herumgehe und euch, Junge und Alte, bitte und rate, nicht für den Leib und für Reichtum zuerst und so sehr zu sorgen wie für die Seele, daß sie vollkommen werde ..." (Apol 30 a/b)[60].

Die sokratische Freiheit ist also bestimmt von der Dimension des „Geistes", in der der sophistische Relativismus überschritten und der Bereich der Transzendenz über die Innerlichkeit aufgebrochen ist. Aus dem Geist als dem Bei-sich-selbst-Sein des Selbst fließt die Freiheit; wenn der Mensch wirklich weiß, was er tun soll, wenn das Wissen in sein Zentrum gedrungen ist, wenn er der Wahrheit innerlich zustimmt, dann

---

[58] Das ist der berühmte sokratische Optimismus, demzufolge kein Mensch freiwillig das Böse tut. Die schlechte Tat folgt aus der mangelnden Einsicht (z. B. Xenoph. Memor III, 9,4 ff.). Es ist ein allgemein griechischer Gedanke. Bei Demokrit: Ursache der Verfehlung ist das Nichtwissen des Besseren: ἁμαρτίης αἰτίη ἡ ἀμαθίη τοῦ κρέσσονος (fr 83 Diels II 160,15 f.). Er liegt auch, wie wir gesehen haben, der Tragödie zu Grunde. Vgl. auch Plat. Prot 345 d/e und 355 b—360 e. Bei Aristoteles finden wir psychologische Untersuchungen über die Frage nach der Verantwortlichkeit einer Handlung, die unter Zwang ausgeführt wurde: Eth Nic III; 1 ff. Für Aristoteles ist der Satz οὐδεὶς ἑκὼν πονηρὸς οὐδ' ἄκων μάκαρ teils wahr, teils falsch, III, 7 1113 b 14 f.

[59] „Die sokratische ‚Seele' ist nichts anderes als das wahre Ich des Menschen." (Pohlenz, Freiheit, S. 71).

[60] Οὐδὲν γὰρ ἄλλο πράττων ἐγὼ περιέρχομαι ἢ πείθων ὑμῶν καὶ νεωτέρους καὶ πρεσβυτέρους μήτε σωμάτων ἐπιμελεῖσθαι μήτε χρημάτων πρότερον μηδὲ οὕτω σφόδρα ὡς τῆς ψυχῆς ὅπως ὡς ἀρίστη ἔσται ...

wird er sie auch tun; denn er würde sich sonst in Widerspruch mit sich selbst setzen, das erscheint dem griechischen Denken aber als absurd. Wenn das Wissen im Zentrum ist, dann ist das Handeln nicht mehr peripher (ein Handeln aus dem „Man" der Konvention), sondern des Menschen Wissen und Handeln sind geeint und der Mensch ist frei. Hier ist die Selbstzentriertheit des Menschen zum klaren Bewußtsein erhoben; d e r M e n s c h , d e r b e i s i c h s e l b s t i s t , i s t f r e i , und zwar ex definitione des „Bei-sich-selbst-Seins"[61]. Zugleich liegt im Geist des Menschen die Garantie seiner Unüberwindlichkeit. Das, was Sokrates meint, würden wir heute so sagen: Das Selbst ist kein Ding, das „vorkommt" oder vergeht, es steht als solches jenseits einer dinghaften Existenz oder Nichtexistenz, es ist „transzendent", mythologisch ausgedrückt: Es stammt aus den himmlischen Welten, in die es nach dem Tod wieder zurückkehrt[62]. Hier war der Ort, wo die orientalisch dualistische Anthropologie (Leib — Seele) aufgenommen und philosophisch uminterpretiert werden konnte. Diesen Weg hat Platon beschritten.

---

[61] Der sokratische Optimismus (sowenig er für ihn allein kennzeichnend ist) ist freilich nicht von allen geteilt worden. Selbstverständlich wußten die Zeitgenossen des Sokrates so gut wie die Späteren, daß sich das erkannte Gute nicht immer konfliktlos in die Tat umsetzen läßt, vgl. Pohlenz, Freiheit, S. 71 ff. Weiter geht dann Platon, der durch die Unterscheidung der Seelenteile die oftmaligen Niederlagen gegenüber dem Logos, dem Nous, philosophisch erklären will. (Unten S. 24 ff.). Aber es ist eben wiederum kennzeichnend, daß Platon (obwohl er hier wahrscheinlich Motive der orphischen Erlösungslehre aufnimmt), an der Selbstmächtigkeit des Menschen nicht verzweifelt. Der Mensch ist krank und schwach, aber als Träger des Nous, des Göttlichen, ist er doch zugleich zur Selbstverwirklichung fähig. Hierin bleibt Hellas trotz aller Einsichten in die tragische Situation des Menschen naiv. — Zur Kritik an Sokrates vgl. bes. S. Kierkegaard, Die Krankheit zum Tode, 2. Abschn. 2. Kap. „Die sokratische Definition der Sünde." —
Was die griechische „Naivität" betrifft, so sind die beiden Stellen aus der „vorsokratischen" Überlieferung, die Pohlenz, Freiheit, S. 73, zitiert, kennzeichnend. Heraklit: θυμῷ μάχεσθαι χαλεπόν· ὃ γὰρ ἂν θέλῃ, ψυχῆς ὠνεῖται (fr 85 Diels I 170, 3 f.). Eine Erinnerung aus dem mythischen Wissen macht hier Heraklit weiser als Demokrit, der das Wort des Ephesers umändert: θυμῷ μάχεσθαι χαλεπόν· ἀνδρὸς δὲ τὸ κρατέειν εὐλογίστου (fr 236 Diels II 192, 17 f.). Damit ist für das Selbstverständnis des Griechen alles wieder ins rechte Lot gebracht. Mag die Entfremdung weit reichen — im Logos ist der rechte Mann bei sich selbst.

[62] Vgl. den Schluß des Dialogs Phaidon.

3. Der philosophische Freiheitsbegriff

Max Pohlenz hat darauf hingewiesen, daß Platon das Wort ἐλευθερία eher vermeidet[63], weil es für ihn und für das Bewußtsein der Zeit in erster Linie noch die spezifisch politische Bedeutung hatte (Freiheit als demokratisches Ideal), eine Bedeutung, die ihm wenig sympathisch sein mußte. In seiner Staatsphilosophie hat Platon mit der demokratischen Polis und ihrem Freiheitsideal gebrochen. Im platonischen Idealstaat haben die Nomoi dem Einzelnen gegenüber absolute Geltung[64], die persönliche Freiheit ist stark beschränkt, insbesonders gibt es kein Recht auf die freie persönliche Lebensgestaltung und darum, trotz aller demokratischen Motive dieser Verfassung, keine Demokratie und keine demokratische Freiheit im „klassischen" Sinn. Hier wirkt überall die Idee von der Herrschaft des Geistes über den Leib bzw. über die Triebe, die per analogiam auf den Staat übertragen ist. Platon leitet diese Idee aus der sokratischen Freiheit des Geistes ab. Er hat hier keine neue Dimension eröffnet; aber er hat die Frage nach der Selbstmächtigkeit in den Zusammenhang der dualistischen Anthropologie und Kosmologie seines Systems hineingestellt. Platon ist damit, obwohl er das Wort Freiheit vermeidet, faktisch zum Begründer des philosophischen Freiheitsbegriffes geworden, und zwar deshalb, weil er zum ersten Mal unsere Frage zum Thema einer methodischen Erörterung gemacht hat[65].

Das Problem, das dieser Erörterung zu Grunde liegt, stammt aus dem sokratischen Erbe: worin gründet die Tugend und wie kommt die Gerechtigkeit zustande?

Die platonische Philosophie antwortete hierauf ursprünglich (im Gorgias): die Lust und das Gute sind die großen Gegensätze, zwischen denen der Mensch am Scheideweg seines Lebens zu wählen hat (vgl. Gorg. 497 a—500 a). Durch die Unterwerfung der Begierde, durch die Zucht

---

[63] Freiheit, S. 108 f. Dasselbe gilt nach Pohlenz auch für Aristoteles.
[64] Über die Freiheit des βασιλικὸς ἀνήρ dem Nomos gegenüber siehe unten.
[65] Zum Folgenden vgl. Pohlenz, Freiheit, S. 89 ff. — Die Untersuchungen über die wahre geistige Freiheit (die Selbstbeherrschung) bilden die philosophische Grundlage für die Konzeption des wahren Staates. Politischer und philosophischer Freiheitsbegriff bilden also keinen Gegensatz; vielmehr bildet der philosophische die Voraussetzung des politischen Freiheitsbegriffes. Die geistige Freiheit verwirklicht sich im „politischen" Leben; die rechte Herrschaft im Staat ist Abbild der „Selbstbeherrschung" des einzelnen Gerechten. Vgl. Franz Mayr, a. a. O. S. 3 ff.

der Seele, wird die Gerechtigkeit verwirklicht (505 a/b, 506 c—507 c). Nach dem Gorgias entdeckte Platon das Immaterielle als das wahrhaft Seiende und gewann von hier aus eine vertiefte Lösung. Im Phaidon verkündigte er den Gegensatz von Leib und Seele. Die Tugend wird der Seele — die göttlicher Art ist —, die Begierde dem Leib — dem Irdischen — zugeschrieben (Phaed. 78 b—84 b), der Moralismus des Gorgias durch eine dualistische (im Grunde mythologische) Anthropologie untermauert. In der Politeia fand Platon eine weitere Differenzierung. Platon erkennt, daß auch die Untugend der Seele entstammt; daß die Seele also zugleich Tugend und Untugend hervorruft; er trifft auf die paradoxe Tatsache, daß „Tugendhaft-sein" heißt: Stärker sein als man selbst ist, sich selbst beherrschen. Aber dieser Ausdruck „Stärker sein als man selbst ist" erscheint ihm doch lächerlich (Resp IV 430 e)[66]. Es ist kennzeichnend für das platonische und überhaupt griechische Denken, daß die Paradoxie als solche nicht hingenommen werden kann. Platon löst die Paradoxie auf, indem er die Einheit der Seele auflöst: „Allein mir scheint diese Erklärung sagen zu wollen, daß es in dem Menschen selbst an der Seele irgendein Besseres gibt und ein Schlechteres; und wenn nun das von Natur Bessere über das Schlechtere Gewalt hat, dies nennt sie (nämlich diese Erklärung) stärker sein als er selbst ..." (431 a)[67]. Nun kommt es zu einer Untersuchung der einzelnen Seelenteile, in deren Verlauf sich für Platon eine Dreiteilung der Seele ergibt (438 d—445 e). Platon unterscheidet zwischen dem ἐπιθυμητικόν als der untersten Schicht des Seelenlebens, aus der die sinnlichen Begierden stammen, dem θυμοειδές und hoch erhaben über beiden dem λογιστικόν, dem Intellekt, der die Triebe zu zügeln hat, also im Grunde dem, was wir „Geist" genannt haben. Wahre Selbstbeherrschung ist die Herrschaft des Geistes über die anderen Seelenkräfte, die Unterordnung der seinsmäßig (in der Hierarchie des Seins unterhalb stehenden) niedrigeren Kräfte unter die höchste Kraft des Menschen, den Intellekt, mit dem er sich zu den Göttern erheben kann. Diese Dreiheit innerhalb der Seele[68] wird aber nun vom Dualismus über-

---

[66] Οὐκοῦν τὸ μὲν κρείττω αὑτοῦ γελοῖον;

[67] 'Αλλ' ... φαίνεταί μοι βούλεσθαι λέγειν οὗτος ὁ λόγος ὥσ τι ἐν αὐτῷ τῷ ἀνθρώπῳ περὶ τὴν ψυχὴν τὸ μὲν βέλτιον ἔνι, τὸ δὲ χεῖρον, καὶ ὅταν μὲν τὸ βέλτιον φύσει τοῦ χείρονος ἐγκρατὲς ᾖ, τοῦτο λέγειν τὸ κρείττω αὑτοῦ ...

[68] Die Dreiheit entspricht dann den drei Ständen in Platons Idealstaat, dem „Lehrstand", „Wehrstand", „Nährstand". Der Mensch wird (und auch dahinter steht Mythologie, nämlich der Mythos vom Ur-menschen) als geschlossener Kosmos gesehen. Man vergleiche die Dreiheit: Mensch-Polis-Kosmos.

baut. Sie gilt nur für die irdische Existenz. Mit der irdischen Existenz zugleich wird die Sinnlichkeit schwinden, aus dem wirklichen Menschen wird der wahre Mensch werden, der jetzt schon als ὁ ἐντὸς ἄνθρωπος (IX 589 a), als der eigentliche, wahre, innerliche Mensch, als Nous in der Seele vorhanden ist[69]. Dieser inwendige Mensch ist rein und unbefleckt von den finsteren Mächten der irdischen Existenz. Er soll darum auch zum Führer des Lebens erkoren werden. Indem der Mensch sich dem Nous, dem inneren Menschen unterwirft und die Sinnlichkeit unter ihn beugt, erlangt er die Freiheit. Er erlangt die Gerechtigkeit und so die Fähigkeit, als ein Gerechter in einem rechten Staat zu leben. Er erfüllt seine Bestimmung (Tim 90 a—e).

Das sokratische Erbe brachte aber auch noch einen anderen Gedanken mit sich. Sokrates hat den Gehorsam aus dem Geist begründet. Platon versuchte, das Gesetz für seinen Staat — den Idealstaat der Politeia, den zweitbesten Staat der Nomoi — aus der philosophischen Einsicht abzuleiten. Die Polarität von Nomos und Nous war gegeben. Der Nomos leitete seine Geltung aus dem Nous ab. Steht hier im Grunde nicht bereits der Nous über dem Nomos? Platon hat das bejaht. Im Politikos (293 c—296 a) führt er aus, daß eine auf Erkenntnis beruhende Regierung auch dann recht regiert, wenn sie es ohne Gesetz tut[70]. Das Ungewöhnliche an dieser Anschauung kommt zum Bewußtsein, es ist „hart anzuhören" (293 e)[71]. „Auf gewisse Weise ist es nun wohl offenbar, daß zur königlichen Kunst die gesetzgebende gehört; das Beste aber ist, wenn nicht die Gesetze Macht haben, sondern der mit Einsicht königliche Mann, der ἀνὴρ μετὰ φρονήσεως βασιλικός" (294 a)[72]. Begründet wird diese für das klassische griechische Empfinden revolutionäre Anschauung[73] mit dem Hinweis darauf, daß ein Gesetz niemals im Stande ist, „das für alle Zuträglichste und Gerechteste genau zu umfassen und so das wirklich

---

[69] Der ἐντὸς ἄνθρωπος ist τὸ λογιστικόν, der noetische Teil der Seele. Zum Ganzen vgl. auch Tim 34 b ff. 69 a ff. 90 a—c.

[70] Das sei die richtige Staatsverfassung, bemerkt der ξένος, in der die Regierenden von wirklicher und nicht bloß eingebildeter Erkenntnis geleitet sind, ἐάντε κατὰ νόμους ἐάντε ἄνευ νόμων ἄρχωσι ... (293 c).

[71] Τὰ μὲν ἄλλα, ὦ ξένε, μετρίως ἔοικεν εἰρῆσθαι· τὸ δὲ καὶ ἄνευ νόμων δεῖν ἄρχειν χαλεπώτερον ἀκούειν ἐρρήθη.

[72] Τρόπον τινὰ μέντοι δῆλον ὅτι τῆς βασιλικῆς ἐστιν ἡ νομοθετική· τὸ δ' ἄριστον οὐ τοὺς νόμους ἐστὶν ἰσχύειν ἀλλ' ἄνδρα τὸν μετὰ φρονήσεως βασιλικόν.

[73] Vgl. Th W IV 1025, 17 ff. (Kleinknecht).

Beste zu befehlen" (294 a/b)⁷⁴. Zwar bleibt es nach wie vor notwendig, Gesetze zu geben; aber der gerechte und „königliche" Mann, der die Herrschaft im Staat ausübt, ist seinen Gesetzen gegenüber frei. Der gleiche Gedanke kommt dann noch einmal bei Gelegenheit in den Nomoi zur Sprache (IX 875 a—d). Die Unumgänglichkeit und Notwendigkeit der Gesetze wird aus der Tatsache abgeleitet, „daß von Natur kein Mensch befähigt ist, das zur Staatseinrichtung den Menschen Zuträgliche zu erkennen" (875 a)⁷⁵. Das Gesetz ist also das Zweitbeste; das Beste, Ideale wäre ein „von Natur tüchtiger Mench", der „durch göttliche Fügung (θεία μοῖρα) dazu geboren ist", das Recht zu erfassen und zu befehlen. „Dann bedürfte es keiner Gesetze, ihn selbst zu beherrschen; denn weder ein Gesetz noch eine Einrichtung ist besser als das Wissen, noch ist es dem göttlichen Willen gemäß, daß der Geist, wenn er seiner Natur nach ein wahrhaft f r e i e r ist, von irgendetwas abhängig oder dessen Sklave sei, sondern vielmehr alles beherrsche" (875 c/d)⁷⁶. Pessimistisch fügt Platon hinzu: ein solcher Mensch sei freilich nicht zu finden, weshalb man bei dem „Zweitbesten", dem Gesetz bleiben müßte. Der „königliche" Mann — in dem sich also bereits der „Soter" bzw. der „Pneumatiker" ankündigt! — erscheint auch bei A r i s t o t e l e s (Pol III 13 p 1284 a 3 ff.). Dort steht die erstaunliche Formulierung, daß ein solcher Mensch gleichsam wie ein Gott unter den Menschen erschiene (ὥσπερ θεὸς ἐν ἀνθρώποις) (10). Er wäre für sich selbst und für andere das Gesetz: „Gegen solche ist das Gesetz nicht. Sie sind sich selbst Gesetz": κατὰ δὲ τῶν τοιούτων οὐκ ἔστι νόμος· αὐτοὶ γάρ εἰσι νόμος (13 f.)⁷⁷.

⁷⁴ Ὅτι νόμος οὐκ ἄν ποτε δύναιτο τό τε ἄριστον καὶ τὸ δικαιότατον ἀκριβῶς πᾶσιν ἅμα περιλαβὼν τὸ βέλτιστον ἐπιτάττειν. Vgl. auch die Fortsetzung, aus der zu erkennen ist, daß Platon an sich die personale Rechtsprechung jedem Gesetz — mit seiner unzureichenden Kasuistik — vorziehen möchte!
⁷⁵ ... φύσις ἀνθρώπων οὐδενὸς ἱκανὴ φύεται ὥστε γνῶναί τε τὰ συμφέροντα ἀνθρώποις εἰς πολιτείαν ...
⁷⁶ ... νόμων ἂν δέοιτο τῶν ἀρξόντων ἑαυτοῦ· ἐπιστήμης γὰρ οὔτε νόμος οὔτε τάξις οὐδεμία κρείττων, οὐδὲ θέμις ἐστὶν νοῦν οὐδενὸς ὑπήκοον οὐδὲ δοῦλον ἀλλὰ πάντων ἄρχοντα εἶναι, ἐάνπερ ἀληθινὸς ἐλεύθερός τε ὄντως ᾖ κατὰ φύσιν. Über die alte Idee des Königs als νόμος ἔμψυχος vgl. M. P. Nilsson, Geschichte der griechischen Religion, II, Die hellenistische und röm. Zeit, 2. Auflage 1961, S. 134 und A. 3.
⁷⁷ Vgl. noch Eth Nic IV 14 p 1128 a 31 f. Ὁ δὴ χαρίεις καὶ ἐλευθέριος οὕτως ἕξει, οἷον νόμος ὢν ἑαυτῷ. Plutarch, Alex 52 (Anaxarchos zu Alexander: Οὗτός ἐστιν Ἀλέξανδρος, εἰς ὃν ἡ οἰκουμένη νῦν ἀποβλέπει· ὁ δὲ ἔρριπται κλαίων ὥσπερ ἀνδράποδον ἀνθρώπων νόμον καὶ ψόγον δεδοικώς, οἷς αὐτὸν

In alledem ist der Rahmen des klassischen griechischen Selbstverständnisses bereits gesprengt und die „soteriologische" Dimension erreicht, die den Hellenismus beherrscht.

II. Der Freiheitsbegriff der Stoa

1. Die geistige Situation im Zeitalter des Hellenismus

„Es war das Verhängnis der hellenischen Nation, daß sie zwar eine selbständige, auf Freiheit des politischen und geistigen Lebens gegründete, dem Orient überlegene Kultur erwarb, aber die dem nationalen Bewußtsein entsprechende politische Einigung aus eigener Kraft nicht erreichen konnte" (P. Wendland)[78]. Die Einigung Griechenlands ist erst durch Philipp von Mazedonien und den großen Alexander durchgeführt worden; es war eine aufgezwungene Einigung. Sie kostete die Freiheit Griechenlands und der einzelnen πόλεις. Was blieb, war das alte Ideal, aber dieses Ideal hatte etwas Romantisches an sich. An wirkliche politische Freiheit im alten Sinn war nicht zu denken. Theodor Mommsen hat über den Freiheitsdrang der hellenistischen Griechen und mehr noch über die philhellenischen Bestrebungen eines Titus Quinctius Flamininus, der 196 v. Chr. bei den isthmischen Spielen die wiedererstandene Freiheit Griechenlands feierlich verkündigen ließ, oder eines Kaisers Nero, dessen Verkündigung der Freiheit Griechenlands lediglich eine theatralische Pose war (67 n. Chr.), seinen Spott ausgegossen. Mit der Schlacht von Chaironea 338 v. Chr. war die alte Freiheit ein für alle Mal dahin, wenn auch zunächst noch den griechischen Städten die Autonomie gewahrt blieb. Makedonien übte die Hegemonie über Hellas aus, hernach herrschte Rom[79].

προσήκει νόμον εἶναι καὶ ὅρον τῶν δικαίων, εἴπερ ἄρχειν καὶ κρατεῖν νενίκηκεν, ἀλλὰ μὴ δουλεύειν ὑπὸ κενῆς δόξης κεκρατημένον) und Gal 5, 23, wo von den Pneumatikern (in genauer formaler Analogie zu der oben zitierten Arist.-Stelle) gesagt wird: κατὰ τῶν τοιούτων οὐκ ἔστιν νόμος. Zum Ganzen Th W IV 1025 f. (Kleinknecht).

[78] Paul Wendland, Die hellenistisch-römische Kultur in ihren Beziehungen zu Judentum und Christentum, 1912 in 2. und 3. Auflage (im Handbuch zum NT, herausgegeben von H. Lietzmann), S. 11.

[79] Vgl. Pohlenz, Freiheit, S. 113 ff.

Zunächst der politische Wandel: an die Stelle der einzelnen Stadtstaaten trat unter Alexander und den Diadochen das Großreich, an die Stelle der Polis die Ökumene. Die Siege Alexanders ermöglichten, was die selbstzerstörerische Freiheit der klassischen Zeit unmöglich gemacht hatte: die hellenistische Kultur wurde zur ökumenischen. Der „Leib" Athens, die Polis, war wohl zerfallen, aber die „Seele" lebte fort[80]. Griechisches Denken, Empfinden, auch und vor allem griechische Freiheit erlangten jetzt „Weltgeltung"; die griechischen Siedler, die als Soldaten, als Kaufleute, als Beamte der Diadochenstaaten lebten, brachten griechische Sprache und Lebensart mit sich, und ihre Herrn haben die Durchsetzung der barbarischen Gebiete mit dem griechischen „way of life" bewußt gefördert. Zentren der Hellenisierung waren insbesondere die Städte: allen voran Alexandrien, nach ihm Antiochien am Orontes, Pergamon in Kleinasien. Geistiger Mittelpunkt war und blieb zunächst Athen, ihm versuchte Rhodos den Rang abzulaufen. Im Laufe der Zeit traten dann die kleineren Städte hinzu, vor allem die kleinasiatischen. Auch die Hellenisierung Roms und mancher Gebiete des Westens machten Fortschritte, wenn auch der Westen niemals im gleichen Ausmaß davon ergriffen wurde wie der Osten. Die Großreiche brachten eine wirtschaftliche und soziale Umschichtung. Das Aufkommen des Kapitalismus forderte billige Arbeitskräfte und fand sie in dem unermeßlichen Heer von Sklaven. Auf der anderen Seite bildete sich eine Oberschicht, ein Soldaten- und Beamtenadel, deren Vertreter sich mit dem Titel φίλοι zierten. Zwischen beiden stand der hellenistische Bourgeois, der Kleinbürger, der im kleinen Leben des Alltags sein Glück suchte[81]. — Alle diese Veränderungen brachten eine neue geistige Situation mit sich, die die Voraussetzung für das neue Verständnis der ἐλευθερία bildet.

Versucht man das Selbstverständnis des hellenistischen Menschen zu begreifen, so muß man von der gewaltigen Erweiterung des geistigen Horizonts ausgehen, die durch Alexanders Großreich und die Nachfolgestaaten geschaffen war. Statt Bürger der Polis war der Einzelne jetzt M e n s c h in der W e l t[82]. Die Unterschiede zwischen den einzelnen

---

[80] Wendland, a. a. O. S. 17.
[81] Zur wirtschaftlichen und gesellschaftlichen Fortentwicklung vgl. vor allem Michael Rostovtzeff, Die hellenistische Welt, Gesellschaft und Wirtschaft, I—III, 1955.
[82] Pohlenz, Freiheit, S. 124. — Das heißt nicht, daß die Polis und mit ihr der homo politicus zu existieren aufgehört hätten. Gegen dieses Mißverständnis vgl. Rostovtzeff, a. a. O. II 892 ff. Aber auch der griechische Bourgeois ver-

Völkern wurden nivelliert. Die gemeinsame Sprache (κοινὴ διάλεκτος), das weitgehend übereinstimmende Recht und die gemeinsame Kunst schufen das Gefühl einer ökumenischen Einheit. Schon in Zenons Politeia wird dieser neue Gedanke ausgesprochen: Der wahre Staat ist nicht mehr die Polis, sondern die μεγαλόπολις, der Kosmos. Man kann geradezu von einem hellenistischen K o s m o p o l i t i s m u s sprechen[83]. Nach dem klassischen Selbstverständnis war der Mensch πολιτικὸν ζῷον, nach dem hellenistischen ζῷον λογικόν.

In dem Maße, als die politische Gemeinschaft an Interesse verlor, trat der Mensch als Einzelner, als Individuum in den Mittelpunkt des Denkens. Die Wurzeln des hellenistischen Individualismus liegen in der athenischen Aufklärung, in der für die Sophistik und noch für Sokrates kennzeichnenden Hinwendung zum Menschen. Von dort stammt auch das Problem des Verhältnisses von Mensch und Natur, das die ganze hellenistische Philosophie bestimmt. Nach epikureischer Anschauung ist der Mensch erst dadurch Mensch geworden, daß er sich aus der Natur gelöst hat, daß er den ursprünglichen, barbarischen Naturzustand verlassen und sich langsam zu größerer Höhe entwickelt hat. Der Mensch wird, was er sein soll, erst dadurch, daß er seinen Ursprung verläßt und sich eine eigene, geistige Welt aufbaut, in der er zu Hause ist. Zu dem überwundenen Naturzustand gehören auch die barbarischen und unmenschlichen Angst- und Zwangsvorstellungen der Religion. Nach der Anschauung der Kyniker und der späteren Stoa war dagegen der Urzustand der Menschen ein Idealzustand. Der Mensch lebte in der Einheit mit der Natur und sich selbst, was der Weise durch sein Verhalten wieder herzustellen wünscht. Bei den Stoikern hat die Verklärung des natürlichen Lebens religiöse Hintergründe: sie folgt aus der religiösen Stimmung, von der die stoische Philosophie beherrscht war.

Der Individualismus war nur die andere Seite des Kosmopolitismus. Der Mensch fand sich als Einzelner in der Welt vor, als Atomon, als In-dividuum. Der Einzelne entdeckte sich selbst als Gegenstand seiner

---

stand sich jetzt zuerst als Mensch und hernach als Bürger seiner Stadt. Zum Ganzen Th W II 489, 22 ff. (Schlier) und ders. Das vollkommene Gesetz der Freiheit, in: Zeit der Kirche, S. 194 f.

[83] Kosmopolitismus trat zuerst in der kynischen Schule hervor. Diogenes ἐρωτηθεὶς πόθεν εἴη, κοσμοπολίτης, ἔφη (Diog Laert VI 63). Im Übrigen ist natürlich zwischen dem Lebensgefühl des hellenistischen Menschen, „Bürger" in der Ökumene zu sein, und den hochfliegenden und theoretisierenden kosmopolitischen Idealen der Kyniker und Stoiker zu unterscheiden.

selbst; es eröffnete sich ihm der Bereich der Individualität[84]. Der Hellenismus bekannte sich zu jener „naiven" Innerlichkeit, die meint, das Heil in der eigenen Brust finden zu können. „Naiv" wird sie deshalb genannt, weil sie (anders als dann das Christentum) den Abgrund der Innerlichkeit nicht kennt[85]. Solche Verinnerlichung brachte aber auch die Aufgeschlossenheit für eine Art philosophischer Seelsorge mit sich. Diese wurde insbesondere von der kynisch-stoischen Diatribe geleistet. Der Weise sorgt für die Seele, der Philosoph spricht zur einzelnen Seele als ihr Seelsorger, von Gott selbst zum „Engel", ἄγγελος, bestellt[86]. Und darin liegt dann auch die unerhörte Bedeutung, die der Philosophie zukam. Dem aus der Hut der Polis und ihren heiligen Überlieferungen entlassenen Menschen bot sich die Philosophie als Führerin des Lebens an. Der Einzelne sucht das Heil in der seelsorgerlichen Ermahnung des Philosophen. Der Philosoph wurde dadurch zum Heilsbringer, es entstand — in einer ohnehin kultfreudigen Zeit — so etwas wie ein Kult bestimmter Philosophen. Die Anforderungen, die an die Philosophie gestellt wurden, bestimmten das Ziel der philosophischen Bemühungen. Im Mittelpunkt stand wieder je länger, je mehr, der Mensch. Hauptziel des Philosophierens war die rechte Lebensweisheit, die Lebenskunst; die Philosophie wurde zur „Lebensphilosophie". Sie hatte die Aufgabe, dem Einzelnen das zu verschaffen, was ihm früher die staatliche Gemeinschaft und ihr Mythos gegeben hatten: einen „Ort" in der Welt.

Der Mensch, der sich als Einzelner in der Welt vorfindet, erlebt in gesteigertem Ausmaß die Macht der τύχη. Der Kosmos ist nicht überschaubar, die Selbstmächtigkeit des Menschen durch das Weltgesetz begrenzt, er untersteht Mächten, die stärker sind als er selbst, das Schicksal

---

[84] Dem widerspricht nicht die stoische Anthropologie, die den Menschen als κοινωνικὸν ζῷον verstand (Pohlenz, Die Stoa, Geschichte einer geistigen Bewegung, 2. A. 1959, S. 115). Der Begriff setzt vielmehr die Reflexion auf die Individualität voraus.

[85] Reflexion und Innerlichkeit bei Augustinus haben ihre eine Wurzel durchaus in der griechischen und hellenistischen Tradition. Der Weg führt vom Kosmos auf den Menschen zurück, vgl. etwa Conf. X, 6. Et direxi me ad me, et dixi mihi, tu quis es? Et respondi: homo! Was der heidnischen Antike (wobei in gewisser Weise die Gnosis auszunehmen ist; aber die Gnosis ist ja nicht rein heidnisch) fehlt, ist die Einsicht in den abyssus humanae conscientiae (Aug. Conf. X, 2).

[86] Er ist der ἄγγελος καὶ κατάσκοπος καὶ κῆρυξ τῶν θεῶν Epiktet, Diss III 22, 69.

regiert. Die Stoa, die auf das Lebensgefühl des hellenistischen Menschen am meisten gehorcht hat, verlieh diesem Gefühl Ausdruck in ihrer Lehre von der Herrschaft der εἱμαρμένη, der ἀνάγκη, bzw. der Lehre von der πρόνοια[87]. Hier wie sonst wurden alte mythische Motive rationalisiert. Es ist für den Wandel des Bewußtseins kennzeichnend, daß die stoische Lehre darin auf den Widerstand jener Gruppen stieß, bei denen der althellenische Freiheitsdrang noch besonders mächtig war. Die stoische Ananke und Pronoia wurden als ungriechisch empfunden[88]. Tatsächlich wird man hier wohl auf orientalischen Einfluß hinweisen müssen und darauf, daß die großen Schulhäupter der Stoa[89] aus dem Orient stammten. Die Verschlingung von griechischem Selbstbewußtsein und orientalischer Religiosität tritt in der Identifizierung des griechischen Logos mit den orientalischen Schicksalsmächten am deutlichsten hervor. Gerade in solchen Einzelzügen zeigt die Stoa ihr typisch hellenistisches Gesicht[90].

Unter der Herrschaft der Ananke rücken die Menschen zusammen. Herr und Sklave wissen sich solidarisch als Menschen, die unter dem gleichen Weltgesetz stehen. Die Solidarität wurde zur — freilich nur philosophischen — Gleichheit. Dem Satz des Aristoteles[91], es gäbe von Natur aus

---

[87] Vgl. Pohlenz, Stoa, S. 93 ff.

[88] Der Grieche der klassischen Zeit lebt aus dem Gefühl: Du kannst. Seine Frage ist: Wie verträgt sich meine Freiheit mit dem Zwang? Die Stoa lebt aus dem „du sollst". Ihre Frage ist: Setzt das Gebot nicht die Willensfreiheit voraus? Vgl. Pohlenz, Stoa, S. 134 f., 164 f.

[89] Z e n o n stammte aus Kition, seine Muttersprache war phönizisch, sein Vater hieß Manasse oder Menahem. Der Charakter seiner Geistigkeit und das Prinzip seiner Philosophie — die Hingabe an den Logos — sind ungriechisch. C h r y s i p p mußte das Griechische erst erlernen. Vgl. Pohlenz, Stoa, 22—30. Die eigentlich h e l l e n i s c h e Philosophie der Zeit war nicht die Stoa, sondern der Epikureismus. — Ist die Stoa (wenigstens in ihren Ursprüngen) etwas anderes als orientalische „Weisheit", vermittelt durch den griechischen λόγος?

[90] Die Macht der Ananke hatte freilich auch die Tragödie gezeigt. Aber für sie war ja kennzeichnend, daß sich der Mensch, der Held, stolz allem Schicksal gegenüber selbst behauptet (so wenigstens bei Sophokles und Euripides, siehe oben). Die Ananke wurde als Einschränkung der Freiheit schmerzlich empfunden. — In der stoischen Philosophie gewinnt die Ananke göttliche Verehrung, und die Unterwerfung unter das Schicksal wird zum Grundsatz der Ethik! Daß freilich auch noch hierin heimlich der Stolz der Selbstbehauptung gewahrt wird, werden wir unten zu zeigen haben.

[91] Vgl. oben S. 5, Anm. 16.

einige Menschen, die zu Sklaven bestimmt sind, stellte die Stoa den anderen gegenüber: Von Natur ist kein Mensch Sklave[92]. Alle sind Sklaven und alle sind frei. Sie alle sind Sklaven des Weltgesetzes, aber sie sind frei, oder können wenigstens frei sein, wenn sie nur Menschen sind[93]. Das Verhältnis zu den Sklaven wird darum, wenigstens im Orient und hernach in der Kaiserzeit, menschlicher[94], weil das Bewußtsein menschlicher war. An eine faktische Aufhebung der Sklaverei hat niemand gedacht und, nach dem ganzen System, auch niemand denken müssen. Denn was will die äußere Freiheit schon besagen, wo doch alle Sklaven sind, und wo es die Möglichkeit einer — alle äußere Freiheit hinter sich lassenden — i n n e r e n F r e i h e i t gibt? Der wahre Mensch, der wahrhaft Freie, kann sein etwaiges äußeres Sklavenlos gelassen ertragen. Es gilt, frei zu sein — nicht mehr vor dem Forum der Polis — sondern frei zu sein innerhalb des geistigen Kosmos[95]. Epiktet war Sklave, Mark Aurel Kaiser. Aber dieser Unterschied schwand dahin, wenn man auf das wesentlich Menschliche blickte: da sah der Kaiser zu dem Sklaven auf[96].

[92] ἄνθρωπος γὰρ ἐκ φύσεως δοῦλος οὐδείς (Philon, de spec leg II 69; Arnim, SVF III 352).
[93] Max Pohlenz (Freiheit, S. 120) zitiert den Dichter der neueren Komödie Philemon:
„Für mich ist einer Herr, der Mann, der mir gebeut,
für dich und deinesgleichen das Gesetz der Stadt,
für andre ein Tyrann, den selbst die Furcht beherrscht;
er hat dem König zu gehorchen wie der König Gott.
Gott selber untersteht dem Weltgesetz (!). Du siehst:
Für jeden gibt es eine Macht, die stärker ist
und der er wie ein Sklave sich zu fügen hat" (Fr. 31).
„Ist jemand auch ein Sklave, Herr, so bleibt er doch
darum nicht weniger ein Mensch, wenn Mensch er ist" (Fr. 22).
Vgl. auch Seneca, Ep. 47!
[94] Vgl. damit Platons Stellung Leg II 777 b—778 a. Für ihn ist die Unterscheidung von Sklaven und Freien bzw. Gebietern notwendig, wenngleich auch das störrische Geschöpf Mensch zu dieser Unterscheidung keineswegs bereit ist (!). Platon regt an, menschlich mit den Sklaven umzugehen: „Die richtige Behandlung solcher Menschen besteht aber darin, daß man nicht irgendwie übermütig gegen seine Sklaven verfahre, sondern ihnen womöglich noch weniger Unrecht als den Gleichgestellten Unrecht zufüge" (777 d). Im Übrigen will er aber im Verhalten der Freien den Sklaven gegenüber noch die alte Distanz wissen.
[95] Vgl. Pohlenz, Freiheit, S. 119 ff.
[96] Pohlenz, Stoa, S. 341.

"Der Unterschied von Herr und Sklave vergeht vor dem höheren Unterschied der wahren inneren Freiheit, die sich in jeder Lebenslage bewähren läßt, und der Knechtung durch die Leidenschaften, vor der freie Geburt und auch der Purpur nicht bewahren. Das schwere Problem der Sklavenfrage, die der antiken Gesellschaft oft als das furchtbarste Gespenst erschien, wird theoretisch wie im Spiele gelöst, und die praktische Lösung erübrigt sich auf der Höhe eines Standpunktes, der an das äußere Glück keine Forderungen stellt und sich in alle gottgegebenen Schickungen fügt" (Wendland)[97]. Es läßt sich nicht leugnen, daß in dieser Botschaft der Philosophie, die alle Menschen, gleich welchen Standes, zur inneren Freiheit ruft, ein „messianischer" Zug liegt. Zwar fehlt der Begriff und das Bewußtsein der Erlösung in der stoischen Philosophie ganz. Wohl aber kennt sie den werbenden Ruf, die wahre Bestimmung des Menschseins zu erfüllen. Sie erhebt den Anspruch, zeigen zu können, wie der Mensch das wahre Leben, und das ist die Freiheit, gewinnen kann[98].

Wir fassen zusammen: In hellenistischer Zeit tritt im Bewußtsein des Menschen der Kosmos an die Stelle der Polis, der kosmische, göttliche Nomos an die Stelle des νόμος τῆς πόλεως. Der Mensch weiß sich dazu bestimmt, wahre Menschlichkeit und Freiheit zu gewinnen. Solche wahre Freiheit ist aber innere Freiheit, die von jedermann gewonnen werden kann und soll.

2. Der kynische Freiheitsbegriff

Das, was wir als spezifisch hellenistischen Freiheitsbegriff empfinden, ist am frühesten in der kynischen Philosophie, oder besser, in der

---

[97] a. a. O. S. 42. Vgl. auch Rostovtzeff II 900 ff. Daß dieser Freiheitsbegriff im Gegensatz zum politischen Freiheitsbegriff der Tradition stand, war durchaus bewußt. Die innere Freiheit wurde als größere Freiheit verstanden, als die eigentliche, ursprüngliche Freiheit (im Gegensatz zur politischen), wie auch der Nomos als kosmisches Prinzip den Nomos als politisches Prinzip übertreffen sollte. Das kosmologische Seinsverständnis (und mit ihm der weltanschauliche Freiheits- und Gesetzesbegriff) erschien der Zeit als Fortschritt bzw. als Rückkehr zur ursprünglichen Wahrheit. Vgl. Th W II 489, 34 ff. (Schlier).
[98] Eine ganz andere Art von Freiheit schaffen die Mysterien. Z. B. Apul. Met. XI 15. Hier folgt Freiheit nicht aus dem Logos, sondern aus dem Wunder, und sie ist nicht dem ζῷον λογικόν verfügbar, sondern Gnadengeschenk der Göttin.

Lebenshaltung der Kyniker zum Durchbruch gekommen⁹⁹. Die kynische „Philosophie" ist dem Bedürfnis nach persönlicher Unabhängigkeit erwachsen, aus der Frage, wie muß ich leben, um meine persönliche Unabhängigkeit zu wahren und den Wechselfällen des Schicksals gegenüber immun zu sein. Es ist eine Frage der praktischen Lebensführung. Theoretische Momente sind nur soweit aufgenommen, als sie der Beantwortung der praktischen Fragen des Lebens dienen. Die Anfänge liegen noch in klassischer Zeit (Antisthenes war Schüler des Gorgias und des Sokrates), aber bereits in jener Epoche, da sich der Untergang Altgriechenlands anbahnte. Der Kynismus stellt eine Vermischung von sophistischen und sokratischen Elementen dar. Aus der Sophistik stammt die radikale Hinwendung zum Menschen, die Kritik an den Traditionen, der Gegensatz „Natur—Konvention"; von Sokrates das Intellektualistische Moment, der Aufruf zur Einsicht, das Zutrauen zum Nous, er würde die rechte Lebensführung finden und das Ideal der Selbstbeherrschung. Der Begriff der Freiheit wird im Kynismus zum Zentralbegriff¹⁰⁰. Antisthenes hat als erster eine — leider verlorengegangene — Untersuchung περὶ ἐλευθερίας καὶ δουλείας geschrieben¹⁰¹. Freiheit wird ganz individualistisch — eudämonistisch verstanden, als die persönliche Unabhängigkeit, als das Unberührtsein von den störenden und zerstörenden Mächten des Lebens. Solche Freiheit wird gewonnen — das ist der Grundsatz des Kynismus — durch Preisgabe des Begehrens¹⁰², durch die B e d ü r f n i s l o s i g k e i t. Wer alles Begehren abgeworfen hat und völlig bedürfnislos lebt, hat das höchste Maß an persönlicher Unabhängigkeit erreicht. Er ist autark. Er ist wahrhaft frei. Solche Bedürfnislosigkeit erstreckt sich insbesonders auf die Kulturgüter, deren Wert verneint wird. Der Kyniker durchschaut und bekämpft die Bindung, die dem Menschen aus der Kultur erwächst, er sucht Freiheit im Rückgang auf die Natur. Er protestiert gegen die äußeren, materiellen und geistigen Güter, die nichts weiter als Einbildung und Schwindel (δόξαι bzw. τῦφος) sind. In der Alternative

---

⁹⁹ Pohlenz, Freiheit, S. 77 ff.
¹⁰⁰ Diogenes sucht am hellichten Tag mit einer Laterne den wahren Menschen, den Menschen, wie er sein soll, den f r e i e n Menschen (Diog. Laert. VI 41).
¹⁰¹ Diog. Laert. VI 16.
¹⁰² Hier unterscheidet sich Antisthenes von Aristipp — obgleich der Grundgedanke der inneren Unabhängigkeit, des ungestörten Lebens bei beiden der gleiche ist. Aristipp bindet sich nicht, um sich Unlust zu ersparen (Xen. Mem. II 1,9 11 13). Antisthenes verbindet damit den sittlichen Appell zur Überwindung der Begierde.

von φύσις und θέσις stellt er sich auf die Seite der φύσις. Dabei geht er in der Bestimmung dessen, was lediglich als konventionelle Setzung zu gelten hat, weit über die Sophisten hinaus: es ist Reichtum und Ansehen, es sind Familie und Vaterland, Kunst und Wissenschaft, ja zuweilen auch Anstand und Schamgefühl[103]. Der Weise fügt sich der φύσις, und ihr allein. Im Übrigen kümmert er sich um nichts. Er hat die absolute Freiheit, weil ihm nichts genommen werden kann; und es kann ihm nichts genommen werden — weil er nichts besitzt. Mit der Idee der Besitzlosigkeit und Bedürfnislosigkeit ist für den Kyniker der gordische Knoten des Freiheitsproblems zerschlagen.

Schon den Zeitgenossen ist die kynische Lebensführung als Narretei erschienen, Diogenes bekam den Beinamen Σωκράτης μαινόμενος. Die Kyniker haben zum Teil mit Absicht das Revolutionäre, Unbürgerliche, Aggressive ihrer gelebten Philosophie betont. Erstaunlich ist die Konsequenz und Unbekümmertheit, mit der ein extremes Freiheitsverständnis in die Wirklichkeit des gelebten Lebens umgesetzt wurde. Man kann dafür historische Ursachen anführen, den Verlust der Polis, die Unsicherheit des Lebens in den Kämpfen der Alexander- und Diadochenzeit, den Kulturpessimismus einer untergehenden Gesellschaft[104] u. a. m. Die historischen Faktoren sind aber akzidentiell. S a c h l i c h ist hier zum ersten Mal eine — abstoßende und zugleich anziehende Möglichkeit der menschlichen Existenz erschlossen worden, die in der völligen Preisgabe der politischen und sozialen Bezüge besteht, im Abwerfen der bürgerlichen Sicherungen, im Desinteresse an den „höheren" Werten, ein extremes Persönlichkeitsideal, dem das Glück der inneren Freiheit, der αὐτάρκεια, alles ist. Der politische Freiheitsbegriff der alten Zeit war gegenüber der radikalen Freiheit der Kyniker eine Naivität. Anderseits führt die radi-

---

[103] Diogenes εἰώθει δὲ πάντα ποιεῖν ἐν τῷ μέσῳ, καὶ τὰ Δήμητρος καὶ τὰ Ἀφροδίτης (Diog Laert VI, 69).

[104] „Dies Ideal der in sich gefestigten, freien Persönlichkeit ist, noch ehe die alte Welt wirklich in Stücke ging, dargestellt worden; es ist geboren aus der Opposition gegen das Alte und dem Gefühl seines nahen Untergangs" (Wendland, a. a. O. S. 76). „Im Ganzen ist diese Philosophie ein charakteristisches Zeichen der Zeit, das Denkmal einer Gesinnung, welche der Gesellschaft, wenn nicht feindlich, so doch gleichgültig gegenüber steht und alles Verständnis für ihre idealen Güter verloren hat: Sie läßt uns von innen her sehen, wie um jene Zeit die griechische Gesellschaft in die Individuen zerbröckelte" (Windelband-Heimsoeth, Lehrbuch der Geschichte der Philosophie, 1957 in 15. Auflage S. 72).

kale Freiheit des Kynikers ins Nichts: der Mensch, der sich nur noch nach der Natur richtet und die soziale und kulturelle Sphäre bewußt verneint, ist selbst wiederum widernatürlich, er handelt gegen seine eigene Natur. Wenn der Mensch anfängt, seine Freiheit (im Sinne der persönlichen Unabhängigkeit) radikal zu verwirklichen, wird seine Lebensführung absurd. Es wird im Grunde nur die Grenzsituation der menschlichen Freiheit offenbar.

3. Das Problem der Freiheit in der stoischen Philosophie

Der stoische Freiheitsbegriff stimmt mit dem kynischen darin überein, daß Freiheit in der Innerlichkeit gesucht wird. Wie der kynische Begriff, so zielt auch der stoische auf das existentielle Grundanliegen der Zeit: Mitten in den Stürmen des Lebens, in den Zufällen und Schicksalsschlägen einen Ort zu haben, der unerschütterlich ist. Auch die stoische Philosophie gibt Antwort auf die Frage wie Unerschütterlichkeit (ἀταραξία), wie Glückseligkeit (εὐδαιμονία) zu erreichen ist: dadurch, daß man rechte Erkenntnis erlangt; der Weise aber lebt tugendhaft und der Tugendhafte ist frei[105]. Die Übereinstimmungen zwischen stoischer und kynischer Philosophie reichen gerade auf dem Gebiet der Ethik sehr weit (kynisch-stoische Diatribe!). Dennoch unterscheiden sich stoische und kynische Philosophie an einer entscheidenden Stelle. Die Freiheit ist im Kynismus negativ bestimmt, es überwiegt der Protest gegen eine nicht mehr tragfähige gesellschaftliche Ordnung; in der Stoa ist sie positiv bestimmt, insofern nämlich, als der Stoa der Gedanke der „größeren Ordnung" zu Grunde liegt, der Glaube an den Ordo rerum, dem sich der Weise fügt. Der Kyniker ist im Grunde heimatlos, er wohnt in der Tonne oder vagabundiert als Bettelphilosoph durch die Welt. Der Stoiker haust im Kosmos, der — höchst bezeichnend — als „communis deorum atque hominum

---

[105] μόνον τ' ἐλεύθερον (scil. εἶναι τὸν σοφόν), τοὺς δὲ φαύλους δούλους (Diog. Laert. VII 121). ὥστε ἀνάγκη τοὺς μὲν φρονίμους ἐλευθέρους τε εἶναι καὶ ἐξεῖναι αὐτοῖς ποιεῖν ὡς ἐθέλουσι, τοὺς δὲ ἀνοήτους δούλους τε εἶναι καὶ ἃ μὴ ἔξεστιν αὐτοῖς ταῦτα ποιεῖν (Dio Chrys Or XIV 17). Vgl. auch Philon, quod omnis probus liber sit, 1 und passim. Cic de fin III 75. Stob Ecl II 101,14 ed Wachsmuth. Der Weise, der Freie, ist Freund Gottes (Philon, quod omnis probus liber sit, 42), König (Diog Laert VII 122). Vgl. SVF III 611 ff. Zum stoischen Freiheitsbegriff überhaupt: SVF III 349—366.

domus aut urbs utrorumque" (Cic De nat. deor. II 62, 154) verstanden wird. Freilich ist die kosmische Heimat gegenwärtig nur in der Innerlichkeit. Man kann auch sagen, die Stoa unterscheidet sich vom Kynismus durch den Glauben (und es ist wirklicher G l a u b e !) an die Harmonie des Kosmos, an das Weltgesetz, an den L o g o s , als Prinzip der makrokosmischen und mikrokosmischen Ordnung. Die Freiheit wird nicht — wie im Kynismus — durch die Konvention, sondern durch das Weltgesetz begrenzt. Die Polarität von Freiheit und Gesetz, die schon den klassischen Freiheitsbegriff bestimmt hat, erscheint in veränderter Form. Sokratisch ist der Ausgangspunkt, der Logos im Menschen, die Dimension des Geistes, die Innerlichkeit, der Rationalismus (der Weise ist tugendhaft); orientalisch ist die religiöse Verehrung des alles bestimmenden Weltgesetzes. In der Stoa wurde nun dieses letztere Motiv rationalistisch zum Prinzip der unbedingten Kausalität, des Determinismus umgestaltet. Damit aber geriet es in Widerspruch zum sokratischen Motiv der Selbstbestimmung aus Einsicht. So stellte sich der Stoa zum ersten Mal das Problem der Willensfreiheit als ontologisches Problem[106]. Freiheit folgt aus dem Mensch-Sein, Unfreiheit ist Folge des Welt-Seins. Ist der Mensch M e n s c h in der W e l t , dann ist er beides: er ist frei, sofern er Mensch ist, er ist unfrei, sofern er in der Welt ist, weil er damit ja dem Gesetz der Welt untersteht. Aber in welcher Weise können beide Motive miteinander vereint werden?

Der Mensch ist als Mensch frei: das ist der erste Grundsatz der stoischen Freiheitslehre[107]. Er ist frei als „logisches Wesen". Das ist das griechische Erbe. Aristoteles formulierte: λόγον δὲ μόνον ἄνθρωπος ἔχει τῶν ζῴων (Pol. I 2 p 1253 a, 9 f.). In diesem Sinn ist der Mensch ein ζῷον λογικόν, ein animal rationale[108]. Der Logos ist das, was den Menschen vom Tier unterscheidet. Es ist die Aufgabe des Menschen, im Logos seine Bestimmung zu erfüllen. „Denn was ist der Mensch? Ein sterbliches Vernunftwesen (ζῷον λογικὸν θνητόν), sagt man. Also, von wem unterscheiden wir uns durch das λογικόν? — Von den Tieren ... Siehe nun zu, daß du nicht wie ein Tier handelst, im anderen Fall hast du den Menschen verdorben und die Bestimmung (τὴν ἐπαγγελίαν) nicht erfüllt!" (Epikt Diss II

---

[106] Als psychologisch-juristisches Problem bei Platon (Leg IX 864 d—872 c) und Aristoteles (Eth. Nic. III 1—8). Als Seinsproblem taucht es bei Platon und Aristoteles noch nicht auf.
[107] Pohlenz, Freiheit, S. 127 ff.
[108] So schon Zenon: SVF I 230. Vgl. im übrigen das Register λογικὸν ζῷον IV S. 64.

9,2 ff.)¹⁰⁹. Der Logos macht den Menschen zum Menschen und gibt ihm die Fähigkeit, frei zu sein. Der Logos im Menschen ist der Ursprung seines Menschseins und damit zugleich seiner Freiheit. Das kommt dann auch in der stoischen Psychologie zum Ausdruck: Das Tier gibt dem sinnlichen Eindruck automatisch seine Zustimmung (συνκατάθεσις). Der Mensch, als Logos-Wesen, nimmt zum sinnlichen Eindruck subjektiv Stellung. Er kann zustimmen oder nicht. Die Zustimmung steht in seiner Macht (sie ist nach stoischer Ausdrucksweise ἐφ' ἡμῖν), sie ist f r e i e E n t s c h e i d u n g d e s L o g o s. Der Logos prüft und wertet die Dinge, er gibt den Dingen „Sinn". Er gibt darum auch dem Menschen die Möglichkeit, sich sinnvoll (weise) oder unsinnig (töricht) zur Welt zu verhalten, und das heißt, wie noch gezeigt werden wird, entweder in falscher Einstellung, im Pathos, zu verharren, oder aber durch richtige Einstellung zu den Adiaphora κατὰ λόγον zu leben. Die πάθη sind geradezu die „Gefühle und Begehrungen, die das vom Logos gesetzte Maß überschreiten¹¹⁰." — In allem ist der Mensch als Geist, Ich, als Subjekt und daher auch als frei bestimmt. Im Gegensatz zum demokritischen bzw. epikureischen Atomismus ist in der Stoa der Mensch in seiner Selbstzentriertheit gesehen. Dieses Zentrum wird Logos genannt¹¹¹.

Der Mensch steht als Glied der Welt innerhalb eines ewigen und unabänderlich determinierten Zusammenhangs: das ist der andere Grundsatz der stoischen Lehre. Der Stoiker sieht die Welt a l s G a n z e s, als A l l, und seine Einstellung zur Welt ist die einer pantheistischen Frömmigkeit. Das All ist ein geordneter Kosmos. Zum Kosmos wird es gemacht durch das Weltgesetz, den νόμος. Dieser ist als ἀνάγκη, τύχη und εἱμαρμένη das absolut Determinierende, als πρόνοια die alles ordnende und waltende Macht, als φύσις die Natur in ihrem So-und-nicht-anders-Sein. Der Nomos ist Zeus, Logos, θεός. Er ist die allgemeinste und höchste Vernunft, die alles durchdringt und alles nach allen Seiten hin sinnvoll ordnet. Es gibt nur e i n Weltgesetz, aus ihm folgt die innere Einheit

---

¹⁰⁹ Vgl. Epikt Diss III 1, 25 f.: γνῶθι πρῶτον τίς εἶ καὶ οὕτως κόσμει σεαυτόν. ἄνθρωπος εἶ· τοῦτο δ' ἐστὶ θνητὸν ζῷον χρηστικὸν φαντασίαις λογικῶς. τὸ δὲ λογικῶς τί ἐστιν; φύσει ὁμολογουμένως καὶ τελέως. τί οὖν ἐξαίρετον ἔχεις; τὸ ζῷον; οὔ. τὸ θνητόν; οὔ. τὸ χρηστικὸν ραντασίαις; οὔ. τὸ λογικὸν ἔχεις ἐξαίρετον· τοῦτο κόσμει καὶ καλλώπιζε ... Vgl. auch I 10, 10 und Sen Ep 76,8—10.
¹¹⁰ Pohlenz, Freiheit, S. 130.
¹¹¹ Epikur bringt ein solches Zentrum nicht mehr zustande. Seine Freiheit ist atomistisch.

und Harmonie der Welt[112]. Deutlicher noch tritt diese Auffassung am Logosbegriff zutage: der Logos ist der Sinn des Seins und die Seinsmächtigkeit. Als Sinn des Seins ist er das Prinzip der Harmonie, der Grund der Einheit der Welt, als Seinsmächtigkeit ist er die schöpferische Potenz, die in allem wirksam ist und durch alles hindurch wirkt[113]. Er steht nicht unter den Göttern oder über ihnen, sondern ist selbst die Gottheit, er ist das Sein selbst[114]. Er ist materiell als πῦρ oder αἰθήρ gedacht, als πνεῦμα. Er ist die Kraft, die alles Seiende bewegt. — In alledem ist die Verknüpfung von rationalistischen und religiösen Motiven deutlich. Während in der älteren Stoa das Motiv des Weltlogos zur absoluten Kausalität führte, ist in der mittleren Stoa, insbesondere bei und durch Poseidonius, das religiöse Moment wieder mehr zum Durchbruch gekommen[115]. Poseidonius versuchte den starren Mechanismus der älteren Tradition zu durchbrechen, das Verhältnis zum Göttlichen mehr persönlicher zu gestalten und die Gottesverwandtschaft des Menschen wieder in die Seele zu verlegen[116].

Aus der Konkurrenz der beiden Motive (persönliche Freiheit und Weltgesetz) ergibt sich das Freiheitsproblem der Stoa. E i n e r s e i t s ist die menschliche Seele nur ein Teil der Weltseele, der Logos im Menschen ein Teil des Weltlogos (makrokosmischer Aspekt, die Einheit der Welt): Daraus folgt der Fatalismus, der Glaube an die totale Determination, die Meinung, daß sich aller seelischer Inhalt auf die Sinneswahrnehmung, daß sich die Psyche auf die Physis total zurückführen lasse. A n d e r e r s e i t s ist die menschliche Seele selbst eine in sich geschlossene Welt, ein Mikrokosmos, der Logos des Menschen hat so gut wie der Weltlogos

---

[112] Vgl. etwa M Ant 7,9: νόμος εἷς, λόγος κοινὸς πάντων τῶν νοερῶν ζῴων. Vgl. etwa auch: Plut Is et Os 67: εἷς λόγος ὁ ταῦτα κοσμῶν καὶ μία πρόνοια ἐπιτροπεύουσα.

[113] Zum stoischen Logosbegriff vgl. Kleinknecht, Th W IV 83,12 ff. Bultmann, Glauben und Verstehen I, S. 274 ff. Pohlenz, Stoa, S. 32 ff. und passim.

[114] Gott ist ὁ πάντων τῶν ὄντων λόγος Orig. Contr Cels V 14.

[115] Vgl. die Untersuchung von Liechtenhan, Die göttliche Vorherbestimmung bei Paulus und in der posidonianischen Philosophie, 1922, passim, bes. S. 54, 56 f., 68 ff.

[116] Poseidonius wendet sich hier von der älteren stoischen Auffassung ab (nach der die Gottverwandtschaft des Menschen im Menschen als Ganzem liegt, weil er als ganzer vom lebendigen Logos bzw. der Physis durchwebt ist), und der platonischen zu, das heißt, er wendet sich vom Monismus zum Dualismus. Er nimmt die platonische Lehre von den Seelenteilen wieder auf (siehe oben S. 25). Vgl. Liechtenhan S. 88 f. Pohlenz, Stoa, S. 225 ff.

Spontaneität, Sein aus sich selbst. Das zeigt sich für die Stoa darin, daß der Mensch erkennen und handeln kann, er kann dem, was er wahrnimmt, zustimmen oder nicht, er kann sich frei entscheiden[117]. Er ist beides, ein Teil und ein Ganzes. Die Vereinbarkeit der beiden Motive zu zeigen, hat die stoische Philosophie die größten Denkanstrengungen gemacht.

Die psychologische Seite des Problems versuchte Chrysipp durch eine scharfsinnige Untersuchung des Begriffes αἰτία zu lösen. Er analysierte psychologisch das Zustandekommen der Entscheidung und fand, daß sich diese (a) aus der ohne unser Zutun zustandekommenden Vorstellung, die das letzte Glied einer Kausalkette darstellt, und (b) aus der συνκατάθεσις zusammensetzt. Der Vorstellung läßt er nur den Charakter eines Anreizes, der συνκατάθεσις spricht er die eigentliche Ursache, die αὐτοτελὴς αἰτία zu. Also gibt es etwas, was in unserer Macht steht, ein ἐφ' ἡμῖν bzw. ein αὐτεξούσιον. Der Mensch hat die ἐξουσία αὐτοπραγίας.

Während die φαντασίαι unwillkürlich an uns herantreten, haben wir den G e b r a u c h der φαντασίαι, die χρῆσις τῶν φαντασιῶν in unserer Hand. Diese ist eine vom Zentrum der Person, vom Selbst ausgehende Handlung, aber natürlich nicht ein ursachloses Geschehen. Vielmehr sah die Stoa darin die o n t o l o g i s c h e Lösung des Problems, daß sie spontane Entscheidung und Fatum zusammenfallen ließ: und zwar so, daß sich das Fatum unseres freien Willens bedient, um seine Ziele zu erreichen. In unseren spontanen Handlungen verwirklicht sich das Schicksal[118].

Im Zusammenfall von freier Entscheidung und Schicksal liegt auch die Lösung des e t h i s c h e n Problems[119]. Frei ist, wer sich dem Schicksal

---

[117] Vgl. Hans v. Arnim, Die stoische Lehre von Fatum und Willensfreiheit, 1905, S. 8 f. Zum Problem der Willensfreiheit in der Stoa vgl. auch Pohlenz, Freiheit, S. 131 ff.

[118] Vgl. SVF II 974—1007 (fatum et liberum arbitrium). Freiheit und Notwendigkeit schließen einander für die Stoa deshalb nicht aus, weil die Notwendigkeit nicht supranaturalistisch hypostasiert ist. Das Fatum wirkt ja i n der Welt, es bewirkt auch das Spontane! Zum Ganzen vgl. Arnim, a. a. O. S. 15.

[119] Daß es darüberhinaus noch ein ethisches Freiheitsproblem gab, war ein Widerspruch im System, den die Stoa nicht entdeckt hat. Die Stoa operierte im Grunde mit einem doppelten Freiheitsbegriff: a) die „formale" Freiheit (Wahlfreiheit, Entscheidungsmöglichkeit), b) die persönliche Freiheit, die Eudaimonie, die Unabhängigkeit von der Welt. Vgl. Arnim, S. 17. Hinsichtlich der formalen Freiheit war es überhaupt unmöglich, etwas anderes zu tun als der Nomos wollte. Hinsichtlich der eudämonistisch-ethischen Freiheit war das durchaus möglich. Zwar geschah auch dann, was das Schicksal wollte, aber es geschah dann mir zum Leide. V e r b u n d e n s i n d d i e b e i d e n

fügt, wer den Nomos erfüllt. Es ist für die „Naivität" des hellenistischen Menschen kennzeichnend, daß die Paradoxie eines solchen Ansatzes nicht empfunden wurde. Ist es ehemals die Erfüllung der Gesetze des Staates gewesen, so sind es jetzt die Gesetze der Welt, denen man sich unterwirft, um als Freier innerhalb der Welt (wie ehemals als Freier innerhalb des Staates) zu leben. Den Weg zeigt der Logos. Er stellt die Relation her zwischen Subjekt und Objekt, Selbst und Welt, Mikrokosmos und Makrokosmos. Er k a n n diese Verbindung herstellen, weil sowohl das Subjekt als auch das Objekt „logisch" strukturiert sind. Der Logos konstituiert nicht nur das Sein der Welt, sondern auch das Sein des Menschen, er ist das, was Mensch und Welt zusammenhält. Der Mensch als „logisches" Wesen steht innerhalb einer Welt, die vom Logos geprägt ist. Daraus folgt: wenn der Mensch dem Weltgesetz, der Weltvernunft, der Physis, der anima mundi gehorcht, dann gehorcht er nicht einem „fremden", sondern im Grunde einem eigenen Gesetz; indem er sich der Weltordnung unterwirft (so wie sie nun einmal ist), kommt er zu sich selbst, weil er im Grunde der gleichen logischen Struktur unterworfen ist, weil diese ihn als Menschen konstituiert[120]. Er gewinnt seine Eigentümlichkeit und Freiheit im Gehorsam gegen das Gesetz der Welt[121]. Indem er sich an ein Ganzes anschließt, gewinnt er sich als ein Besonderes, Eigenes. Indem er dem Weltgesetz, dem „Gott" folgt, folgt er sich selbst.

In dem religiösen Gefühl der Harmonie des Seins wurzelt das, was wir als das Spezifische der stoischen Ethik empfinden. Es mündet in den Imperativ, der Notwendigkeit zu gehorchen. Der wahrhaft freie Mensch lebt in bewußter, frei gewählter Übereinstimmung mit dem Schicksal. „Dem

---
„F r e i h e i t e n" i n d e r S t o a d a d u r c h, d a ß d e r W e i s e s e i n p e r s o n a l e s F r e i h e i t s s t r e b e n m i t d e r f o r m a l e n W a h l f r e i h e i t z u r D e c k u n g b r i n g t (!). Er beschränkt sich auf die Wahlmöglichkeit. „Frei ist, ... wer alles Wünschen von sich abgetan hat und nur noch will und handelt" (Arnim, ebdt).

[120] „Es ist ein Akt der Anerkennung, der vom Philosophen gefordert ist ... Es geht nicht darum, daß er der Welt ein Gesetz des Sollens auferlege, um ihre Realität seinen Idealen zu unterwerfen. Seine Erkenntnis ist Anerkenntnis; er soll sich durchringen zu der in seiner Existenz ausgesprochenen Anerkennung, daß alles, was geschieht, geschehen muß und geschehen darf, wie es eben geschieht" (Heinr. Barth, Die Bedeutung der Freiheit bei Epiktet und Augustin, Brunner-Festschrift, 1950, S. 52). Barth verweist auf Epikt Ench 8: Μὴ ζήτει τὰ γινόμενα γίνεσθαι ὡς θέλεις, ἀλλὰ θέλε τὰ γινόμενα ὡς γίνεται καὶ εὐροήσεις.

[121] Ἐγὼ δὲ ἐλευθερίαν ποθῶν νόμου δέομαι, λόγου δέομαι (Max Tyr 33,5).

Menschen geht es wie einem Hunde, der an den Wagen gebunden ist. Wenn er sich sträubt und sich auf die Hinterbeine setzt, wird er zwangsweise mitgeschleift; ist er aber klug, läuft er vergnügt aus eigenem Antrieb mit und ‚verbindet die Freiheit mit der Notwendigkeit'[122]." Es ist gerade das Menschliche am Menschen, daß er sich bewußt und frei seinem Schicksal unterwerfen und im Gehorsam gegenüber dem Schicksal seine Eigentlichkeit gewinnen kann. Aus dem Logos, der in ihm ist, kann der Mensch erkennen, was ihm gemäß und was ihm nicht gemäß, was ihm fremd ist. Gibt er sich dem Nichtlogischen, Fremden, dem ἀλλότριον hin, dann steht er nicht in harmonischer Übereinstimmung mit der Natur und muß die Disharmonie im affectus leiden. Übergibt er sich aber in seiner Lebensführung dem Logos, dann wird er alles Pathos, allen Affekt von sich freihalten können und die Meeresstille des Gemütes, die tranquillitas animi erreichen, d. h. die innere Harmonie, die sich aus der Übereinstimmung mit der Harmonie des Makrokosmos ergibt. Solche innere Harmonie, die als ἀ-πάθεια und ἀ-ταραξία bezeichnet wird[123], gewinnt freilich nur der Weise, der zugleich tugendhaft ist (und umgekehrt), weil er allein sich der Führung des Logos überlassen hat[124]. Im stoischen Sinne frei sein heißt, sich in der Gewalt haben, über sich selbst frei verfügen, jenseits von Glück und Unglück, von Freuden und Schmerzen stehen, heißt, sein Schicksal zu lieben (amor fati) — im Grunde: durch den Glauben an den Logos als den Sinn des Seins und im Rückzug auf die Sphäre des Logos sich selbst zu behaupten und damit dem Ganzen zu dienen.

4. Der Freiheitsbegriff der späteren Stoa

Der Freiheitsbegriff der späteren Stoa — und das heißt insbesondere der Begriff in der epiktetischen Philosophie — bedarf einer gesonderten Behandlung[125]. In der späteren Stoa spielt der Begriff ἐλευθερία eine größere Rolle als früher; zudem steht gerade diese Ausformung des Begriffes formal den neutestamentlichen Aussagen nahe.

---

[122] Pohlenz, Freiheit, S. 142. Hippolytos Philos 21 SVF II 975: ἐὰν μὲν βούληται ἕπεσθαι, καὶ ἕλκεται καὶ ἕπεται, ποιῶν καὶ τὸ αὐτεξούσιον μετὰ τῆς ἀνάγκης ...

[123] Epikt Diss I 4, 28 ff. (vgl. Diog Laert VII 117). Porphyrios ad Hor, Serm II 4,1 bei Arnim SVF III 449: ... Stoici ... τὴν ἀταραχίαν τῆς ψυχῆς, hoc est nihil timere nec cupere, summum bonum esse.

[124] Der Weise tut nur das Erlaubte, und weil er nur das Erlaubte tut, hat er die Freiheit, zu tun, was er will.

[125] Pohlenz, Freiheit, S. 159 ff.

Epiktets Freiheitsbegriff stimmt im Ansatz mit dem der früheren und mittleren Stoa überein. Der Unterschied liegt in erster Linie in der ungleich größeren Bedeutung, die dem Begriff jetzt zukommt. Epiktet spricht von seiner Freiheit mit einer religiösen Ergriffenheit, die erkennen läßt, daß ἐλευθερία für ihn das höchste Gut ist. Daraus erklärt sich, daß die **existentiale** Seite des Begriffs überhand nimmt, während die **theoretische** (also etwa die Frage nach der Willensfreiheit) ganz zurücktritt. Die theoretische Frage nach der Willensfreiheit angesichts des Weltgesetzes erscheint einer so streng auf die praktische Lebensführung ausgerichteten Philosophie, wie es die spätere Stoa ist, als müßige Frage[126]. Ziel der Pilosophie ist die Lebenskunst — Kunst im tieferen Sinn — die ἐπιστήμη τοῦ βιοῦν. Die Lebenskunst macht den Menschen frei. Aufgabe der Philosophie ist es, den Menschen darüber zu belehren, wie er leben kann und soll, wie er seine Freiheit gewinnen kann, denn Freiheit ist Leben[127].

Ausgangspunkt ist das unerschütterte Selbstvertrauen des Menschen, daß er sich letztlich doch in der Hand hat, daß er — sofern er es nur richtig, „weise", anstellt — seine Möglichkeiten verwirklichen kann. Freiheit ist grundsätzlich eine Möglichkeit des Menschen, sie steht in seiner Hand: „Wenn du willst, bist du frei. Wenn du willst, brauchst du mit nichts unzufrieden sein, nichts anklagen, alles wird nach Wunsch gehen, nach deinem und zugleich dem des Gottes" (Diss I, 17,28)[128]. Für den Stoiker ist es klar, daß der Mensch grundsätzlich — und das heißt nach der Sprache der Antike „von Natur aus" — über Freiheit verfügt, daß

---

[126] Epiktets Philosophie ist in diesem Sinn mit Bewußtheit „praktische" Philosophie. Sie lehrt die Kunst „richtig zu leben und richtig zu sterben" (Ernst Benz, Das Todesproblem in der stoischen Philosophie, 1929, S. 85 und passim). Wie kann man das Leben führen, ohne die Selbstachtung — ohne sich selbst zu verlieren? Wie kann man seine moralische und geistige Existenz bewahren, angesichts des endlosen Leides, der Affekte, des Todes?

[127] „Was ist es, das den Menschen unbezwingbar und selbstherrlich (ἀκώλυτον ... καὶ αὐτεξούσιον) macht? Reichtum tut es ja nicht, oder das Konsulat oder das Statthalteramt oder das Königtum, sondern es muß etwas ganz anderes sein, nach dem wir suchen müssen. Was ist es nun, das uns in den Stand setzt, beim Schreiben weder gehindert noch gehemmt werden zu können. Die Schreibkunst. Und was beim Zitherspiel? Die Kunst des Zitherspielens. Οὐκοῦν καὶ ἐν τῷ βιοῦν ἡ ἐπιστήμη τοῦ βιοῦν." (Diss IV 1,62 f.), Übersetzung hier und im Folgenden nach Wilhelm Capelle, Epiktet, Teles und Musonius, Wege zu glückseligem Leben, 1948, bzw. Pohlenz, Freiheit.

[128] Ἐὰν θέλῃς, ἐλεύθερος εἶ· ἐὰν θέλῃς, μέμψῃ οὐδένα, ἐγκαλέσεις οὐδενί, πάντα κατὰ γνώμην ἔσται ἅμα τὴν σὴν καὶ τὴν τοῦ θεοῦ.

er also — wenn er unfrei ist — nur aus eigener „Schuld" unfrei ist, daß er nicht unfrei zu sein braucht. Niemand hindert den Menschen an seiner Freiheit, außer er sich selbst; niemand hindert dich, der du φύσει frei bist, außer du dich selbst! Οὐκ ἐνδέχεται τὸ φύσει ἐλεύθερον ὑπ' ἄλλου τινὸς ταραχθῆναι ἢ κωλυθῆναι πλὴν ὑφ' ἑαυτοῦ (Diss I 19,7)[129].

Von dieser Voraussetzung aus ergibt sich ein Doppeltes: nämlich, daß sich der Mensch von dem, was ihn unfrei macht, frei machen k a n n , und daß er sich frei machen s o l l. Der naturhaften Freiheit entgegen steht die Tatsache, daß der Mensch zumeist seine Möglichkeit preisgibt. Aber dem steht wiederum der Imperativ der Stoa entgegen: sei, der du bist, ergreife deine Möglichkeiten, mach dich frei, du kannst es und du sollst es! Solche Befreiung setzt freilich das r e c h t e W i s s e n voraus. Es ist das Wissen um den Bereich der Freiheit[130] bzw. um die beiden S e i n s b e r e i c h e , den einen, der dem Menschen zur Verfügung steht, und den anderen, der ihm nicht zur Verfügung steht. Es gilt zu unterscheiden zwischen dem, was in unserer Macht steht (τὸ ἐφ' ἡμῖν) und dem, was nicht in unserer Macht steht (τὸ οὐκ ἐφ' ἡμῖν). Der stoische Imperativ lautet nun, allein das zu ergreifen, was in unserer Macht steht und das andere preiszugeben. Nur was ἐφ' ἡμῖν ist, ist auch πρὸς ἡμᾶς, geht uns etwas an. „Ἔπειτα ἐξέταζε αὐτὴν (scil. τὴν φαντασίαν) καὶ δοκίμαζε τοῖς κανόσι τούτοις οἷς ἔχεις, πρώτῳ δὲ τούτῳ καὶ μάλιστα, πότερον περὶ τὰ ἐφ' ἡμῖν ἐστιν ἢ περὶ τὰ οὐκ ἐφ' ἡμῖν· Κἂν περὶ τι τῶν οὐκ ἐφ' ἡμῖν ᾖ, πρόχειρον ἔστω τὸ διότι ‹οὐδὲν πρὸς ἐμέ›" (Ench 1,5). Hierin liegt der „Trick", mit dem der Stoiker das Leben meistern und seine Selbstherrschaft aufrichten will. „Ἀνίκητος εἶναι δύνασαι, ἐὰν εἰς μηδένα ἀγῶνα καταβαίνῃς, ὃν οὐκ ἔστιν σοὶ νικῆσαι" (Ench 19,1)[131]. Er gewinnt die Frei-

---

[129] Ταράσσει τοὺς ἀνθρώπους οὐ τὰ πράγματα, ἀλλὰ τὰ περὶ τῶν πραγμάτων δόγματα ... ὅταν οὖν ἐμποδιζώμεθα ἢ ταρασσώμεθα ἢ λυπώμεθα, μηδέποτε ἄλλον αἰτιώμεθα, ἀλλ' ἑαυτούς, τοῦτ' ἔστι τὰ ἑαυτῶν δόγματα (Ench 5).

[130] Das ist allgemein stoische Überzeugung. Wisse, was du kannst, und wolle nur das, was du kannst. So bist du frei. F r e i h e i t i s t W i s s e n ; Knechtschaft Unwissenheit: οὐκοῦν καὶ τὴν ἐλευθερίαν χρὴ λέγειν ἐπιστήμην τῶν ἐφειμένων καὶ τῶν κεκωλυμένων, τὴν δὲ δουλείαν ἄγνοιαν ὧν τε ἔξεστι καὶ ὧν μή (Dio Chryst. or. XIV 18).

[131] „Nur wer sein Wollen auf das beschränkt, was in seiner Macht steht, nur wer als alleiniges Ziel das eigene sittliche Handeln hat, gleichviel, ob ihm äußerer Erfolg beschieden ist oder nicht, braucht keine Enttäuschung zu befürchten. Er kann von niemandem gehindert werden. Er kann alles, was er will, weil er nur will, was er kann!" (Pohlenz, S. 162).

heit dadurch, daß er sich auf jenen Bereich zurückzieht, der ihm zur Verfügung zu stehen scheint und alles andere möglichst ignoriert. Die Dimension der Innerlichkeit wird hier mit Raffinesse dazu verwendet, mitten in den Begrenzungen des Schicksals, im Zwang, in der Knechtschaft, einen Ausweg zu finden, durch den man dennoch zur Freiheit gelangen kann. „Der Satz ‚Du gehst mich nichts an' wird für Epiktet zu der Zauberformel, die ihn gegen jeden Angriff des Außen auf sein Innenleben wappnet[132]." Der Wichtigkeit jener Unterscheidung zwischen dem, was uns zur Verfügung steht und dem, was nicht, entspricht es, daß beide Werke, in denen uns die Lehrreden des Epiktet überliefert sind, mit dieser Frage beginnen. Vgl. Diss I 1 (περὶ τῶν ἐφ' ἡμῖν καὶ οὐκ ἐφ' ἡμῖν) und Ench I 1—3: „Die einen Dinge stehen in unserer Gewalt, die anderen nicht. In unserer Gewalt stehen: Vorstellung (ὑπόληψις), Trieb (ὁρμή), Begehren (ὄρεξις) und Abneigung (ἔκκλισις); mit einem Wort alles, was unser Werk ist (ὅσα ἡμέτερα ἔργα). Nicht in unserer Gewalt stehen: Leib, Besitz, Ansehen, Ehrenstellen; mit einem Wort alles, was nicht unser Werk ist (ὅσα οὐχ ἡμέτρα ἔργα). Was nun in unserer Gewalt steht, ist von Natur frei, unverwehrt, unverhindert (φύσει ἐλεύθερα, ἀκώλυτα, ἀπαραπόδιστα), was nicht in unserer Gewalt steht, ist schwach, unfrei, voll Hindernisse, fremd (ἀσθενῆ, δοῦλα, κωλυτά, ἀλλότρια). Mach dir also klar: Hältst du, was seiner Natur nach unfrei ist, für frei, was fremd ist, für eigen (τὰ ἀλλότρια ἴδια), so wirst du auf Hindernisse stoßen, wirst trauern, und verwirrt werden, wirst Gott und den Menschen Vorwürfe machen. Hältst du aber nur das Deine für dein eigen, das Fremde aber für das, was es auch ist, für fremd, so wird niemand je dich zwingen, niemand dich behindern, du wirst niemandem Vorwürfe machen, niemanden anklagen, wirst niemals etwas wider Willen tun; niemand wird dir schaden, du wirst keinen Feind haben; du wirst eben gar nichts Schädliches erfahren können[133]." Das, was in unserer Macht steht, ist also das, was wir selber

---

[132] Pohlenz, Freiheit, S. 163. Epiktet selbst spricht von ῥαβδίον τοῦ Ἑρμοῦ : Diss III 20, 11 f.

[133] Vgl. auch Diss IV 1,66—75: Τὸ σῶμα (wird zum οὐκ ἐπ' ἐμοί) ὅταν θέλῃς ὁλόκληρον εἶναι ... ὑγιαίνειν ... καλὸν εἶναι ... Daraus folgt: Οὐκοῦν τὸ μὲν σῶμα ἀλλότριον, ὑπεύθυνον παντὸς τοῦ ἰσχυροτέρου. — Ἔστω (66). Und später: ὅπου δὲ σώματος χρεία καὶ τῆς ἐκ τούτου συνεργείας, πάλαι ἀκήκοας, ὅτι οὐδέν ἐστι σόν (73). Wie in Ench 1,1 folgt in der Aufzählung der ἀλλότρια auf das σῶμα der Besitz: ἀγρὸν ἔχειν, τὰ δουλάρια, τὰ ἱμάτια, τὸ οἰκίδιον, τοὺς ἵππους ... aber auch: das Leben der Kinder, der Frau, des Bruders, der Freunde (67). Das alles steht nicht

bewirken, was aus dem Zentrum unserer Existenz kommt, was „unser Werk" ist, das Eigene — im Gegensatz zum Fremden, τὸ ἴδιον — im Gegensatz zu den ἀλλότρια. Es kann auch als τὰ ἔσω bezeichnet werden, im Gegensatz zu τὰ ἔξω (Diss II 13,11 Ench 29,7). Es ist die Seele mit der χρῆσις φαντασιῶν (Diss III 24,67 ff.), mit der διαίρεσις und προαίρεσις (Diss I 17,21 ff.). Die Konsequenz dieser Unterscheidung ist der Imperativ, sich nur auf das ἴδιον einzulassen; nur so kann das Beisichselbersein gewahrt bleiben. Wer über τὰ ἔξω, τὰ ἀλλότρια verfügen will, ist ein Narr. Er wird seine Torheit mit der δουλεία büßen; weise ist, wer τὰ ἀλλότρια und τὰ σά auseinanderhält und im Letzteren sich übt (Ench 14): μακρὰν ἀπ' αὐτοῦ (scil. τὸ ἀλλότριον) οὐ μόνον τὰς χεῖρας, ἀλλὰ πολὺ πρότερον τὴν ὄρεξιν· εἰ δὲ μή, παρέδωκας σαυτὸν δοῦλον, ὑπέθηκας τὸν τράχηλον, ἂν θαυμάσῃς τῶν [τι]μὴ σῶν, ᾧ τινι ἂν τῶν ὑπευθύνων καὶ θνητῶν προσπαθῇς (Diss IV 1,77). Die innere Loslösung von dem, was nicht in meiner Macht steht, mit aller Energie und in aller Konsequenz: αὕτη ἡ ὁδὸς ἐπ' ἐλευθερίαν ἄγει, αὕτη μόνη ἀπαλλαγὴ δουλείας (Diss IV 1,131)[134].

Es kommt also alles auf die innere Einstellung an, auf die „Vorentscheidung" (προαίρεσις), mit der der Stoiker im einzelnen Fall entscheidet, ob er sich von etwas treffen läßt oder nicht, auf die δόγματα, mit denen er die Dinge, die über ihn kommen, beurteilt. Es taucht von Ferne — auf dem Boden einer nicht reflektierten Erkenntnistheorie — die Erkenntnis

in meiner Macht, ist nicht mein. — Aber: πότερον οὖν οὐδὲν ἔχεις αὐτεξούσιον, ὃ ἐπὶ μόνῳ ἐστὶ σοί, ἢ ἔχεις τι τοιοῦτον (68). Der Fortgang des Gesprächs zeigt auf, was τὸ ἐπὶ σοί ist, τὸ σόν, τὸ αὐτεξούσιον : Nämlich die Funktionen der Innerlichkeit: συγκατάθεσις, ὁρμῆσαι, ὀρέγεσθαι, προθέσθαι, ἐπιβαλέσθαι, kurz: χρῆσθαι ταῖς προσπιπτούσαις φαντασίαις (68—74). In diesem Bereich, und hier allein, habe ich mich selbstherrlich in der Hand. „Es" ist nicht mein. Nur ich selbst bin mein, nämlich sofern ich in meiner Innerlichkeit bei mir selbst bin. — Vgl. auch Diss IV 1,128—131 u. ö. Die ἀλλότρια sind ἀδιάφορα, sie sind ethisch indifferent; ob man sie hat oder nicht, ist gleichgültig (oder sollte gleichgültig sein). Sie liegen jenseits der praktischen Vernunft, außerhalb des Bereiches der Sittlichkeit.

[134] Der Sinn der διαίρεσις ist offenbar die Selbst-Welt-Struktur des Seins. Das Selbst steht als solches nach stoischer Anschauung in unserer Macht, es ist nicht zu hindern. Die Welt steht nicht in unserer Macht. Zur Welt gehört auch das von uns, was nicht wir selbst sind (z. B. der Leib!). Die Dihairesis scheidet auch innerhalb des Menschen. Der Mensch wird sich selber zur Außenwelt, zum Nicht-ich, über das er nicht verfügt. Aber es bleibt doch immerhin ein ἔσω, über das man von Natur aus die Verfügungsgewalt hat.

auf, daß die Objekte an sich gleichgültig sind, indifferent, und daß erst die δόγματα, die Projektionen des Subjekts auf das Objekt, das Objekt zu etwas machen, was uns schmerzt oder freut[135].

Mit Hilfe der Vorentscheidung, die das Selbst davor bewahrt, sich dem Fremden auszuliefern, vollzieht sich der Rückzug auf die Innerlichkeit[136] und die Preisgabe der Außenwelt. Wenn Gott will, dann gilt es, die Außendinge fahren zu lassen. Der Weise kann das ja getrost — er verliert nichts. Das Schicksal, das ihn überfällt, nimmt ihm ja nichts Wesentliches, nicht das Eigentliche, sondern immer nur das Fremde. Das Schicksal nimmt ihm nur das, was ihm ohnehin nie wirklich gehört hat[137]! Das Reich seiner Innerlichkeit muß ihm doch bleiben. So fügt sich der Weise, er ergibt sich dem Schicksal, er stimmt ihm zu. Was Gott will, eben das will er auch[138]. Kommt es aber zum Äußersten, nämlich dazu, daß der

[135] Οὐκ ἐνδέχεται τὸ φύσει ἐλεύθερον ὑπ' ἄλλου τινὸς ταραχθῆναι ἢ κωλυθῆναι πλὴν ὑφ' ἑαυτοῦ. ἀλλὰ τὰ δόγματα αὐτὸν ταράσσει (Diss I 19,7 f.). Ταράσσει τοὺς ἀνθρώπους οὐ τὰ πράγματα, ἀλλὰ τὰ περὶ τῶν πραγμάτων δόγματα (Ench 5), u. ö. M Ant 2,15; 4,7.

[136] Th W II 490,28 ff. Vgl. auch M Ant 4,3 7,28. 59 10,1 u. ö. Das ganze Buch ist nichts anderes als ein Rückzug ad se ipsum.

[137] Der Weise verliert nicht, er gibt nur zurück (Ench 11)! Die Welt ist nicht sein, er ist nur geladen (Ench 15). Darum hängt er auch nicht am Leben. Er ist Fahrgast; ist seine Lebensfahrt vorbei, steigt er aus (M Ant 3,3. Vgl. noch 4,48). Er hat seine Rolle zu spielen im theatrum mundi. Wenn das Spiel aus ist, geht er (M Ant 12,36 u. ö. Benz, S. 62 f.).

[138] „Ich bin noch niemals, wenn ich wollte, gehindert worden, noch, wenn ich nicht wollte, gezwungen worden. Aber wie ist das möglich? Ich habe meinen Lebensdrang Gott unterstellt (προσκατατέταχά μου τὴν ὁρμὴν τῷ θεῷ). Er will, daß ich Fieber habe? Ich auch. Er will, daß ich auf etwas aus bin? Ich auch. Er will, daß ich etwas begehre? Ich auch. Er will, daß ich etwas erreiche? Ich auch. Er will nicht? Ich auch nicht! Ich bin bereit, zu sterben. Ich bin bereit, mich foltern zu lassen. Wer kann mich noch hindern oder zwingen gegen meine Absicht? So wenig, wie man Zeus zwingen kann!" (Diss IV 1,89 f.). Vgl. noch Diss I 12,8 f. II 16,42 IV 1,79 M Ant 4,31 10,14 5,27 6,16 fin. u. ö. Wer das Schicksal so mit seinem eigenen Wollen zur Deckung bringt, kann das fromme Wort sagen:
ἄγου δέ μ', ὦ Ζεῦ, καὶ σύ γ' ἡ Πεπρωμένη,
ὅποι ποθ' ὑμῖν εἰμι διατεταγμένος·
ὡς ἕψομαί γ' ἄοκνος· ἢν δὲ γε μὴ θέλω,
κακὸς γενόμενος, οὐδὲν ἧττον ἕψομαι.
(Ench 53,1; vgl. Diss IV 4,34 II 23,42 IV 1,131; Sen ep 107,11: Ducunt volentem fata, nolentem trahunt).

Mensch dem Schicksal nicht mehr zustimmen kann, so steht als letztes Mittel der Tod offen: patet exitus. Καπνὸν πεποίηκεν ἐν τῷ οἰκήματι; ἂν μέτριον, μενῶ· ἂν λίαν πολύν, ἐξέρχομαι. τούτου γὰρ μεμνῆσθαι καὶ κρατεῖν, ὅτι ἡ θύρα ἤνοικται (Diss I 25,18)[139]. Der Tod darf in keiner

---

[139] Der Selbstmord ist nicht eine Konzession an die sittliche Schwäche, sondern — unter bestimmten Umständen — geradezu eine Forderung des Sittengesetzes! „Der Selbstmord erlangt Berechtigung dadurch, daß er zur sittlichen Tat wird, durch die sich ein Mensch der Möglichkeit, gezwungenermaßen sein sittliches Ideal zu verleugnen und zu verletzen, entzieht" (Benz, a. a. O. S. 55, im Orig. gesperrt). Zenon deutet einen Unfall als Wink des Gottes. Er gibt sich selbst den Tod — in Übereinstimmung mit sich selbst und dem Gott: Ἔρχομαι, τί μ' αὔεις; (Diog Laert VII, 28). Schon die ältere Stoa lehrt die εὔλογος ἐξαγωγή (vgl. SVF III 757—768). Unter dem Druck der Kaiserzeit wird der Freitod zu dem göttlichen Tröster und Befreier: das Blut der Suicidanten ist eine Libation für Jupiter, den Gott der Freiheit (Tac Ann XV 64 XVI 35). Eine besondere Rolle spielt die Verherrlichung des Selbstmordes bei Seneca. Vgl. etwa de prov VI 6 f.: At multa incidunt tristia, horrenda, dura toleratu! Darauf antwortet die Gottheit: Quia non poteram vos istis subducere, animos vestros adversus omnia armavi. ferte fortiter. hoc est, quo deum antecedatis (!); ille extra patientiam malorum est, vos supra patientiam. Contemnite paupertatem; nemo tam pauper vivit quam natus est. Condemnite dolorem; aut solvetur aut solvet. Contemnite mortem; quae vos aut finit aut transfert. Contemnite fortunam; nullum illi telum, quo feriret animum (!), dedi. Ante omnia cavi, ne quid vos teneret invitos. patet exitus. si pugnare non vultis, licet fugere. ideo ex omnibus rebus quas esse vobis necessarias volui, nihil feci facilius quam mori. Prono animam loco posui; trahitur, adtendite modo et videbitis quam brevis ad libertatem et quam expedita ducat via. non tam longas in exitu vobis quam intrantibus moras posui; alioqui magnum in vos regnum fortuna tenuisset, si homo tum tarde moreretur quam nascitur. — Ep mor 12,10: Seneca zitiert den — Epikur zugeschriebenen — Satz: „Malum est in necessitate vivere: sed in necessitate vivere necessitas nulla est" und erläutert: Quidni nulla sit? Patent undique ad libertatem viae multae breves, faciles. Agamus deo gratias (!), quod nemo in vita teneri potest; calcare ipsas necessitates licet. — Ep mor 70,4: non enim vivere bonum est, sed bene vivere. itaque sapiens vivit, quantum debet, non quantum potest. Der Tod ist kein Schreckmittel mehr: stultitia est timore mortis mori (70,8). Im Gegenteil: hoc est unum, cur de vita non possimus queri: neminem tenet (70,15). So macht gerade der Tod das Leben erträglich: Vgl. bes. ad Marc 20: Alles kann ertragen werden — zuletzt befreit doch der Tod. Non est molestum servire, ubi, si dominii pertaesum est, licet uno gradu ad libertatem transire. caram te, vita, beneficio mortis habeo (!) (20,3 fin). — Vgl. noch M Ant 6,28 und 29; 9,3; 11,3; 12,36.

Weise Gegenstand der Furcht sein. Er ist zu verachten wie alles, was nicht in unserer Macht steht, wie die Krankheit und das Alter, wie die Armut und das Leiden, wie Mangel und Schmach[140]. In der Furcht überhaupt und in der Todesfurcht insbesonders, in den Affekten, dringt ja die Außenwelt in die Innerlichkeit ein[141]. Es gilt, durch das Mittel der Verachtung die Innerlichkeit vor dem Affekt und dem damit bedingten Selbstverlust zu bewahren. Nein: der Tod ist kein Gegenstand der Furcht. Er kommt von Gott, und wer Gottes ist, fügt sich ihm willig[142]. Mehr noch: er ist der göttliche Befreier. Er offenbart nicht die Tiefe der Entfremdung, sondern ist dem Weisen zu eigen. Der Weise macht ihn zu s e i n e m Tod, zum „freien Tod". Er stirbt zur rechten Zeit und in rechter Weise, wie der Gott — und das heißt: wie der Weise — es will. Gerade im Tod genießt er seine Freiheit und triumphiert über die verachtete Welt[143].

5. Zusammenfassung und Kritik

In der stoischen Philosophie ist zum ersten Mal ein ontologisch fundierter und ethisch brauchbarer Freiheitsbegriff gefunden worden, der in

---

Zu Epiktets und Marc Aurels Korrekturen an Senecas Suicidkonzession vgl. Benz S. 77 ff. — Am Rande sei vermerkt, daß Plotin das Suicid verbot (Enn I 9).

[140] Diss II, 8,27—28; III, 20,12. Verachtung der adiaphora ist der Weg zur Freiheit: Ench 19,2 Sen de prov VI 6 u. ö. Stoische Freiheit besteht darin, „sich über das Phänomen zu stellen und es beherrschend zu verachten" (Benz, S. 87)!

[141] Die Affekte sind das, „worin die Welt in uns selbst ihre Vertretung hat" (Th W II 490,62 Schlier). Es ist der neuralgische Punkt der stoischen Ethik. **Siehe unten.**

[142] Der Weise durchschaut den Sinn des Todes und fügt sich in den Logos des Todes. Er „begreift ... den Tod und läßt die Furcht, indem er das Unvermeidliche als Gesetz erfaßt, das in der ganzen Schöpfung gilt, und sich ihm willig unterstellt, da er durch Einsicht seinen Sinn erkennt..." (Benz, S. 36, im Orig. gesp.).

[143] „Die Selbstherrlichkeit der Lehre, die nicht genug die persönliche Freiheit des Einzelmenschen betonen konnte, machte vor dem letzten Ereignis, das ‚getan' werden mußte, keinen Halt, sondern krönte den letzten physischen Vorgang zur letzten Heldentat der sittlichen Freiheit. Wie sie jede Handlung bewußt und in scharfer Abwägung ihrer ethischen Bedeutung tut, so tut sie auch den letzten Schritt im Bewußtsein ihrer Leistung. Daher die große Bedeutung,

der paradoxen Einheit der Pole Freiheit und Schicksal bzw. Selbstbehauptung und Ergebung besteht. Die Paradoxie dieser Einheit blieb dem Stoiker aber verborgen. Die stoische Philosophie setzt den allgemeingriechischen Optimismus voraus, der Mensch wäre im Stande, seine Eigentlichkeit zu verwirklichen, d. h. in diesem Zusammenhang, die Einheit von Ergebung in das Weltgesetz und Selbstbehauptung des Ich von sich aus zu erreichen. Jedoch zeigt eine Analyse des stoischen Begriffes (die freilich auf Grund der christlichen Erfahrung gemacht wird), daß eine wirkliche Einheit der Gegensätze nicht erreicht wurde. Der Akzent liegt vielmehr auf der S e l b s t b e h a u p t u n g . Der Stoiker ergibt sich in das Schicksal, um sich selbst behaupten zu können. D i e E r g e b u n g i s t e i n M i t t e l z u m W i d e r s t a n d . Der Stoiker ergibt sich, um (darin und dadurch!) Widerstand leisten zu können. Aber Widerstand gegen wen? Widerstand gegen Gott. Und warum? Weil das innerste Ich mit Gott allen Anstrengungen zum Trotz doch nicht eins ist. Der Stoiker erkennt, daß die Freiheit in der Einheit des Selbst mit Gott liegt; er glaubt, diese Einheit durch rationales, „sachgemäßes", richtiges Verhalten aufrichten zu können. Gleichwohl scheitert er. D i e R a t i o n a l i t ä t ü b e r w i n d e t d i e A n g s t n i c h t , die die endliche Freiheit von Gottes absoluter Freiheit trennt. D i e f r o m m e E r g e b u n g i s t i n W a h r h e i t a g g r e s s i v . Insbesondere in der epiktetischen Philosophie wird der geheime Trotz, die Ergebung als passiver Widerstand gegen das leidige Schicksal offenbar[144]. Analoges zeigt der stoische Tugendbegriff. Das Gute wird nicht um seiner selbst willen getan, sondern um die innere Harmonie zu erreichen. Der Stoiker überwindet sich, um die tranquillitas animi zu genießen, er sucht sich selbst zu überwinden — für sich selbst. Am Deutlichsten wird die Inkonsequenz der stoischen Ethik an der Anpreisung des Suicids als ultima ratio. Der S e l b s t - mord des Stoikers ist

---

die dem Tod in der stoischen Ethik zukommt. Er ist die letzte und größte sittliche Leistung, der letzte Sieg der Vernunft, der letzte Triumph der Tugend" (Benz, S. 86).

[144] Diese Kritik entspricht der analogen Kritik am demokratischen Ideal. Die attische Demokratie gibt vor, einen idealen Ausgleich von Freiheit und Gesetz gefunden zu haben, so zwar, daß eines das andere konstituiert. In Wahrheit versucht gerade in diesem System der Einzelne seine Freiheit mit Hilfe der demokratischen Ordnung zu verwirklichen. Das hat schon Platon gesehen. Siehe oben S. 11 ff. Das Suicid als Enthüllung der eigentlichen Tendenz des stoischen Ideals findet seine Entsprechung im Übergang der Demokratie zur Tyrannis.

gerade nicht Selbstmord, sondern eigentlich W e l t - mord¹⁴⁵. Im Suicid versucht er sein Selbst endgültig von der ihm nicht verfügbaren Welt, dem Nicht-selbst zu erlösen. Das ist aber unmöglich, weil das endliche Selbst nicht als solches existiert, sondern immer nur als ein in der Welt vorkommendes und also immer an die Welt gebunden ist¹⁴⁶.

Hier liegt der eigentliche Nerv der stoischen Freiheit. Der Weise meint das ungestörte, sich selbst verfügbare Ich gewinnen zu können, indem er das Nicht-ich preisgibt. Aber er kann das nicht verwirklichen, weil ihm als geschaffenes Wesen das reine, nichtichfreie Ich nicht gegeben ist. Das wäre das absolute Ich, also Gott. In Wahrheit sucht ja der Stoiker auch das absolute, göttliche Ich, die Aseität. Er will Gottes „Freund" sein, König in seiner Innerlichkeit, dem Herrschaftsbereich, aus dem ihn niemand verdrängen kann. Er gibt preis, was nicht in seiner Macht steht, um sich selbst nicht preisgeben zu müssen, um nicht preisgeben zu müssen, was in seiner Macht steht! Der Sklave, der über die Welt nicht herrschen kann, errichtet in seiner Innerlichkeit einen Herrschaftsbereich, innerhalb dessen er souverän ist. Hier ist er Mensch und Gott zugleich.

Der Stoiker unterliegt also der dämonischen Versuchung, die sich aus dem Selbstsein des Menschen ergibt. Er versucht, seine Aseität aus der Selbstzentriertheit aufzubauen. Dabei verfällt er aber der Illusion: denn auch das innerste Ich steht in Wahrheit nicht „in meiner Macht". Auch die Innerlichkeit steht mir nicht „zur Verfügung"¹⁴⁷, und der eigentliche

---

¹⁴⁵ Sofern der Imperativ der epiktetischen Ethik darauf hinausläuft, sich in die eigene Innerlichkeit einzuschließen und die Außenwelt als indifferent zu behandeln, trägt bereits die ganze Lebensführung des „Weisen" den Charakter des Suicids.

¹⁴⁶ Vgl. Schlier, a. a. O. S. 490,53 ff.: „Daß die Hingabe an Gott so gemeint ist, d. h. daß immer die Sicherung des Ich dabei erstrebt wird, zeigt sich dokumentarisch an einer Inkonsequenz gegenüber einer echten Hingabe an das aus der Welt mir Zugeschickte; daß dem Menschen empfohlen wird, vor der übergroßen Belastung seiner selbst durch die Bedrängnisse des Daseins auszuweichen durch die Flucht in den Tod."

¹⁴⁷ „Ferngehalten aber ist der Blick von allem Hintergründigem, allem Abgründigen des Selbstseins, vor dem ihm die Fragwürdigkeit seines naiv-vordergründigen Selbstbewußtseins und die Zweideutigkeit aller darauf gebauten Selbstqualifizierung aufgehen könnte — und wo es der Schwindel ergreifen könnte vor seiner eigenen sich selbst überlassenen Freiheit — der Schwindel der Freiheit vor sich selbst. — Mit dieser entscheidenden A b b l e n d u n g und um ihren Preis ist die stoische Idealvorstellung erkauft" (Hans Jonas, Augustin und das paulinische Freiheitsproblem, 1930, S. 9). „Ganz anders

Zwiespalt, in dem der Mensch lebt und aus dem das Problem der Freiheit bzw. die Unfreiheit resultiert, ist nicht der Zwiespalt zwischen der Innerlichkeit und allem „Äußeren", z. B. dem Leib, durch den der Mensch auch Welt ist; **der eigentliche Zwiespalt liegt im Ich selber, er zerspaltet auch die Innerlichkeit des Menschen**. Auch in der Innerlichkeit ist der Mensch nicht mit sich selbst eins — und also frei —; deshalb ist der bloße Rückzug auf die Innerlichkeit, auf den ἔσω ἄνθρωπος keine Rettung[148].

Man könnte einwenden: denkt die Stoa nicht gerade monistisch? Will sie nicht gerade Selbst und Welt durch das Band des Logos versöhnen? Dagegen ist zu sagen: das stoische System **intendiert** die Versöhnung von Selbst und Welt, ohne sie zu **erreichen**. Beispiel: die Dihairesis leistet für die Ethik etwas ganz anderes als sie innerhalb der Intention des Systems leisten dürfte; sie schafft unter dem Vorwand einer ontologischen Bestimmung der Selbst-Welt-Struktur einen **Zufluchtsort** für den Verzweifelten, einen Ort, an dem er gerade nicht mit der Welt **eins** ist, sondern wo er die Welt **los** ist (!). Damit trennt sie — entgegen der monistischen Intention — in abstrakter Weise das Selbst von der Welt. — Ähnliches läßt sich beobachten an der Einstellung zum Suicid. Der Tod wird nicht wirklich hingenommen, sondern selbstherrlich angeeignet; Tod und Leben sind nicht versöhnt, sondern der Tod wird gegen das Leben ausgespielt. — Man erinnert sich an die paulinische Deutung der „natürlichen Theologie" (Röm 1 und 2): die Stoa kann die richtige Einsicht in das officium des Menschen, sich Gott hinzugeben, nicht durchhalten, nicht angemessen verwirklichen.

Im Übrigen kommt das dem Stoiker selbst in gewisser Weise zum Bewußtsein. Etwa, wenn er darüber Klage führt, wie wenig das stoische Ideal

---

im Christentum. Hier beginnt das Problem dort, wo es für die Stoa endet, d. h. die ganze Problematik spielt sich erst innerhalb des Bereiches ab, den die Stoa als vermeintlich gesicherten, problemfreien, mit dem Besitz seiner eindeutigen Determination durch den Logos, ausgegrenzt hatte" (ebdt. S. 11). „Wo die Stoa die Sicherheit gefunden hat, beginnt dort (scil. im Christentum) die Unsicherheit" (S. 12). Vgl. auch O. Schmitz, Der Freiheitsgedanke bei Epiktet und das Freiheitszeugnis der Paulus, 1923, S. 59: „Darum (scil. weil die Mächte der Destruktion alles überfluten) ist es unmöglich, sich in die uneinnehmbare Burg seiner Innerlichkeit zurückzuziehen, sondern die Not gewinnt dadurch ihre unendliche Tiefe, daß sie bis ins innerste Ich geht."

[148] Diese Kritik trifft mutatis mutandis auch jeden **idealistischen** Freiheitsbegriff. Siehe später.

tatsächlich verwirklicht wird[149]. Gleichwohl führt diese Einsicht nicht zur Paralyse des Ideals.

Die Ursache des Mangels der stoischen Ethik liegt im Festhalten an der griechischen Tradition, die zwar von den Abgründen der menschlichen Seele weiß, sie aber nicht philosophisch realisiert hat. Nach griechischer Tradition ist das Bewußtsein, das sich selbst weiß, frei[150]. Aber wieviel weiß ich denn von mir selbst? Ist mir nicht in dem Maße als ich mir nicht selbst bewußt bin, auch meine Innerlichkeit als Raum der Selbstverfügung genommen? Kann ich mich auf ein Selbst zurückziehen, das ich insofern gar nicht habe, als weite Bereiche unzentriert sind und mich an die Peripherie, an das Nicht-selbst ausliefern?! Und wie, wenn die Preisgabe an das Nicht-selbst gerade im distanzierten Selbst-sein-wollen gründet? Wie, wenn mein eigentliches Selbst gerade auch in jenen Bereichen liegt, die ich mir nicht oder noch nicht bewußt angeeignet habe? Die Lösung kann nicht in der A b w e n d u n g der vermeintlich selbstherrlichen Innerlichkeit von der Außenwelt bestehen. Wie das Suicidgebot zeigt, ist die selbstherrliche Innerlichkeit gerade sehr wenig bewußt, sehr wenig bei sich selbst, sehr wenig frei. Die Lösung liegt vielmehr darin, daß sich das Ich in freien (nicht willkürlich-ängstlichen) Akten der Welt z u w e n d e t und das Fremde, das ἀλλότριον aufnimmt. Gerade dadurch, daß das Ich sich dem Nicht-ich stellt (statt ihm auszuweichen), wird es erst zum vollständigen und darum wahrhaft freien Selbst. Das aber ist allein möglich durch das Opfer der Liebe.

III. Der Freiheitsbegriff der Gnosis

1. Vorbemerkung

Nach dem berühmten Ansatz Adolf von H a r n a c k s sollte die Gnosis als akute Hellenisierung des Christentums verstanden werden[151]. Harnack folgte hier im Grunde der aus der Zeit der Kirchenväter stammenden Tradition, nach der die Gnosis eine innerkirchliche Häresie des 2. nach-

---

[149] Epiktet, Diss II 19,24 ff.
[150] Siehe oben, S. 22 ff.
[151] Dogmengeschichte, Bd. I, 4. Auflage 1909, S. 250.

christlichen Jahrhunderts darstellt[152]. Die Forschung der religionsgeschichtlichen Schule, die Entdeckung und Auswertung der mandäischen Quellen, die Einsicht in die Tatsache, daß schon das Neue Testament in einigen wesentlichen Partien gnostische oder mindestens gnostisierende Häretiker bekämpft, haben die Harnack'sche These zu Fall gebracht und zu der Überzeugung geführt, daß wir es bei der Gnosis mit einem weit umfangreicheren Phänomen zu tun haben. Vor allem hat sich die Anschauung durchgesetzt, daß die Gnosis älter als das Christentum und daher ursprünglich auch unabhängig vom Christentum gewesen ist. Nach der Formulierung von G. Quispel[153] handelt es sich um eine eigene Religion, eine Religion sui generis, eine „Weltreligion" neben der christlichen, deren Ursprünge lange vor Christus zurückliegen und die in gewisser Weise überhaupt zeitlos ist.

Trotz aller wissenschaftlichen Bemühungen, die an dieses faszinierende Phänomen gewandt worden sind, blieben viele offene Fragen. Sie sind durch die glücklichen Funde gnostischer Originaltexte in Ägypten (Nag Hamadi in der Nähe des alten Chenoboskion) keineswegs zur Gänze aufgeklärt. Umstritten ist nach wie vor die H e r k u n f t der gnostischen Bewegung. Verschiedene Vorschläge sind gemacht worden, denenzufolge die Gnosis im Iran, in der griechischen Philosophie, in der orientalischen Mythologie, im nachbiblischen Judentum, bei den „Urmandäern" ihre Wurzel haben soll. Nach G. Kretzschmar lägen die Ursprünge des Gnostizismus in einem synkretistischen Judentum[154]. Es ist aber mindestens fraglich, ob die Zurückführung der Gnosis auf das Judentum dem komplexen Phänomen gerecht wird. Wahrscheinlicher ist es doch, daß von verschiedenen Traditionen her der Weg zur Gnosis möglich war — und ist. Die dualistischen Erlösungslehren der Orphik und der Pythagoräer (die ja zum Teil sogar die Philosophie bestimmten) konnten z. B. ebenso gut in die Gnosis einmünden wie etwa die spekulative „Weisheit" Israels. Gnosis ist

---

[152] Die Auffassung der Gnosis als Produkt der Hellenisierung des Christentums ist zuletzt von F. C. Burkitt, Church and Gnosis, 1932 vertreten worden und hat auf die angelsächsische Forschung nach wie vor großen Einfluß.
[153] G. Quispel, Gnosis als Weltreligion, 1951, S. 1, und passim.
[154] G. Kretzschmar, Zur religionsgeschichtlichen Einordnung der Gnosis, Ev Th 13 (1953) S. 360. Nach S. Schulz, Die Bedeutung der Gnosisfunde für die neutestamentliche Wissenschaft, ThR 26 (1960) S. 334 seien die Ursprünge der Gnosis wahrscheinlich „im komplexen jüdischen und semijüdischen Taufsektenmilieu der Jordanebene Palästinas der vorchristlichen Epoche mit seiner eindeutigen Frontstellung und Ablehnung des pharisäisch bestimmten Judentums" zu suchen.

ihrem Wesen nach überhaupt weder „jüdisch" noch „heidnisch", sondern eine Religion eigenständiger Art, zu der man von den verschiedensten Seiten her gelangen konnte[155].

Wichtiger noch als die religionsgeschichtliche Einordnung der Gnosis, die aus methodischen Gründen schwierig ist[156], ist die Interpretation der gno-

---

[155] Immerhin führt auch vom Judentum her ein Weg zur Gnosis. Das ist für das Verständnis des Judentums und des NTs von eminenter Bedeutung. Jüdische Gnosis erklärt sich keinesfalls lediglich aus einer Überfremdung (etwa Iranisierung, Hellenisierung, „Paganisierung"), sondern vielmehr aus den eigenen jüdischen Erfahrungen, aus den Erfahrungen, die der Angefochtene mit dem „deus absconditus" gemacht hat. — Im Hinblick darauf wird man von einem d r e i f a c h e n Ausgang der Religionsgeschichte des Judentums sprechen dürfen: (1) Der Weg in die strenge Gesetzlichkeit — Pharisäismus, rabbinische Tradition (die freilich selber nicht einheitlich ist); (2) Der Weg in die Esoterik (etwa: Qumran-Essener, Apokalyptik, mystische Spekulationen, Merkaba-Mystik, jüdische Gnosis); (3) Der Weg zum Christus. — Jedenfalls kommt dieses Schema mit den „Daten", die der Exegese des Neuen Testaments vorgegeben sind, am Besten zurecht.

[156] Die religionsgeschichtliche Forschung ist durch ihre Methode genötigt, die Gnosis aus einem der verschiedenen Bereiche (Iran, Hellenismus, Judentum) abzuleiten, oder sie muß die Gnosis als Produkt des Synkretismus verstehen. Mit alledem ist aber höchstens der ä u ß e r e Zusammenhang der uns überkommenen Traditionen aufgedeckt und auch dieser nur (und naturgemäß nur) in sehr problematischer Weise. Die eigentlichen treibenden Motive bleiben verborgen. Wichtiger ist die Frage nach dem inneren Gehalt, nach dem S i n n der gnostischen Symbole. Was lassen sie erkennen hinsichtlich der Frage, wie sich und wie weit sich der Mensch selbst durchschaut und seine Existenz realisiert? Von da aus ist es möglich, die Gnosis als eine bestimmte Station in der Geschichte der Differenzierung des Bewußtseins zu verstehen. Vielleicht ließe sich so auch ein vertieftes Verständnis für die Geschichte der „gnostischen Bewegung" im Einzelnen gewinnen. Gnosis entsteht w e s e n t l i c h nicht durch „Ideenwanderung" und Ideenverbindung, sondern sie entsteht, wenn der Mensch eine bestimmte Erfahrung seiner selbst gemacht hat, wenn das Bewußtsein reif geworden ist, die Tiefe der Entfremdung zum Ausdruck zu bringen. Zur Gnosis führt daher nicht nur die griechische und iranische, sondern auch die jüdische „Geistesgeschichte". Man muß weder die heidnische Gnosis aus der jüdischen, noch die jüdische aus der heidnischen erklären (so selbstverständlich es ist, daß sie sich berührt haben); die gnostischen Mythologoumena sind nicht auf bestimmte, festlegbare Traditionen und ihre Neuinterpretation reduzierbar, sondern sie sind, wenigstens weitgehend, Ausdruck der spontanen Produktivität eines Bewußtseins, das bestimmte Erfahrungen mit der Welt und sich selbst gemacht hat.

stischen Texte. Hier hat die Schule Rudolf Bultmanns, insbesonders aber Hans J o n a s — trotz aller Kritik — allgemein anerkannte Verdienste erworben[157]. Die Analyse des gnostischen Weltgefühls durch Jonas bleibt auch dort maßgebend, wo man sich im methodischen Ansatz wie auch im Einzelnen nicht immer mit ihm deckt. Unbestritten ist, d a ß sich die Gnosis als solche interpretieren läßt, auch wenn die religionsgeschichtlichen Fragen nicht zu einer überzeugenden Klärung gekommen sind. Denn in der Gnosis haben wir es mit mythischen Symbolen eines Lebensgefühls zu tun (Bultmann und Jonas sprechen in der Nachfolge Heideggers von einem Seins- bzw. einem Existenzverständnis), das auch den modernen Menschen anzusprechen vermag.

2. Gnostisches Lebensgefühl und gnostische Freiheit

Man verschafft sich einen Zugang zur Gnosis und — was uns hier interessiert — zu ihrem Freiheitsverständnis[158] am Besten durch eine Analyse des gnostischen Lebensgefühls[159]. Das Lebensgefühl, das sich im gnostischen Mythos ausdrückt, ist das Gefühl des U n b e h a u s t s e i n s. Der Mensch, wie ihn die Gnosis sieht, ist der „unbehauste Mensch". Der antike Mensch war zu Hause in seiner Polis — die Verbannung aus der Heimat erschien ihm weit mehr als uns heute als eine harte Strafe. Extra patriam nulla salus. Im Hellenismus bildet der Kosmos, in gewisser Weise das Imperium — die beiden Größen schließen sich nicht aus —, jenes Zuhause, in dem er lebt. Der Gnostiker findet ein solches Daheim nicht mehr. Das gnostische

---

[157] H. Jonas, Gnosis und spätantiker Geist, Bd I, 1934, Bd II, 1954. Ders., The Gnostic Religion, 1958.
[158] Das gnostische Freiheitsverständnis ist bis jetzt noch nicht Gegenstand einer eingehenden Untersuchung gewesen. Merkwürdigerweise geht auch H. Schlier im Th W II 484 ff. über die Gnosis hinweg. Das Beste dazu findet sich bei Walter Schmithals, Die Gnosis in Korinth, eine Untersuchung zu den Korintherbriefen, 1956, S. 183 ff.
[159] Im Folgenden wird „die Gnosis" als eine Einheit behandelt und von den zum Teil erheblichen Differenzen der einzelnen Gruppen und ihrer Mythen abstrahiert. Dieses Vorgehen ist durch die Methode der vorliegenden Untersuchung gefordert und durch die Tatsache gerechtfertigt, daß gerade das wesentlich Gnostische allen Gruppen gemeinsam ist: der Durchbruch des Bewußtseins totaler Entfremdung und die Erlösung durch das „Erwachen" zum absoluten, transzendenten „Selbst".

Lebensgefühl ist bestimmt durch das Gefühl der F r e m d e. Leben heißt in der Fremde sein. Sowohl die Polis als auch die Kosmopolis sind Fremde. Der Kosmos — für den Stoiker noch patria — wird für den Gnostiker zum Exil[160]. Damit ist der Horizont des griechischen Lebensverständnisses überschritten und die Gnosis als extrem „ungriechisch" qualifiziert. In gewisser Weise steht die Gnosis hier dem Neuen Testament viel näher als etwa der späteren Stoa.

Die andere Seite dieses Fremdgefühls ist das Gefühl, nicht mehr über sich selbst Herr zu sein. Die Polis und hernach der Kosmos waren ja der Raum, innerhalb dessen der Mensch unabhängig lebte und über sich selbst verfügte. In der Fremde der Welt gibt es solches Bei-sich-selbst-sein und Sich-in-der-Hand-haben nicht mehr. Die griechische Philosophie fragt nach dem, was in unserer Macht steht; d a ß etwas in unserer Macht steht, ist für sie keine Frage. Gnosis ist demgegenüber zuerst die Erkenntnis, d a ß ü b e r h a u p t n i c h t s in diesem traditionellen griechischen Sinn i n u n s e r e r M a c h t steht, daß vielmehr die „Macht" über uns steht, die in den verschiedensten Formen mythologisch vergegenwärtigt wird (Äonen, Elemente, Archai, Exousiai etc.). Das heißt aber: die Gnosis erkennt, daß es schlechterdings kein „weltfreies" Ich gibt, mythologisch gesprochen, daß das Ich, indem es überhaupt in der Welt ist, von der Welt gefangen gehalten wird (der Leib ist Gefängnis, die Welt nicht Ordnung, sondern — griechisch gesprochen — Chaos). Nicht bloß allgemein der Mensch ist den Mächten ausgeliefert, sondern die ψυχή selber ist der Welt preisgegeben, der „Rückzug in die Innerlichkeit" illusorisch, sofern auch die Innerlichkeit kein selbstverständlich verfügbarer Raum ist[161]. „Der menschliche Wille, vor die ihm aus der Welt her entgegentretenden Möglichkeiten gestellt, fühlt, daß er mit jeder in der Wahl ihnen gegenüber bestätigten Selbstrealisierung immer nur seine Verfallenheit an die Welt als solche neu verwirklicht. Es ist der Schwindel des Ich, der Freiheit, die, im konkreten Handeln von sich Gebrauch machend, entdeckt, daß sie dabei immer Vasall der Weltwirklichkeit ist, die ihr im Darbieten vieler Möglichkeiten nur die Wahl zwischen dieser oder jener Dienstbarkeit läßt; ja sie entdeckt, daß sie s e l b e r ganz und gar

---

[160] Die pneumatische Substanz (= des Gnostikers wesentliches Selbst) ist ὑπερκόσμιος φύσει ... φύσει τοῦ κόσμου ξένος Cl Alex Strom IV 165,3 f.

[161] Das Christentum wird dann den letzten Schritt vollziehen: das Selbst ist nicht bloß der Welt, sondern sich selbst preisgegeben. Durch die Befreiung von sich selbst geschieht auch die Befreiung aus der Bindung an die Welt.

Exponent jenes Weltwesens ist" (Jonas)[162]. Während nach stoischer Auffassung der Mensch fähig ist, sich im geistigen Akt der Selbstbefreiung aus eigenem zu verwirklichen, ist nach gnostischer Auffassung eben das, die Selbstverwirklichung des Menschen aus seinen „inneren", geistigen Kräften, nicht möglich und darum auch der ethische Imperativ hinfällig (!). An die Stelle der Philosophie tritt die Heilslehre. Gnosis ist kein geistiger Akt — ein solcher ist ja gar nicht möglich — sondern ein wunderbares, schicksalhaftes, naturhaftes Geschehen. Gnosis kann nicht durch freie Wahl errungen werden, zur Gnosis ist man κατὰ φύσιν bestimmt oder eben nicht. — Das heißt aber: Der Mensch hat in der Gnosis den K o n t a k t   m i t   d e r   W e l t   v e r l o r e n[163]; bzw. anders ausgedrückt: es bedeutet, daß der Mensch die P e r s o n a l i t ä t preisgegeben hat. Der Mensch ist, was er ist, κατὰ φύσιν, er ist selbst ein Stück φύσις. Das Übermächtigtsein des Ich durch die Welt führt bis zur Auflösung des Selbstbewußtseins, zur Auflösung des Ich und der Person[164]. Auch das Ich ist nichts Selbstzentriert-Personales mehr, sondern ein Es, nicht πρόσωπον, sondern φύσις. Die Seele ist die tabula rasa der Dämonen[165]. Gerade in diesem Punkt ist das gnostische Selbstverständnis von großer Radikalität, und eben diese Radikalität macht den excessiven Libertinismus verständlich.

Mit der Auflösung der Personalität wandeln sich auch jene Begriffe, die das griechische Freiheitsverständnis bestimmten. Die W e l t ist das πλήρωμα τῆς κακίας (Corp Herm VI 4), in den Kosmos geboren werden, heißt in den Tod hinein geboren zu werden (Clem Alex. Excerpta ex Thedoto 80), es ist die Aufgabe des Menschen, sich dem Trug des Kosmos zu e n t f r e m d e n (!) (Corp Herm XIII 1 und I 28). Das G e s e t z, das den Kosmos bestimmt, qualifiziert ihn zur „Unterwelt". „Ordnung und Gesetz ist auch hier der Kosmos, aber starre, sinnfremde, feindselige Ordnung, tyrannisches, böses Gesetz, dem Urwesen des Menschen fremd, für ihn nicht kommunikabel, nicht bejahbar. Eine sinnentleerte Welt

---

[162] Gnosis und spätantiker Geist, I, S. 144 f. Vgl. zum Ganzen 140 ff., 168—172, 238 f. u. ö.

[163] Ganz konsequent erweist sich demnach auch der gnostische Freiheitsbegriff konstituiert durch die Kontaktlosigkeit des Selbst mit der Welt. Freiheit ist Beziehungslosigkeit.

[164] Schwund der Selbst-Welt-Struktur, Schwund der Personalität und Verantwortung, Untertauchen in der Physis, in der Exousia.

[165] Vgl. Jonas, a. a. O. S. 191 ff.

hatte ihre Ordnung: Eine sinnentleerte Ordnung" (Jonas) [166]. Der Logos ist dementsprechend nicht mehr die Potenz, die die Harmonie des Alls aufrichtet — eben gerade das Gefühl der Harmonie fehlt ja ganz. Logos ist vielmehr jetzt eine transzendente Größe, ein Äon im Pleroma, weil der S i n n der Welt und des Daseins entschwunden ist, transzendent geworden ist.

Gerade aus solcher äußerster Knechtschaft des Menschen entspringt aber nun ein paradoxer und excessiver Freiheitsbegriff. Die völlige Leugnung der Freiheit im griechischen Sinn bringt den gnostischen Libertinismus hervor. Wenn der Mensch zum „Ding" geworden ist, zum Objekt der Mächte, die ihn restlos bestimmen, wenn er sich nicht selbst bestimmen kann, dann gewinnt er gerade dadurch eine Freiheit, deren Möglichkeit dem Griechen nie vor Augen stand: er gewinnt nämlich die Freiheit von der Verantwortung, die „F r e i h e i t", sich n i c h t selbst bestimmen zu m ü s s e n (!). Wenn der Mensch sich nicht in der Hand hat, dann ist seine Eigentlichkeit nicht mehr eine Möglichkeit seines Wählens und Wollens (er kann ja in Wirklichkeit gar nicht frei wählen oder selbst wollen); seine Eigentlichkeit wird dann (wenn man überhaupt noch an ihr festhält, und das tut der Gnostiker freilich) zu einer s c h i c k s a l h a f t e n, n a t u r h a f t e n   G e g e b e n h e i t. Seine Eigentlichkeit ist eine transzendente, naturhafte Substanz. Sie kann weder gewonnen noch verloren werden. Sie liegt jenseits des Wählens und Wollens und darum auch jenseits der Verantwortung. Solche Freiheit ist ἐξουσία κατὰ φύσιν und hat schon als solche rein begrifflich nichts mit dem griechischen Freiheitsbegriff zu tun. Nach der Preisgabe der Personalität, der Innerlichkeit, der Selbstbestimmung eröffnet sich d i e   T r a n s z e n d e n z   d e s S e l b s t[167]. „Erst die Tiefe des kosmischen Bedingtheitsgefühls gab der neuen Idee einer akosmischen Freiheit ihre Folie ... Die extreme Fas-

---

[166] Jonas, a. a. O. S. 148.
[167] Die Transzendenz des Selbst ist Grundüberzeugung der Gnosis. Gnosis ist das Erwachen zur Bewußtheit: mein innerstes Selbst (das jenseits aller psychischen und daher empirischen Bereiche liegt) west im Seinsgrund — nein: i s t der Seinsgrund, ist Gott selbst. Daher verkündigt die Gnosis die H o - m o o u s i e des Selbst mit Gott. Der Erlöser und das Pneuma sind im Pneumatiker identisch, vgl. Iren I 5,6 Hipp Ref V 8,10. Gnosis ist nichts anderes als daß das Selbst seiner selbst als Gott bewußt wird. Darum erlöst der Gnostiker sich selbst u n d   G o t t   i n   e i n e m, weil eben sein Pneuma göttlich ist. Indem er selbst „ganz" wird, w i r d die Gottheit wieder zum Pleroma.

sung jener Freiheit forderte also eine gewaltige Expansion des Reichs der Notwendigkeit, dem g e g e n ü b e r sie die Freiheit war. Unter diese Expansion fiel unvermeidlich auch die ‚Psyche' des Menschen. Damit aber wurde ein drittes anthropologisches Prinzip für das zu rettende Selbst notwendig — und dieses war das ‚Pneuma'. Durch die Einbeziehung der Psyche in die kosmische massa perditionis trat dieses als eine ganz neue, überbietende Größe, Ort jener prädikatlosen Freiheit, in den Begriff"[168] (Jonas). Ein solcher, im Grund rein negativer Freiheitsbegriff, mußte das Pneuma als eine eschatologische und ekstatische Größe erscheinen lassen, wie Jonas hinzufügt.

Gnostische Freiheit ist also Freiheit, die aus der Sinnlosigkeit der Selbst-Welt-Beziehung entsteht. Indem alle Möglichkeiten, einen Sinnzusammenhang innerhalb der Existenz zu sehen, hinfallen, indem der Sinn, der Logos, transzendent wird, und mit ihm das menschliche Selbst (mythologisch gesprochen: indem das Pneuma eine Emanation des unweltlichen Pleroma ist), entsteht eine Freiheit, die sich a u s der und i n der Sinnlosigkeit, Logoslosigkeit konstituiert. Die unansprechbare Welt hat auch kein Recht, den Menschen zu beanspruchen. Der Pneumatiker, der nicht von „hier", sondern von „drüben" ist, setzt sich über sie zu Recht hinweg.

Gnostische Freiheit wird also nicht durch das rationale Sich-Selbst-Verwirklichen des Weisen im Rückzug auf seine Eigentlichkeit gewonnen, sondern sie wird entgegengenommen als Geschenk, das den Pneumatikern naturhaft gegeben ist, als Inhalt der kosmischen Erlösung. Erlösung ist in der Gnosis das Freigemachtwerden aus dem Anspruch der „Mächte". Solche Erlösung und Befreiung bringt die Lichtgestalt des Offenbarers. Ein schönes Beispiel dafür bietet die 17. Ode Salomonis. Der hier Redende ist (dem Mythos von dem erlösten Erlöser entsprechend) zugleich der Erlöste („gekrönte", „gerecht erklärte", „in ein neues Wesen verwandelte") und zugleich der Erlöser, an dessen Wesen (an dessen pleromatischer Lichtsubstanz) er Anteil hat. Er sagt von sich:

„Ich bin befreit worden von den Eitelkeiten und bin nicht verurteilt.
Meine Fesseln sind durch ihn zerrissen worden.
Antlitz und Gestalt einer neuen Person habe ich empfangen
und wandelte in ihr und wurde erlöst" (Od Sal 17,3 f.)[169].

---

[168] a. a. O. S. 179 f. Zum gnostischen Pneuma-Begriff vgl. ThW VI 390 ff. (Schweizer).
[169] Übers. von W. Bauer, in: Hennecke-Schneemelcher, Neutestamentliche Apokryphen, II (1964), S. 597.

Der Erlöser weist dem Initianden den „Weg":
„Und ich öffnete die Tore, die verschlossen waren
und ich zerschlug die eisernen Riegel.
Mein eigenes Eisen aber geriet in Glut
und schmolz vor mir.
Und nichts erwies sich vor mir als verschlossen,
weil ich der geworden war, der alles öffnet.
Und ich ging hin zu allen den Meinen, die eingeschlossen
waren, sie zu befreien,
daß ich keinen ließe gebunden oder bindend" (8 b—11).
Das „eigene" Eisen ist wohl die eigene Fessel, die Fessel, mit denen der Mensch sich selbst bindet. „Seine" Gefangenen sind die „Auserwählten", die zur Heimkehr bestimmten. Er löst auch die, die selber binden, also wohl die Dämonen[170]. Die Tätigkeit des Erlösers, sein „Werk" ist die wunderbare Befreiung, die durch den Ruf der Gnosis anhebt[171]. Solche Befreiung ist ein kosmischer Prozeß, eine A n a l y s e (im Wortsinn) der Archonten des Kosmos — etwa der siderischen Mächte, — eine Entmächtigung der Mächte, die die versprengten Teile des Pleroma in der „Unterwelt" gefangengehalten. Sie wird „angeeignet" dadurch, daß man den „Ruf" des Erlösers „hört", daß man ihn, die Welt und sich selbst durchschaut und so, die Gnosis gewinnend, in einer ekstatischen Antizipation der pleromatischen Herrlichkeit lebt. Der wahre Gnostiker lebt „oben", weil in Wahrheit alles „oben" ist, denn alles ist oben, unten ist nichts, sondern es scheint denen, die keine Erkenntnis besitzen (Od Sal 34,5)[172].

[170] So H. Greßmann, in: Ntl. Apokryphen, herausgegeben v. Ed. Hennecke, 1924, S. 452.
[171] Vgl. auch Od Sal 25,1.
[172] Vgl. Hippolyt über Karpokrates Ref VII 32,1 f.: „Jesus sei aber von Joseph gezeugt worden; er sei zwar ein Mensch gewesen, aber gerechter als die übrigen; seine Seele, stark und rein von ihrer Entstehung an, habe das im Gedächtnis behalten, was sie bei ihrem Zusammensein mit dem unerzeugten Gott gesehen habe, und deswegen sei ihr von ihm eine Kraft gesandt worden, um durch sie d e n W e l t s c h ö p f e r n z u e n t g e h e n (τοὺς κοσμοποιοὺς ἐκφυγεῖν); sie sei durch sie alle hindurchgegangen und in allen befreit worden und dann zum Vater emporgestiegen, wie es jede Seele mit gleichem Streben tun kann (ἣν καὶ διὰ πάντων χωρήσασαν ἐν πᾶσί τε ἐλευθερωθεῖσαν ⟨ἀν⟩εληλυθέναι πρὸς αὐτόν, ⟨καὶ ὁμοίως τὴν⟩ τὰ ὅμοια αὐτῇ ἀσπαζομένην). — (Die Übersetzungen aus Irenäus und Hippolyt folgen der Kemptener Bibliothek der Kirchenväter.)

Der aus einer solchen Anschauung folgende Lebensvollzug kann entweder a s k e t i s c h oder l i b e r t i n i s t i s c h sein. In b e i d e n Fällen verwirklicht sich der radikale Bruch mit der Welt, die Absage an die „Mächte", in beiden Fällen wird die „Freiheit" des Gnostikers demonstriert. Asketischer und libertinistischer Lebensvollzug haben eine gemeinsame Wurzel und so mag denn auch der eine in den anderen umschlagen. Hinter beiden Wegen steht die grenzenlose Vereinzelung, der Kontaktverlust zu dem, was neben mir ist, was Welt oder Mitmensch ist; hinter beiden steht die Transzendenz des Selbst, des Pneuma, das sich über alles Irdische beziehungslos hinwegsetzt.

Von hier aus wird der bekannte gnostische Libertinismus verständlich. Er ist a n t i n o m i s t i s c h. Vom Magier Simon berichtet Irenäus (I 23,3): „Wer darum an ihn und seine Helena glaube, der braucht sich um sie (scil. um die Engelmächte) nicht weiter zu kümmern, sondern kann als Freier tun, was ihm beliebt (ut liberos agere quae velint): Durch seine Gnade werden die Menschen gerettet und nicht durch die Werke ihrer Gerechtigkeit. Die Werke sind nicht gut per se, sondern nur per accidens. Die entgegengesetzte Lehre haben die Engel, die die Welt gemacht haben, erfunden, um durch solche Vorschriften die Menschen zu knechten. Wenn aber die Welt aufgelöst werde, dann versprach er (scil. Simon) ihnen, sollten sie von der Herrschaft jener Engel befreit werden[173]." Das Gesetz gehört hier zu den „Mächten", die den Menschen versklaven. Es wird hier nicht auf den „obersten" Gott zurückgeführt, sondern auf die „Engel", auf die unteren göttlichen Potenzen, die zwischen Gott und Mensch stehend die Charis des obersten Gottes abhalten und die Menschen versklaven[174]. Das Tun des Gesetzes wird dementsprechend verworfen in einer formal geringfügigen, inhaltlich bedeutsamen Korrektur der paulinischen Gesetzeslehre. Der Gegensatz zum Handeln (dem der Gnostiker nichts zutraut) ist die S u b s t a n z, die Physis. Die Pneumatiker sind als φύσει σῳζόμενοι (Clem Alex Strom II

---

[173] Vgl. dazu den Bericht über die Simonianer bei Hippolyt, Ref. VI 19,7 f.: „So machen sich die, die an Simon und Helena glauben, bis auf den heutigen Tag kein Gewissen, als Freie zu tun, was immer sie wollen (πράσσειν τε ὅσα βούλονται ὡς ἐλευθέρους); durch seine G n a d e, sagen sie, würden sie gerettet. Wenn einer Böses tue, so sei dies nichts Strafwürdiges, es sei nicht natürlich böse, sondern nach dem Gesetz. Es haben nämlich die Engel, die die Welt geschaffen, willkürlich Gesetze gemacht in der Meinung, die, welche auf sie hören, so knechten zu können."
[174] Von hier weist der Weg zurück zu Gal 3,19 ff. und voraus zu Marcion.

10,2, IV 89,4, V 3,3 Exc ex Theod 56,3, vgl. Corp Herm XIII 14) mit einem character indelebilis ausgestattet, der das Handeln zum Adiaphoron stempelt. „Sie aber (scil. die Pneumatiker im Gegensatz zum Kirchenchristen) werden nicht durch die Werke, sondern durch die Natur auf jeden Fall selig (αὐτοὺς δὲ μὴ διὰ πράξεως, ἀλλὰ διὰ τὸ φύσει πνευματικοὺς εἶναι, πάντῃ τε καὶ πάντως σωθήσεσθαι δογματίζουσιν). Wie nämlich das Materielle unmöglich selig werden kann, weil es der Seligkeit nicht fähig ist, so kann das Geistige (τὸ πνευματικόν) — was sie selber sind —, nicht verdammt werden, wie auch immer seine Taten waren. Wie nämlich das Gold im Kote seine Schönheit nicht verliert und seine Natur bewahrt, unbeeinträchtigt von dem Kote, so werden auch sie nicht beschädigt, noch verlieren sie ihre geistige Wesenheit (τὴν πνευματικὴν ὑπόστασιν), da ihnen die materiellen Handlungen nichts anhaben können. Daher tun denn auch die Vollkommensten von ihnen alles Verbotene ohne Scheu... Andere dienen maßlos den Lüsten des Fleisches und sagen, man müsse das Fleisch dem Fleische, den Geist dem Geiste darbringen... Wir also, die Psychiker, die wir von dieser Welt sind, brauchen die Enthaltsamkeit und gute Werke, damit wir dadurch in den Ort der Mitte gelangen; sie aber, die Pneumatiker und Vollkommmenen, keineswegs. Denn nicht die Werke führen ins Pleroma hinein, sondern der Same, der von dort im Anfangsstadium entsendet, hier aber vollendet wird" (Iren I, 6,2 ff.). Wenn das Eigentliche, das Selbst selber ohnehin naturhaft pneumatisch ist und hier in der Unterwelt weder durch gute Handlungen gefördert, noch durch üble Handlungen verloren werden kann (der Gnostiker ist ja von einem tiefen Mißtrauen dem aus der Innerlichkeit stammenden Handeln gegenüber erfüllt — im Grunde kann alles Handeln nur die Macht der Engelmächte konstituieren!), so sind alle moralischen Werte Adiaphora. „So sehr haben sie der Verrücktheit die Zügel schießen lassen, daß sie behaupten, es stehe ihnen frei, jede beliebige irreligiöse und gottlose Handlung zu begehen; denn nur das menschliche Urteil unterscheidet zwischen guten und bösen Handlungen" (Iren I, 25,4). „Der Glaube und die Liebe mache selig, das übrige sei gleichgültig, und nur nach dem Urteil der Menschen werde es gut oder böse genannt, während es doch von Natur nichts Böses gäbe" (25,5)[175]. Der Pneumatiker steht über den moralischen Unterscheidun-

---

[175] „Μηδένα γὰρ εἶναι αἴτιον δίκης εἰ πράξει τις κακῶς· οὐ γάρ ἐστι φύσει κακὸν ἀλλὰ θέσει" Hippolyt Ref VI 19,7 f. Der hellenische Gegensatz „Physis" und „Thesis" ist gnostisch gebraucht. Die Thesis ist jetzt das Ge-

gen. Er hat sie als Adiaphora durchschaut, hinter ihnen steht nur der Trug der Engelmächte, der mit Hilfe des Nomos die Menschen knechten will. Für den „Wissenden" gilt das nicht mehr. „Sie aber (die Schüler des Simon) traten in die Fußstapfen des Schwindlers und Zauberers Simon, führten sich ebenso auf und behaupteten, man solle unterschiedslos geschlechtlich verkehren: Jegliche Erde sei Erde, und es komme nicht darauf an, wo einer säe, wenn er nur säe... s i e l i e ß e n s i c h n i c h t v o n e i n e m e i n g e b i l d e t e n Ü b e l b e h e r r s c h t ; s i e s e i e n j a d o c h e r l ö s t (Οὐ γὰρ μὴ κρατεῖσθαι αὐτοὺς ἔτι τινὶ νομιζομένῳ κακῷ, λελύτρωνται γάρ.) (Hipp. Ref. VI 19,5). Daraus folgt: Der Pneumatiker, der alles durchschaut hat, und dadurch erlöst ist, hat „alle Macht"[176].

Solcher Libertinismus erfährt aber noch eine tiefere Begründung: die trügenden Mächte werden durch den Libertinismus selber betrogen. Die Macht der Engelmächte wird aufgelöst, indem man sie wirken läßt (und man kann sie bedenkenlos wirken lassen, weil das Eigentliche, das Pneuma, davon ja unberührt bleibt). Auch hier überbietet der Gnostiker den Stoiker. Der Stoiker hat das Schicksal zu überwinden versucht, indem er sich ihm preisgab. Er hat die Schwäche der Tyrannei sich zu Nutz gemacht, die darin liegt, daß Tyrannei und Vergewaltigung durch den Widerstand konstituiert werden. Hört der Widerstand auf (oder wird er zum passiven Widerstand der stoischen Ergebung), dann verliert die Tyrannei ihre Macht. Der Gnostiker geht darüber hinaus: er leistet auch nicht passiven Widerstand, er wirkt a k t i v mit, um so die potentia, die in den Engelmächten steckt, aufzubrauchen und innerlich auszuhöhlen. Dabei hat die indische Lehre vom K a r m a in irgend einer Form auf die diesbezüglichen Aussagen eingewirkt. „Ihre Schriften (scil. die der Karpokratianer) lehren, daß die Seelen vor ihrem Abscheiden alles bis auf den letzten Rest durchgemacht haben müssen, damit sie

---

setz, welches die Engelmächte in die Welt gebracht haben. Es ist bloße Täuschung, es ist nicht „Wahrheit", „Eigentlichkeit", „Natur"!

[176] Vgl. 1. Kor 6,12 10,23. Die Formel dürfte auf die korinthischen „Schwarmgeister" zurückgehen. Paulus hat sie aufgenommen, aber in bezeichnender Weise gedeutet. Vgl. W. Lütgert, Freiheitspredigt und Schwarmgeister in Korinth: Beiträge zur Förderung christlicher Theologie, 1908, 3. Heft. W. Schmithals, a. a. O. S. 194 f. Vgl. auch aus der koptisch-gnostischen „Sophia Jesu Christi" Pap. Berol. S. 126,16, bei Hennecke-Schneemelcher, Bd. I S. 172: „Denn (γάρ) ich habe euch die Gewalt (ἐξουσία) aller Dinge gegeben als (ὡς) Kindern des Lichtes, um ihre Kraft mit euren Füßen zu zertreten.."

nicht, weil sie ihre Freiheit noch nicht ausgekostet hätten, noch einmal in einen Körper übergehen müßten... Vielmehr werde er in andere Körper versetzt, bis er jede Tat verübt hat, die es in der Welt gibt, und erst, wenn daran gar nichts mehr fehlt, dann sei die Seele frei und ledig für jenen Gott, der über den Fürsten der Welt steht[177]. So würden also die Seelen erlöst und befreit, indem sie entweder gleich von vornherein beim ersten Mal sich in allen Handlungen betätigt hätten, oder indem sie von Körper zu Körper wandernd und in jede Art des Lebens versenkt, ihre Schuld abgetragen und erfüllt hätten. Dann bräuchten sie nicht mehr in einem Körper zu weilen" (Iren I 25,4)[178].

3. Libertas aliena

Man kann fragen, ob des Irenäus Versuch, den gnostischen Systemen gegenüber die Willensfreiheit zu verteidigen (vgl. bes. IV 37—41) in allem glücklich war — wir werden auf diese Frage in anderem Zusammenhang noch einmal zurückkommen. Sicher ist, daß er sehr wohl spürte, wie gerade in der Preisgabe der Freiheit[179], bzw. der selbstzentrierten und darum verantwortlichen Handlung, das gnostische Lebensgefühl unverhüllt hervortritt. In der Preisgabe dessen, was der Tradition nach Freiheit ist, liegt aber paradoxerweise gerade auch das begründet, was

---

[177] „So lange müßten, so sagen sie, die Seelen durch die Körper wandern, bis sie alle Sünden verübt hätten; wenn aber nichts mehr übrig ist, dann gehe die befreite Seele zu dem über den weltschaffenden Engeln thronenden Gott; auf diese Art würden alle Seelen erlöst. Einige Seelen machen schon bei ihrem ersten Erscheinen eilig alle Sünden durch und wandern dann nicht mehr, sondern sie werden nach Begleichung jeglicher Schuld von weiteren Wanderungen befreit. (ἐλευθερωθήσονται τοῦ μηκέτι γενέσθαι ἐν σώματι)" Hipp Ref VII 32,7 f.

[178] Vgl. noch I 6, 3 31,2 (... anders könne man nicht gerettet werden, als wenn man durch alles hindurch gehe... Bei jeder sündhaften und schändlichen Handlung stehe ein Engel dabei, und der hebe alle Bedenken hinweg und treibe zur Unreinheit an, die in jener Handlung liegt und lasse im Namen des Engel sagen: ‚O du Engel, ich wirke dein Werk, o du Macht da, ich vollbringe deine Handlung!' Das sei die vollkommene Wissenschaft [Gnosis], ohne jede Furcht in solche Handlungen sich zu verirren, die man nicht einmal nennen darf). Ferner II 32,1 und 2.

[179] Dem steht nicht eine so vereinzelte Stelle gegenüber wie I 6,1, wo das ψυχικόν als αὐτεξούσιον beschrieben wird. Eben dem Psychischen als einem Mittelding kommt hier Willensfreiheit zu.

als spezifisch gnostische Freiheit verstanden werden muß: Die Unbekümmertheit und Unangefochtenheit von Exulanten, für die die Gesetze jenes Staates, in dem sie sich befinden (die Gesetze dieser Welt), überhaupt keine Bedeutung haben. Solche Freiheit ist in i h r e r Weise auch eine l i b e r t a s   a l i e n a. Es wird noch zu zeigen sein, wie gerade dieser Freiheitsbegriff dem neutestamentlichen am Nächsten und zugleich am Fernsten steht.

Einer gesonderten Behandlung bedürfen die ἐλεύθερος-Stellen aus dem sog. Evangelium nach Philippus aus den Funden von Chenoboskion. Nach Puech (in: Hennecke-Schneemelcher, Ntl. Apokryphen, Bd. I S. 199) war es bei den Manichäern in Gebrauch. Schenke (in: Leipoldt-Schenke, Koptisch-Gnostische Schriften aus den Papyrus-Codices von Nag-Hamadi, 1960, S. 34 ff.) vertritt mit guten Gründen die Auffassung, daß wir es mit einem Werk zu tun haben, das — wenigstens in der Mehrheit seiner Sprüche — der valentinianischen Gnosis zuzuschreiben ist. Die Ursprache des jetzt koptischen Werkes dürfte (nach Schenke S. 34) — wiederum für die Mehrzahl der Sprüche — das Griechische gewesen sein. Der Begriff ἐλεύθερος (bzw. einmal ἐλευθερία) findet sich in: Spr 2 13 49 73 87 110 114 123. Dabei spielt Spr 110 deutlich auf Joh 8,34 und 1. Kor 8,1 an. Dem Spr 2 dürfte die Reminiszenz an Röm 8,14 ff. Gal 4,6 f. zu Grunde liegen. In 123 wird Röm 7,19 aufgenommen und hernach mit der Einleitungsformel „der Logos sagte" Joh 8,32 zitiert. — Das Freiheitsverständnis, das vorgetragen wird, ist deutlich gnostisch. Der Pneumatiker ist der Freie. Die Archonten suchen ihn durch Täuschung und Trug an das Ungute zu fesseln und ihn zum Sklaven zu machen (13). Die Freien aber, = die Pneumatiker, sind berufen, ins Brautgemach einzugehen (73). Sie sind die Begnadeten (die praedestinati), diejenigen, die gegen ihren Willen Sklaven waren. Freilich dürfen sie nach ihrer Befreiung nicht mehr rückfällig werden (114). Unfreiheit ist — gut gnostisch — Unwissenheit. „Die Unwissenheit ist Sklave, die Erkenntnis ist Freiheit" (123). Jedoch ist Unwissenheit ein Nichtwissen des Schlechten und Unfreiheit Knechtschaft des Bösen. So kann sich der Verfasser den Satz des Paulus Röm 7,19 zu eigen machen, daß wir in Unbewußtheit unserer selbst tun, was wir nicht wollen, und nicht tun, was wir wollen (ebdt) — wobei er diesen Satz freilich ganz gnostisch versteht. Deutlich im Zusammenhang mit der valentinianischen Spekulation von der oberen und unteren Sophia steht — nach der Deutung Schenkes, a. a. O. S. 54 — Spruch 87: Die „Freien" sind dort die Engel des Soter, = die Kinder des Bräutigams. Die Sklaven sind die Spermata, die Bräute der Engel. Beide gehen ins Brautgemach ein, vereinen sich und heißen jetzt „Kinder der Hochzeit". Ihre Einheit (die Engel sind ja nichts anderes als das alter ego der Pneumatiker, ihr himmlisches Selbst) kommt zum Ausdruck in dem Satz: die Kinder des Brautgemachs haben ein und denselben Namen. Im Mysterium des Brautgemachs einigt sich also der Pneumatiker mit sich selbst, wird er, was er „im Himmel" immer schon war, wird er „ganz". Dazu „dienen" die Engel (ebdt.). So verwirklicht sich demnach die Freiheit im Geschenk der Gnosis. Sie wird geboren aus der Wahrheit und gezeugt aus der Erkenntnis (110). Durch Erkenntnis wird man frei = tauglich (!). Die Erkenntnis läßt die Pneumatiker sich „über den ganzen Ort erheben" (ebdt.), das heißt, sie erreichen den himmlischen topos, das Pleroma, indem sie der Welt entnommen sind. Die Weltlosigkeit ist eine absolute. Der Freie ist kein Knecht der Sünde mehr. (Man denkt an 1. Joh 3,6 ff. 5,18: er kann nicht mehr sündigen!). Die Sündlosigkeit zeigt sich nun in erster Linie in der A s k e s e , insbesondere in der Verachtung der Sexualität. An die Stelle der sexuellen Vereinigung, der verborgenen Schlechtigkeit, soll die spirituelle, pneumatische treten: das Mysterium des Brautgemachs (80) und passim). Die hier vorliegende Gnosis gehört also nicht zum libertinistischen, sondern zum asketischen Typus; ja es wäre zu überlegen, ob in 110 nicht gegen das libertinistische „Mißverständnis" der Erkenntnis polemisiert wird? Jedenfalls kann (ebdt.) bezeichnenderweise das paulinische Motiv von 1. Kor 8—10 bzw. Röm 14 aufgenommen werden: der Freie nimmt auf den Unfreien Rücksicht, er wird ein Knecht aus Liebe (!). Der Spruch schließt mit den schönen Worten: „Die Liebe nimmt nichts. Denn wie soll sie etwas nehmen, wo ihr alles gehört? Sie sagt nicht: ‚Jenes ist meins' oder ‚dieses ist meins'; sondern sie sagt: ‚Dir gehört es!' " (Übersetzung hier und im Voraufgehenden bei Schenke).

Das Ganze ist eine interessante Vermengung gnostischer und biblischer Motive, wobei freilich die biblischen von den gnostischen umgriffen sind. Die Liebe, „die nichts nimmt", ist immerhin nicht die Liebe, die innerhalb des Leibes Christi = der Kirche Gestalt gewinnt, sondern Frucht geheimer ekstatischer Erfahrung, Erfahrung der Brautmystik. Und sie ist auch darin geschwächt, daß sie in falscher Askese die Geschlechtlichkeit ganz verwirft. Gleichwohl dürfte die Auseinandersetzung mit dieser Art von Gnosis schwieriger gewesen sein als mit einem Libertinismus von der Art eines Simon Magus oder der Karpokratianer.

DIE PARADOXIE DER FREIHEIT

I. Herkunft und Problematik des neutestamentlichen Freiheitsbegriffes

1. Die Herkunft des neutestamentlichen Freiheitsbegriffes

Außer dem Wort ἐλεύθερος, das im Neuen Testament 23 mal verwendet wird (davon 16 mal in den Briefen des Apostels Paulus), kennt das Neue Testament auch noch ἡ ἐλευθερία (11 mal, davon 7 mal bei Paulus) und ἐλευθεροῦν (7 mal, davon 5 mal bei Paulus, die beiden anderen Male Joh 8,32 und 36). Dies sind die drei Hauptformen der Wortfamilie; die zahlreichen Komposita von ἐλεύθερος und ἐλευθερία kennt das Neue Testament nicht[1]. Die Wortstatistik zeigt, daß die Wortfamilie insbesonders bei Paulus verwendet wird. Die synoptischen Evangelien — ausgenommen die isolierte Stelle Mt 17,26 — kennen das Wort nicht, Johannes nur in dem Abschnitt 8,30—36. In der Apostelgeschichte, dem Hebräerbrief, in den Johannesbriefen und im Judasbrief, aber auch im Philipper-, beiden Thessalonicher- und den Pastoralbriefen fehlt die Wortfamilie. Dagegen kommt sie insbesondere im R ö m e r b r i e f , im 1. K o r i n t h e r b r i e f und im G a l a t e r b r i e f vor. Hier nehmen die Ausführungen über die christliche Freiheit zentrale Stellung ein; an allen anderen paulinischen und nichtpaulinischen Stellen wird der Freiheitsbegriff mehr oder weniger nur gestreift[2]. Aus alledem folgt, daß der Begriff der Freiheit im Neuen Testament insbesondere vom Apostel Paulus geformt wurde und daher auch in erster Linie aus der paulinischen Theologie zu erheben ist. In diesem Sinne ist Freiheit wesentlich ein „p a u l i n i s c h e r" Begriff[3].

---

[1] ἐλευθερόστομος, ἐλευθεροστομία (vgl. παρρησία!), ἡ ἐλευθέρωσις, ὁ ἐλευθερωτής, τὰ ἐλευθέρια, ἐλευθεριάζω, ἡ ἐλευθεριότης etc. etc.
[2] Auszunehmen ist etwa 2. Kor 3,4—18.
[3] Parrhesia 31 mal (das Verbum 9 mal), Exousia 102 mal, ἔξεστιν 31 mal.

An einer Reihe von Stellen ist ἐλεύθερος im traditionell s o z i o l o -
g i s c h e n Sinn gemeint. Es bezeichnet einfach den F r e i e n im Gegensatz zum S k l a v e n. Das ist insbesonders bei sämtlichen Stellen in
der Apokalypse der Fall. Apk 6,15 13,16 19,18 steht der Begriff in Auf-
zählungen, die die ganze Menschheit umfassen sollen. Besonders deutlich ist 13,16: „Und es (das Tier) bringt alle dazu, die Kleinen und die
Großen, die Reichen und die Armen, die Freien und die Sklaven, daß
sie sich ein Malzeichen auf die rechte Hand machen..." Die gleiche
soziale Bedeutung von „Knecht" und „Freier" liegt der Stelle 1. Kor
7,21 f. zugrunde. Es geht dort um die Frage, ob ein Sklave die Möglichkeit, frei zu werden, nützen soll oder nicht. Die Antwort des Paulus:
„Der im Herrn berufene Sklave ist ein Freigelassener des Herrn" zeigt
bereits — im Unterschied zu den Stellen aus der Apk — die theologische
Relevanz dieser Stelle an. Desgleichen sind auch die übrigen Stellen, in
denen ἐλεύθερος (im Gegensatz zu δοῦλος) den Freien im sozialen Sinn
meint, theologisch bedeutsam. Es sind dies: 1. Kor 12,13 Gal 3,28 Eph
6,8 Kol 3,11. Diese Stellen gehören auch sachlich zusammen, sofern in
ihnen allen der gleiche Gedanke ausgesprochen ist: in der endzeitlichen
Gemeinde sind die sozialen Unterschiede (so wie alle anderen Unterschiede, die aus der „σάρξ" kommen) hinfällig geworden. Wie wenig das
mit der stoischen Lehre vom innerlich freien Sklaven zu tun hat, ergibt
sich allein schon aus dem Begriff „endzeitliche Gemeinde".

Hier und an einer Reihe anderer Stellen findet sich der Begriff Freiheit in eschatologischem Zusammenhang. Freiheit ist ein Kennzeichen
der Endzeit. Dazu gehören Röm 8,2. 18—23 Gal 4,1—7. 21—31 Mt
17,24—27, in gewisser Weise auch Joh 8,30—36.

Man geht am besten von der für die paulinische Theologie und auch für den
Freiheitsbegriff wichtigen Stelle in Röm 8 aus. Daß hinter den Ausführungen
Vs 18—23 (bzw. 27) apokalyptische Traditionen stehen, ist unumstritten. Vgl.
etwa H. Lietzmann, An die Römer, 1933, 4. Auflage, S. 84 f., O. Michel, Der
Brief an die Römer, 1957, S. 171 ff. Der Abschnitt ist geprägt von der Polarität
Schöpfung-Erlösung, wobei der Gedanke der „gefallenen", der Vergänglichkeit
und dem Leerlauf preisgegebenen Schöpfung eine Rolle spielt. Für den hellenistischen Charakter dieser Tradition sind die Begriffe φθορά und ἐλευθερία
kennzeichnend. Freiheit steht parallel zu ἀπολύτρωσις! (Vs 23), bzw. gar zu
δόξα, das ganz „unphilosophisch" gebraucht ist (nicht „Meinung" oder „Schein",
sondern „Herrlichkeit" der kommenden Welt)! (Vs 21). Inhaltlich ist ἐλευθερία
als Freiheit von der Knechtschaft der Vergänglichkeit verstanden. (Über die
Sohnschaft siehe unten).

Ähnliches gilt für Gal 4,1—7. Der Abschnitt ist bestimmt durch die Vorstellung von der „erfüllten" Zeit. Als der alte Äon bis zu jenem Zeitpunkt abgelaufen war, den Gott für die Erscheinung des Christus vorgesehen hatte, war die Zeit „erfüllt". An die Stelle der Knechtschaft des alten Äons, in dem die Elementarmächte, die στοιχεῖα τοῦ κόσμου τούτου, herrschten, trat der neue Äon, in dem der Sohn herrscht.

Hierher gehört auch die Sara-Hagar-Allegorie Gal 4,21 ff., in der das „obere", himmlische Jerusalem, die Gottesstadt, die f r e i e genannt und ihre Bürger als die Freien bezeichnet werden. Der Gedanke des himmlischen Jerusalem stammt aus dem Prophetismus (vgl. Jes 2,2 ff. 54,10 ff. 60,1 ff. Ez 40—48 und hernach Tob 13,9 ff.). Er ist von der spätjüdischen Eschatologie aufgenommen und zum Teil umgestaltet worden (vgl. dazu H. Schlier, Der Brief an die Galater, 1949, S. 157 ff.). Daß die „Obere Himmelsstadt" der neue Äon ist (obgleich Paulus hier eine Tradition verwendet, die nicht mehr von der H e r a b k u n f t der Himmelsstadt spricht), steht außer Zweifel. Er unterscheidet sich von seiner Tradition nur (aber eben) darin, daß er den Raum der Kirche mit dem oberen Jerusalem identifiziert und dadurch die apokalyptische Erwartung v e r g e g e n w ä r t i g t. Darüber später.

Ganz in diesen Zusammenhängen steht auch Mt 17,24—27. Der Abschnitt ist geprägt vom eschatologischen Bewußtsein der ältesten Gemeinde (vgl. R. Bultmann, Geschichte der synoptischen Tradition, 1957, S. 34 f. und öfter). Die Freiheit kommt hier den „S ö h n e n" zu. Wie wenig solcher Freiheitsbegriff etwa mit dem stoischen zu tun hat, zeigt schlagend die Differenz in der Verwendung des Wortes ἀλλότριον. Zum Abschnitt vgl. auch H. Braun, Spätjüdisch-häretischer und frühchristlicher Radikalismus, 1957, II S. 122 ff. Nach R. Hummel, Die Auseinandersetzung zwischen Kirche und Judentum im Matthäusevangelium, 1963, S. 104 drückt sich in dem Abschnitt „das eschatologische Bewußtsein — wahrscheinlich einer jüdisch-hellenistisch geprägten Gemeinde — aus, die sich innerlich vom Tempel und vom Kult gelöst hat".

In all den genannten Stellen spielt der Begriff der S o h n s c h a f t eine entscheidende Rolle (so auch Joh 8,30—36!). Die „S ö h n e" oder „K i n d e r" des Himmelreichs, des kommenden, bzw. „oberen" (Gal 4), oder „wahren" (Joh 8) Äons sind die F r e i e n. Ihnen gegenüber stehen die „anderen" oder die „Knechte", d. h. diejenigen, die an der endzeitlichen Herrschaft keinen Anteil haben. Den „Söhnen" ist der G e i s t gegeben, der Geist der K i n d s c h a f t, der dem Geist der Knechtschaft gegenübersteht. Er könnte (nach Röm 8,2) auch der Geist der Freiheit heißen (vgl. ja auch 2. Kor 3,17). In diesem Geist rufen sie „Abba" (Röm 8,15 Gal 4,6). Der Vater, bzw. der Sohn, den der Vater gesandt hat, führt sie zur Freiheit. (Für die Verkündigung Jesu wäre etwa auf Mt 6,25 ff. hinzuweisen!). Durch den Sohn werden sie selber Söhne und Miterben der endzeitlichen Herrlichkeit[4].

---

[4] Die Ableitung der Wendungen ὁ νόμος τέλειος ὁ τῆς ἐλευθερίας (Jak 1,25)

Die genannten Stellen zeigen, daß wir es hier mit einem Freiheitsbegriff zu tun haben, der in den Zusammenhang der Erwartung des neuen Äons gehört. Freiheit ist hier ein Charakteristikum der „Herrlichkeit" der „Söhne Gottes". Sie hat mit der Freiheit der Polis oder der Kosmopolis nichts zu tun, sondern kann — innerhalb der Tradition des Freiheitsbegriffes — höchstens als die Freiheit der O u r a n o p o l i s verstanden werden, als die libertas civitatis Dei[5]; es ist die jenseitige Freiheit, die „wahre Freiheit", die Freiheit der „oberen" bzw. „kommenden" Welt. Sie wird darum auch nicht durch Hinwendung zur politischen Gemeinschaft, oder zur Innerlichkeit gewonnen, sondern durch die O f f e n b a r u n g der „jenseitigen" Welt. Sie ist nicht geistige Freiheit, sondern geistliche Freiheit (Geist = Pneuma als Gabe der Endzeit). Dabei ist aber entscheidend, daß die apokalyptischen Traditionen in einer ganz bestimmten Weise uminterpretiert werden. Die Freiheit, die jene Traditionen von der Zukunft erwarten, ist — etwa nach paulinischem Ver-

---

und νόμος ἐλευθερίας (2,12) ist umstritten. Der stoische Einfluß ist sicher auszuschließen. Innerhalb des stoischen Systems müßte es heißen ὁ νόμος ὁ ἐλευθεροῦν, was etwas anderes bedeutet. Der Ausdruck τέλειος weist auf andere Zusammenhänge, nämlich auf die jüdische Apokalyptik. Hier erwartet man, daß der Messias eine neue, nämlich neu ausgelegte Tora bringt, das Gesetz der Endzeit, das sich von dem im jetzigen Äon geltenden Gesetz unterscheidet, vgl. Str Bill IV S. 1 ff. Der Ausdruck ist freilich bis jetzt auch in der jüdischen Apokalyptik direkt nicht belegt. Der Versuch, eine Parallele in den Qumrantexten zu finden, ist gescheitert. Eth. Stauffer las in 1 QS X 6.8 und 11 jedesmal חוֹק חָרוּת. (Das Gesetz der Freiheit in der Ordensregel von Jericho, ThLZ 77, 1952, Sp. 527 ff.). Die richtige Lesart ist indessen חוֹק חָרוּת lex insculpta, wie schon J. T. Milik, in Verbum Domini 29 (1951) S. 154 den entsprechenden Ausdruck wiedergab. Die bisher gefundenen und edierten Qumrantexte kennen also ein „Gesetz der Freiheit" nicht und die Herleitung der beiden Stellen aus dem Jak.brief von der Terminologie Qumrans ist nicht möglich. Vgl. F. Nötscher, „Gesetz der Freiheit" im Neuen Testament und in der Mönchsgemeinde am Toten Meer, Biblica 34 (1953) S. 193 f.; jetzt in: Vom Alten zum Neuen Testament, Gesammelte Aufsätze, 1962, S. 80 ff. W. Nauck, Lex insculpta in der Sektenschrift, ZNW 46 (1955), S. 138—140. H. Braun, Spätjüdisch-häretischer und frühchristlicher Radikalismus, I, 1957, S. 26, A. 5. Zum Ganzen vgl. den Exkurs z. St. bei M. Dibelius, Der Brief des Jakobus, 1959, 10. A. herausg. v. H. Greeven, S. 110 ff. — Vgl. auch unten S. 189 f.

[5] Vgl. H. Schlier, Das vollkommene Gesetz der Freiheit, in: Die Zeit der Kirche, 1956, S. 195.

ständnis — im Geist, der in der Kirche wirkt, antizipierend vergegenwärtigt. Solche Freiheit „kommt", sie wird erwartet und erhofft, aber in bestimmter Weise kann von ihr gesagt werden, daß sie bereits in der Kirche gegenwärtig ist[6].

Der gnostische Sprachgebrauch liegt in 2. Ptr 2,19 vor. Die in 2,1—22 gerügten Irrlehrer (vgl. auch Jud 4—16) werden als Libertinisten im gnostischen Sinn gekennzeichnet. Hier fällt das Stichwort Freiheit, und zwar ganz im Sinne der antinomistischen Gnosis. Die Irrlehrer versprechen ihren Anhängern eine Freiheit, die aus der Sicht des Verfassers (id est der Großkirche), δουλεία τῆς φθορᾶς ist. Der Begriff wird also nicht positiv aufgenommen, sondern bekämpft[7]. Wahrscheinlich steht auch hinter bestimmten Formulierungen des 1. Kor der gnostische Sprachgebrauch. Das Freiheitsverständnis der Korinther, das sich insbesonders in der Götzenopferfleischfrage (1. Kor 8—10), aber auch in der sittlichen Laxheit bzw. Indifferenz zeigt, wird von den Korinthern auf die Gabe des Geistes und die damit verbundene Gnosis zurückgeführt (vgl. die Einleitung über die korinthische Sophia, insbesondere 2,10 ff.). Ἐξουσία scheint ein Stichwort der Korinther gewesen zu sein, Paulus muß sie ermahnen βλέπετε δὲ μή πως ἡ ἐξουσία ὑμῶν αὕτη πρόσκομμα γένηται τοῖς ἀσθενέσιν. ἐὰν γάρ τις ἴδῃ σὲ τὸν ἔχοντα γνῶσιν ἐν εἰδωλείῳ κατακείμενον, οὐχὶ ἡ συνείδησις αὐτοῦ ἀσθενοῦς ὄντος „οἰκοδομήσεται" εἰς τὸ τὰ εἰδωλόθυτα ἐσθίειν ; ἀπόλλυται γὰρ ὁ ἀσθενῶν ἐν τῇ σῇ γνώσει, ὁ ἀδελφὸς δι' ὃν Χριστὸς ἀπέθανεν (8,9—11, vgl. auch 1. Ptr 2,16). Die „Freiheit" (= ἐξουσία — und ἐξουσία ist für die gnostischen Intentionen zweifellos noch brauchbarer als ἐλευθερία) rückt hier sehr nahe an „Gnosis", formal und inhaltlich. Auch jenes πάντα μοι ἔξεστιν, das Paulus zweimal aufnimmt (1. Kor 6,12 10,23), wird ein solches gnostisierendes Stichwort der Korinther gewesen sein[8]. In 6,12 steht es zudem in nächster Nähe zu

---

[6] Das ist überhaupt das Verhältnis des Apostels zu seiner apokalyptischen Tradition. Vgl. dazu etwa H.-J. Schoeps, Paulus. Die Theologie des Apostels im Lichte der jüdischen Religionsgeschichte, 1959, S. 96 ff., 102 f. u. ö.

[7] In der Formulierung des Gegensatzes wirkt sicher paulinische Theologie nach.

[8] Dazu W. Schmithals, a. a. O. S. 194 f. Ἐξουσία ist die pneumatische Vollmacht, „alles tun zu dürfen, ohne daß das Selbst irgendwie beeinflußt würde" (Schmithals, S. 194). Zu dem Ausdruck „πάντα μοι ἔξεστιν" schreibt Schmithals: „Dieser Ausdruck wird als eindrücklicher Begriff ihrer Missionssprache von den kor Gnostikern ad hoc gebildet worden oder auch seit längerem vorhanden gewesen sein, und zwar in der ganz normalen und wörtlichen

ἐξουσία. Daß Paulus seine Freiheit als apostolische V o l l m a c h t so stark betont (vgl. bes. 9,1; 9,1.19), gehört auch in diesem Zusammenhang[9]. In Korinth scheint die christliche Freiheit im gnostisierenden Sinn als extreme un-weltliche Vollmacht der „Pneumatiker" ausgelegt worden zu sein. Es ist nun bezeichnend, daß Paulus nicht in der bloßen Negierung dieser Auffassung verharrt, sondern den gnostischen Freiheitsbegriff aufnimmt und umformt[10]. Endlich kann man auch in diesem Zusammenhang an Joh 8,30—36 erinnern. Die Verheißung, die der Erlöser ausspricht, trägt in ihrer Formulierung stark gnostischen Charakter (die „wahre" Freiheit der Erlösten, der Zusammenhang: Wahrheit — Erkennen — Freiheit, der Satz, daß Wahrheitserkenntnis frei macht, der selbstverständlich nicht modern verstanden werden darf als Geistesfreiheit durch wissenschaftliche Erkenntnis oder ähnlich). Auch hier ist gnostisches Gut aufgenommen und für die christliche Verkündigung umgedeutet worden[11] [12].

Indessen läßt sich der ntl. Freiheitsbegriff nicht einfach aus apokalyptischen oder gnostischen Traditionen erklären. Das geht ja auch schon daraus deutlich hervor, daß sowohl die apokalyptische als auch die gno-

---

Bedeutung: Uns Pneumatikern ist alles erlaubt, wir kennen keine sittlichen Schranken in den zur Debatte stehenden Fragen" (S. 195). Zur sachlichen Begründung des gnostischen Libertinismus siehe oben S. 63 ff.

[9] Vgl. 10,29 b: ἱνατί γὰρ ἡ ἐλευθερία μου κρίνεται ὑπὸ ἄλλης συνειδήσεως ;

[10] Wieweit die ganze „korinthische Theologie" (um einen Begriff Adolf Schlatters aufzunehmen) gnostisierte, braucht hier nicht entwickelt zu werden. Zur Frage vgl. bes. W. Lütgert, a. a. O. passim, W. Schmithals, a. a. O. passim, Ulrich Wilckens, Weisheit und Torheit, exegetische und religionsgeschichtliche Untersuchung zu 1. Kor 1 und 2, 1959. Nach Schmithals ist auch 2. Kor 3,17 vom gnostischen Sprachgebrauch bestimmt. Schmithals erwägt, ob nicht in 3,17. 18 b eine Randbemerkung der korinthischen Gnostiker vorliegt, die früh in den Text geriet (!?) a. a. O. S. 182 A. 2.

[11] Der gnostische Charakter ist von A. Merx, Das Evangelium des Johannes, 1911, S. 232 erkannt worden. Nach R. Bultmann, Das Evangelium des Johannes, 1950, 11. A. S. 332, A. 4 sollen die Sätze aus den „Offenbarungsreden" stammen. Auch wenn diese Annahme unhaltbar sein sollte, ist die Nähe zur gnostischen Begrifflichkeit auffällig.

[12] Daß die ntl. ἐλευθερία-Stellen religionsgeschichtlich in den Zusammenhang der Apokalyptik bzw. der Gnosis gehören, entspricht dem, was auch sonst über den religionsgeschichtlichen „Ort" des Neuen Testaments zu beobachten ist. Zur Zeit der Entstehung des Christentums scheint die Apokalyptik im Prozeß des Übergangs zur Gnosis gewesen zu sein.

stische Tradition nicht ungebrochen, sondern jeweils an wesentlicher Stelle kritisiert, Aufnahme gefunden hat. Die Freiheit der Söhne wird zwar wie in der apokalyptischen Tradition von der Zukunft erwartet, aber sie ist doch bereits vorweggenommen im Geist, in Christus, in der Kirche; und so ist die Freiheit Freiheit vom Gesetz — wie in der libertinistischen Gnosis — aber (im Gegensatz zu ihr) in d e r Weise eine Freiheit vom Gesetz, daß die Intention des Gesetzes in der Freiheit zur Verwirklichung gelangt. Man kann sagen: dem neutestamentlichen Freiheitsbegriff liegt eine Erfahrung zugrunde, die in der Apokalyptik und Gnosis je in ihrer Weise intendiert, aber erst in Christus Wirklichkeit geworden ist, nämlich die Aufhebung der Entfremdung durch die Liebe — und das heißt für den Freiheitsbegriff: die Aufhebung der Antinomie von Gottes Gesetz (bzw. Weltgesetz) und Selbstbestimmung. In diesem Sinn s t e h t der ntl. Freiheitsbegriff i m Z u s a m m e n h a n g mit Apokalyptik und Gnosis — und t r a n s z e n d i e r t beide zugleich; d. h., er läßt sich gerade in seiner wesentlichen Bestimmtheit nicht aus Apokalyptik oder Gnosis ableiten.

Die früher viel verhandelte Frage, ob der neutestamentliche Freiheitsbegriff auf den s t o i s c h e n zurückgeführt werden kann, oder gar, wie Theodor Zahn wollte, umgekehrt der epiktetische von Paulus beeinflußt ist[13], wird ganz ähnlich zu beantworten sein. Die Ableitung aus der Stoa hat bereits A. Bonhöffer, Epiktet und das Neue Testament 1911 abgewiesen. Vgl. besonders S. 164 und etwa noch 171 ff., 224, 227, 306 f. und 319. Ähnlich urteilt O. Schmitz, Der Freiheitsgedanke bei Epiktet und das Freiheitszeugnis des Paulus, 1923. Schmitz zeigt dort die tiefgreifenden sachlichen Unterschiede auf. Max Pohlenz hat in dem Schlußabschnitt seines Werkes über den griechischen Freiheitsbegriff griechische und christliche Freiheit miteinander verglichen (S. 169 ff.). Pohlenz hält es hier und vorher schon in seiner Untersuchung „Paulus und die Stoa" ZNW 42 (1949) S. 69 ff. für wahrscheinlich, daß Paulus von der Stoa nicht ganz unberührt blieb. Er weist darauf hin, daß Dion von Prusa wenig später Vorträge über die Freiheitsfrage in Tarsus gehalten hat. Aber der sachliche Unterschied wird auch von Pohlenz stark herausgestrichen: „Die griechische Freiheit ist die Selbstbestimmung des natürlichen Menschen; die paulinische ist gottgewirkte Befreiung von der Macht der Sünde, ist Erlösung. Dieser Erlösungsgedanke ist den Griechen ganz fremd" (Freiheit, S. 182). In der Durchführung dieses Gegensatzes taucht dann bei Pohlenz bereits das Problem des neutestamentlichen Begriffes auf, sofern er nämlich mit Recht darauf hinweist, daß solche „geschenkte" Freiheit die menschliche Entscheidung nicht ausschließt (S. 183 ff.). Pohlenz geht dem Problem nicht weiter nach. — Jedenfalls kann die

---

[13] Th. Zahn, Der Stoiker Epiktet und sein Verhältnis zum Christentum, 1894, insbes. S. 15 ff.

Ableitung der neutestamentlichen ἐλευθερία aus der stoischen Philosophie nicht mehr im Ernst übernommen werden.

Eine andere Frage dagegen ist die, wie weit der neutestamentliche Freiheitsbegriff vom Glauben des A l t e n   T e s t a m e n t e s geprägt ist. Nun hat das Alte Testament wohl keinen Freiheits-b e g r i f f , wenigstens nicht in dem Sinn, wie man von einem hellenischen, stoischen oder gnostischen Freiheitsbegriff sprechen kann. Die hebräische Äquivalente zu ἐλεύθερος lassen das erkennen[14]. Das schließt aber nicht aus, daß das Gottesbild und Menschenbild des Alten Testaments einen bestimmten Freiheitsbegriff impliziert, der von der Interpretation zum Begriff erhoben werden kann. Das soll nun in einigen Andeutungen geschehen. Dabei wird sich zeigen, daß es nicht zu viel ist, wenn man behauptet, d a ß   d a s   A l t e   T e s t a m e n t   d e n   F r e i h e i t s b e g r i f f   d e s   N e u e n T e s t a m e n t e s   p r ä s t r u k t u r i e r t . Im Gottesbild und Menschenbild des Alten Testaments ist nicht nur der Rahmen abgesteckt, innerhalb dessen sich der neutestamentliche Freiheitsbegriff bewegt, sondern es sind auch die Linien aufgewiesen, die ihn bestimmen. Zudem: Christus bringt nicht eine im Gegensatz zum Alten Testament stehende Freiheit, Christus ist vielmehr die Erfüllung der alttestamentlichen P r ä f i g u r a t i o n e n der Freiheit. Insbesonders die Paradoxie des neutestamentlichen Begriffes, von der eben die Rede war, die Freiheit vom Gesetz, in der doch das Gesetz zum Vollzug kommt, hat im Alten Testament ihre Präfiguration[15].

Am Anfang der Geschichte des Volkes steht die Befreiung Israels aus der ägyptischen Knechtschaft. Jahwe ist (griechisch gesprochen) ein Gott der Freiheit. Von Jahwes Befreiungstat am Schilfmeer bis zu den Aufständen in christlicher und nachchristlicher Zeit, ja darüber hinaus bis zu den sakral-politischen Hoffnungen des Volkes im Mittelalter und in der Neuzeit, bleibt der Gedanke an

---

[14] Die Sprache des AT's hat kein Wort, das dem griechischen ἐλεύθερος in seinem ganzen Umfang entspricht. נקה heißt „frei sein", „ledig sein", davon נָקִי. Freigegeben und freilassen: נטש שלח pi., שמט נתר hi., עזב פטר. Soziologisch geprägt ist חֹר und חפש, davon חָפְשִׁי הָפְשָׁה der Freigelassene, bzw. die Freilassung. Für Letzteres דְּרוֹר. Die Freigiebigkeit kommt zum Ausdruck in אִישׁ חָדוֹ, פרח מַתָּן; die Freiwilligkeit in נדב hitp. u. Derivate; נְדָבָה = freier Antrieb; freiwillige Gabe. — Die Septuaginta kennt aus der Wortfamilie wie das NT nur ἐλεύθερος (Ex 21,2 u. ö.), ἐλευθερία (Lev 19,20 u. ö.) und ἐλευθεροῦν (2. Makk 1,27 u. ö.).

[15] Wenn hier einfach vom AT ohne spezielle Differenzierung die Rede ist, so ist natürlich nicht das widerspruchsvolle Ganze der alttestamentlichen Überlieferung gemeint, sondern es ist an bestimmte Grundgedanken und Grunderfahrungen gedacht, die das Gottes- und Menschenbild des AT's von der übrigen orientalischen und noch deutlicher von der klassischen griechischen und hellenistischen Literatur abheben.

Jahwes Urtat lebendig. Davon lebt das Volk, daß Jahwe es aus Ägypten geführt, am Schilfmeer befreit, am Sinai mit sich verbunden, durch das Gesetz sich ihm anvertraut hat. Jahwes Freiheitstat ist ein quasipolitischer Akt, aber das politische Geschehen trägt hier durchaus sakrales Gesicht. Jahwe hat sich ja als der Befreier g e o f f e n b a r t ! So gesehen ist seine Tat nicht mit der politischen Freiheit Griechenlands zu vergleichen. Sie reicht viel weiter zurück: es handelt sich um ein mythologisches Geschehen, eine Tat „der Urzeit", da die Götter noch unmittelbar in den Lauf des menschlichen Geschicks eingriffen —, und zudem ein Geschehen nicht naturhafter, sondern geschichtlicher Art.

Damit wird ein wichtiges Moment atl. Erfahrung dessen sichtbar, was die Griechen Freiheit nannten. Freiheit verwirklicht sich nicht in der Natur und nicht im Raum der Polis (auch nicht, wenigstens ursprünglich nicht, im Innenraum der menschlichen Innerlichkeit), sondern in der heiligen Geschichte, die Jahwe macht[16]. Als geschichtliche Gestalt ist Jahwe selber frei; er erscheint als übermenschlicher Heros, der sich seine Entschlüsse vorbehält, der nach eigenem Gutdünken handelt, und den man niemals in die Hand bekommen kann. Der „klassische" Ausdruck für Jahwes Freiheit ist die Perikope von der Offenbarung des Jahwe-Namens Ex 3. Jahwe offenbart sich in Ex 3,14 als der „Ich bin"; auf die Frage nach seinem Namen antwortet er: „Ich bin, der ich bin", und Mose bekommt den Auftrag zu sagen: „Der ‚Ich bin' hat mich gesandt." Damit ist, wie heute allgemein zugestanden wird, nicht eine „Definition" des göttlichen Wesens gegeben, wodurch es dem Logos faßbar und verfügbar würde, sondern es ist vielmehr eher die geheimnisvolle Unverfügbarkeit Jahwes zum Ausdruck gebracht. Jahwe gibt sich einerseits durch die Nennung seines Namens preis, denn nun kann er ja angerufen werden, aber er behält sich doch andrerseits wieder zurück. Er offenbart sich nur so, daß er sich sofort wieder verhüllt. Er offenbart — das Mysterium. Dieser Art Jahwes, sich zurückzuhalten, letztlich unbestimmt und unfaßbar zu bleiben, entspricht das Verhalten seines heiligen Volkes (wenn es recht ist): Glauben, Vertrauen, Hoffen, Warten (und manchmal Drängen, Fragen, Zweifeln, Verzweifeln). Es geziemt dem atl. Glauben auf das zu warten, was Jahwe tun wird. Alle inhaltlichen Bestimmungen darüber hinaus liegen in seiner Freiheit[17]. Damit hängt noch ein anderer merk-

---

[16] Dieser Gegensatz (der Grieche, der an der Physis, der Israelit, bzw. der Jude, der an der Geschichte orientiert ist) darf allerdings nicht schematisiert werden. Selbstverständlich war auch den Griechen das, was wir heute „Geschichtlichkeit" nennen, nicht völlig fremd.

[17] „Der paronomastische Relativsatz אֲשֶׁר אֶהְיֶה fügt dem Vordersatz zweifellos ein Moment des Unbestimmten und doch wohl auch Geheimnisvollen hinzu, sodaß die Zusage von Jahwes wirksamer Gegenwärtigkeit zugleich in einer gewissen Schwebe und Unbegreiflichkeit bleibt; es ist Jahwes Freiheit, die sich nicht im einzelnen festlegt" (G. v. Rad, Theologie des Alten Testaments, I, 1957, S. 182).

78 Herkunft und Problematik des neutestamentlichen Freiheitsbegriffes

würdiger Zug in der Jahweverehrung zusammen. Jahwes Freiheit erscheint in der Negation: man kann ihn nicht abbilden. Dem Bild haftet gern etwas Statisches an, Jahwe aber ist dynamisch, lebendig, er läßt sich nicht im Bild festhalten. Durch das Bild wird der Mensch zu der immer gegenwärtigen archaisch-infantilen Haltung der Magie gedrängt. Der in ein Bild eingegangene Gott kann zum Gegenstand menschlicher „Techniken" werden. Aber Jahwe ist nicht auf diese Weise zu beschwören. Über die Totengeister kann man verfügen, Jahwe redet und schweigt, wann er will (1. Sam 28)[18]. Gott ist nicht in der Natur fixiert, sondern als der lebendige bestimmt er je den Ort, wo er seinem Volk begegnen will[19]. Wie das Volk, so ist auch Jahwe immer noch unterwegs, offen auf die Zukunft, die vor ihm liegt. Er hat zwar seinen hl. Willen kundgetan und es wird die Aufgabe der Priester, dann der „Weisen" und endlich der Schriftgelehrten werden, diesen Willen zu konkretisieren, — indessen: eben auch sein hl. Wille ist keine statische Größe (wenigstens in der ersten Zeit nicht). Denn Jahwe sprach zwar ein für alle mal, aber spricht allemal wieder das eine in neuer Weise[20]. Er ist nicht der Inbegriff des Weltgesetzes, wie die Götter Griechenlands, sondern sein Gesetz ist zunächst geschichtlicher Art und immer steht er frei hinter seinem Gesetz. Er i s t nicht Nomos, sondern g i b t ihn. Das

---

[18] Vgl. G. v. Rad, a. a. O. S. 216. Aber es gibt natürlich auch ein dynamisches Verständnis der Bilder. Nur das magische Symbol ist statisch, das transparente Symbol ist dynamisch. Dahingehend wäre der hermeneutische Ansatz der v. Rad'schen Theologie des Alten Testaments zu kritisieren. Vgl. dazu unten: S. 230 f.

[19] G. v. Rad bemerkt, „daß Israels Vorstellungen vom Kultort gerade nicht ausgingen von einer absoluten, sozusagen naturhaft vorgegebenen Heiligkeit des Ortes. Wie hätte sich das mit seinen Vorstellungen von Jahwe verbinden können! Gewiß, eines Temenos, eines kleinen von der Welt ausgegrenzten Bezirkes, in dem ganz andere Ordnungen als draußen galten (Asyl!), bedurfte es auch in Israel. Betrachtet man aber das Charakteristische der priesterlichen Stiftshütte — die Quelle P gibt uns den besten Einblick in Israels Kulttheologie —, so fällt doch auf, eines wie geringen äußeren Aufwandes es bedurfte, bis das Heiligtum erstellt war. Es wurde ja immer nur auf Abbruch errichtet. Da war nichts von einer absoluten Heiligkeit des Ortes; alles hing ab von dem Bleiben oder Wandern der göttlichen Wolke (Nu. 9,15 ff.). Es war ein Heiligtum, d a s s i c h g e w i s s e r m a ß e n s e l b s t i m m e r w i e d e r a u f h o b , bis Gott einen neuen Ort für den kultischen Verkehr mit seinem Volke bestimmt hatte." (a. a. O. II 1960, S. 357, Sperrung von mir). Dieses Sich-selbst-immer-wieder-Aufheben des kultischen Symbols demonstriert die Lebendigkeit und Dynamik der Jahweoffenbarung, demonstriert die F r e i h e i t Gottes.

[20] Vgl. W. Eichrodt, Theologie des Alten Testaments, Bd. III 2. A. 1948, S. 133 und 137 f.

wird anders erst in der nachexilischen Zeit, aber damit wird dann auch — davon wird noch zu reden sein — das Gesetz destruiert.

Dem freien Gott korrespondiert der freie Mensch. Zum Unterschied vom griechischen Welt- und Menschenbild, das einen statisch-ruhenden und in sich geschlossenen Kosmos zeigt, mit einem Prinzip, einer ἀρχή, „die die Welt im Innersten zusammenhält", ist Welt und Mensch im Alten Testament Creatur, d. h. **offen auf Gott**, nicht und nie „in sich geschlossen", auch nicht aus einem statischen Prinzip (bloß essentiell) erklärbar, sondern in geschichtlicher Offenheit **bewegt** von Gottes Geist. Dadurch bekommt die Welt etwas Uneinheitliches — das menschliche Dasein kann begriffen werden in seinem **Widerspruch**. Was allgemein für die atl. Anthropologie gilt, daß sie nicht linear zu entfalten ist, sondern nur in Satz und Gegensatz, Spruch und Widerspruch, das gilt auch für die atl. Auffassung von der menschlichen Freiheit. Freiheit ist im griechischen Denken eine statische Eigenschaft, die dem Menschen zusteht, die er hat, über die er verfügt, bzw. die er, durch rechtes Besinnen auf sie, haben könnte. Er verfügt grundsätzlich über Freiheit, weil er grundsätzlich über sich verfügt, und es ist lediglich seiner Torheit, im Sinne der intellektuellen Unwissenheit, zuzuschreiben, wenn er sie faktisch nun doch nicht besitzt. Für das AT dagegen gilt, daß der Mensch in seinem Dasein gegen sich selbst steht, daß sein Dasein widerspruchsvoll ist und daher auch nur im Widerspruch entfaltet werden kann. Der Rede von der creatorischen Macht Gottes in Gen 1 und 2 folgt die Rede von des Menschen Abfall von seiner Eigentlichkeit in Gen 3 (und seine weitere pervertierte Entwicklung in Gen 4—11)[21]. Auf den Freiheitsbegriff angewendet heißt das: Freiheit ist etwas, was der Mensch hat und nicht hat. Dem Widerspruch im menschlichen Dasein entspricht der Widerspruch in der menschlichen Freiheit. Die vom AT **vorgegebene Struktur** des Freiheitsbegriffes verweist auf den Abfall des Menschen von Gott, auf den Menschen, der sich Gott gegenüber verschließt (und dadurch zum Un-menschen wird), auf die Freiheit, die sich Gott gegenüber verschließt (und dadurch zur Un-freiheit wird) und auf Gottes gnädige Öffnung des in sich verschlossenen, fixierten, grundlos — endlichen Wesens.

Der Widerspruch im menschlichen Dasein ist die apriorische Struktur, in die hinein sich der neutestamentliche Freiheitsbegriff bildet. Überall setzt das AT einerseits die Entscheidungsfähigkeit und Verantwortlichkeit des Menschen voraus. Auch Gottes Vorsehung hebt die Freiheit nicht auf. Gott wirkt zwar in die

---

[21] Das Bild vom Menschen, welches das AT entwirft, ist „das Bild von dem Menschen ‚im Widerspruch'; seiner Herkunft nach aus der oberen Welt stammend, hat er sich unbegreiflicherweise aus der Geborgenheit seines Gehorsamsverhältnisses gelöst. Störungen schwerster Art sind in sein Leben bis in seinen psychischen und somatischen Lebensstand eingebrochen, Störungen, die schließlich bis zu der Zerschlagung der schöpfungsmäßigen Einheit der Menschheit geführt haben". v. Rad Th d ATs II S. 360.

Akte der persönlichen Freiheit hinein (W. Eichrodt, a. a. O. II, 1948, S. 93), aber daraus hat Israel keine deterministischen Konsequenzen gezogen, offenbar weil das Motiv der „Vorsehung" damit gar nichts zu tun hat. „Überall wird die Fähigkeit zur Selbstbestimmung festgehalten. Die ganze ethische Mahnung der Propheten beruht ja auf der Überzeugung, daß die Entscheidung in die Hand des Menschen gelegt ist. Aber auch das Gesetz, das dem Menschen Leben und Tod zur Wahl vorlegt, fußt auf dieser Voraussetzung" (a. a. O. S. 94). Das innere Personzentrum, von dem Entscheidung ausgeht, ist auch im AT vorausgesetzt. Aber wie muß andrerseits die Freiheit aussehen, wenn sie doch Freiheit d e s Menschen ist, der sich i n den freien Akten von Gott abschließt, sich seinem Schöpfer verschließt, um in sich selbst zu ruhen? Es ist dann offenbar nicht mehr die geschenkte, sondern die geraubte Freiheit, die sich gegen Gott abschließt und auf diese Weise pervertiert und destruiert wird. Und wie anders kann die Auflösung des Widerspruchs Wirklichkeit werden denn als Folge eines Heilshandelns Jahwes? Der Widerspruch kann, was die Freiheitsfrage betrifft, traditionell formuliert werden als der Gegensatz von selbstischer Autonomie und nomistischer Heteronomie. Für den autonom gewordenen Menschen ist der Nomos nur mehr noch ein ἕτερος νόμος, ein fremdes Gesetz, dem Gehorsam geschuldet werden muß. Aber, so weissagt der Prophet (Jer 31,31 ff.): es werden Tage kommen, in denen Jahwe einen „neuen Bund" schließen wird. Gott legt sein Gesetz in der Menschen „Inneres" und schreibt es in ihr „Herz". Das heißt nicht „Verinnerlichung des Gesetzes" in d e m Sinn als würde hier die Heteronomie durch die Autonomie abgelöst. Sondern das heißt vielmehr ein neuer „endzeitlicher" Stand der Dinge, in dem der Widerspruch von Autonomie und Heteronomie überhaupt nicht mehr existiert. Der Mensch im neuen Bund trägt Gottes Willen in seinem Herzen a l s s e i n e n e i g e n e n W i l l e n , das fremde äußere Gesetz ist sein eigenes inneres geworden. Er will, was Gott will; indem er seinen eigenen Willen aufrichtet, richtet er Gottes Willen auf (zur Überwindung des Gegensatzes von Autonomie und Heteronomie vgl. Eichrodt, a. a. O. II S. 95. Zu Jer 31,31 ff., v. Rad a. a. O. II S. 224 ff.).

Eben das aber ist die Struktur des neutestamentlichen Freiheitsbegriffes, wie schon die formgeschichtliche Analyse (oben S. 72 ff.) ergeben hat: es ist die F r e i h e i t v o m G e s e t z , weder nomistisch durch die Ableistung des Gesetzes, noch libertinistisch-gnostisch durch die radikale Entfremdung vom Gesetz, sondern „pneumatisch" aus dem Geiste Christi: Freiheit vom Gesetz d u r c h d a s „ G e s e t z d e r F r e i h e i t ".

Wir schließen diesen schematischen Überblick ab mit einem Hinweis auf die dreifache Entfaltung der atl. Motive im J u d e n t u m .

(1) Jahwes Heilstat, mit der er Israel erkauft und zu seinem Eigentumsvolk gemacht hat, bleibt als Grundlage eines besonderen „Freiheitsgefühls" gegenwärtig: „Darum sind wir verpflichtet zu danken, zu rühmen und zu loben, zu verherrlichen, zu erheben, zu verehren, zu preisen, zu erhöhen und zu huldigen vor dem, der unseren Vätern und uns all diese Wunder getan; der uns geführt

aus Knechtschaft zur Freiheit, aus Kummer zur Freude, aus Trauer zur Festlichkeit, aus Finsternis zu großem Lichte und aus der Sklaverei zur Erlösung!" (Pes 10,5). Nach Mek Ex 14,2 (ed. J. Winter und A. Wünsche, 1909, S. 82) habe Mose den Israeliten bei Exodus zugerufen: „Aus dem Munde der Allmacht wurde mir gesagt, daß ihr Kinder der Freiheit seid[22]!" Diese sakrale Freiheit kann auch — der jüdischen Theologie entsprechend — hinter den Auszug zurückdatiert werden, auf Abraham, Isaak und Jakob: „Rabbi Akiba sagt: Auch die Ärmsten in Israel betrachtet man als Freie, die ihr Vermögen verloren haben, denn sie sind Söhne von Abraham, Isaak und Jakob!" (BQ 8,6). In Zeiten politischer Unterdrückung wird die Erinnerung an Jahwes Heilstat geweckt. Es reicht eine Entwicklungslinie vom „Jahwetag" der Propheten über die eschatologischen Hoffnungen der späteren Zeit (Ps 125,2 f. 124,6 f. Jes 61,1 u. a.), über die messianische Erwartung der Diadochenzeit, der Makkabäer-Zeit[23] in verschiedener Akzentuierung bis zu den grausigen und bizarren Vorstellungen vom Hl. Krieg in der „Kriegsrolle" von Qumran; diese Linie findet ihren vorläufigen Abschluß im „linken Flügel" der Pharisäer, in der zelotischen Partei[24]. Die Freiheit Israels, die die Zeloten anstreben und für die sie ihr Leben zu lassen bereit sind, ist (fast anachronistisch und romantisch anmutend) durchaus im alten Sinn als eschatologisch-politische Freiheit zu verstehen. Jahwe offenbart sich in einem Gesandten. Seine Anhänger vermeinen, Jahwes Einschreiten in der Geschichte zu verspüren. Sie erwarten eine Wiederholung der Wundertaten der Urzeit, die „Zeichen der Freiheit" (Jos Bell Jud II 259 f.). Wie in der Urzeit, so wird sich Jahwe jetzt auch in den letzten Tagen aufmachen, um sein Volk aus der Knechtschaft zu führen. Er wird seine Herrschaft — die Gottesherrschaft — aufrichten. Er, er allein wird der Herr und Israel wieder in der ihm zukommenden Freiheit sein Sohn sein!

(2) Daneben läuft eine andere Linie, an deren Anfang die schockartige Erfahrung des deus absconditus steht. Jahwes Unverfügbarkeit, von der oben die Rede war, hat etwas Bedrückendes und Erschütterndes an sich. Schon bei Jeremia wird diese Seite Jahwes (gleichsam das „Dämonische" in ihm) bewußt (Jer 20,7—18!). Die Frage, die sich jetzt an Jahwe richtet, bleibt ohne Antwort. Israel gewinnt ein Verständnis für das Tragische, und zwar ein Verständnis, das aus der eigenen Geschichte gewachsen ist (Simson, Saul!), nicht aber aus der kanaanäischen Überlieferung (Gen 3!). Nach dem Fall der hl. Stadt findet sich das Bewußtsein zur Reflexion gezwungen. Es erkennt tiefer sich selbst und seinen Gott. Gott wird der ferne und fremde, der sich verbergende Gott (Jes 45,15). Das Problem ist gestellt (Hiob!), wie wird es bewältigt? Jahwes Handeln ist rätselhaft, das Leben schicksalshaft geworden, insbesonders im

---

[22] Vgl. M. Hengel, Die Zeloten, 1961, S. 124 ff.
[23] 4 Makk 14,2 ist ganz stoisch formuliert: Ὦ βασιλέων λογισμοὶ βασιλικώτεροι καὶ ἐλευθέρων ἐλευθώτεροι. Vgl. oben S. 37 A. 105.
[24] Vgl. Hengel, a. a. O. S. 144 ff.

Kohelet bricht die Frage nach dem rechten Verhalten auf, angesichts eines uneinsehbaren und schicksalshaft ablaufenden Alls[25]. Aber auch hier wird das Problem „Freiheit-Schicksal" nicht methodisch zum Bewußtsein erhoben.

In den Erfahrungen der Anfechtung liegt die Wurzel für die israelitische Apokalyptik (wobei außerisraelitische Einwirkungen ja nicht geleugnet werden müssen). Aus dem Erlebnis der tragischen Situation des Einzelnen und des Volkes wird es möglich, an die Tragik des Weltlaufs zu denken und weise ist, wer über Ursprung und Werdegang des Weltlaufs Bescheid weiß. Der Mensch kann und soll hoffen! Hoffen nun nicht mehr, wie es die gleichzeitigen und zuweilen damit vermengten Ideen messianischer Tradition wollen, auf eine innergeschichtliche Befreiung, sondern hoffen auf einen kosmischen Eingriff Gottes, durch den die ganze Welt ein neues Antlitz gewinnt. Die Erfahrung des inneren Widerspruchs in Jahwe ermöglicht die Einsicht in die beiden Äonen und ihre gegensätzlichen Mächte. Der Grieche sucht zur gleichen Zeit die wahre Freiheit „innen". Israel sucht seine Freiheit „vorn", es erwartet einen neuen Einschnitt in der Geschichte der Welt. Von hier aus ist es möglich zu begreifen, warum etwa innerhalb der paulinischen Theologie (wie wir oben gesehen haben) der Freiheitsbegriff in Zusammenhängen auftaucht, die eindeutig apokalyptisch bestimmt sind. Dort, wo hellenistische und jüdisch-apokalyptische Traditionen aufeinanderstießen, konnten die griechische Freiheit und die jüdische Endhoffnung eine Verbindung eingehen. Freiheit konnte ein apokalyptischer Begriff werden[26].

(3) In der nachchristlichen Zeit treffen wir endlich noch auf einen dritten (hier darf man nun wirklich sagen:) B e g r i f f von Freiheit: die Ernüchterung, die auf den Zusammenbruch der politischen Hoffnungen folgte und die Verdrängung des apokalyptischen Gedankenguts aus der offiziellen Lehre, konzentrierte Israel auf das Studium der Tora. Daß die Freiheit aus der Tora folgt (also im genauen Gegensatz zu den paulinischen Wendungen), ist uns als Aussage späterer Zeit mehrfach bezeugt. „Und sie (die Schrift) sagt: ‚Und die Tafeln waren ein Werk Gottes, und die Schrift war Gottes Schrift, eingegraben auf die Tafeln' Lies nicht eingegraben חָרוּת sondern Freiheit חֵרוּת. Denn es gibt für dich keinen Freien außer dem, der sich mit dem Studium der Tora beschäftigt" (Ab 6,2). „Jeder, der das Joch der Tora auf sich nimmt, wird vom

---

[25] Vgl. Fr. Nötscher, Schicksal und Freiheit. In: Vom Alten zum Neuen Testament, 1962, S. 12 ff.

[26] Hier wird noch einmal deutlich, daß die atl. jüd. Entwicklung nicht zur Vorgeschichte des Freiheitsbegriffes zu rechnen ist. Wohl aber hat die Apokalyptik den hellenistischen Freiheitsbegriff aufgenommen (belegt bei Paulus, siehe oben) und in ihr System eingebaut. Kompliziert werden die rel. gesch. Verhältnisse freilich dadurch, daß bei Paulus nicht bloß Einwirkungen apokalyptischer, sondern auch gnostischer Tradition zu spüren sind, und daß endlich b e i d e Überlieferungen durch das Kerygma von Jesus, dem Christus, im Prinzip korrigiert worden sind.

Joch der Regierung und vom Joch weltlicher Beschäftigung frei; aber jedem, der sich vom Joch der Tora losmacht, wird das Joch der Regierung und das Joch weltlicher Beschäftigung auferlegt" (Ab 3,6)[27]. In gewisser Weise wird auch hier ein Reich der Innerlichkeit aufgerichtet, ähnlich dem der Stoiker, nur daß es sich nicht im Zusammenfallen von subjektiver Einstellung und objektivem Weltgesetz konstituiert, sondern in der gehorsamen Beugung unter das Joch der Tora, nicht aus der Einsicht in den makrokosmischen und mikrokosmischen Logos, sondern aus der peniblen Erfüllung des schriftlich und mündlich überlieferten Gesetzes vom Sinai her[28]. Solche Freiheit genießt sich selbst mitten in der äußeren Knechtschaft. Aber ist diese Freiheit nicht ebenso illusionär wie die stoische? K a n n denn aus dem bloßen Gehorsam wirkliche Freiheit wachsen? Wir werden bei der Darstellung der paulinischen Gesetzeskritik noch darauf zu sprechen kommen. Für Paulus jedenfalls ist der Gegensatz zwischen

---

[27] Vgl. noch Str Bill II S. 522 Hengel, a. a. O. S. 123 ff.

[28] Der Begriff „Nomos" bildet für P h i l o n die Brücke zwischen stoischer Freiheitslehre und atl. Tradition. Die wohl in jungen Jahren geschriebene Schrift quod omnis probus liber sit zeigt Philon ganz im Banne des stoischen Freiheitsbegriffes. Vgl. schon den Grundsatz δοῦλον εἶναι πάντα φαῦλον — ein Thema, das Philon in einem — verlorengegangenen — πρότερος λόγος abgehandelt hat, quod omnis probus liber 1. Unter ἐλευθερία ist die „innere" Freiheit des Weisen zu verstehen: ὁ σοφὸς μόνος ἐλεύθερός τε καὶ ἄρχων, κἂν μυρίους τοῦ σώματος ἔχῃ δεσπότας (de post Caini 138). Es ist die Freiheit von Leidenschaften (quod omn prob lib 21). Wer frei ist, ist glücklich, ὁ δέ γε σοφὸς εὐδαίμων, ἕρμα καὶ πλήρωμα καλοκἀγαθίας ἐπιφερόμενος, ἐν ᾗ τὸ κῦρός ἐστιν ἁπάντων· ⟨ὥστ'⟩ ἀμφιβόλως καὶ ἐξ ἀνάγκης ὁ σπουδαῖος ἐλεύθερός ἐστι (41). Er ist ein φίλος τοῦ θεοῦ (42). Glücklich und unabhängig ist er freilich dadurch, daß er sich dem Nomos unterwirft: ὅσοι δὲ μετὰ νόμου ζῶσιν ἐλεύθεροι (45), bzw. gemäß der stoischen Gleichsetzung von Gottheit und Gesetz gilt: τῷ γὰρ ὄντι μόνος ἐλεύθερος ὁ μόνῳ θεῷ χρώμενος ἡγεμόνι (20). Er ist frei gerade darin, daß er sich keinem anderen unterwirft als Gott allein: ὁ θεοῦ θεραπευτὴς αἰώνιον ἐλευθερίαν κεκάρπωται (de sacr Ab et Caini 127). Indessen verbindet Philon damit den atl. Ansatz, sofern die Unterwerfung unter das Gesetz im Gehorsam gegen die Lex Mosis konkret wird. Der νομοθέτης der Juden ist darum der wahrhaft Freie, der Götterfreund (quod omn prob lib 42 ff.). In der Zusammenfassung 59 ff. formuliert er wieder ganz stoisch: ὁ φρονίμως πάντα ποιῶν εὖ ποιεῖ πάντα, ὁ δ' εὖ ποιῶν πάντα ὀρθῶς ποιεῖ πάντα, ὁ δ' ὀρθῶς πάντα ποιῶν καὶ ἀναμαρτήτως καὶ ἀμέμπτως καὶ ἀνεπιλήπτως καὶ ἀνυπευθύνως καὶ ἀζημίως, ὥστ' ἐξουσίαν σχήσει πάντα δρᾶν καὶ ζῆν ὡς βούλεται· ᾧ δὲ ταῦτ' ἔξεστιν, ἐλεύθερος ἂν εἴη· ἀλλὰ μὴν πάντα φρονίμως ποιεῖ ὁ ἀστεῖος· μόνος ἄρα ἐστὶν ἐλεύθερος.

84 Herkunft und Problematik des neutestamentlichen Freiheitsbegriffes

Gesetz und Freiheit auf der Ebene des Gesetzes nicht überbrückbar. Er wird aufgehoben erst durch die Erfahrung des Geistes.

Aus dem im Geist aufgehobenen Gegensatz Gesetz — Freiheit erklärt sich die Funktion, die der Freiheitsbegriff im NT und insbesonders in den paulinischen Briefen ausübt. Freiheit ist im NT ein p o l e m i s c h e r Begriff. Er hat seinen „Ort" innerhalb der Polemik gegen das Mißverständnis des Evangeliums, er hat seinen „Sitz im Leben" in der Auseinandersetzung mit dem Legalismus und Libertinismus. Der Freiheitsbegriff des NTs ist geprägt von dem Zweifrontenkrieg gegen (gesetzliches) Judentum und libertinistische Gnosis[29]. Dem gesetzlichen Judentum muß der Begriff das Neue kennzeichnen, das das Evangelium von Christus dem Gesetzesgehorsam gegenüber gebracht hat. Freiheit schließt den Nomismus aus. „Zur Freiheit hat uns Christus befreit. So stehet nun darin und laßt euch nicht wiederum unter das Joch der Knechtschaft zwingen" (Gal 5,1). Gegenüber dem antinomistischen Libertinismus muß die rechte und wahre Freiheit in ihrem Gegensatz zu aller Zügellosigkeit gekennzeichnet werden. Die Knechtschaft der gnostischen Existenz wird durchschaut und bekämpft: „Ich habe (in der Tat) über alles Macht. Aber ich darf mich durch nichts übermächtigen lassen!" (1. Kor 6,12 b). Z w i s c h e n beiden Irrwegen, und von beiden gleich weit entfernt, steht die Freiheit des Glaubens. Sie kommt nicht durch eine Synthese, durch einen Kompromiß von Autorität und Freiheit, durch einen Ausgleich von Autonomie und Heteronomie zu Stande. Sie ergibt sich — den Gegensatz von Autonomie und Heteronomie überwindend, und zwar nicht nur theoretisch sondern auch „praktisch", d. h. im Vollzug der Existenz überwindend — aus der Sohnschaft[30], und zwar aus jener Sohnschaft, die durch Jesus Wirklichkeit geworden ist. Der Sohn ist mit dem Vater geeint.

Damit stellt sich die historische Frage nach der Herkunft des ntl. Freiheitsbegriffes noch einmal. Paulus hätte auf diese Frage mit dem Hinweis auf die Berufung vor Damaskus geantwortet, d. h. er hätte die Freiheit,

---

[29] Vgl. Deißner, Autorität und Freiheit im ältesten Christentum, 1931, S. 6 f. Der Gegensatz „Rabbinat"—„hellenistische Gnosis" (so etwa Michel, Röm 9 f.) verzeichnet den Sachverhalt. Denn die von Paulus bekämpfte Gnosis scheint durchwegs aus dem Judentum zu stammen und gerade das spezifisch Gnostische leitet sich nicht aus der Hellenisierung ab. Außerdem schließt die Gnosis nomistische Observanz nicht aus, und zudem konnte Observanz in Libertinismus umschlagen, bzw. beide konnten nebeneinander bestehen.

[30] Deißner, a. a. O. S. 7 f.

die der Christ im Glauben hat, auf den Auferstandenen zurückgeführt, der ihn mit der Verkündigung des Evangeliums betraute (Gal 1,1.6 ff. 10 ff. u. ö.). Und diese „theologische" Antwort ist letztlich auch die historisch einzig richtige. Die Freiheit, von der das NT redet, stammt, ihrer wesentlichen Bestimmtheit nach, nicht aus der apokalyptischen Hoffnung des Judentums, auch nicht aus Sophia und Gnosis, aus der „Einsicht" in das Mysterium des Pleroma und des göttlichen Geistes, sondern aus der Offenbarung in Christus. Eben in d i e s e m Sinn ist sie ja für die s y n - o p t i s c h e Überlieferung die Freiheit der Gottesherrschaft, die Jesus verkündet und gebracht hat[31], für P a u l u s die Freiheit im Hl. Geist, sofern der Christus im Geist gegenwärtig ist, und für J o h a n n e s die wahre Freiheit, sofern die „Wahrheit" in Jesus, dem Offenbarer, dem fleischgewordenen Logos, zu uns gekommen ist. Es ist der autochthone Charakter der christlichen Freiheit zu behaupten. Christliche Freiheit ist in diesem Sinn Freiheit, „die wir haben in Christo Jesu" (Gal 2,4), Freiheit, zu der Christus uns befreit hat (Gal 5,1).

2. Das Problem des neutestamentlichen Freiheitsbegriffes

Wir haben gesehen, daß dem NT die philosophische Fragestellung nach der menschlichen Freiheit, wie sie in der Tradition des hellenischen und hellenistischen Denkens gegeben ist, fehlt. Der ntl. Begriff wächst aus anderen Zusammenhängen — nämlich aus der „Offenbarung" — und trägt das Kennzeichen einer anderen „unphilosophischen" Begrifflichkeit[32]. Daraus entsteht aber für uns, die wir die philosophische Fragestellung

---

[31] In der synoptischen Überlieferung gibt es eine Reihe von Perikopen, in denen die christliche Freiheit zur Sprache kommt — und zwar die Freiheit vom Gesetz — ohne daß das Wort Eleutheria fällt. Es sind dies vor allem die Streitgespräche. Siehe später. Diese Stellen bezeugen:
    a) daß die christliche Freiheit aus der „Praxis" Jesu kommt;
    b) daß Jesus selber der U r h e b e r der christlichen Freiheit ist (die Geschichten selbst sind freilich von der Urgemeinde konzipiert);
    c) daß Freiheit von Anfang an polemischen Charakter trägt.

[32] Es fehlt das Problem der Willensfreiheit und das Problem des Verhältnisses von ἐλευθερία und ἀνάγκη, εἱμαρμένη oben S. 37 ff. Die spezifisch philosophischen Termini (ἀταραξία, συνκατάθεσις, τὸ ἐξαίρετον, αὐτεξούσιον, ἀπαραπόδιστον, ἐξουσία αὐτοπραγίας, διαίρεσις, προαίρεσις etc. etc.) fehlen. Ἀλλότριος Mt 17,25 ist völlig unphilosophisch verwendet!

nicht ignorieren können, ein Problem. Das Problem war dem NT selbst noch nicht bewußt. Dagegen tritt es bereits in der frühen Patristik deutlich in Erscheinung, dadurch nämlich, daß von den Vätern (Irenäus, Clemens und Origenes zuerst, die späteren Väter folgen dann bereits der Tradition) die W i l l e n s f r e i h e i t mit viel Aufwand verteidigt wird[33]. Die Frage ist: in welchem Verhältnis steht die von der frühen christlichen Theologie so energisch verteidigte Freiheit zu der von der neutestamentlichen Tradition her ebenso energisch verneinten Fähigkeit und Möglichkeit des Menschen, sich selbst durch eigenes Handeln und Wollen zu verwirklichen? Das Problem wird besonders deutlich sichtbar bei A u g u s t i n u s, der als Philosoph die menschliche Freiheit unbedingt verteidigt, als Theologe (allerdings erst in der späteren Phase) die Freiheit unbedingt verneint, bzw. lediglich ein Gnadengeschenk des Hl. Geistes sein läßt. Insbesonders und mit deutlichem Bewußtsein ist diese Frage in der Reformation zur Debatte gestanden. Für L u t h e r, C a l v i n und ihre Nachfolger gibt es keine menschliche Freiheit und kann es keine geben[34]. Luther hat seine Schrift De servo arbitrio 1525 gegen

---

[33] Vgl. Eva Aleith, Paulusverständnis in der alten Kirche, Beiheft 18 zur ZNW, 1937, passim und: K. H. Schelkle, Paulus, Lehrer der Väter. Die altkirchliche Auslegung von Römer 1—11, 1956 passim. — Es ist für die Situation kennzeichnend, daß der philosophische Begriff des αὐτεξούσιον = liberum arbitrium, der im NT fehlt, bei den Vätern wiederkehrt (Schelkle S. 347. 439). Die Apologie der Willensfreiheit (und damit der Verantwortung des Menschen für die Sünde) gehört zum Rüstzeug der Kirchenväterexegese und wird bei jeder passenden Stelle und vielen unpassenden Stellen vorgetragen, sodaß man gezwungen wird, ein besonderes existentielles Interesse anzunehmen: die Kirchenväterexegese ist vom Schatten des gnostischen Dualismus verfolgt und kämpft diese Anfechtung nieder. Das Motiv, das die Exegese der Väter bestimmt hat, ist theologisch legitim: nur der freie Mensch kann schuldig und erlöst werden. Die Frage ist nur, ob dieses Motiv im Zusammenhang der Paulusinterpretation angemessen vermittelt wurde. Diese Frage ist aufs Ganze gesehen zu verneinen. Die Verteidigung der Willensfreiheit mit den Mitteln der griechischen philosophischen Tradition (und ihrem Intellektualismus) führte zu einer Verkürzung der paulinischen Gnadenlehre (vgl. etwa nur die Erweichung der Praedestination zur bloßen Praeszienz seit Origenes). Das wurde anders erst in der Theologie des späten Augustin.

[34] Dies ist der Grundgedanke der Schrift De servo arbitrio. „Nam superius ostendimus, liberum arbitrium nemini nisi soli Deo convenire" (W. A. 18, 662, E. A. 7, 189). Das liberum arbitrium wird Gott allein zugeschrieben, weil ihm allein aseitas zukommt. Daß Gott wirkt und nicht wir, ist Grund-

Erasmus wohl mit Recht für seine beste gehalten. Erasmus hat im Ernst die Intention der reformatorischen Rechtfertigungslehre nicht erfahren. Die Tiefe dessen, was Paulus im siebenten Kapitel des Römerbriefes sagt, blieb ihm fremd. Luther — und mit ihm Calvin — geben die I n t e n - t i o n der paulinischen Rede vom opus Dei wieder, das alles opus hominis ausschließt; aber sie geben diese Intention in einer F o r m wieder, die mindestens anfechtbar, wenn nicht überhaupt unhaltbar ist.

Fragt man das NT selbst, so erhält man natürlich keine d i r e k t e Antwort, wie sich aus den obigen Ausführungen ergibt. Das machte und macht die Problematik aus. Es sind aber gleichwohl die f a l s c h e n Lösungsversuche sofort als solche zu erkennen.

(a) Es genügt nicht, sich auf die explizite Position des NTs zurückzuziehen, und zu sagen, das NT lehrt: der Mensch hat von sich aus keine Freiheit (Röm 7 — um es schematisch zu sagen), die Freiheit wird ihm aber von Gott durch Christus im Hl. Geist geschenkt (Röm 8). Diese Antwort ist zwar (dem exegetischen Sachverhalt nach) zunächst einleuchtend, aber sie ignoriert das Problem und wird weder der Fragestellung noch letztlich dem NT gerecht[35].

(b) Es ist aber auch einseitig, das NT für die idealistisch-indeterministische Auffassung in Anspruch zu nehmen. Denn freilich setzen die

---

lage des Heils. Hier durfte es keine „akademische" Disputation kalten Herzens geben, weil das Heil auf dem Spiel stand. Des Erasmus unengagierte Skepsis ist Luther darum ein Greuel. „Quid enim incertitudine miserius?" (W. A. 18,604 E. A. 7,122).
Die (unaufgebbare) Intention der Bestreitung des liberum arbitrium kommt im Übrigen nirgends deutlicher zum Ausdruck als W. A. 18, 636 E. A. 7, 158: „Sequitur nunc, liberum arbitrium esse p l a n e d i v i n u m n o m e n , nec ulli posse competere quam s o l i d i v i n a e m a i e s t a t i , Ea enim potest et facit (sicut Psal. canit) Omnia quae vult in coelo et in terra. Quod si hominibus tribuitur, nihilo rectius tribuitur, quam si d i v i n i t a s quoque ipsa eis tribueretur, quo s a c r i l e g i o nullum esse maius possit." Es ist deutlich, daß Luther gar nicht Willensfreiheit als psychologisches und anthropologisches Faktum (oder Problem) im Auge hat, sondern die Aseität, die Selbstverfügung, die absolute Vollmacht.

[35] Es läßt sich nicht leugnen, daß die meisten neutestamentlichen Untersuchungen über unsere Frage diesen Standpunkt einnehmen, d. h. bewußt die oben skizzierte Fragestellung ignorieren oder der Dogmatik zuweisen. Eine Ausnahme bildet hier die Schule R. Bultmanns, doch ist auch Schliers Artikel im Th W II 484 ff. in diesem Punkt nicht befriedigend.

Imperative Freiheit voraus — wovon gleich noch die Rede sein wird; gleichwohl bleibt Freiheit im NT eine eschatologische Kategorie!

(c) Umgekehrt gerät eine alle Freiheit leugnende Interpretation mit Notwendigkeit in das Fahrwasser des Determinismus und hebt sich als Interpretation eines religiösen und ethischen Textes von selber auf[36].

(d) Selbstverständlich müssen auch die Vermittlungsversuche ausscheiden, in denen Freiheit und Unfreiheit menschliches und göttliches Wirken, natura und gratia, in irgend einer Weise addiert werden.

In all diesen Versuchen handelt es sich (a) um eine falsche l i n e a r e Lösung, die die Paradoxie der Freiheit nicht zu sehen vermag und (b) um eine gefährliche P r o b l e m v e r s c h l i n g u n g, die sich in der konstanten Verwechslung von Determinismus und Praedestination erweist.

Die Lösung des Problems erfordert zunächst die Einsicht, daß der christliche Freiheitsbegriff zwei und zwar zwei v e r s c h i e d e n e n Ansprüchen genügen muß. Das Gebot fordert die Freiheit, die Erlösung fordert die Unfreiheit. Das Gebot fordert die Abweisung des Determinismus[37], die Erlösung fordert die Praedestination. Damit erscheint die e i n e Freiheit zertrennt in zwei verschiedenen Freiheiten, zwischen denen sorgfältig differenziert werden muß, bzw. es wird deutlich, daß das Freiheitsproblem vom christlichen Standpunkt aus nicht linear gelöst werden kann. Die Freiheit ist zwiespältig, der Mensch ist frei — das verlangt das Gebot Gottes —, er ist unfrei — das verlangt die Erlösung. Damit stoßen wir auf eine entscheidende Kategorie des NTs: auf den inneren Zwiespalt im Dasein, auf den inneren Widerspruch in der Existenz, bzw. genauer, daß Dasein nicht etwas e s s e n t i e l l Eindeutiges, Lineares ist, das durch den statischen Logos restlos bewältigt werden könnte, sondern daß Dasein E x i s t e n z ist in ihrem Widerspruch. Wie der Mensch nicht mit sich selbst identisch ist, so ist es auch die Freiheit nicht. Wie der Mench sich selbst fremd ist, so ist auch seine Freiheit entfremdet. Das NT kennt die menschliche Freiheit, aber es kennt sie lediglich als e n t f r e m d e t e; das NT weiß um die menschliche Freiheit, und setzt sie implizit in jedem seiner Imperative voraus; aber es hält diese Freiheit für e n t s t e l l t, für p e r v e r t i e r t, für d e s t r u i e r t. Man würde den ntl. Aussagen ebenso Gewalt antun, wenn man sie im Sinne des Determinismus deuten würde, wie man ihnen Ge-

---

[36] Selbst Luther muß zwischen der necessitas und der coactio unterscheiden (W. A. 18,634 ff., E. A. 7,155 ff.). Aber gerade in dieser Unterscheidung liegt das Problem.

[37] Das Gebot fordert freilich auch nicht den Indeterminismus. Dazu später.

walt antut, wenn sie idealistisch-indeterministisch gedeutet werden. Anders ausgedrückt: die Interpretation des ntl. Freiheitsbegriffes erfordert eine Differenzierung, will sie beiden Ansprüchen gerecht werden. Diese sind aber nicht statisch, bzw. linear voneinander abzutrennen, sondern sie stehen dialektisch zueinander. Die D e s t r u k t i o n der Freiheit in der gefallenen Existenz setzt die formale S t r u k t u r der Freiheit voraus. Nur was strukturell da ist, kann destruiert werden, nur wer frei ist, kann unfrei sein. Das führt zu der Differenzierung: f o r m a l e Freiheit und m a t e r i a l e Unfreiheit[38]. Der Mensch ist „formal" frei, d. h. die Freiheit gehört als solche zur Sruktur seines Daseins. Man kann diese Freiheit auch Entscheidungsfreiheit nennen. Der Mensch ist fähig, sich zu entscheiden, er ist verantwortlich für seine Entscheidung, nur als solcher ist er, was er ist, Mensch; nur als solcher ist er Gottes Partner und Gegenstand göttlicher Liebe. Diese formale Freiheit, die lediglich die Struktur der Entscheidungsfähigkeit betrifft, wird vom Neuen Testament überall vorausgesetzt, sie ist in jedem Satz i m p l i z i e r t. Das Neue Testament hat diese formale Freiheit nirgends mit der vox ἐλευθερία bezeichnet[39]. E s k a n n t e a l s o d a s P r o b l e m d e r „ f o r m a l e n " F r e i h e i t g a r n i c h t. Formale Freiheit ist dem NT selbstverständlich.

Davon zu unterscheiden ist die materiale Unfreiheit. In der Existenz, in der Konkretisierung des Seins als Da-sein, ist die formale Struktur der Freiheit zur Unfreiheit destruiert. Der Mensch kann sich zwar entscheiden, aber er entscheidet sich (extra Christum) ständig gegen sich selbst. Er kann sich zwar verwirklichen, aber nur so, daß er sich zerstört. Er hat zwar die Fähigkeit, über sich selbst zu verfügen, aber er gebraucht sie dazu, die Herrschaft der „Mächte" aufzurichten, die sein Dasein unterjochen. Er ist frei zur Unfreiheit. Er ist frei im Sinne der Entscheidungsfreiheit und Verantwortlichkeit, aber er ist unfrei im Sinne der Unfähigkeit, sich aus sich selbst heraus sein gesolltes Sein zu verwirklichen. Eben dies bezeichnet den Konflikt der Existenz, die Entfremdung des Daseins. Eben dadurch ist der ntl. Freiheitsbegriff p a r a d o x.

Die nötige Differenzierung kann noch genauer mit Hilfe der Termini „essentielle" Freiheit und „existentielle" Unfreiheit getroffen werden.

---

[38] Diese „aristotelische" Terminologie verwendet Emil Brunner, Der Mensch im Widerspruch, eine christliche Anthropologie, 1941 (3. A.) S. 273.

[39] Es wäre angemessener, dafür αὐτεξούσιον oder ἐξουσία αὐτοπραγίας zu verwenden. Aber wie dem NT die stoischen Begriffe fremd sind, so ist auch das ganze Problem nicht zum Bewußtsein gelangt.

In der Essenz ist der Mensch frei. Wer den Menschen lediglich in seiner Essenz zu betrachten im Stande ist, wie der Idealismus, wird darum lediglich die Freiheit des Menschen behaupten können. Das aber ist ja das Geheimnis des Menschen, das er nicht ist, was er ist, daß er seinem Sein im Da-sein entfremdet ist, daß die Existenz Gebrochenheit der Essenz ist. So ist der Mensch wohl essentiell frei, als das selbstzentrierte Wesen, das sein Leben in eigener, verantwortlicher Entscheidung zu führen vermag, er ist aber zugleich, blickt man auf die Faktizität seines Daseins, existentiell unfrei, d. h.: immer schon, a priori, den Mächten untertan, so untertan, daß es nicht in seiner Willkür steht, sich von ihnen frei zu machen, und sein Da-sein, zum wahren, wirklichen, vollen Sein zu erheben[40].

Es entsteht die Aufgabe, zu zeigen, (1) daß tatsächlich das NT überall die essentielle Freiheit implizit voraussetzt, (2) wodurch der Übergang von der essentiellen Freiheit zur existentiellen Unfreiheit geschieht, und (3), worin die Unfreiheit besteht, aus der Christus befreit hat.

II. Entscheidungsfreiheit und Verantwortlichkeit

Unternimmt man den Versuch, zu zeigen, daß das ntl. Kerygma überall Entscheidungsfreiheit und Verantwortlichkeit voraussetzt, so hat es, angesichts der Tatsache, daß diese Voraussetzung im NT stillschweigend

---

[40] Diese Unterscheidung verwendet Paul Tillich, Systematische Theologie II 1958 (1. A.), passim. Das gleiche Motiv steht hinter der sonst etwas anders gearteten Unterscheidung Bultmanns zwischen ontologischer und ontischer Freiheit, bzw. Unfreiheit. Ontologische Freiheit meint die rein formale Struktur der Entscheidungsfähigkeit. Der Mensch lebt nicht bloß, er „führt" sein Leben, wie Bultmann, Theologie des Neuen Testaments, 1961, 4. A., S. 211) im Anschluß an Max Scheler und Arnold Gehlen sagt. Vgl. dazu unten S. 100 f. Damit ist freilich erst die Voraussetzung zur ontischen Wirklichkeit gegeben. Ontisch ist der Mensch unfrei. In der eschatologischen Freiheit wird die ontologische Möglichkeit zur ontischen Wirklichkeit. Das würde in der Sprache Paul Tillichs heißen: in der eschatologischen Freiheit ist der Konflikt innerhalb der Freiheit, die Selbstentfremdung des Daseins als endliche Freiheit, aufgehoben. Die Bultmannsche Position hat J. Körner in dem Aufsatz „Freiheit im eschatologischen Geschehen" Ev Th 13 (1953) S. 267 ff. knapp und klar dargestellt. Zur Kritik an Bultmanns Auffassung der eschatologischen Freiheit siehe später.

und implizit gemacht wird, wenig Sinn, eine Reihe von Stellen zu zitieren, aus denen die Entscheidungsfreiheit und Verantwortlichkeit bewiesen werden soll. Dieser Versuch führt ins Uferlose. Letztlich müßte man das ganze NT ausschreiben[41]. Vielmehr genügt es darauf hinzuweisen, daß im NT der Mensch unentwegt imperativisch angesprochen wird, daß ein Appell an ihn ergeht, daß er aufgerufen wird, dem Wort, das ihm verkündet wird, Gehorsam zu leisten. Dieser Imperativ ist in den Evangelien (insbes. in der Überlieferung der Verkündigung Jesu) ein Ruf zur Buße, zur Umkehr angesichts des bevorstehenden Advents der Gottesherrschaft. Dieser Ruf setzt sich in der missionarischen Verkündigung des Urchristentums fort. In den Briefen an die Gemeinden gewinnt er eine etwas andere Gestalt. Es ist nun nicht mehr der Aufruf, einen neuen Weg zu beginnen — dieser neue Weg ist ja vielmehr schon begonnen worden von denen, an die solche apostolische Ermahnungen ergehen —, sondern es ist der Ruf, den einmal angefangenen Weg weiter zu verfolgen. Kennzeichnend ist für diese Situation etwa Gal 5,7, wo der Apostel den Galatern vorwirft, sie wären bislang „fein gelaufen", seien jetzt aber in ihrem Christenweg gehemmt worden. Der A b f a l l der Galater ist ja im ganzen Brief als R ü c k fall ins Heidentum (oder Judentum) aufgefaßt. Im Galaterbrief mag diese Auffassung besonders deutlich sein; sie gilt für das ganze NT. Geradezu klassisch aber ist diese Auffassung von der apostolischen Ermahnung an schon Christen Gewordene ausgedrückt in Gal 5,25: „Wenn wir im Geiste leben, so laßt uns auch im Geiste wandeln!" Dieselbe Struktur trägt Gal 5,1 b: die Aufforderung, in der Freiheit zu stehen, zu der Christus befreit hat. In beiden Fällen (die beliebig zu vermehren wären) wird der Christ aufgerufen, aus der Gnade, d. h. aus dem „Bereich" des Geistes bzw. der Freiheit, in den er versetzt wurde, zu leben und zu handeln. Jedenfalls aber gilt für beide, für Christ und Nichtchrist, der Ruf zur Entscheidung, der völlig absurd wäre, wenn der Mensch nicht die Fähigkeit hätte, sich tatsächlich zu entscheiden[42].

Da der Ruf zur Buße, bzw. zur Verwirklichung des Lebens unter der Macht des Geistes, die Botschaft des NTs geradezu konstituiert, da die-

---

[41] Ein Musterbeispiel für diese wenig ansprechende Methode bietet Erasmus in seiner Diatribe von 1524.

[42] Sowohl der Ruf zur Umkehr wie der Ruf zur Heiligung setzt die Freiheit als Entscheidungsfreiheit voraus. Im Übrigen sind Situation und Ruf verschieden. Darüber und über die Frage des Verhältnisses von Indikativ und Imperativ, siehe unten.

ser Ruf nicht eine periphere, sondern eine zentrale Stelle im NT einnimmt, so legt er damit zugleich ein Zeugnis ab für das Bild vom Menschen, das im NT vorliegt. Der Mensch ist der von Gott A n g e r u f e n e, der durch seine Entscheidung A n t w o r t geben soll auf das W o r t, das an ihn ergangen ist und der, da die letzte und eigentliche Entscheidung, die K r i s i s, vor ihm steht, zur V e r a n t w o r t u n g bestimmt ist. Die Botschaft vom Gericht bestimmt das Menschenbild als eschatologisches. Die Entscheidung, in der der Mensch steht, ist nichts Peripheres, sondern das w e s e n t l i c h M e n s c h l i c h e. Der Mensch ist jenes Geschöpf, das Gott vor die letzte Entscheidung (für oder wider ihn und damit für oder wider sich selbst) gestellt hat. Der Mensch wird weder als politisches Wesen (πολιτικὸν ζῷον), noch als besondere Species der φύσις des κόσμος bestimmt (animal rationale). Das eigentlich Menschliche sieht das NT darin, daß der Mensch (und er allein) f r e i v o r G o t t s t e h t, als Partner und Gegenüber Gottes, als ein Geschöpf, dem Entscheidung zugemutet wird[43].

Die Entscheidungsfreiheit und Verantwortlichkeit ergibt sich also, allgemein gesprochen aus dem imperativischen Charakter der neutestamentlichen Verkündigung, spezieller gesprochen, aus Begriffen wie μετάνοια (Buße), κρίσις (Gericht, „Entscheidung"), ὑπακοή (Gehorsam). Es ließen sich aber auch hinzufügen: Verkündigung, Wort Gottes, Gebot, Gesetz und andere.

Solche Entscheidungsfreiheit und Verantwortlichkeit wird, so ist zu behaupten, auch nicht von jenen Stellen (insbesonders der paulinischen Briefe) geleugnet, in denen die Unfreiheit des Menschen (im Sinne des Unvermögens, sich selbst zu verwirklichen und über sich selbst zu verfügen) ausgesprochen ist, also etwa Röm 3,23 6,12—23 7,7—25 9,6—33 11,1—10 Gal 5,17 ff. u. a.

Es wäre möglich, die entsprechenden Abschnitte historisch aus der G n o s i s abzuleiten, in der ja, wie wir oben gesehen haben, die Entscheidungsfähigkeit des Menschen und mit ihr Personalität und Verantwortlichkeit preisgegeben sind[44]. Und nun kann ja gar nicht geleugnet

---

[43] Für die Verkündigung Jesu ist das vor allem von R. Bultmann gezeigt worden. Vgl. sein Jesusbuch, 1951, (2. A). „Jesus sieht also den Menschen als in seinem Hier und Jetzt in der Entscheidung stehend mit der Möglichkeit der Entscheidung durch seine freie Tat" (S. 49) und passim.

[44] So hat E. Fuchs, Die Freiheit des Glaubens (Röm 5—8 ausgelegt) 1949, S. 60 ff. die These vertreten, daß Paulus in 7,7—24 ein ursprünglich gnostisches Klagelied verwendet hat. Allerdings habe er (Paulus) es uminter-

werden, daß Paulus gelegentlich in paradoxen Formulierungen f o r m a l
solchen Aussagen nahe kommt. Es ist aber ebenso deutlich, daß solche
paradoxe Formulierungen nicht im gnostischen Sinn gedeutet werden
dürfen. Für die Gnosis war ja das charakteristisch, daß sich der Mensch
in seinem Selbst von Leib und Seele, über die er keine Macht hat, distanziert, daß er also die Verantwortlichkeit für seine Taten leugnet, weil
er mit seinem Selbst nicht mehr hinter seinen Taten steht. Für Paulus ist
demgegenüber charakteristisch, daß der Mensch, der unter der Macht
der Sünde steht, für sein Handeln haftbar gemacht wird, daß er nicht
als von Natur den Mächten schicksalhaft Unterworfener, sondern als
Sünder gilt. Die Gnosis (und übrigens auch die Stoa) haben keinen vergleichbaren Sündenbegriff. Für die Gnosis ist Sünde Schicksal, für die Stoa
Verfehlung. Für das Neue Testament aber ist Sünde Schuld, d. h. eine
Übertretung des göttlichen Gebotes von Seiten des Menschen, dem die
Verantwortung dafür auferlegt wird. Wenn der Mensch in Röm 6,12—23
als Schauplatz der Mächte gekennzeichnet wird[45] (die Sünde ist Basileus
und Kyrios, der Mensch ein Knecht der Sünde, vgl. dazu Joh 8,34), so
ist doch dabei die Entscheidung des Menschen f ü r die Sünde und die
Verantwortung des Menschen für seine gottwidrige Entscheidung nicht
preisgegeben, sondern im Gegenteil, gerade die freie Entscheidung des
Menschen für die Sünde ist es eben, die die Sünde als „Macht" offenbart!
Durch die freie Entscheidung des Menschen für die Sünde richtet die
Sünde ihre Herrschaft als Basileus und Kyrios auf. „Der erste Satz, mit
dem eine christliche Lehre von der Unfreiheit beginnen muß, ... ist der,
daß die Unfreiheit, in die der Mensch durch die Sünde fällt, die U n
f r e i h e i t i n d e r F r e i h e i t ist. Wohl ist, ‚wer Sünde tut, der
Sünde Knecht'; aber er tut Sünde nie anders als in eigener Entschei-

---

pretiert. — Die These ist, soweit ich sehe, bis jetzt von niemandem angenommen worden. Aber sie ist kennzeichnend für die gefährliche Nähe
der paulinischen Aussage zum Dualismus. — Auf einen weiter zurückreichenden Zusammenhang weist H. Hommel, Das 7. Kapitel des Römerbriefes im Licht antiker Überlieferung, Theologia Viatorum, VIII, 1961/62
S. 90 ff.

[45] „Sic humana voluntas in medio posita est, ceu iumentum, si insederit Deus,
vult et vadit, quo vult Deus, ut Psalmus dicit: Factus sum sicut iumentum
et ego semper tecum. Si insederit Satan, vult et vadit, quo vult Satan, nec
est in eius arbitrio, ad utrum sessorem currere aut eum quaerere, sed ipsi
sessores certant ob ipsum obtinendum et possidendum." (Luther, De servo
arbitrio, W. A. 18,635, E. A. 7,157).

dung" (Brunner)⁴⁶. Analoges gilt für Röm 7, 7—25. Paulus versucht hier in einem Exkurs über πνεῦμα und γράμμα eine Analyse des menschlichen Handelns unter dem Gesetz zu geben. Der ganze Abschnitt (insbes. 7, 14—25) kreist um den Grundsatz, daß der Mensch (nämlich der unerlöste: Vs 24) nicht tun kann, was er will (Vss 15 b. 16. 18 c—20), sondern vielmehr tun muß, was die Sünde will, d. h. daß er unter dem Diktat der Sünde steht (Vss. 17. 20. 23—25). Der Abschnitt gipfelt in der Feststellung des inneren Zwiespalts im Menschen (ein Zwiespalt, der durch das Gesetz bzw. die Intention, die Gesetzesforderungen zu erfüllen, aufgedeckt wird). Der Apostel differenziert zwischen dem ἔσω ἄνθρωπος bzw. νοῦς einerseits und der σάρξ bzw. den μέλη andrerseits. Die paradoxen Formulierungen könnten dazu verleiten, den Menschen dualistisch zu verstehen. Gerade eine solche Interpretation des Abschnittes nimmt aber den Ausführungen des Apostels die Spitze. Gewiß: indem der Gesetzesfromme die Sünde tut, tut er etwas, was ihm selber zuwider und fremd ist, weil er ja weiß, was Sünde ist und Sünde nicht will; er steht im Sündigen gegen sich selbst (das heißt bei Paulus hier: die μέλη stehen gegen den ἔσω ἄνθρωπος, das faktische Böse gegen das intendierte Gute, das Gesetz, das in den Gliedern ist, gegen das Gesetz Gottes, mit dem sich der νοῦς, der ἔσω ἄνθρωπος eint (Vss 22 f.)⁴⁷. Der Mensch steht gegen sich selbst — aber e r ! Nicht ein Nicht-ich (etwa das σῶμα im gnostischen Sinn!). Das Elend des Menschen besteht ja gerade darin, daß die Sünde nicht „draußen" ist, sondern i n m i r haust (ἡ ἐνοικοῦσα ἐν ἐμοὶ ἁμαρτία Vs 17. Vgl. Vs 20)! Nicht die Sünde ist mir fremd, sondern i c h , der Sündigende bin mir selber fremd! Die Sünde hat mein Ich verdrängt — aber i n m i r ; ich bin es, der für sie verantwortlich ist. Die Paradoxie (es ist meine Tat und doch nicht meine, sondern die Tat der σάρξ, der μέλη), wird von Paulus nicht dualistisch aufgelöst durch die Preisgabe der Personalität und Flucht ins Eshafte⁴⁸, sondern in ihrer

---

⁴⁶ a. a. O. S. 271.
⁴⁷ Zum Begriff der Sünde, die in den μέλη ihren Sitz hat, vgl. Ed. Schweizer, Die Sünde in den Gliedern. In: Abraham, unserer Vater, 1963, S. 437—39.
⁴⁸ In der Gnosis wird die Schuld auf die Außenwelt, auf die Materie und den Kosmos geschoben. Sie wird projiziert, verdrängt. Der Mensch ist nicht mehr schuld, er kann nicht anders, er ist eben σαρκικός, σωματικός, ὑλικός. Die Gnosis löst den Leib als Nicht-Ich ab. Sie zerstört damit die Personalität. Der Mensch wird zum Ding, als Ding regiert ihn die Physis. Als Ding hat der ethische Anspruch für ihn keinen Sinn (Libertinismus).

ganzen Schwere und Tragweite aufgenommen[49]: es ist m e i n e σάρξ, es sind m e i n e μέλη, die wider meine Intention handeln[50].

Das größte Problem für die Frage nach der Entscheidungsfreiheit bietet aber die neutestamentliche Prädestinationslehre, insbesonders an jenen Stellen, an denen das Stichwort (πρόθεσις, προορίζω) fällt (Röm 8, 28—30 Eph 1,5. 11; 3,11), und dann vor allem der Abschnitt über Israel Röm 9—11[51]. Die von Paulus vorgetragene Anschauung, derzufolge Gott in „Freiheit" erwählt und verwirft, derzufolge das Heil nicht vom menschlichen Wollen oder „Laufen" abhängt (9,16), bringt ihn selbst auf die Frage, ob damit nicht die menschliche Verantwortung ausgeschlossen sei. Dem Satz „Gott erbarmt sich, wessen er will, und er verstockt, wen er

---

[49] Vgl. W. G. Kümmel, Römer 7 und die Bekehrung des Paulus, 1929, S. 135 f. P. Althaus, Der Brief an die Römer, 1954 (8. A.), S. 68: „Wohl hat er (scil. Paulus) unterschieden zwischen seiner ‚Vernunft' und seinen ‚Gliedern', in denen das Gesetz der Sünde herrscht. Aber er faßt die Leiblichkeit doch nicht wie eine Naturbestimmtheit und die Sünde nicht wie eine fremde Macht auf, für deren Herrschaft er nicht verantwortlich wäre. Sondern: e r ist Vernunft, aber auch e r ist ‚Glieder', ‚Leib' und daher Fleisch. E r in seinem eigenen I c h ist gespalten. Und er ist vor Gott für sich g a n z verantwortlich und daher persönlich schuldig." Vgl. auch G. Bornkamm, Sünde, Gesetz, Tod. Exegetische Studie zu Römer 7. Jetzt in: Das Ende des Gesetzes. Gesammelte Aufsätze, Bd. I, 1958, S. 51 ff. „Mit allem Nachdruck wird ... die Einheit und Selbigkeit des Subjekts ... betont ... νοῦς und σάρξ sind also Funktionen eines und desselben Ichs, das unter die Sünde verkauft ist, sich selbst verloren hat und in dieser Verfehlung seiner selbst, in der Nichtigung seiner selbst seine Existenz hat" (S. 65). Mit Recht betont Bornkamm, daß die Rettung für das g a n z e an die Sünde verkaufte Ich erbeten wird und nicht bloß, wie in der gnostischen Mystik, für den ‚inneren Menschen' (ebdt. S. 66). Richtig H. Hommel, a. a. O. S. 103: ἐγώ ist der Oberbegriff, das Ich ist gespalten in den νόμος τοῦ νοός, der das Gute will, und den νόμος ἐν τοῖς μέλεσιν, der gleichwohl das Böse tut.

[50] Das Besondere des Problems besteht offenbar darin, daß Paulus analysiert, wie der Mensch (ante fidem) mit seiner eigenen Natur nicht im Einklang steht und doch für das, was sein (!) Fremdes in ihm (!) tut, verantwortlich gemacht wird. Die Formulierungen des Apostels führen bis an die Grenze des Persönlichkeitszerfalls — aber doch nicht darüber hinaus. Gerade der in 7,14—25 geschilderte Selbstverlust setzt das Ich als Personzentrum voraus.

[51] Auch hier fällt das Stichwort: Röm 9,11. Vgl. noch Ign Eph inscr. Ein ähnliches Problem bietet das Ineinander von göttlichem und menschlichem Wirken in Phil 2,12 ff. Über den Sinn der Prädestinationslehre siehe später im Abschnitt über Gottes Freiheit.

will" (9,18), stellt Paulaus den Einwurf gegenüber: „Nun wirst du mir sagen: was tadelt er dann noch? Denn wer kann seinem Willen widerstehen?" (9,19). Ganz abgesehen davon, daß sich in der Rede von Gottes Gnadenwahl ein hermeneutisches Problem verbirgt, und auch ganz abgesehen davon, ob die vom Apostel selbst gegebene Antwort in den Versen 20 ff., in denen er a limine die Frage ablehnt, befriedigend ist oder nicht: deutlich ist, daß der Apostel die Verantwortlichkeit auch hier nicht preisgeben will. Er hat diese Frage dann im 10. Kapitel aufgenommen und insbesonders in den Versen 14—21 die Unentschuldbarkeit Israels betont; sie haben alle Gottes Ruf gehört (Vs 18), sie haben alle „verstanden" (Vs 19), verantwortlich verstanden, wie das ἔγνω zeigt[52]. Es ist Israels Schuld, wenn es verhärtet wurde. Dem Apostel gelingt es zwar nicht, diese festgehaltene Verantwortlichkeit Israels mit dem prädestinatianischen Ansatz logisch auszugleichen, aber deutlich ist doch eine in diese Richtung gehende I n t e n t i o n. Nach der Intention des Paulus sollen auch Gottes Gnadenwohl und „Freiheit" die Schuldhaftigkeit der Sünde und damit die Entscheidungsfreiheit und Verantwortlichkeit nicht aufheben.

In diesem Punkt, nämlich im Festhalten der Entscheidungsfreiheit, stehen die neutestamentlichen Aussagen durchaus auf der vom A l t e n T e s t a m e n t vorgezeichneten Linie, vgl. oben S. 79 f. Für beide Teile der Bibel ist der Mensch das von Gott angesprochene und darum beanspruchte Wesen, das mit seiner Tat Antwort geben soll und daher verantwortlich ist.

Auf der altestamentlichen Linie stehen auch noch die entsprechenden Aussagen das r a b b i n i s c h e n J u d e n t u m s, und zwar trotz der pessimistischen Beurteilung der menschlichen Situation vor Gott, trotz der Rede von der allgemeinen Sündhaftigkeit und dem „b ö s e n T r i e b". In der Vorstellung vom bösen Trieb (יצר הרע) bei Sirach, πονηρὸν ἐνθύμημα bzw. διαβούλιον, im 4. Esra cor malignum, malignitas radicis, in der rabbinischen Anschauung dann der doppelte Trieb, z. B. Ber 61 a Test Ass 1 u. ö., die letztlich auf Gen 6,5 und 8,21 zurückgehen wird, versucht das Judentum „das Rätsel des dämonischen Bösen rational begreiflich zu machen" (Eichrodt, a. a. O. III S. 100). Ein Hang zum Sündigen treibt den Menschen, vgl. Jes Sir 15,11—20 17,31 21,11 4. Esra 3,20—26 4,4.30 7,48. 92 (8,53) Vit Ad 19 Ab IV,1 Quid 30b 40a Sukka 52 a/b Ber 17 a Chag 16 a Sabb 105 b Bar u. ö. Vgl.

---

[52] Vgl. Michel, Röm S. 232. — Daß die Prädestination bei Paulus die individuelle Verantwortung nicht ausschließt und das NT in seinem Imperativ die Entscheidungsfreiheit des Einzelnen voraussetzt, betont auch Erich Dinkler, Prädestination bei Paulus. Exegetische Bemerkungen zum Römerbrief. In: Festschrift für Günther Dehn, 1957, S. 81—102, besonders 92 ff.

W. Bousset—H. Greßmann, Die Religion des Judentums im späthellenistischen Zeitalter, 1926 (3. A.), S. 402 ff. G. F. Moore, Judaism in the first centuries, I, 1932, S. 453 ff. Str-Bill IV 466 ff. Aber kennzeichnenderweise wird an der Verantwortlichkeit des Menschen stets festgehalten. Der Mensch kann sich nicht auf die Unwiderstehlichkeit des bösen Triebes ausreden. Er wird vielmehr angewiesen, eben durch die T o r a den bösen Trieb zu überwinden. So schon der Sirazide:

„Sprich nicht: ‚Durch den Herrn bin ich abtrünnig geworden;
denn was er haßt, das sollst du nicht tun.
Sprich nicht: ‚Er selbst verleitete mich‘;
denn er bedarf keines sündigen Mannes...
Er schuf von Anfang an den Menschen,
und überließ ihn dann dem Einfluß seines Triebes[53].
Wenn du willst, so beobachtest du die Gebote,
und Treue üben kannst du, wenn es dir gefällt.
Vorgelegt hat er dir Feuer und Wasser:
Wonach du willst, kannst du deine Hand ausstrecken.
Vor den Menschen liegt das Leben und der Tod,
und was ihm besser gefällt, das wird ihm gegeben werden...
Und keinem gebot er (näml. Gott), gottlos zu handeln,
und keinem gab er die Erlaubnis zu sündigen."

(Jes Sir 15,11 ff.).

Vgl. auch Jes Sir 21,11: „Wer das Gesetz beobachtet, hat seinen Trieb in seiner Gewalt, und Vollendung der Gottesfurcht ist die Weisheit", Ps Sal 9,4: „Unser Tun (geschieht) nach unseres Herzens Wahl und Willen." — „Ich schuf einen bösen Trieb, ich schuf für ihn das Gesetz als Heilmittel. Wenn ihr euch mit dem Gesetz beschäftigt, sollt ihr nicht in seine Hand fallen!" Quid 30 b. Daher wird zum Kampf gegen den bösen Trieb aufgerufen: Ber 5 a. Es gilt, die böse Leidenschaft aufzuopfern. Es ist möglich, den anerschaffenen bösen Trieb zu besiegen — wenn auch nach schwerem Kampf: 4. Esra 7,92. So liegt also Sündigen oder nicht Sündigen trotz des bösen Triebs in des Menschen Hand: e r hat die Sünde in die Welt gebracht, nicht Gott: „Die Sünde ist nicht auf die Erde geschickt worden, sondern die Menschen haben sie von sich selbst aus geschaffen", Hen 98,4. Immerhin zeigt der Begriff des bösen Triebs und die Theodiceeartigen Beschwichtigungen wie tief bereits die Selbstentfremdung auch im rabbinischen Judentum erkannt[54], wie groß die Anfechtung war, in der der

---

[53] So mit Bousset a. a. O. 403.

[54] Der Apokalyptiker fragt nach der Herkunft des Bösen, „woher das böse Herz kommt", — aber er erhält keine Antwort (4 Esra 4,4—11). Wie nahe er daran ist, der Anfechtung zu unterliegen, wie nahe die desperatio ist, zeigt seine Reaktion darauf: 4,11 f. Vgl. auch 7,62—64.

Fromme sich befand, und wie leicht der so angefochtene Mensch in den gnostisierenden Dualismus abgetrieben werden konnte[55].
Merkwürdig ist die Position, die die Essener von Q u m r a n in dieser Frage einnehmen. Es ist schwer zu leugnen, daß sie eine ausgesprochene Praedestinationslehre vertreten haben, die in ihrem dualistischen Gepräge über die alttestamentliche Linie hinausgeht. Schon Josephus sprach davon, daß die Essener Fatalisten wären und sich vom orthodoxen Judentum entfernten Ant XIII 172[56]. Gott hat zwei Geister geschaffen, den Geist des Lichts und den Geist der Finsternis. Diese wirken in der Welt und bestimmen das Tun des Menschen, vgl. 1 QS III 13—25 IV 9. Soweit der Mensch vom guten Geist besessen ist, liebt er das Gute, soweit vom Bösen, liebt er das Böse 1 QS IV 24 f. Am Ende wird Gott die Geister scheiden und den bösen Geist vernichten: IV 18—20. Die beiden Geister sind als Engelmächte gedacht. Dem Fürst der Lichter (Michael?) steht Mastema oder Belial, der Engel der Finsternis gegenüber: III 18 f. IV 23. Vgl. noch XI 10 f. 16 f. Dam II 7 f. 1 QH I 7—9 IV 38 VII 34 IX 29 f. X 5—7 XII 8 XV 12—21 1 QM XIII 7—16 u. a. Vorsehung, Erwählung und Prädestination gehen ineinander über. Indessen ist auch hier die Wahlfreiheit nicht geleugnet. Der Zwiespalt, in dem der kreatürliche Mensch steht, ist nicht nur der des Schicksals, sondern auch der der W a h l. Es kommt darauf an, „zu erwählen, was Ihm gefällt und zu verwerfen, was Er haßt, vollkommen zu wandeln in all seinen Wegen...(Dam II 15 f.). Die Gemeinde der Erwählten ist die Gemeinde derer, die mit vollem Einsatz des Willens die totale Erfüllung der Tora betreibt. Den streng praedestinatianischen Ausführungen steht die Toraverschärfung der Sekte gegenüber (vgl. unten). Qumran will ja eine Gerechtigkeit aufrichten, die besser ist als die der Priester in Jerusalem und die

---

[55] Wie der böse Trieb nach der rabbinischen Tradition die Verantwortung nicht aufheben kann, so wird sie auch durch Gottes V o r s e h u n g nicht tangiert. Vgl. Aboth III, 19: (Rabbi Akiba:) Alles ist vorhergesehen, aber die Freiheit ist dem Menschen gegeben; mit Güte wird die Welt gerichtet, aber alles richtet sich nach der Mehrheit des Tuns, u. s. f. Weiters: IV 1 ff. Welches Motiv dabei bestimmend ist, lehrt Nid 16 b: (Rabbi Chanina ca. 225:) Alles liegt in der Hand des Himmels — mit Ausnahme der Gottesfurcht. Vgl. auch Ber 33 b Meg 25 a Str Bill III 266 I 583 f. — Göttliche Vorsehung und menschliche Freiheit werden unvermittelt und unausgeglichen nebeneinandergestellt. — Zum Ganzen vgl. E. Sjöberg, Gott und die Sünder im palästinischen Judentum, 1939, S. 151 ff. u. ö.

[56] Nach Josephus vertreten die Sadduzäer die unbeschränkte Willensfreiheit (Bell Iud II 164 Ant XIII 172 f.), während die Pharisäer an eine additive Verbindung von Schicksal und Freiheit denken (Bell Iud II 162 f. Ant XIII 172 XVIII 13).

der Schriftgelehrten und Pharisäer. Das Gehorsamsprinzip steht unausgeglichen neben dem Prinzip der Praedestination[57, 58].

Eindeutig ist dagegen das Bild der G n o s i s. Nach gnostischer Anschauung ist es sinnlos, von freier Entscheidung und menschlicher Verantwortung zu reden. Das wäre Trug der Dämonen. Vielmehr gilt es zu wissen, daß der Mensch den Mächten völlig preisgegeben ist, während sein wahres Selbst in absoluter Transzendenz von allem Bestimmenden absolut frei und unabhängig ist. Gnostische Freiheit ist nicht die Freiheit, sich zu entscheiden (der Hyliker kann sich nicht entscheiden, weil er in der Finsternis lebt, der Pneumatiker braucht sich nicht entscheiden, weil er κατὰ φύσιν gerettet ist), sondern die Willkür des weltfremden Selbst. Vgl. oben S. 57 ff.

Sowenig die Macht der Sünde und des Todes und durch sie die Macht des Gesetzes die menschliche Entscheidungsfreiheit aufhebt, sowenig auch die Macht des „Geistes". Der Mensch verliert weder s u b l e g e noch s u b g r a t i a Entscheidungsfreiheit und Verantwortlichkeit. Zwar ist das Pneuma als Kraft, als Energie verstanden, als die Schöpferkraft Gottes bzw. die v i r t u s r e s u r r e c t i o n i s Christi, die Seinsmächtigkeit der Auferstehung, und es kann davon die Rede sein, daß der Geist Gottes die Seinen „treibt" (Röm 8,14). Der Geist Gottes ist die treibende Kraft des neuen Lebens[59]. Gelegentlich wird das e k s t a t i s c h e Moment deutlich, das mit dieser hinreißenden Kraft des göttlichen Seins verbunden ist. Man denke an die „Geistausgießungen" (Act 2,1—4 10,44), überhaupt an das Phänomen der Glossolalie, besonders in 1. Kor 14, an das „Entrafftwerden" (Mt 4,1 par), an das „Verzücktwerden" (2. Kor 12,2—4) u. a. m. Es ist deutlich, daß in solchen, dem Wortsinn nach „ekstatischen" Zuständen Freiheit und Entscheidung

---

[57] Zur umstrittenen Frage nach der qumranischen Praedestinationslehre vgl. K. G. Kuhn, Peirasmos, Hamartia, Sarx im Neuen Testament und die damit zusammenhängenden Vorstellungen. ZThK 49 (1952) S. 200 ff. (bes. 204 ff.). F. Nötscher, Zur theologischen Terminologie der Qumran-Texte, 1956, S. 173 ff. H. Braun, Spätjüdisch-häretischer und frühchristlicher Radikalismus, 2 Bde, 1957, bes. Bd. I S. 41 f. Dinkler, a. a. O. S. 99 ff. Th W VI 387 ff. (Schweizer). H. W. Huppenbauer, Der Mensch zwischen zwei Welten, 1959, passim, bes. 30 ff. 80 ff. 95 ff.

[58] Zur Lehre der Test XII Patriarchen und Past Herm. vgl. Schweizer, Th W a. a. O. 389, 13 ff.

[59] „θεὸς γάρ ἐστιν ὁ ἐνεργῶν ἐν ὑμῖν καὶ τὸ θέλειν καὶ τὸ ἐνεργεῖν ὑπὲρ τῆς εὐδοκίας" (Phil. 2,13). Aber das schließt nicht aus: „μετὰ φόβου καὶ τρόμου τὴν ἑαυτῶν σωτηρίαν κατεργάζεσθε" (Vs 12 b).

ausgeschlossen sind, der Mensch ist ein „Ding" in der Hand der Gottheit. Es ist aber sehr kennzeichnend, daß solche Erscheinungen nur gelegentlich auftauchen und jedenfalls nicht grundsätzlich das Sein ἐν πνεύματι charakterisieren. Und selbst dort, wo sie auftauchen, ist, wie Paulus 1. Kor 14 zeigt, Vorsicht und Zurückhaltung am Platz. Sieht man von solchen Ausnahmezuständen ab, so ist das Leben im Geist nicht durch die Ausschaltung des Bewußtseins und damit der Freiheit bestimmt. Vielmehr ist überall vorausgesetzt, daß der Christ sich dieser treibenden Kraft hingeben kann oder nicht[60]. Ja noch mehr: eben jetzt und erst jetzt, wo ihn der Geist freigemacht hat, hat er die Fähigkeit, sich für den Geist zu entscheiden. Der „Knecht der Gerechtigkeit" — und das ist nach Paulus der „Knecht des Geistes" — hat die volle Freiheit und Verantwortung, das alte oder das neue Leben zu wählen (Röm 6,12—23). Der Geist, der ihn „treibt", wäre ein Dämon, wenn er die Struktur der Selbstzentriertheit zerstörte. In Wahrheit hebt der Geist die Freiheit nicht auf, sondern „erfüllt" sie[61].

Kennzeichnend ist in diesem Zusammenhang eine Stelle wie 1. Kor 9,16 f., wo Paulus von dem göttlichen „Muß" spricht, das über seinem Apostolat liegt. Der Apostel hat nicht die Möglichkeit, dem göttlichen Muß auszuweichen, er kann es nicht abschwächen und nicht abändern, es ist sein Schicksal — ἀνάγκη μοι ἐπίκειται —. Er hat sich nicht zum Apostel gemacht, sondern: οἰκονομίαν πεπίστευμαι (vgl. dazu Gal 1). Aber dieses göttliche Muß kommt eben in seiner freien Entscheidung zum Vollzug. Er wird nicht unter Ausschluß seiner Person, unter Vergewaltigung seines Ichs, rauschhaft zum Apostolat gezwungen, sondern er hat einen Ruf empfangen, auf den er durch seine Tat antwortet. Umgekehrt ist solche Tat auch wiederum nicht Willkür. Die freie Entscheidung, dem Ruf zu folgen, ergibt sich aus der Gottesfurcht. — Dazu später.

Aus alledem ergibt sich: der Mensch ist im Neuen Testament in seiner Geschichtlichkeit und Personalität gesehen, das heißt als verantwortlich Handelnder, als selbstzentriertes Wesen. Die menschliche Aktion wird im Neuen Testament wirklich als H a n d e l n verstanden[62], als ein

---

[60] Das heißt natürlich (umgekehrt) nicht, daß der Geist durch die Entscheidung konstituiert wird. Der Mensch kann die Gnade bejahen oder verneinen, aber er kann sie nicht erzeugen.

[61] Für den Christus selbst vgl. Mt 4,1—11 par. Die Versuchlichkeit setzt die Entscheidungsfreiheit voraus.

[62] Vgl. dazu die moderne Anthropologie von Arnold Gehlen, Der Mensch, Seine Natur und seine Stellung in der Welt, 1940, bes. S. 9—90. Gehlen will zwar weder das materialistische noch das biblische Menschenbild anerkennen, sondern den Menschen aus sich selbst heraus verstehen, kommt dabei aber zu

sinnvolles, zielgerichtetes Tun, das der „Person", das Neue Testament würde sagen dem „Herzen" und dem „Willen", entspringt. „Wille" ist nicht eine psychische Funktion, die deterministisch nach bestimmten Gesetzen „abläuft", sondern bezeichnet die sinnvolle, selbstzentrierte Absicht des Menschen, der ein Ganzes und Eines ist, sodaß also auch ein etwaiger und im Zusammenhang mit der Forderung des Gesetzes nun auch tatsächlich sich ereignender Widerspruch im Menschen und seinem Willen, nicht im dualistischen Sinn aufgelöst, sondern in die „Innerlichkeit" hineingenommen wird und als ein paradoxes Verhalten der einen und ungeteilten Person verstanden werden muß. Es ist also zweifellos deutlich, daß das Neue Testament, was den Gegensatz P e r s o n a -l i s m u s — N a t u r a l i s m u s betrifft, insofern auf der Seite des Personalismus steht, als ihm die Betrachtung des Menschen als bestimmtes Ding, als determiniertes Objekt, als „Gegenstand", fehlt. Durch sein selbstzentriertes Handeln distanziert sich der Mensch, der doch auch creatura ist, zugleich von der Kreatur[63]. Wird der Mensch als Freier beschrieben, dann wird im Grunde ja nichts anderes ausgesagt, als daß er als Handelnder beschrieben wird, oder einfach, daß er als Mensch beschrieben wird. Der Begriff „formale" oder „essentielle" Freiheit sagt nichts anderes aus als der Begriff vom Menschen als einem handelnden Wesen. Das aber ist die Voraussetzung zum Verständnis dessen, was hernach über des Menschen Unfreiheit gesagt werden muß. Die traditionelle Dogmatik war nicht gut beraten, als sie dem Menschen — in spiritualibus — Freiheit vollkommen abgesprochen hat. Sie hat sich damit der Voraussetzungen der Unfreiheit beraubt und die Lehre von der Freiheit dämonisiert. Hätte der Mensch nicht Freiheit in diesem Sinn,

---

theologisch doch bedeutsamen Formulierungen. Das Entscheidende sieht Gehlen im menschlichen Handeln. Der Mensch lebt nicht bloß, er „führt sein Leben", er verhält sich zu sich selbst, um leben zu können, er braucht eine Deutung seiner selbst, er ist das gefährdete Leben, das eine Aufgabe hat, das seine Chance nicht verpassen darf, er ist vorsehend, Prometheus, angewiesen auf das Entfernte, Nichtgegenwärtige, weltoffen, umsichtig, er ist nicht Welt, er „hat" Welt u. s. f. Als solches ist der Mensch das handelnde, das stellungnehmende Wesen. Er muß versuchen, die Welt in seine H a n d zu bekommen. Die Hand ist bei ihm besonders ausgebildet.

[63] Diese Distanz des Menschen zur Natur findet sich im NT ausgesprochen in Röm 8,20. „Der Mensch vollbrachte die Sünde mit eigenem Entschluß, dagegen erlitt die Natur die Unterwerfung unter die Nichtigkeit ohne eigene Willenstat" (Th W II 467,26 ff. Hauck).

so könnte er nicht Gottes Gegenüber sein, er wäre unfähig zur Seligkeit wie zur Sünde. (Essentielle) Freiheit ist die Voraussetzung der (existentiellen) Unfreiheit.

Es wäre aber eine Täuschung, würde man annehmen, daß das Neue Testament hierin im Gefolge des I d e a l i s m u s erscheint. Der idealistische Freiheitsbegriff konstituiert sich zwar an der Personalität und Selbstheit des Subjekts; im Reich der Notwendigkeit gibt es keine Freiheit, wohl aber gibt es ein Reich der Freiheit dort, wo das moralische Gesetz mich unbedingt beansprucht (Kant: „Du kannst, denn du sollst!"); hier ist der Mensch als Person und als „Ich" (Fichte) angesprochen; er ist darauf angesprochen, seine Freiheit in der Geschichte zu verwirklichen (Hegel); er ist hier nicht Forschungsgegenstand, sondern geschichtliches Wesen; er i s t nicht, er w i r d[64]. Der Idealismus kennt jedoch nicht oder nicht in ausreichendem Maße den inneren Widerspruch der Freiheit des Subjekts. So kann (in der Stoa wie) im Idealismus die Frage auftauchen, w i e w e i t die menschliche Freiheit reicht. Die Begrenzung der Freiheit wird linear nur als eine periphere gesehen; es fehlt aber das Wissen um die Abgründigkeit der Freiheit, in der sie zu Fall kommt. Die Einsicht in die paradoxe Position des Menschen als selbstzentriertes S u b j e k t mit potentieller Unendlichkeit und zugleich damit als gottgebundene endliche K r e a t u r fehlt dieser Betrachtung. Die Rede von des Menschen Entscheidungsfreiheit und Verantwortlichkeit darf also nicht mit der Freiheit im idealistischen Sinn verwechselt werden.

III. Die Gebundenheit des Menschen

1. V o r b e m e r k u n g : D e r K o n f l i k t i n d e r k r e a t ü r l i c h e n (e n d l i c h e n) F r e i h e i t

Wenn der Mensch die Fähigkeit hat, sich verantwortlich zu entscheiden, wenn ihm für seine Entscheidung Verantwortung zugemutet wer-

---

[64] „Freiheit kann dem sie Leugnenden nicht wie in der Welt vorkommende Dinge bewiesen werden ... Der Mensch als Forschungsgegenstand und der Mensch als Freiheit werden uns aus radikal verschiedenen Quellen gewiß ... Nur ihn (den Menschen) bringt seine Endlichkeit in die Geschichte, in der er erst werden will, was er sein kann. Die Ungeschlossenheit ist ein signum seiner Freiheit" (Karl Jaspers, Der philosophische Glaube, 1951, S. 51 ff.).

den kann — und soll von S c h u l d die Rede sein, auch zugemutet werden m u ß —, wie ist es dann zu verstehen, daß das Neue Testament die „materiale" Freiheit leugnet? In welchem Sinn kann von dem selbstzentrierten Wesen behauptet werden, daß es seiner selbst nicht mächtig ist? Diese Frage kann nicht in der Weise vereinfacht werden, als handle es sich lediglich um eine partielle Unfreiheit; denn dann gäbe es ja immerhin einen Bereich — so klein er auch sein mag und so schwer es sein mag, ihn zu gewinnen —, über den der Mensch letztlich doch verfügt. Es läge dann in der Hand des Menschen, sich seine Freiheit anzueignen. Diese — stoische — Lösung lehnt das Neue Testament ab. Es behauptet die totale Unfähigkeit des Menschen, über sich selbst zu verfügen. Die Frage kann auch so formuliert werden: wie erklärt sich der Übergang von der essentiellen Freiheit zur existentiellen Unfreiheit? Die Antwortet lautet: bei dem Versuch, sich selbst zu verwirklichen, steht der Mensch sich selbst im Wege. An der Verwirklichung seiner Freiheit hindert ihn eben — seine Freiheit. „Denn für das Neue Testament ist deutlich, daß ‚Freiheit' im Dasein nicht deshalb fehlt, weil dieses in einer nicht genügenden Weise über sich verfügt, sondern deshalb w e i l es über sich verfügt" (Schlier)[65].

Diese Formulierung ist p a r a d o x. Sie bezeichnet das, was man die Paradoxie des neutestamentlichen Freiheitsbegriffes nennen kann. Es kann und muß freilich gezeigt werden, daß es sich lediglich um eine Paradoxie, nicht aber um eine Absurdität handelt. Zur Vermittlung der Paradoxie muß Folgendes erwogen werden: (a) die Kategorie der Schöpfung als theologischer Horizont der Paradoxie der Freiheit, (b) der innere Konflikt der e n d l i c h e n, g e s c h a f f e n e n Freiheit (Freiheit als Würde und zugleich als Schwäche des Menschen), (c) das Bewußtwerden der Frei-

---

[65] Th W II 492,13 ff. So erklären sich die Ausführungen Brunners: Formale Freiheit „ist die Freiheit zum Sündigen — es ist eine Freiheit zum ewigen Tode" (a. a. O. S. 276). Man könnte hinzufügen: Es ist die Freiheit — zum Verlust der Freiheit. Vgl. auch Helmut Thielicke, Theologische Ethik, Dogmatische, philosophische und kontroverstheologische Grundlegung, I, 1951, S. 452: „D i e U r s a c h e d e r U n f r e i h e i t l i e g t a l s o i m m e r i n d e r s i c h v e r f e h l e n d e n F r e i h e i t s e l b s t. Das servum arbitrium ist zwar eine privatio des liberum arbitrium, aber doch nur eine privatio, für welche das liberum arbitrium selbst verantwortlich zeichnet, ja die es gleichsam als letzten Akt seiner libertas vollzieht." „D e r l e t z t e A k t d e r u r s t ä n d l i c h u n g e b r o c h e n e n F r e i h e i t b e s t e h t d a r i n, s i c h s e l b s t a u f z u h e b e n" (ebdt. S. 453).

heit als auslösendes Motiv des Übergangs von der Freiheit „an sich" zur Freiheit „für sich", (d) die Trennung von Freiheit und Notwendigkeit und der Fall der Freiheit in das servum arbitrium, (e) die Unfähigkeit des Nomismus, das liberum arbitrium wiederherzustellen.

a) Die Kategorie der Schöpfung als theologischer Horizont der Paradoxie der Freiheit

Es ist klar, daß der Satz, gerade w e i l der Mensch über sich verfügt, sei er unfrei, alle antiken und auch alle modern-säkularen Freiheitsbegriffe sprengt. Hier kommt ein Motiv zu Tage, das sich aus der Tradition der Begriffsgeschichte nicht mehr erklärt, sondern dieser Tradition geradewegs widerspricht. An dieser Stelle pflegt sich auch die Divergenz zwischen philosophischem und theologischem Freiheitsbegriff zu offenbaren. — Woher stammt dieses Motiv? Das Motiv stammt aus dem S c h ö p f u n g s g l a u b e n, wie er vom Alten Testament geprägt und vom Neuen Testament aufgenommen worden ist[66]. Der Glaube an den Schöpfer bestimmt den neutestamentlichen Freiheitsbegriff und macht ihn paradox. Dabei muß Schöpfung im strengen Sinn verstanden werden. Der Creator der Bibel ist ja kein heidnischer Demiurg, der den „Urstoff" gestaltet — Schöpfung ist nicht heroische Metamorphose des Chaos, sondern creatio ex nihilo —; der Glaube an den Schöpfer ist der Glaube an den persönlichen Urheber alles Seienden, der als Creator ex nihilo absolut über die Creatura verfügt. Er beansprucht das Geschöpf ganz. Das erste Gebot drückt diesen Anspruch aus: „Ich bin der Herr dein Gott, du sollst nicht andere Götter haben mir zum Trotz[67]!" Gott ist als Creator der absolute E i g e n t ü m e r der Creatura, ihre Sünde liegt in der versuch-

---

[66] Die Bedeutung des biblischen Schöpfungsglaubens für den Freiheitsbegriff zeigt auch Thielicke, a. a. O. S. 442 ff. Jedoch will Th. darin lediglich die Unableitbarkeit der Schuld, das Mysterium der causa peccati, begründet sehen. Die Kategorie der Schöpfung ergibt aber darüber hinaus den Begriff der Endlichkeit im strengen Sinn, von der allein die „urständliche Freiheit" und ihr „Sturz in das servum arbitrium" begreiflich wird.

[67] So ist das עַל פָּנַי wohl zu übersetzen. Vgl. L. Köhler, ThR 1 (1929), S. 174. G. v. Rad spricht in der Auslegung des ersten Gebotes von Jahwes „Eiferheiligkeit" Theologie des ATs, I S. 203 ff. Jahwe duldet keine Nebenbuhler neben sich. Aber ist nicht der Mensch, der sich auf Grund seiner Freiheit im Wahnwitz selbst zum Götzen erheben kann, der nächste Nebenbuhler Jahwes?

ten Selbstaneignung (Sünde ist das Sich-Gott-Vorenthalten-Wollen), ihre Erlösung liegt darin, daß sie wieder Gottes Eigentum wird. Gott eignet sich seine Kreatur an, die sich ihm entzogen hat. Gott ist die absolute Person, das absolute Selbst. Welchen Sinn kann es ihm gegenüber haben, Selbst, Person zu sein? Welchen Sinn hat die Freiheit, die aus dem Selbst kommt — Gott gegenüber? Die Freiheit sprengt fast die Geschöpflichkeit[68] und doch wird sie von der Geschöpflichkeit umgriffen und umgrenzt. Die menschliche Freiheit ist demnach e n d l i c h e Freiheit. Was ist aber endliche Freiheit? Endliche Freiheit ist ein Paradox! In der endlichen Freiheit liegt latent ein Widerspruch. Freiheit ist potentielle Unendlichkeit und doch bleibt der Mensch ein endliches Geschöpf. Der Widerspruch im Begriff äußert sich als Konflikt, der zur Entfremdung in der Existenz und zum „Fall" der Freiheit führt.

b) Der innere Konflikt der kreatürlichen, endlichen Freiheit

Der Konflikt innerhalb der endlichen Freiheit liegt also darin, daß der Mensch als selbstzentriertes Wesen dem absoluten Selbst gegenübersteht. Hier entspringt die Sünde. Freilich: nicht schon das Selbstsein als solches ist Sünde. Das Selbstsein ist vielmehr das auszeichnende Geschenk Gottes an die menschliche Kreatur. Auch Freiheit ist nicht Sünde. Auch nicht das Selbstsein - w o l l e n an sich (!), oder die Freiheit verwirklichen w o l - l e n an sich ist Sünde. Die Sünde ist nicht schon durch das Selbstseinwollen a n s i c h gesetzt, wohl aber dadurch, daß es das Selbstseinwollen der endlichen Kreatur ist! Um der Endlichkeit der Kreatur willen ist ihr Selbstseinwollen Sünde. Das G e s c h ö p f, das selbst sein will, will damit zugleich auch unabhängig von Gott sein. Das Geschöpf, das frei sein will, will damit unabhängig (also auch unabhängig von Gott!) über sich verfügen. Es erhebt sein eigenes Selbst zur Gottheit und löst sich von

---

[68] Daß das Ich in seiner Freiheit kreatorische Macht hat, oder zu haben scheint, enthüllt der Idealismus: das Ich Fichtes schafft die Welt, der Geist Hegels entläßt sie. Schon das Noumenon Kants, das An-sich, die intelligible Kausalität, die Kausalität aus Freiheit, ist im Grunde Gott selbst. Schelling hat es dann auch unumwunden ausgesprochen, daß das Wollen als Ursein Gott selbst ist (Schriften zur Philosophie der Freiheit, 1804—15, Münchener Jubiläumsdruck, 1927, Bd. IV, S. 242). Ihm ergab sich darum zuerst das Problem des Verhältnisses von göttlichem und geschaffenem Selbst. Bei Hegel wird das Problem wieder eingeebnet, weil in seinem System der Konflikt von Endlichkeit und Unendlichkeit der Synthese zum Opfer fällt.

Gott. Gott, das absolute Selbst, kann sich nicht loslösen, wenn er selbst sein will, denn was immer Gott sein will, das ist er: das gilt aber nicht vom endlichen Selbst. Das endliche Selbst kann nur es selbst sein wollen um d e n P r e i s der Loslösung von Gott. Der Wunsch des Menschen nach Selbstverwirklichung führt zur Loslösung von Gott. In der Loslösung von Gott hebt sich das kreatürliche Selbst aus dem Zentrum heraus und gründet sich auf seine endliche Freiheit. Aber Endlichkeit ist kein Grund für Existenz: das Selbsteinwollen der endlichen Freiheit führt zum Absturz der Freiheit[69].

Man könnte auch sagen: der innere Widerspruch der menschlichen Freiheit liegt darin, daß sie einerseits die W ü r d e des Menschen ausmacht, der in ihr immer schon über alles hinaus, immer schon je allem vorweg ist, der auch Gott je vorweg ist und über Gottes Anspruch je hinaus ist. Nur so ist der Mensch fähig, Gottes Partner zu sein, nur so ist er das Abbild seines Wesens, die Entsprechung zu seinem Spruch, die Imago Dei, in der sich Gott selbst reflektiert, nur so partizipiert der Mensch an Gottes Unendlichkeit, indem er in der Freiheit potentielle Unendlichkeit hat — paradox gesprochen: indem er endliche Unendlichkeit ist —, nur so steht er über allem n e b e n Gott mit der Möglichkeit, den Creator zu negieren, sich unabhängig zu machen und sich selbst kreatorische Macht anzumaßen. Andrerseits liegt aber offenbar eben in dieser Möglichkeit die S c h w ä c h e der menschlichen Position, die Schwäche der Freiheit und des Selbstseins[70]. Die Freiheit als das potentielle Hinaussein über alles in der Möglichkeit, die Freiheit als Möglichkeit der Möglichkeit (Kierkegaard)[71], das menschliche Selbst als das potentielle Weltzentrum, die Freiheit als potentielle Aseität: eben das ist die Voraussetzung für die Lossagung von Gott, für den Abbruch, den Abfall der Kreatur. An dieser Stelle versagt das humanistische, idealistische Menschenbild, das in der menschlichen Freiheit lediglich die Würde des Menschen zu sehen vermag. Dieses Menschenbild erweist sich als gefährliche Naivität. Ihm fehlt das Gefühl des Schwindligseins, welches die menschliche Freiheit erfaßt, wenn

---

[69] Sünde ist nicht die Selbstheit als solche, sondern die Selbstheit in ihrer „Lossagung": Schelling, IV S. 293. Vgl. überhaupt den ganzen Abschnitt S. 290 ff. Den Absturz der Freiheit als den Sturz in das N i c h t s hat niemand genialer geschildert als Kierkegaard in „Der Begriff der Angst", 1. Kap § 5 (Philosophisch-theologische Schriften, herausgegeben von Hermann Diem und Walter Rest, 1956, S. 487 ff.) und passim.
[70] Diese Unterscheidung trifft P. Tillich, Syst. Theol. II, 39.
[71] Nach der berühmten Formulierung in „Begriff der Angst", a. a. O.

sie sich vor Gottes Heiligkeit erblickt. Es fehlt ihm die Einsicht in das Dämonische der Freiheit. In der Freiheit schlummert die verführerische Möglichkeit, die dämonische Versuchung, sich von Gott abzuwenden und sich selbst zuzuwenden, sich selbst hybrid zur Gottheit zu erheben. Eben das aber ist die Ursünde — und wer sündigt, ist nicht mehr frei.

c) *Das Bewußtwerden der Freiheit als auslösendes Motiv des Übergangs von der essentiellen Freiheit (der Freiheit „an sich"), zur existentiellen Freiheit bzw. Unfreiheit (der Freiheit „für sich").*

In der Freiheit liegt die Möglichkeit zum Fall. Die Verwirklichung dieser Möglichkeit ist in Gen 3 angedeutet. Der Übergang von der Möglichkeit der Sünde zur Wirklichkeit ist ein „qualitativer Sprung", der letztlich Geheimnis bleibt[72]. Aber er kann mit Hilfe der Kategorie des „Bewußtwerdens" der Freiheit einigermaßen verständlich gemacht werden. Das Wissen von dem, was gut und böse ist (Gen 3,5), ist so gut wie das „Kennen der Sünde" in Röm 7,7 — der Abschnitt interpretiert die Sündenfallgeschichte Gen 3 — nicht ein theoretisches Wissen, sondern ein existentielles Kennen[73]. Es ist nicht ein Wissen „über" etwas, wobei der Mensch als Wissender sich in der Distanz hält, sondern es ist ein Kennen, in d e m Sinn, daß der Mensch damit vertraut und bekannt ist als mit etwas, das zu ihm gehört. Der Mensch lernt das Böse kennen als seine Möglichkeit. Gen 3 schildert die Versuchung, in die der Mensch gerät,

---

[72] So S. Kierkegaard, a. a. O. passim. Das Geheimnisvolle des Übergangs wird formal an der mythischen Gestalt von Gen 3 deutlich. Auch Röm 7 partizipiert daran. Der Mythos, der nie ganz „entmythologisiert" werden kann — wir wären ja sonst in der absoluten Transparenz — weist auf die Entfremdung innerhalb der menschlichen Existenz. Der Mensch ist seinem eigentlichen Wesen, seiner Essenz, seinem Ursprung so fremd, daß er darüber lediglich in der verschlüsselten Form des Mythos reden kann. Das Sein, die Wahrheit, ist uns „im Spiegel, rätselhaft" gegeben (1. Kor 13,12). Zum Mythos vgl. P. Tillich Syst. Theol. I S. 97 f. Wir können über die Essenz nur aus der (der Essenz gegenüber gebrochenen) Existenz heraus sprechen. Vgl. Thielicke, a. a. O. S. 450: „Die andere, die urständliche Welt ist uns nicht durch Einsicht zugänglich; und zwar einfach deshalb nicht, weil die Kategorien unserer Einsicht eben durch die Existenzform des gefallenen Äons bestimmt sind." Genauer heißt das: wir denken auch Essenz von der Existenz her.

[73] Siehe S. 126 f.

108 Die Gebundenheit des Menschen

wenn sich ihm die Möglichkeiten seines Wesens erschlossen haben[74]. Adam wird sich seiner Möglichkeiten bewußt. Er wird sich seiner Freiheit als potentieller Unendlichkeit bewußt. Er wird sich dessen bewußt, was er sein k a n n. Damit ist im Grunde der Zustand der „träumenden Unschuld" (Tillich)[75], des paradiesischen Lebens als des „Lebens in der Liturgie" (Thielicke)[76] bereits beendet. Die Freiheit ist, indem sie als Möglichkeit bewußt wurde, in Bewegung gesetzt, sie ist „erregte" Freiheit[77]. Sie kann nicht mehr niedergehalten werden, weil der Mensch sein will, was er sein kann. Der Mensch erliegt der Versuchung. Er aktualisiert seine Möglichkeit, er tritt aus der träumenden Unschuld heraus, er löst sich von Gott und macht sich selbständig[78]. Er ist in gewisser Weise jetzt erst Mensch geworden, aber er hat zugleich auch die Unschuld verloren. Er ist jetzt nicht mehr bloß a n s i c h frei, sondern er ist jetzt f ü r s i c h frei. Er hat sein Dasein selbst in die Hand genommen, er konsumiert seine Freiheit in der Selbständigkeit und Selbstbehauptung, er muß sich jetzt freilich auch sein Dasein zusprechen und besorgen. Er ist jetzt auf sich selbst angewiesen und auf sich selbst zurückgeworfen. Die Freiheit ist aus sich herausgetreten, die essentielle Freiheit e k - s i s t i e r t, aber um den Preis der Loslösung von Gott und des Angewiesenseins auf sich selbst, auf die eigene Endlichkeit — der Übergang aus dem Paradies in die „Welt" ist nicht nur Fortschritt zur Selbstverwirklichung, Fortschritt

---

[74] Vgl. ThW I 285,7 ff. (Quell). Anders Thielicke: der Sündenfall sei nicht eigentlich das Ergreifen einer Möglichkeit, sondern der Sturz in die Unmöglichkeit, in das servum arbitrium, in das non posse non peccare (a. a. O. S. 451). Aber das ist undialektisch gedacht. Gerade das Ergreifen der M ö g - l i c h k e i t führt hier vielmehr den Sturz in die U n m ö g l i c h k e i t herbei. Die Ek-sistenz der endlichen Freiheit — die Freiheit, die sich selbst ergreift —, ist selbstzerstörerisch.

[75] Syst. Theol. II S. 39 ff. nach Kierkegaard, a. a. O. Kap. I § 5.

[76] Theol. Ethik, S. 448.

[77] Tillich, ebdt.

[78] Kierkegaard hat die Rolle der Angst in diesem Übergang aufgezeigt. „So ist die Angst der Schwindel der Freiheit, der entsteht, wenn der Geist die Synthese setzen will und die Freiheit nun hinabschaut in ihre eigene Möglichkeit und dabei die Endlichkeit ergreift, um sich daran zu halten. In diesem Schwindel sinkt die Freiheit um. Weiter kann die Psychologie nicht kommen und will es auch nicht. Im selben Augenblick ist alles verändert, und indem die Freiheit sich wieder erhebt, sieht sie, daß sie schuldig ist. Zwischen diesen beiden Augenblicken liegt der Sprung, den keine Wissenschaft erklärt hat oder erklären kann" (a. a. O. Kap. II § 2, S. 512).

Vorbemerkung: Der Konflikt in der kreatürlichen (endlichen) Freiheit 109

zur Menschwerdung (so Hegel)[79], sondern zugleich damit: Fall, Absturz, Weggang vom Ursprung und damit also zugleich das gerade Gegenteil von Selbstverwirklichung: Selbstzerstörung.

d) Die Trennung von Freiheit und Notwendigkeit und der Fall der Freiheit in das servum arbitrium

Die Freiheit, die aus dem Urstand herausgetreten ist, die Freiheit, wie sie faktisch existiert: worauf gründet sie sich? Sie gründet sich auf sich selbst. Und das heißt: Sie gründet sich auf ihre Endlichkeit. Sie löst sich aus dem Urstand in Gott und geht über in die Selbst-ständigkeit, um in sich selbst zu ruhen. Das ist der Übergang vom Sein in Gott zum Sein-in-sich-selbst, und das heißt der Übergang von der Gerechtigkeit zur Sünde (Paulus), von der Wirklichkeit zur Scheinwirklichkeit (Johannes). Denn bei diesem Übergang k o m m t   s i e   a n   i h r e r   E n d l i c h k e i t   z u   F a l l. Der Mensch kann nicht unabhängig über sich verfügen, weil er nicht Gott ist; wenn er es trotzdem versucht, so pervertiert er seine Freiheit. Wäre Freiheit unendlich, so wäre sie eins mit der Notwendigkeit. Was der freie Wille wollte, wäre notwendig. Der freie Wille würde das Notwendige wollen, ja schaffen. Das gilt für Gott, aber nicht für den Menschen. Die menschliche Freiheit, als kreatürlich-endliche, wenn sie sich zum selbständigen Zentrum erhebt, gerät mit der Notwendigkeit in Konflikt. Freiheit und Notwendigkeit fallen jetzt auseinander. Der Mensch tut nicht mehr, was sein soll, sondern in jedem Fall lediglich das, was er will; und auch wenn er tut, was sein soll, so tut er es aus seiner Willkür. Die integre Einheit ist zerstört, das Verhältnis von Freiheit und Notwendigkeit destruiert. Die Freiheit, die sich in der Notwendigkeit gelöst hat, ist   W i l l k ü r   geworden, die Notwendigkeit, die der Freiheit entgegensteht, wurde   Z w a n g. Die Willkür aber gerät in die Macht der Zwänge. So hört die endliche Freiheit auf, über sich selbst Herr zu sein, sie steht gegen sich selbst, sie hebt sich selbst auf, sie entartet zum servum arbitrium.

e) Die Unfähigkeit des Nomismus, das liberum arbitrium wieder herzustellen

Die Umwelt des Neuen Testaments kennt den Freiheitskonflikt, aber sie kennt ihn nicht in seiner ganzen Tiefe, und daher kann sie versuchen, durch bestimmte Unternehmungen, Lebenshaltungen, Handlungen den

---

[79] Siehe unten.

Konflikt überwinden zu wollen. Die S t o a will die Harmonie zwischen Freiheit und Notwendigkeit herstellen. Der gesetzliche Imperativ, sich der Ananke, dem Welt-Nomos, dem Logos zu beugen, bezweckt die Aufrichtung der wahren Freiheit[80]. Aber dabei wird übersehen, daß sich dieser Imperativ an die destruierte Freiheit richtet. Weil die hybride Freiheit, das hybride Selbstseinwollen des Menschen, die polare Struktur von Freiheit und Notwendigkeit destruiert hat zur Destruktur von Willkür und Zwang, gibt es keine Rückkehr zur Freiheit, zum Sein, wie es sein soll. Der j ü d i s c h e Nomismus versucht, durch freie Akte des Gehorsams den Gegensatz zu Gott aufzuheben. Er übersieht, daß er damit den Gegensatz a u f r i c h t e t. Denn die Freiheit, die sich wahrnimmt, setzt sich in Gegensatz zu Gott. Die Freiheit des Sein-könnens ist nie ganz unter den Nomos, das Sein-sollen, unterzubringen. Immer bleibt ein Rest, in dem das Sein-können über jegliches Sein-sollen hinaus ist, immer bleibt ein Rest von Freiheit, den das Gesetz nicht einzuschließen im Stande ist, immer bleibt der Mensch darum der vom Gesetz unabhängige Mensch. Der Mensch hat sich vom Nomos irreversibel getrennt und keine freie Entscheidung, keine Bewegung seines Willens kann ihn mehr zur ursprünglichen und unmittelbaren Einheit mit dem Nomos zurückführen, weil er ja in jeder Entscheidung, in jeder Willensanstrengung, selbst noch in der frommen und frömmsten Leistung, immer nur wieder seine Freiheit mitaufrichtet, demonstriert und also in der Aufrichtung des Gehorsams dem Gebot gegenüber zugleich seine grundsätzliche Unabhängigkeit vom Nomos — und damit die Durchbrechung des wahren und ganzen Gehorsams — mitaufrichtet. Er ist gehorsam, aber er könnte — er k ö n n t e ! — auch ungehorsam sein. Der Gehorsam, den er leistet, ist sein Gehorsam, der nicht mehr mit Notwendigkeit geleistet wird, sondern als s e i n e Tat geleistet wird, deren er sich rühmen kann. Er, der unabhängige Mensch, verdankt es sich also selbst, wenn er gehorsam ist: und das heißt: er i s t g a r n i c h t g e h o r s a m. Dieser Zirkel ist die tiefste Wurzel der Unfreiheit. Er macht deutlich, daß wahre Freiheit nur libertas aliena sein kann, libertas extra nos, eine Freiheit, in der der Mensch wieder mit der Notwendigkeit geeint ist, auf dem Grunde eines Selbstseins, bei dem das menschliche Selbst wieder mit dem göttlichen geeint ist[81].

---

[80] Siehe oben S. 37 ff.
[81] Man könnte demnach von einem Dreitakt sprechen:
   1. Die U r - s t ä n d i g k e i t, in der der Mensch essentielle Freiheit hat, die aber in Gott verschlossen ist. Die Freiheit ist noch nicht „aus sich

Die Trennung von Freiheit und Notwendigkeit zu Willkür und Zwang und die Pervertierung der Freiheit zum servum arbitrium darf freilich nicht als Zerstörung der essentiellen Freiheit verstanden werden. Die essentielle Freiheit, als die rein ontologische Struktur, bleibt erhalten. Der Mensch ist und bleibt das selbstzentrierte Wesen, das sich entscheiden kann und muß und das für seine Entscheidung verantwortlich ist. Die Knechtschaft, von der das Neue Testament spricht, setzt die essentielle Freiheit dauernd voraus. Nur der essentiell freie Mensch kann existentiell unfrei sein. Die ontische Destruktion setzt die ontologische Struktur voraus. Der Mensch, der an sich frei ist, aber weil er für sich frei sein will, unfrei geworden ist, soll nach wie vor frei sein. Er soll seine Bestimmung erfüllen. Aber wie kann er das, wenn ihn gerade das Unternehmen, seine Bestimmung zu erfüllen, in die Unfreiheit geführt hat?

Die Interpretation des Verhältnisses von Freiheit und Fall muß sich vor zwei Irrwegen hüten. Nach dem einen ist Freiheit lediglich eine Schwäche des Menschen, sofern sie den Fall ermöglicht. In der Konsequenz führt diese Anschauung zum Dualismus. Gott selbst ist es, der den Menschen durch die Freiheit zu Fall bringt. Nach dem anderen ist Freiheit lediglich die Würde des Menschen. Freiheit ist die Substanz des Geistes. Sie kann weder verloren gehen, noch „fallen". Diese Anschauung vertritt der Idealismus. Sie führt in der Konsequenz zur Leugnung der Sünde als Sünde. Der Übergang von der Unbewußtheit der Freiheit zur Bewußtheit ist dann lediglich der Übergang von einer deterioren Anfangsstufe der Freiheit zu einer größeren Vervollkommnung. Es gibt keinen Bruch in der Existenz[82].

Diese Auffassung hat H e g e l vorgetragen (insbesondere in seinen Vorlesungen zur Philosophie der Geschichte, Werke Vollständige Ausgabe, Bd. IX

herausgetreten". Mythologisch gesprochen ist das die Situation Adams v o r dem Fall.
2. Die S e l b s t - s t ä n d i g k e i t, in der der Mensch durch die Loslösung von Gott auf sich selbst steht. Es ist zugleich die G e g e n s t ä n d l i c h - k e i t, der Konflikt innerhalb der Subjekt-Objekt-Spaltung; er steht gegen die Welt und die Welt steht gegen ihn. Freiheit und Notwendigkeit sind getrennt. Die essentielle Freiheit ist zur existentiellen Unfreiheit pervertiert. Das ist die Situation Adams post lapsum.
3. Die I n - s t ä n d i g k e i t, in der sein Selbst im Heiligen Geist mit Gottes Selbst geeint ist. Er steht „in" Gott, Sein in Christo. Er handelt nicht mehr in losgelöster Selbständigkeit, aber auch nicht mehr in verschlossener Urständigkeit, sondern Gott wirkt in ihm (Gal 2,20). Das ist die eschatologische Freiheit, die „erfüllte" Freiheit, die Freiheit des Sohns und der Söhne.

[82] Tillich, Syst. Theol. II, 35 ff. 39.

1837, vgl. auch „Die Vernunft in der Geschichte", Bd. XVIII a der Felix-Meinerschen Gesamtausgabe, 3. Auflage, 1955). Für Hegel gibt es im Grunde keinen Sünden f a l l. Was so bezeichnet wird, ist, recht verstanden, der erste Schritt in der geschichtlichen Entfaltung der Freiheit. Der Geist, der an sich frei ist, muß sich seiner Freiheit selbst bewußt werden, um auch für sich frei zu sein. Er muß aus der bloßen Natur heraustreten, um in unendlicher Vermittlung zu sich selbst zu gelangen. Das Paradies ist kein verlorenes, sondern ein noch nicht gefundenes, es liegt nicht am Anfang der Geschichte — denn das Paradies ist kein Platz für den Menschen, sondern ein Park für Tiere, hier kann der Mensch nicht bleiben, IX 333 —, das Paradies liegt in Wahrheit am Ende der Geschichte. Innerhalb des Systems ist diese Deutung von gewohnter Konsequenz, aber sie zeigt nur den Mangel des Systems auf, in dem die Sünde als Sünde, als der schlechthin unverstehbare Bruch in der menschlichen Existenz keinen Platz hat[83]. Damit stimmt überein die für Hegels System kennzeichnende latente Verwechslung von Pneuma und Nous, civitas Dei und Staat.

S c h e l l i n g hat sich bemüht, an dieser Stelle den biblischen Motiven Rechnung zu tragen. „Die allgemeine Möglichkeit des Bösen besteht ... darin, daß der Mensch seine Selbstheit, anstatt sie zur Basis, zum Organ zu machen, vielmehr zum Herrschenden und zum Allwillen zu erheben, dagegen das Geistige in sich zum Mittel zu machen streben kann." IV 281. „So ist denn der Anfang der Sünde, daß der Mensch aus dem eigentlichen Seyn in das Nichtseyn, aus der Wahrheit in die Lüge, aus dem Licht in die Finsternis übertritt, um selbst schaffender Grund zu werden, um mit der Macht des Centri, das er in sich hat, über alle Dinge zu herrschen." S. 282. Das biblische Motiv ist offensichtlich, wenn auch in einer gnostisierenden Weise, aufgenommen. Das gnostische Motiv tritt in den „philosophischen Untersuchungen über das Wesen der menschlichen Freiheit..." von 1809 am deutlichsten in der Annahme einer Differenz in Gott hervor, die letztlich in der Indifferenz aufgehoben ist. Schelling hat auch bereits versucht, durch die Kategorie der A n g s t das Hervortreten des kreatürlichen Selbst aus dem kreatorischen zu begründen (S. 273). Die Kreatur flüchtet den majestätischen Glanz der Gottheit und löst sich aus dem Grunde los.

Hier hat K i e r k e g a a r d angeknüpft, aber freilich so, daß er die gnostischen Motive Schellings durch die eigenen „existentialistischen" ersetzte. Er kritisiert, daß der Begriff „Angst" bei Schelling lediglich einen Affekt, eine

---

[83] „Dieses Geschehen (scil. Gen 3) trägt den Charakter eines ‚Sündenfalls', d. h. d e s H e r a u s f a l l e n s a u s d e r L i n i e g o t t g e w o l l t e r E n t f a l t u n g..." (W. Eichrodt, Th d. ATs, III S. 97, im Original zur Gänze gesperrt). Bei H e g e l aber ist es gerade die Inauguration der gottgewollten Entfaltung, der Selbstentfaltung der Gottheit. Der dialektische Prozeß verläuft entlang einer L i n i e, es gibt wohl G e g e n s ä t z e, aber keinen B r u c h.

Stimmung in Gott bezeichnet. Angst ist bei Kierkegaard eine Bestimmung der Kreatur, und zwar die Grundbestimmung, durch die die Kreatur als endliche, als vor dem Nichts stehende, bestimmt ist. Kierkegaard analysiert den Zusammenhang von Nichts, Angst und Freiheit und gewinnt dabei eine teilweise Vermittlung des Übergangs in die Schuld. Die ganze Abhandlung „Der Begriff der Angst" ist im Grunde nichts anderes als eine Interpretation von Gen 3. An Kierkegaard knüpft wiederum T i l l i c h an (Syst. Theol. II 35 ff.). Tillich analysiert die Freiheit als endliche. Endlichkeit schafft Angst. Die endliche Freiheit ist die sich ängstigende Freiheit. Die sich ängstigende Freiheit ist aber bereits Freiheit in der Entfremdung. Im Bewußtwerden der Freiheit und in der daraus folgenden Selbstverwirklichung des Menschen trennen sich Freiheit und Schicksal. Das Subjekt ergreift willkürlich die Objekte und verfällt ihnen. Die Folge ist Selbst-verlust und Welt-verlust, der „Riß" in der Existenz.

Die Knechtschaft des Menschen entwickelt der Apostel Paulus vornehmlich an der Situation, die sich dem Menschen aus der Konfrontierung mit dem G e s e t z ergibt. Die Knechtschaft des Menschen erscheint dabei als eine vierfache: Sie ist Knechtschaft unter der S ü n d e (a), unter dem G e s e t z (b), unter der T ä u s c h u n g (c), unter dem T o d (d).

2. Von der vierfachen Knechtschaft des Menschen

a) Der Mensch als Knecht der Sünde

Hierher gehören vor allem die Abschnitte Röm 6,12—23 und Joh 8,30—37. Der erste der beiden Abschnitte steht thematisch in dem großen Zusammenhang des ersten Teils des Römerbriefes, wo Paulus das „Früher" dem „Jetzt" (vgl. das „eschatologische" νῦν bzw. νυνί in Vs 21 und 22), das Sein im alten „adamitischen" Äon dem Sein im neuen „Christusäon" (Röm 5) bzw. das Sein ὑπὸ νόμον dem Sein ὑπὸ χάριν (6,14) einander gegenüber stellt[84]. In 6,12 (bzw. 18) —23 wird dieser Gegensatz an der Polarität K n e c h t s c h a f t — F r e i h e i t aufgezeigt und diese Knechtschaft (bzw. Freiheit) insbesondere als Sündenknechtschaft (bzw. Freiheit von der Sünde) interpretiert. Der Mensch „vor" der großen Wende wird als Sklave der Sünde (δοῦλος τῆς ἁμαρτίας 6,17 und 20) charakterisiert. Er ist der Sünde hörig. Durch die Verwendung des Be-

---

[84] Im Zusammenhang des 6. Kap bilden die Vss 12 ff. den „Imperativ" (μὴ οὖν βασιλευέτων ἡ ἁμαρτία) zu dem „Indikativ" (6,1—11), nämlich zu der per baptismum in sakramentaler Weise vollzogenen Neuwerdung des Menschen. Schematisch: auf das Sakrament (6,1—11) folgt die „Ethik" (12—23). Zum Verhältnis von Indikativ und Imperativ siehe später.

griffs δοῦλος, der von Anfang an Kontrastbegriff zu ἐλεύθερος ist[85], macht Paulus deutlich, daß es sich dabei „um einen Dienst (handelt), der nicht im Belieben des Dienenden besteht, sondern von ihm getan werden muß, ob er will oder nicht, weil er als Sklave einem fremden Willen seines Besitzers unterworfen ist"[86]. Ein Knecht ist, wer gehorchen muß: δοῦλοί ἐστε ᾧ ὑπακούετε (6,16)[87]. Es ist dabei nicht ausgeschlossen, daß der Sklave seinen Dienst n i c h t w i l l — und Röm 7,7 ff. wird uns das ja auch zeigen —, es ist aber ausgeschlossen, daß der Sklave seinen Willen auch d u r c h s e t z e n kann. Ist der Mensch der Sünde hörig, dann vermag er nicht, sich dem Sündigen zu entziehen, er ist dann in den Bann einer fremden Macht gekommen, er ist, da ja e r sündigt, sich selbst fremd. Daß der Mensch die Selbstverfügung nicht besitzt, wird in dem zur Rede stehenden Abschnitt besonders deutlich, sofern in ihm nicht (nach griechischer Tradition) vom Wechsel aus der Unwissenheit in die Weisheit des Freien, sondern vom Wechsel aus einer Knechtschaft (der Knechtschaft der Sünde) in eine andere (die Knechtschaft der Gerechtigkeit oder die Knechtschaft Christi) die Rede ist. Der Mensch erscheint hier, trotz der festgehaltenen Subjektivität[88] als O b j e k t der Mächte, die ihn bestimmen[89]. Die Sünde, die er tut, ist die Macht, der er gehorcht. Darum gilt: „Wer Sünde tut, ist der Sünde Knecht" (Joh 8,34)[90].

Paulus hat das genauer ausgeführt in den Versen 19 b ff. Indem Mensch in seinem Handeln eine Tat der Zuchtlosigkeit (ἀκαθαρσία) bzw. Gesetzlosigkeit (ἀνομία) setzt, hat er seine „Glieder" (τὰ μέλη als Vollzugsorgane seines Wollens) der Sünde, die er tut, überantwortet, oder zur Verfügung gestellt. D. h. indem er die Sünde tut, erweist sich, offenbart sich, daß nicht eigentlich e r handelt, sondern die Sünde, die in seinem Handeln i h r Handeln aufrichtet (vgl. Röm 7,20). Indem er sündigt, hat er sich der Sünde preisgegeben, die ihn übermächtigt, die

---

[85] Vgl. Th W II 264 ff. (Rengstorf).
[86] a. a. O. 264, 22 ff.
[87] Vgl. auch die „Definition" von δοῦλος (Rengstorf a. a. O. 282, 42 f.): ᾧ γάρ τις ἥττηται, τούτῳ δεδούλωται (2. Ptr 2,19).
[88] Vgl. das παριστάνειν Vs 13 (2 mal) 16 und 19 (2 mal). Es ist also der M e n s c h , der s i c h (bzw. seine Glieder) der Sünde anbietet. Er selbst richtet die Macht der Sünde auf, die ihn beherrscht.
[89] Th W a. a. O. 283, 10 f. (Rengstorf).
[90] Nach Bultmann (Das Evangelium des Johannes, 1950, 11. Aufl. S. 335 A 7) ist τῆς ἁμαρτίας eine interpretierende Glosse. Man hätte also zu lesen: „Jeder, der Sünde tut, ist ein Knecht."

ihn zum Sklaven herabwürdigt. Er ist der Sünde verkauft (Röm 7,14 b). Er steht unter der „Tyrannis der Sündenmächte" (Kuss)[91]. Der Mensch glaubt die Sünde zu setzen, in Wahrheit setzt sich die Sünde in ihm durch. Letztlich ist er nur **ein Handlanger der Sünde**, eben ein δοῦλος im fremden Dienst. — Oder anders ausgedrückt: Paulus zeigt, daß es sich beim Sündigen nicht bloß um das Verfehlen einer Norm handelt, daß Sündigen nicht bloß ein unmoralischer Akt ist, sondern daß dabei die Frage nach der Selbstverfügung des Menschen zur Entscheidung kommt, da im Sündigen die Freiheit auf dem Spiel steht, bzw. daß sie im Sündigen jeweils verloren wird. „Wer sich mit der ἁμαρτία einläßt, verliert sich an sie[92]."

Im Sündigen offenbaren sich demnach die hintergründigen Mächte, die das menschliche Leben immer schon bestimmen. Eine dieser Mächte (oder **ein** Name dieser Macht, die der Teufel ist) ist die ἁμαρτία[93]. Diese Anschauung steht gewiß im Zusammenhang mit dem Dualismus, der von personenhaften kosmischen Mächten weiß, die das Leben des Einzelnen bestimmen. Aber wie ist der Dualismus von Paulus interpretiert? Wenn Paulus die Sünde zum handelnden Subjekt macht, wenn er von ihr sagt, daß ihr selbständiges Handeln zukommt — die Sünde kam in die Welt (Röm 5,12), sie gelangte zur Herrschaft (5,21), der Mensch ist ihr Sklave (6,16 ff.), ist unter sie verkauft (7,14) sie wohnt in ihm (7,17.20), sie war tot (7,8), aber sie lebte auf (7,9), der Mensch stellt sich ihr zur Verfügung (6,13), dient ihr (6,6) nach ihrem Gesetz (7,23. 25; 8,3), sie zahlt dem Menschen den Tod als Sold aus (6,23) u. a. m. — so ist sie doch nicht als mythologische Gestalt gedacht[94], sowenig wie die σάρξ, oder der Kosmos, die in ähnlicher Weise personifiziert erscheinen; vielmehr drückt sich in dieser Redeweise das merkwürdig paradoxe Verhältnis aus, das durch das Sündetun des Menschen gesetzt wird: Sünde ist das, was ich tue und zugleich das, was meinem Tun vorausgeht und es

---

[91] Otto Kuss, Der Römerbrief, 2. Lieferung, 1959. S. 384.
[92] Th W a. a. O. S. 277, 37 f. (Rengstorf).
[93] Der Gegensatz in Röm 6 und 7 ist nicht „Gott und der Teufel", sondern „Gott und die Sünde", vgl. K. G. Kuhn, a. a. O. S. 212, aber hinter der ἁμαρτία steht ja der Teufel, ὁ θεὸς τοῦ αἰῶνος τούτου (2. Kor 4,4).
[94] Die Frage, ob Paulus die Sünde als konkrete mythologische Geistermacht vorstellt (Martin Dibelius, Die Geisterwelt im Glauben des Paulus, 1909 S. 119—124), oder ob solche Rede nur den Charakter poetischer Bildhaftigkeit trägt (Paul Feine, Theologie des NTs, 5. Auflage 1931, 200 f.), ist falsch gestellt.

bestimmt. Sünde ist als Macht etwas „innerhalb" meiner selbst (i c h sündige ja), sie ist aber zugleich eben als Macht etwas „außerhalb", das von außen in mir drinnen „wohnt"[95]. Die Sünde knechtet den Menschen also nicht deshalb, weil sie als „böser Trieb" ihn zu beherrschen und ihm seine Freiheit zu nehmen sucht[96], sondern sie wird durch sein Handeln konstituiert als etwas, das seinem Handeln ontologisch vorausgeht. Im Sündetun ist der Mensch bei sich selbst und doch nicht bei sich selbst. So ist die Sünde eine „M a c h t", deren Mächtigkeit er selber in seinem Handeln konstituiert.

Der tiefe Grund für dieses paradoxe Verhältnis ist die Selbstverfallenheit des Menschen. Wird Sünde verstanden als die „Auflehnung des sich selbst behauptenden Menschen gegen Gott,"[97] als der Anspruch auf die göttliche Aseität, als die Hybris, ein absolutes Subjekt zu sein (auf dem Grunde der „endlichen" Freiheit!), ist Sünde der Versuch des Menschen, sich absolut zu setzen[98], so erweist sich, daß gerade hier, wo der Mensch seinem Selbstsein am Nächsten zu sein scheint, indem er es bewußt ergreift, er zugleich von ihm am weitesten entfernt ist[99]. Denn in der Hybris handelt der Mensch nicht frei, sondern willkürlich. Sein Handeln ist ihm weitgehend oder ganz fremd. In der Willkür ist der sinnvolle Bezug zwischen Subjekt und Objekt aufgegeben und das Selbst läßt sich sein Handeln von der Peripherie diktieren[100]. Im Tun des Bösen kon-

---

[95] Vgl. zum Ganzen R. Bultmann, Th d. NTs S. 274 f. Auch Th. W I 298 (Stählin). Analoges gilt dann vom πεῦμα. Vgl. später.

[96] Dazu Bultmann, Joh S. 336, A. 5.

[97] Th W I 313, 33 ff. (Grundmann).

[98] Dieser Sündenbegriff fehlt der Stoa und darum fehlt ihr Sünde als Sünde überhaupt.

[99] Er zerstört seine Freiheit dadurch, daß er sie ergreift (siehe oben S. 115 ff., 122).

[100] Tillich, Syst. Theol. II, 72 f. Das Neue Testament stimmt also mit der Gnosis darin überein, daß der Mensch immer schon, a priori, von den Mächten, daß er unter Umgehung seiner Autonomie vom ἔξω bestimmt wird, daß das Nicht-Selbst über ihn Macht hat. Diese Deutung des menschlichen Daseins ist dem Neuen Testament und der Gnosis gemeinsam. Aber die U r s a c h e wird je verschieden gesehen. In der Gnosis liegt sie in einem metaphysischen Abfall des pneumatischen Selbst aus dem Pleroma in die materielle Welt. Im Neuen Testament liegt die Ursache im hybriden Selbsteinwollen des Menschen! Entsprechend ist die erste aller Mächte, die den Menschen nach neutestamentlicher Anschauung bestimmt, die Sünde. In der Gnosis dagegen ist

stituiert er die ja schon vorgegebene Verdorbenheit seines Gott wiederstehenden Selbst-seins (die Sünde ist das A-priori der menschlichen Existenz) und des daraus resultierenden Handelns. I m T u n d e s B ö s e n h a n d e l t e r g e g e n s i c h s e l b s t , a l s e i n e r , d e r s i c h s e l b s t u n v e r f ü g b a r u n d f r e m d i s t[101]. Paulus hat diese Zusammenhänge zum ersten Mal ausgesprochen. Sie haben sich ihm ergeben an der Forderung des G e s e t z e s[102].

b) Der Mensch als Knecht des Gesetzes

Vom Standpunkt der Moralität aus kann der Mensch prinzipiell sein gesolltes Sein durch Erfüllung der Vorschriften des Gesetzes erlangen. Diesen Standpunkt teilen nicht nur die verschiedenen griechischen Systeme — je in ihrer Weise — sondern auch das Judentum. Der Unterschied liegt für Israel darin, daß unter „Gesetz" die dem Volk in besonderer Weise gegebene, die mit dem „Bund" geschenkte Weisung Jahwes verstanden wird, deren Erfüllung das Ziel des menschlichen Lebens ist. Durch Gebotserfüllung soll der Mensch seine Eigentlichkeit gewinnen. Indem das Neue Testament — mit verschiedener Klarheit und nicht ohne Selbstwidersprüche — diesen Standpunkt negiert, bricht der entscheidende Unterschied zwischen dem gesetzlichen Judentum und der Kirche auf. Um dieser Differenz willen (und um der Wirklichkeit willen, die hinter dieser Differenz steht) hat sich die Synagoge von der Kirche getrennt, ja ist sie zur ersten Verfolgerin der Kirche geworden.

---

    der Begriff Sünde im Grunde ausgeschaltet. Und zum anderen ist im Neuen Testament auch das „ἔξω" ein „Innen", nämlich sofern es zum Ich gehört, das sich dafür verantwortlich weiß.

[101] In der Rede von der Sünde als der „Macht", der ich in meinem Handeln und durch mein Handeln unterworfen bin, kommt zum Ausdruck, daß die Sünde kein Gegenstand ist, über den ich beliebig verfüge, sondern daß sie wider meinen Willen und wider meine bewußte Absicht nach ihrem eigenen Gesetz in mir herrscht; bzw. d a ß i c h m i r s e l b e r u n b e k a n n t u n d u n b e w u ß t b i n , daß ich mir eben nicht zur Hand bin, nicht zur Verfügung stehe. Im Sündigen kommen jene Mächte zum Durchbruch, die zu mir gehören, ohne mit meinem Ich eins zu sein; bzw. es kommt zum Vorschein, daß ich mich selber von „außen" lenke, oder genauer: daß ich mich in jedem Akt der Selbstsetzung an das ἔξω verliere und mich von ihm lenken lasse. Im Sündigen bin ich ich, aber ich bin nicht ich selbst.

[102] Vgl. den Gegensatz χάρις-νόμος (6, 14)!

Die Gebundenheit des Menschen

Für die christliche (vom Apostel Paulus zum erstenmal im Zusammenhang durchdachte)[103] Auffassung vom Gesetz ist dies konstituierend, daß das Gesetz als Mittel dem Menschen die Verwirklichung seines gesollten Seins, seine Eigentlichkeit, zu schaffen und die Selbstentfremdung des Menschen aufzuheben, versagt. Vom Standpunkt des Menschen aus kann gesagt werden, daß das Gesetz nicht „rechtfertigt" (Röm 3,20 Gal 2,16 u. ö.), vom Standpunkt des Gesetzes aus, daß es „zu schwach" ist, daß es am „Fleisch" scheitert (Röm 8,3). Auch das Gesetz überwindet nicht den Circulus vitiosus der Existenz. Er liegt tiefer als die Dimension des Gesetzes, er wird in seiner unüberwindlichen Tiefe gesehen. Allgemein gesagt: das Gesetz kann deshalb nicht erlösen, weil es auf den bereits von Gott getrennten Menschen trifft. Dem Anruf des Gesetzes geht die Sünde voraus; sie ist zwar „tot", aber da. Das Gesetz trifft auf den S ü n - d e r , es setzt mit seinem Ruf den S ü n d e r in Bewegung und damit die S ü n d e. So wird es, seinem intendierten Sinn entgegen, für den seiner Freiheit beraubten Menschen zu einer „Macht" wie andere Mächte, die ihn von außen bestimmen.

Das Gesetz wird also selbst mit hineingezogen in den Circulus vitiosus — statt aus ihm herauszuführen —, es muß mithelfen, des Menschen Sein-gegen-sich-selbst zu konstituieren, ja es in besonderer Weise sogar noch verschärfen. Es wird aus einem Mittel zur Rettung zu einem Mittel der Verknechtung des Menschen.

Man muß fragen, ob dem religiösen Moralismus, wie er sich im griechischen und jüdischen Denken je in seiner Weise zeigt, diese Funktion des Gesetzes gänzlich verborgen ist. Und man muß antworten: Ja und nein. Denn wohl weiß der griechische Mensch darum, daß das Gesetz ihn in die Aporie seiner Existenz führen kann, aber er deutet das als den inneren Widerspruch im Gesetz selbst, als die Tatsache, daß Gesetz gegen Gesetz steht. Die daraus resultierende Unerfüllbarkeit des Gesetzes wird

---

[103] „Im Zusammenhang durchdacht" bedeutet freilich nicht, daß Paulus ein vollständiges und auch nur einigermaßen widerspruchsfreies System geboten hätte. Die christliche Theologie kann ruhig zugeben, daß insbesondere die Lehre des Apostels vom Gesetz oft sprunghaft, undurchsichtig, widerspruchsvoll und undeutlich ist. Aber unverkennbar ist hier — wie bei Paulus überhaupt — die Absicht, durch „Theologie", d. h. auf rationale Weise zum Bewußtsein zu bringen, was das neue Sein in Christus bestimmt. Der „Theologe" Paulus sah sich genötigt, die Freiheit vom Gesetz nicht nur zu haben, sondern auch zu durchdenken. Seine M o t i v e werden dabei einigermaßen deutlich. Diese gilt es zu interpretieren.

in die Gottheit selbst projiziert und als t r a g i s c h e , nicht als schuldhafte Situation empfunden[104]. In anderer Weise taucht das Versagen des Menschen dem Gesetz gegenüber auch im Judentum auf. Das Judentum weiß um den „bösen Trieb"[105], der im Menschen ist und dem göttlichen Gesetz widersteht; es weiß um das dauernde Versagen des Menschen dem Anspruch des Gesetzes gegenüber und erlebt dies zuweilen in der Stimmung einer ergreifenden Trauer, ja Trostlosigkeit. Es wird aber niemals die Konsequenz daraus gezogen, daß der Gesetzesweg als solcher nicht zum Ziele führen könnte. Im Gegenteil, der Jude freut sich seines Gesetzes, er weiß um den „freiheitlichen Charakter"[106] des Gesetzes, und das Versagen dem Anspruch Gottes gegenüber wird darum nur um so härter empfunden[107].

Es ist aber nun freilich auch nicht so, daß aus der Einsicht in die Aporie, zu der das Gesetz führt und führen muß, unbedingt die Aufgabe des Gesetzesweges folgt. Auch der neutestamentliche Gesetzesbegriff ist nicht aus dem Scheitern des Menschen am Gesetz oder der Reflexion über dieses Scheitern in der Weise einer theoretisch-kritischen Analyse ge-

---

[104] So besonders in der Antigone des Sophokles.
[105] Vgl. oben S. 96 f.
[106] Gutbrod Th W IV 1046,32 mit Verweis auf Philo Vit Mos 2,51.
[107] Das trostlose Ende des Gesetzesweges — ohne daß er darum irgendwie in Frage gestellt würde — wird besonders vom 4. Esra dargestellt. Vgl. etwa 7,45 b ff.: „Selig sind, die in die Welt kommen und deine Gebote halten! Aber worüber ich schon damals flehte: Wer ist unter den Lebenden, der nicht gesündigt? Wer unter den Weibgeborenen, der nicht deinen Bund gebrochen? Jetzt erkenne ich, daß die zukünftige Welt Wenigen Erquickung bringen wird, Vielen aber Pein. Denn erwachsen ist in uns das böse Herz . . ." 9,36 f.: „Wir, die wir das Gesetz empfangen haben, müssen wegen unserer Sünden verloren gehen, samt unserem Herzen, in das es getan ist; das Gesetz aber geht nicht verloren, sondern bleibt in seiner Herrlichkeit." Ein tiefes Sündengefühl bestimmt insbesondere die Lehre der Qumraniten. Vgl. bes. die Hodajot, etwa 1 QH I, 21—26 III, 23—25 IV, 29 ff. 35 ff. V, 5 f. VI, 17 f. VII, 28 f. IX, 14—16 X, 2 ff. XII, 30—32 u. ö. Aber von einem Irrewerden am Tora-Weg ist auch hier natürlich keine Rede. Im Gegenteil: Der Tiefe des Sündengefühls entspricht die Intensität der Toraerfüllung! Der Mensch kann nicht gerecht werden ohne Gottes Gnade. Sie allein macht ihn gerecht. Aber die Gnade befreit ihn nicht (wie bei Paulus) v o n der Tora, sondern z u der Tora (so H. Braun, Röm 7,7—25 und das Selbstverständnis der Qumranfrommen, ZThK 56 [1959] S. 1 ff., jetzt in: Gesammelte Studien zum Neuen Testament und seiner Umwelt, 1962, S. 116).

boren. Paulus hat sein Gesetzesverständnis nicht aus der subjektiven Verzweiflung des ehemaligen Pharisäers, sondern ex virtute Christi. Er hat sein Gesetzesverständnis, das in „sein" Evangelium hineingehört, δι' ἀποκαλύψεως Ἰησοῦ Χριστοῦ (Gal 1,12)[108], womit speziell auf die „Bekehrung" bzw. Berufung des Apostels angespielt wird, allgemeiner: auf die neue Wirklichkeit des Hl. Geistes bzw. der nova creatio, die Christus gebracht hat. In dieser neuen Wirklichkeit des Geistes, die zugleich die Wirklichkeit der Liebe ist, ist die Pervertiertheit der menschlichen Existenz überwunden und von da aus wird sie (sozusagen rückblickend, rückblickend freilich auf einen Status, der sich jeden Augenblick wieder verwirklichen kann) erst in ihrem ganzen Ausmaß eingesehen. Erst vom „vollkommenen Gesetz der Freiheit" aus (Jak 1,25), welches das „Gesetz des Geistes" ist (Röm 8,2), wird die Struktur des Gesetzes vollends sichtbar.

Ist auch die Ausweglosigkeit des Gesetzesweges eingesehen, so ist doch deshalb keineswegs das Gesetz als solches (etwa in gnostischer Weise) abgetan. Die Frage des Paulus: νόμον οὖν καταργοῦμεν διὰ τῆς πίστεως; kann er sich selber getrost beantworten: μὴ γένοιτο, ἀλλὰ νόμον ἱστάνομεν (Röm 3,31)[109]. So stimmt Paulus zunächst weitgehend mit dem Judentum überein: das Gesetz ist Gesetz Gottes und bleibt es. Es ist heilig, gerecht und gut (Röm 7,12). Es ist nicht Sünde (7,7) — das sei ferne, es ist „geistlich", pneumatisch (7,12)[110], es ist εἰς ζωήν (7,10), das heißt, daß sein Ziel, sein Telos, das erfüllte Leben, das „wahre", ewige Leben sein soll. Es ist gegeben, damit der Mensch das Leben gewinne, Freiheit und Eigentlichkeit. Es ist das Wort des Schöpfers, der selber das Leben ist, zu dem Zweck, daß die, die es verwirklichen, Leben haben. Es kann darum auch vom Juden, als dem, der das Gesetz „hat", gesagt werden, daß er darin die μόρφωσις τῆς γνώσεως καὶ τῆς ἀληθείας besitzt (Röm 2,20)[111]. Im Gesetz begegnet mir darum nichts Fremdes, sondern Gott selbst, der mein Sein will. Und dennoch vermag das Gesetz nicht, mir Leben und Wahrheit zu vermitteln.

Ist mit alledem das Gesetz des Volkes Israel gemeint, so haben nach Paulus auch die Heiden das Gesetz. Sie haben es freilich nicht in der Gestalt des Gesetzes vom Sinai; aber sofern sie φύσει τὰ τοῦ νόμου ποιῶσιν

---

[108] Vgl. Schlier, Gal z. St. und Th W IV 1070,20 ff. (Gutbrod).
[109] Vgl. noch Mt 5,17—20.
[110] Gerade hierin ist der Unterschied zur Gnosis deutlich.
[111] Michel (Röm S. 70) übersetzt: Die Gestaltung der Erkenntnis und der Wahrheit.

(Röm 2,14), zeigen sie an, daß sie „sich selbst Gesetz sind" (Röm 2,15). Konkret ist dabei wohl an die heidnische Moralität gedacht, also an das, was im Heidentum als das Gesetz — etwa als das Sittengesetz — gilt, das, was wahr ist, heilig, gerecht, rein, wohlgefällig, wohllautend, das, was als Tugend bezeichnet wird und Lob verdient (Phil 4,8) — schon rein formal Ausdrücke, die an die stoische Moral erinnern[112]. Solche Moralität gipfelt im Gehorsam gegenüber dem Imperium des Kaisers (Röm 13,1—3). Im Galaterbrief ist diese mehr allgemeine Rede vom „Gesetz der Heiden" präzisiert. Es erscheint als das W e l t g e s e t z, die στοιχεῖα τοῦ κόσμου, die „Weltelemente" (Gal 4,3. 9 Kol 2,8 ff. 20), die als ἄγγελοι (Kol 2,18) und κύριοι (Gal 4,3) die Menschen verknechten. Möglicherweise ist an die Elementarkräfte der Gestirne gedacht[113]. Paulus hat den Dienst der Elemente, die religiöse Scheu und Verehrung der astralen Mächte als Gesetzesdienst verstanden und von daher beurteilt[114]. Denn auch diese verlangen Gehorsam und versprechen als Frucht des gehorsamen Dienstes das Heil. Paulus hat sich nicht direkt mit stoischen Traditionen auseinandergesetzt. In der Auseinandersetzung mit den gnostisierenden Vorstellungen von den Weltelementen, — Vorstellungen, bei denen der stoische Einfluß unverkennbar ist, — ist aber implicit zugleich auch die Auseinandersetzung mit der philosophischen Tradition gegeben. Denn hierin unterscheiden sich ja philosophischer und judengnostischer Gesetzesbegriff nicht: bei beiden geht es um das Versprechen, durch religiöse und sittliche Leistungen dem Weltgesetz gegenüber — mag es nun als Logos bzw. Physis oder als astrale „Macht" verstanden sein — d a s zur Erfüllung zu bringen, was der Mensch sein soll. Und bei beiden handelt es sich nach der Anschauung des Paulus um Knechtschaft. Und das Gleiche gilt dann auch für die Tora. Sowohl das jüdische Gesetz als auch das heidnische, bzw. das Weltgesetz der galatischen und kolossischen Irrlehrer, haben die gleiche Funktion. Sie versprechen die Freiheit und erwirken die Knechtschaft, sie versprechen das Leben und bereiten den Tod[115].

---

[112] Vgl. „Bonum autem mentis est virtus; ... hinc omnia, quae pulchra, honesta, praeclara sunt ... plena gaudiorum sunt" (Cic Tuscul. disp V 23,67). — Zur Problematik von Röm 2,15 vgl. den Exkurs bei Kuss, Röm 72 ff.
[113] So Schlier, Gal S. 133 ff. Oepke, S. 93 ff. G. Bornkamm, Die Häresie des Kolosserbriefes. In: Das Ende des Gesetzes, Ges. Aufs. Bd I, 1958 S. 140.
[114] Schlier, Gal S. 136.
[115] Das exegetische Motiv von Gal 4,3 läßt sich dogmatisch verallgemeinern; es besagt dann: jeder Versuch des Menschen, durch Beugung unter das Weltgesetz,

Fragt man nun genauer nach diesen Zusammenhängen, so erhält man als e r s t e Antwort: der Gesetzesgehorsam ist seiner Struktur nach nie „ganzer" und darum nie „wirklicher" Gehorsam. Dies ist der tiefere Grund der Auseinandersetzung Jesu mit den Schriftgelehrten seiner Zeit. Der Sinn der Kampfworte und Konfliktszenen der synoptischen Tradition (vgl. etwa Mk 3,1—6 7,1 ff. Mt 6,1 ff. 23,5 ff. u. a. m.) oder bestimmter Überlieferungen über die Nachfolge (z. B. Mk 10,21 par Mt 8,21 f. Lk 12,52 f. u. a.) ist der, den Gegensatz von halbem und ganzem Gehorsam aufzuzeigen und die Forderung Jesu als die Forderung des ganzen Gehorsams herauszustellen. Dabei geht es weder um die Außerkraftsetzung des Gesetzes selbst (vgl. nur Mt 5,17 ff.)[116], noch auch eigentlich um die Außerkraftsetzung der schriftgelehrten Überlieferung, der παράδοσις τῶν ἀνθρώπων (Mk 7,8), sondern darum, daß Gehorsam mehr ist als nur Beugung unter die Tradition, sei es nun die Tradition der Schrift, oder die der Schriftgelehrten. Der Gesetzesgehorsam bleibt insofern immer formaler Gehorsam, sofern er sich auf eine äußere, von außen an ihn herangebrachte Norm bezieht, die nicht mit dem Zentrum seiner Person zur Deckung gebracht sein muß. Jesus fordert aber radikalen Gehorsam, d. h.: einen Gehorsam, der nicht bloß darauf aus ist, der von der überlieferten Norm geforderten Leistung nachzukommen, sondern der vom Zentrum der Person aus mit Gott übereinstimmt[117].

---

bzw. die Ausnützung des erkannten Weltgesetzes die Freiheit aufzurichten, scheitert. Der Verfügungsbereich des Menschen wird dadurch erweitert; aber Konflikt und Selbstzerstörung werden dadurch nicht paralysiert.

[116] Über Jesu Stellung zum Gesetz und die Echtheitsfrage von Mt 5,17 ff. siehe später.

[117] „Denn solange der Gehorsam nur die Beugung unter eine Autorität ist, die der Mensch nicht versteht, ist er kein wahrer Gehorsam; solange bleibt im Menschen etwas dahinten, das sich nicht unterwirft, das nicht bezwungen ist von der Forderung Gottes. Solange kann sich die Kritik regen: a n   s i c h geht mich das nichts an, a n   s i c h sind das ja gleichgültige Dinge — aber i c h   w i l l gehorchen. Solange sich der Mensch zu solchem Tun entschließt, steht er gleichsam n e b e n seinem Tun, ist er nicht g a n z gehorsam. Radikaler Gehorsam ist nur dort vorhanden, wo der Mensch von sich aus bejaht, was von ihm gefordert ist, wo das Gebotene einsichtig ist als Gottes Forderung; wo der Mensch g a n z zu dem steht, was er tut; ja besser: wo der Mensch ganz i n dem ist, was er tut, d. h. wo er nicht gehorsam e t w a s tut, sondern in seinem S e i n gehorsam ist" (Bultmann, Jesus, S. 68). Ein

Als Beispiel für den rein formalen Gehorsam mag der Tempelkult dienen. Der Verlust des Heiligtums im Jahre 70 n. Chr. hat keine wesentliche Erschütterung des jüdischen Glaubens gebracht; so peinlich der Tempelkult erfüllt worden ist, das Verhältnis Jahwes zu Israel wurde durch die Zerstörung des Tempelkults nicht ins Wanken gebracht. Warum nicht? Weil das Verhältnis Jahwe—Israel in Wahrheit längst kein Tempelkultisches mehr war. Der Tempelkult war längst nicht mehr um seiner selbst willen da — als echtes Symbol —, sondern er war nur mehr noch als Tradition da, die durch die Tora geheiligt war und Anlaß gab, den peinlichen Gehorsam daran zu erweisen[118]. Der formale Gehorsam steht insofern neben, ja gegen sich, sofern er das, was er als Gefordertes tut, nicht um der realen Ansprüche seiner Gegenwart willen tut, sondern um einer Norm willen, die seine Gegenwart überfremdet. Das Motiv zum Gehorsam stammt nicht aus der Realität, sondern aus der (unbewußten) Angst.

Die hoffnungslose Pervertiertheit auch der religiösen Existenz zeigt sich dann sofort wieder darin, daß der Gesetzesgehorsam seiner Struktur nach nicht dagegen versichert, daß das Gesetz „den Ungehorsam des Menschen gegenüber dem Anspruch Gottes schützt"[119] — daß er dies vielmehr geradezu provoziert. Der Widerstand des seiner selbst nicht mächtigen Menschen gegen Gott wird durch das — immer nur von außen an ihn herantretende — Gesetz in keiner Weise gebrochen. Im Gegenteil: der Widerstand hält an o b w o h l — dem „Buchstaben" nach — die Werke des Gesetzes geboten werden, nein: e b e n d a r i n, d a ß sie Gott geboten werden: der Fromme erfüllt den Buchstaben des Gesetzes und widersteht darin der sein ganzes Selbst einfordernden Intention. Das Gesetz als „Buchstabe" ist ausgezeichnet geeignet, dem Menschen zu ermöglichen, im scheinbaren Gehorsam Gott zu widerstehen[120]! In der scheinbaren Erfüllung des Gesetzes, in dem Sich-decken der Tat mit dem

---

Musterbeispiel für das bloß formale Gehorchen bietet die Tatsache, daß die Rabbinen die Frage nach den G r ü n d e n für die einzelnen Gebote abgelehnt haben. So wird der Gehorsam etwas rein Irrationales, Unsinniges (psychologisch gesehen vom Unbewußten her Diktiertes!): „Bei eurem Leben, weder der Tote verunreinigt, noch macht das Wasser rein (!), sondern es ist eine Satzung des Allerheiligsten (!), nach deren Gründen man nicht forschen darf (!)". Pesikta das Rab Kahana 40 a/b. Vgl. Sjöberg, a. a. O. 179 f. und 180 A. 1.

[118] Vgl. Bousset-Greßmann, S. 116 f.
[119] Th W IV 1055,9 f. (Gutbrod).
[120] In diesem Sinn ist natürlich auch die „mündliche Tora" γράμμα, denn sie ist fixierte bzw. fixierbare Weisung, die von „außen" an mich ergeht. Und sie hat — nicht zufällig — die Tendenz in sich, schriftlich fixiert zu werden!

Wortlaut, dem „Buchstaben", wird der eigentliche Gehorsam verweigert und der konkrete Anspruch Gottes überhört. So wird die Gehorsamsleistung zum Mittel, insgeheim den Anspruch Gottes — unter Berufung auf das Gesetz! — zu sabotieren während umgekehrt die buchstäbliche Übertretung des Gesetzes (etwa des Sabbatgebotes) im konkreten Fall faktisch dem Anspruch Gottes genügen kann[121].

Im Neuen Testament wird also die Tatsache aufgedeckt, daß die Gebotserfüllung ihrer Struktur nach gerade das Gegenteil von dem bringt, was sie intendiert. Sie richtet nicht die Gerechtigkeit Gottes auf, sondern die „eigene Gerechtigkeit" (Röm 10,3 vgl. auch Phil 3,9), sofern in der Leistung des Gebotserfüllens immer nur der Mensch in seinem Gott abgewendeten Selbst-Sein-Wollen, in seinem Widerstand gegen Gott zur Erscheinung kommt. „Das Gesetz und seine Ausbildung und Ausübung dient der religiösen Selbstbehauptung[122]." Mit Hilfe der Gebotserfüllung behauptet sich der Mensch vor Gott[123]. Man kann also sagen: das Gesetz fordert den ganzen Gehorsam, den Einsatz der ganzen Person: aber

---

[121] Die Kritik richtet sich also nicht gegen das vom Gesetz Intendierte, wohl aber gegen die Gesetzlichkeit, d. h. gegen das Prinzip, welches die Situation des durch die Tora vor Gott gestellten Menschen bestimmt. Das Gebot, das als Buchstabe von außen an mich herantritt, zwingt niemals die ganze Person in den Dienst Gottes. Der Mensch kann sich vielmehr in dieser Situation immer mit einem „Teil" seiner Person von dem schuldigen Gehorsam dispensieren — und er tut es, absichtlich oder unabsichtlich, denn er ist ja seiner Sünde nicht mächtig. — Natürlich kennt auch das Judentum die Forderung des g a n z e n Gehorsams (Ab II 9 Ber 17 a: Ob einer mehr oder weniger tut, wenn er nur sein Herz gegen Himmel richtet! Siphre zu Lev 19,18; vgl. Bousset-Greßmann S. 138 f.). Aber wie ist eben dies möglich? Wie kann ein Mensch sein Herz ganz auf Gott richten — ohne sich darin zu täuschen? — Wenn der johann. Christus in 6,29 an die Stelle der Vielzahl der Werke das e i n e Werk setzt, so ist damit das, was auch dem Juden möglich ist, noch keineswegs überschritten (Str Bill I 907 f.). Wenn er dieses Werk aber als den Glauben an ihn, den Gesandten, den Sohn, bestimmt, so ist damit die Differenz angegeben, die die Kirche von der Synagoge trennt: der Glaube an den Sohn bringt eine neue Situation für den Menschen, die durch andere Elemente bestimmt ist als die Situation dessen, der sich durch die Erfüllung des Gesetzes mit Gott einen soll.

[122] Th W a. a. O. 1050,35 f. (Gutbrod).

[123] „Scheinbar und ehrbar im Gesetze G o t t e s Willen erfüllend, führt der Mensch, sich immer schon am eigenen Nutzen orientierend, unter diesem Gesetz heimlich den e i g e n e n Willen durch" (Th W II 493,28 ff., Schlier).

gerade der ganze Gehorsam — als Forderung des Gesetzes — kann auf der Ebene des Gesetzes nicht zur Erfüllung gelangen. Der Mensch steht sich dabei selbst im Wege.

Das ambivalente Verhältnis des Frommen zum Gesetz kann an einem Beispiel erläutert werden: In der pharisäischen Gesetzlichkeit wirken zwei einander widersprechende Tendenzen: (a) Das Gesetz durch Durchführungsbestimmungen und diese durch immer neue zu präzisieren; und zugleich (b) „die Satzung auf ein erträgliches Maß zurückzubeugen" (Schlatter, Geschichte Israels, 1925, S. 286)[124]. Gelegentlich ist die Halacha Ausdruck des Kompromisses zwischen diesen beiden Motiven. Dabei wird das zweite Motiv zuweilen direkt zu einer „Überlistung" der Tora (vgl. etwa die Versuche, das Verbot des Lasttragens am Sabbat zu umgehen und den Sabbatweg trickreich zu erweitern: Str Bill II 457 ff.). Beides zeigt aber vor allem die Heteronomie auf; das Gesetz ist nicht „drinnen", sondern „draußen". Die Tora ist etwas Feindseliges, dem man pünktlich gehorcht und das man trickreich überlistet — mag sie zugleich auch als Gottes Geschenk verstanden sein, dessen Israel sich rühmt[125].

Von hier aus wird das A n d e r e verständlich, die höchst paradoxe Aussage des Paulus, daß das Gesetz nicht vor der Sünde bewahrt, sondern **i n d i e S ü n d e h i n e i n f ü h r t**[126]. Das ist verstehbar, wenn wirklich der Gesetzesgehorsam die Selbstbehauptung mit aufrichtet und so die radikale Selbstverleugnung verhindert. **D u r c h d e n V e r such, die Gebote zu erfüllen, wird die Gebotserfüllung verhindert.** Durch das Gesetz wird der Ungehorsam „lebendig". Er ruft auf, zu sein, — was wir nicht sind. Es offenbart darum immer nur die Sünde.

---

[124] Vgl. Th W VII 10,6 ff. (Lohse). Die Erleichterungen des Sabbatgebotes wurden von den Konservativeren (Sadduzäer) bzw. den Rigoristen (Qumran) abgelehnt, vgl. ebdt. und 14 A 94.

[125] Das Peinliche, Überängstlich-Skrupulose, oft geradezu Zwangsneurotische der Gesetzeserfüllung (insbesondere in der Sabbathalacha, in der Frage nach der kultischen Reinheit, u. a. m.), das Groteske (vgl. etwa die Bestimmungen darüber, was zu geschehen hat, wenn jemand auf die Speisebenediktion vergessen haben sollte: Str Bill I 687) und die große Rolle, welche rein rituelle Gebote spielen: alles das weist auf ungenügende Bewußtheit, auf ein ambivalentes Gottesverhältnis. Gott ist nicht nur der Gütige: die Gesetzlichkeit offenbart auch ein — ihr selbst unbewußtes — feindselig-ängstliches Verhältnis zu Gott. — Zur „Gesetzlichkeit" vgl. Bousset-Greßmann, S. 126 f. — Zur Doppelgesichtigkeit des jüdischen Gottesbildes vgl. Sjöberg, a. a. O. 2 ff. 184 ff.

[126] Prägnant Grundmann, Th W I 314,10 f.: „Das Gesetz aber hat gerade die entgegengesetzte Funktion wie im Judentum".

Dies hat Paulus vor allem in Röm 7,7 ff. ausgeführt. Man setzt am besten in Vers 9 ein: ἐγὼ δὲ ἔξων χωρὶς νόμου ποτέ = „einst" lebte ich ohne das Gesetz, in einem Zustand nicht sub lege, nicht sub gratia, sondern ante legem. Mythologisch gesprochen war das das Leben im „Paradies", wie denn Paulus überhaupt hier eine hellenistisch gefärbte Deutung von Gen 3 gibt (Michel Röm S. 148). Die Frage, ob dieses „Einst" seine geschichtliche Wirklichkeit in der Kindheit hat, in der dem Juden das Gesetz noch nicht auferlegt wird oder nicht, ist für die Sache gleichgültig. In diesem paradiesischen Zustand (Tillich spricht von der „träumenden Unschuld" Syst. Theol. II 39 ff.) gab es auch keine Sünde, oder genauer: die Sünde war wohl „da", aber sie war noch „tot": χωρὶς γὰρ νόμου ἁμαρτία νεκρά ... (Vs 8). Man kann auch sagen: die F r e i h e i t war noch nicht „erregt", der Mensch lebte noch in der Einheit mit Gott, mit der Welt, mit sich selbst. — Die Freiheit war noch nicht aktualisiert. Sie war bloße Potenz. Der Mensch war sich seiner Möglichkeiten noch nicht bewußt. Die Sünde war potentiell da, aber noch nicht aktualisiert[127]. Die Aktualisierung der Sünde geschieht durch das Gesetz (durch das Inzwischentreten des Gesetzes Röm 5,20). Ἐλθούσης δὲ τῆς ἐντολῆς ἡ ἁμαρτία ἀνέζησεν (7,9). Das Gebot schafft nicht die Sünde — denn dann wäre in der Tat das Gebot oder das Gesetz seinem Sein nach sündig, es wäre Sünde, was Paulus Vs 7 ff. ja gerade leugnet — es ruft aber die Sünde hervor, es macht die „vorher" schon vorhandene, aber lediglich potentielle Sünde „wach", „bewußt", „lebendig". Durch das Gebot wird aus der potentiellen Sünde die aktuelle. Durch das Gesetz tritt die Sünde aus der Potenz in den Akt. Aber wie geschieht das? Τὴν ἁμαρτίαν οὐκ ἔγνων εἰ μὴ διὰ νόμου· τὴν γὰρ ἐπιθυμίαν οὐκ ᾔδειν εἰ μὴ ὁ νόμος ἔλεγεν· οὐκ ἐπιθυμήσεις (Vs 7). Das „Kennen" der Sünde bezeichnet nicht einen bloß theoretischen Akt, sondern das Bekanntwerden, Bewußtwerden, An-sich-Feststellen der Sünde (Michel, Röm S. 147). Das Gebot setzt die Spaltung zwischen Gott und Mensch voraus. Sonst wäre es nicht nötig. Gebot und Gesetz sind nur sinnvoll dort, wo das ursprünglich Vereinte getrennt ist. Die Sünde war also schon „vorher" da, aber sie war „kraftlos". Durch das Gesetz tritt die Sünde in Kraft. Das Gesetz ist die treibende Kraft, die Dynamis der Sünde: ... ἡ δὲ δύναμις τῆς ἁμαρτίας ὁ νόμος (1. Kor 15,56). Das Gesetz verbietet die Begierde. Mit dem Satz οὐκ ἐπιθυμήσεις zitiert Paulus das „10. Gebot", freilich ist dieser Satz hier im weitesten Sinn gemeint. Der konkrete Bezug auf Haus, Weib, Knecht, Magd, Vieh ist fallen gelassen. „Du sollst nicht begehren" bekommt absolute Geltung. Das

---

[127] Kuss, Röm S. 444 erläutert das νεκρά: „... nicht einfach: nicht existierend, nicht vorhanden, sondern: noch nicht wirksam, noch nicht aktiv, noch ohne Folgen ..." — Vgl. auch Röm 4,15 5,20 Gal 3,19: Das Gesetz bringt Gottes Zorn ein; ohne Gebot keine Übertretung. Das Gesetz ist um der Übertretungen willen da. Also: das Gesetz hat den (der eigenen Intention widersprechenden) Sinn, die Sünde zu pro-vozieren. Das Gesetz „ruft" die Sünde ans Licht.

Gebot ist ein V e r bot. Sein Sinn ist in diesem Zusammenhang, die Aktualisierung der Sünde zu vermeiden. Der Mensch will sich in seiner träumenden Unschuld bewahren (Tillich a. a. O. 41 f.). Das Verbot richtet sich gegen den Übergang aus der Möglichkeit in die Wirklichkeit, aus der essentiellen Freiheit in die existentielle Unfreiheit. Es will den Menschen nicht sein lassen, was er sein soll, weil es verhindern will, daß er durch das Ergreifen seiner Selbstheit und Selbständigkeit (das ἐπιθυμεῖν) seine Freiheit verliert. Aber dieser Versuch des Gebotes, zu verhindern, was unvermeidlich ist, scheitert: Ἡ γὰρ ἁμαρτία ἀφορμὴν λαβοῦσα διὰ τῆς ἐντολῆς ἐξηπάτησέν με (Vs 11). Die Sünde ist es, die die Intention des Gesetzes in ihr Gegenteil verkehrt. Sie nimmt das Gesetz zum Anlaß, den Menschen zu „betrügen". Der Bezug zur Geschichte vom Sündenfall ist offenkundig. Das Selbstseinkönnen verspricht sich die Selbstverwirklichung (Eritis sicut deus, scientes bonum et malum). Aber darin täuscht sich der Mensch, oder besser: er wird ein Opfer der Sünde, die ihn betrügt. Die Folge des Übermächtigtwerdens von der Sünde führt zur T ä u s c h u n g und zum T o d (Vs 9 ff.).

In den Vss 12—14 greift Paulus noch einmal auf den Einwand in 7,7 ff. zurück (man beachte die unlineare Entfaltung des Gedankens!). Die Möglichkeit, das Gesetz selbst zu beschuldigen — die gnostische Möglichkeit —, wird noch einmal abgewiesen. Nicht das Gesetz ist die Ursache der Sünde, sondern der Mensch selbst. Nicht das Gesetz ist „fleischlich" (widergöttlich) — das Gesetz ist ja vielmehr „geistlich" —, sondern der Mensch ist es, und er ist es hoffnungslos, er ist „unter die Sünde verkauft" (Vs 14, siehe oben S. 113 ff.). Das Gesetz gebiert nicht den Sünder, aber es macht ihn vollends, macht ihn καθ' ὑπερβολήν zum Sünder: w e i l e s n u r s e i n e „F l e i s c h l i c h k e i t", d. h. seine ausweglose Selbstverfallenheit, nicht bloß ἐν σαρκί zu sein, sondern auch κατὰ σάρκα zu leben, d. h. a se leben zu wollen, o f f e n b a r t[128].

---

[128] Sarx ist die Qualität des Irdisch-Sinnfälligen, des „Natürlichen" — im Gegensatz zu Pneuma, der göttlichen Welt. Als Gegenposition zur göttlichen Welt ist Sarx durch ein Doppeltes gekennzeichnet: Sarx ist (1) das Hinfällige, Schwache, das im Tod sein Ende hat — Gott ist ja δύναμις und ζωή. Und Sarx ist (2) das Sündhafte, im Wortsinn: das, was die Sünde an sich hat — Gott ist heilig. Die Sarx steht feindlich gegen Gott (Röm 8,7 f. Gal 5,17), aus ihr entspringt die Sünde. Wenn es Röm 7,18 heißt: ἐν ἐμοί, τοῦτ' ἔστιν ἐν τῇ σαρκί μου, so sind hier ἐγώ und σάρξ nicht einfach identisch. Der Nebensatz ist vielmehr einschränkend und genauer bestimmend gemeint: ich, sofern ich Sarx bin. Denn ich bin zwar wesentlich Sarx, ich bin aber n i c h t n u r Sarx (sondern ja auch noch Nous und ἔσω ἄνθρωπος). Daß die Sünde aus der Sarx und nicht aus dem Nous kommt, ist zu beachten. Paulus könnte das nicht umkehren. Die Sünde kommt demnach aus meiner irdisch-sinnfälligen Existenz, aus der Tiefe meiner „Natur", und es ist kein Zufall, daß sie sich in erster Linie in der „Sinnlichkeit" äußert

Die Gebundenheit des Menschen

In den folgenden Versen 15—25 a wird die schon oben S. 113 ff. besprochene Machtlosigkeit des Ich der Sünde gegenüber dargestellt. Paulus will — mit verschiedenen Mitteln — darstellen, daß der Mensch befremdet auf sein eigenes Handeln blickt und sich in ihm nicht wieder erkennt — daß er sich mit sich selbst nicht deckt. Einmal heißt das: ὃ γὰρ κατεργάζομαι οὐ γινώσκω (Vs 15). Der Mensch ist sich also selbst nicht durchsichtig, er „weiß" sich selbst nicht. (Der Gewinn der Durchsichtigkeit seiner selbst in der „Wahrheit" Joh 8,32 ff. ist dann die Auflösung zu Röm 7,15.) In Vs 15 b f. wird der gleiche Sachverhalt an der Ambivalenz des Menschen zu seinem eigenen Handeln aufgezeigt: es ist s e i n e Tat und zugleich etwas F r e m d e s , das er haßt: Οὐ γὰρ ὃ θέλω, τοῦτο πράσσω, ἀλλ' ὃ μισῶ, τοῦτο ποιῶ. Den Höhepunkt dieser Überlegungen bilden dann die Vss, die den Menschen fast auseinanderfallen lassen: in das „Ich" und die „Sünde" (Vs 17) — die aber doch „in m i r" (!) wirkt! — in das Wollen und das Handeln (18 b ff.) bzw. in den „inneren Menschen" und die „Glieder", die dem νόμος τοῦ νοός μου widerstehen und unter das Gesetz der Sünde zwingen (Vss 22 ff.). Die Knechtschaft unter der S ü n d e ist hier in ergreifender Weise zum Ausdruck gebracht. Es ist dies aber zugleich auch die Knechtschaft unter dem G e s e t z . Denn das Gesetz wird erkannt, aber nicht getan, die Ohnmacht muß zugegeben werden, der Mensch muß dem Gesetz recht geben und es zu einem Mittel seiner Selbstverurteilung machen. Auch das Gesetz hat sich (durch die Sünde!) wider den Menschen verschworen: Ταλαίπωρος ἐγὼ ἄνθρωπος, τίς με ῥύσεται ἐκ τοῦ σώματος τοῦ θανάτου τούτου ; (Vs 24).

(Gal 5,19). Im „F l e i s c h" diene ich dem Gesetz der Sünde (Röm 7,25), und das Fleisch ist es auch, an dem die gute Intention des Gesetzes zu Schanden wird: Röm 8,3. — So gesehen ist die Sarx eine eigene, eigenständige Macht, die unter Aussetzung und Umgehung der menschlichen Freiheit den Menschen beherrscht. So kann von ihrem Begehren, Wollen und dergleichen gesprochen werden (Röm 8,6 f. Gal 5,16 f. 5,24 Eph 2,3 Kol 2,18). Die Sarx hat eine eigene Dimension, sie ist ein Machtbereich, in dem sich die Menschen immer schon befinden, und aus dem heraus sie Christus b e f r e i t . Wer „im Fleisch" lebt, lebt (wenn ihn nicht Christus davor bewahrt) auch „nach dem Fleisch" (Röm 8,4 f. 12 f. 1. Kor 1,26 2. Kor 10,2 f.), d. h. er läßt sich von den Begehrungen des Fleisches leiten. Das Entscheidende ist, daß es gar nicht in des Menschen Willkür steht, sich von der Sarx bestimmen zu lassen oder nicht (wie bei den Rabbinen bzw. in anderer Form auch in Qumran), sondern daß der Mensch immer schon von seiner eigenen (!) Sarx zum Sündigen getrieben wird. In diesem Sinn ist der Mensch „fleischlich" und „unter die Sünde verkauft" (Röm 7,14). Er ist seinem eigenen „Fleisch" verfallen! Zum Begriff Sarx — der hier nur zur Sprache kommt, soweit er mit der Freiheitslehre zu tun hat — vgl.: W. Schauf, Sarx, 1924. W. Gutbrod, Die paulinische Anthropologie, 1934. R. Bultmann, Th d NTs S. 232 ff. u. ö. Ed. Schweizer, Th W VII 124 ff. und passim.

Der Sinn des im einzelnen schwierigen und problematischen Textes[129] ist also der: für die sarkische Existenz in diesem Äon hat das Gesetz eine Funktion, die im radikalen Gegensatz zu seiner Intention steht: es enthüllt die Selbstentfremdung des Frommen und macht sie manifest. Es deckt auf und schafft, d a ß I c h n i c h t I c h s e l b s t bin[130]. Röm 7,7 ff. schildert den inneren Zwiespalt, in den der Mensch gerät, wenn sein torawilliges Ich zur Erfüllung der göttlichen Weisung ansetzt. In diesem Augenblick tritt mit obsessiver Aufsässigkeit die Sarx in Aktion. Die Rede von dem „Gesetz in meinen Gliedern" bringt die Selbständigkeit, die Auto n o m i e der Sarx zum Ausdruck. „Ich"[131] bin selbstzentriert und zugleich nicht, frei (sofern ich ein Zentrum in mir habe, von dem Handlungen ausgehen), unfrei (sofern die Zentrierung nicht alles zentriert). Das Personzentrum hat nicht alles in sich zentriert (man kann sich freilich auch nicht — in stoischer Weise — auf den homo internus zurückziehen, weil die Sarx

---

[129] Aus der Lit. vgl. W. G. Kümmel, Röm 7 und die Bekehrung des Paulus, 1929. R. Bultmann, Röm 7 und die Anthropologie des Paulus, in: Festschrift für G. Krüger (Imago Dei), 1932, S. 53 ff. G. Bornkamm, Sünde, Gesetz, Tod. Exegetische Studie zu Röm 7, in: Das Ende des Gesetzes, 1958, S. 51 ff. H. Braun, a. a. O. S. 100 ff. Vgl. auch den Exkurs bei Kuss, S. 462 ff.

[130] Schwerlich ist der Abschnitt Röm 7,7 ff. „transsubjektiv" gemeint, wie Bultmann, a. a. O. 55 ff. auslegt. Es ist nicht einzusehen, warum der Abschnitt nicht die subjektive Erfahrung des am Gesetz scheiternden Menschen schildern soll. Daß das auch den Juden möglich ist, zeigen die Parallelen aus der Apokalyptik und aus Qumran, vgl. oben S. 132 A. 4. Aber freilich (und darin liegt die richtige Intention der Bultmann'schen Deutung) geht Paulus hier über den Satz „die faktische Tat bleibt hinter der guten Absicht zurück" (z. B. Ovid Metamorph. 7,19 f.) weit hinaus. Die Ausführungen des Paulus sind radikal gemeint. Es soll nicht die moralische Schwäche, sondern das totale Unvermögen des Menschen geschildert werden. Sofern damit der ganze Toraweg transzendiert ist, geht Paulus auch über die jüdischen Parallelen (auch über Qumran! Vgl. Braun, a. a. O. S. 116 f.) hinaus. Paulus vertieft die jüdische Erfahrung und zieht aus ihr Konsequenzen, die dem Juden unmöglich sind. — Zur Kritik an Bultmanns Interpretation vgl. Paul Althaus, Paulus und Luther über den Menschen, 1958 (3. Auflg.) S. 47 ff., Kuss, Röm 469 ff.

[131] Das „Ich" ist kollektiv. Jedermann scheitert am Gesetz — jeder wird in die Selbstentfremdung hineingetrieben, der durch Gebotserfüllungen Gott zu genügen sucht; — wobei die Tiefe der Entfremdung freilich erst von Christus her erfaßt werden kann. Erst wer die Freiheit erfahren hat, merkt in vollem Ausmaß, in welcher Knechtschaft er unter dem Gesetz war. — Selbstverständlich ist das „Ich" der u n e r l ö s t e Mensch. An den Christen ist nur insofern gedacht, als dieser in jedem Augenblick aus dem Sein in Christus herausfallen und in das von der Sarx bestimmte Sein zurückfallen kann.

ja auch zur Person gehört und gerade der homo internus durch die Selbständigkeit und Aufsässigkeit der Sarx gestört ist!): der Mensch ist also in sich selbst ohnmächtig. Das deckt das Gesetz auf — mehr noch: das Gesetz treibt in diesen Konflikt hinein! Indem es an meine Freiheit appelliert, bringt es meine Freiheit zu Fall.

Auf die Frage, in welcher Weise das Gesetz den Menschen knechtet, gibt es aber noch eine d r i t t e Antwort, die der Apostel vor allem in Hinblick auf die Elementarmächte, die στοιχεῖα τοῦ κόσμου gegeben hat, die aber analog auch für die Tora gilt. Das Gesetz wird s o in den Circulus vitiosus (ἐγὼ δὲ σαρκινός εἰμι, πεπραμένος ὑπὸ τὴν ἁμαρτίαν Röm 7,14) hineingezogen, daß es vom Menschen vergötzt wird. Es tritt an die Stelle Gottes und wird statt Gott verehrt. Es fixiert den Menschen an sich. Es wird zu einer dämonischen Größe.

Die „Mächte", die den Menschen beherrschen, tragen dämonisches Gesicht. Von der S ü n d e gilt, daß sie als dämonische Macht Gottes Gebot mißbraucht (vgl. das zweimalige ἀφορμὴν λαβοῦσα ἡ ἁμαρτία in Röm 7,8 und 11)[132], zu dem Zweck, sich selbst durchzusetzen. Eben das ist das Dämonische an der Sünde, daß sie sich unter Zuhilfenahme des göttlichen Gebotes durchsetzt[133]. Durch die Sünde wird aber auch das G e s e t z, das doch göttliches, geistliches Gesetz ist, zu einer dämonischen Macht verkehrt; nicht daß das Gesetz a n s i c h dämonisch wäre — das wiederum lehrt ja die Gnosis — wohl aber, daß es unter dem Mißbrauch durch die Sünde für den Menschen zum Unheil ausschlägt und ihn in dämonischer Weise unterjocht.

Im rabbinischen Judentum offenbart sich die Dämonie in der absoluten Geltung, die dem Gesetz zugeschrieben wird. Wo aber etwas, das nicht Gott ist — und sei es auch das Gesetz Gottes — absolut gesetzt wird, da rückt es an die Stelle Gottes. Gott selbst hat seine Freiheit[134] gleichsam an die Tora verloren, er ist an sie gebunden, er kann weder hinter sie zurück, noch über sie hinaus; und das heißt: er ist nicht mehr der l e b e n d i g e Gott. Das rabbinische Judentum zeigt die Überordnung des Gesetzes über Gott darin, daß nach seiner Vorstellung Gott selbst die Tora studiert und sich an sie hält! „Die ersten drei Stunden des

---

[132] Vgl. Th W I 314,38 ff. (Grundmann).
[133] Der Gedanke ist: die (immer bereite) Sünde nimmt das Gesetz zum „Ansatzpunkt". Das Gesetz ist für die Sünde eine günstige „Gelegenheit", um hervorzutreten. Das Gesetz ist die Chance für die Sünde. (Vgl. Kuss, Röm S. 444.)
[134] Über den Begriff „Freiheit" Gottes vgl. später.

Tages sitzt der Heilige, gepriesen sei er, und beschäftigt sich mit der Tora" (A. Z. 3 b)[135]. Die Verhältnisse sind also umgekehrt: Nicht das Gesetz gehorcht dem lebendigen Gott, sondern Gott dem — toten — Gesetz. Damit aber wird das Gesetz zum Dämon. Darum sind die Juden aber auch dem Gesetz preisgegeben, denn dem Dämon, den man sich erwählt, ist man auch ausgeliefert.

Die Dämonie des Gesetzes, die durch den dämonisierten Mißbrauch des Gesetzes hervorgerufen wird, kommt bei Paulus in der schwierigen und erstaunlichen Stelle G a l 3,19 f. zum Ausdruck. Religionsgeschichtlich gesehen verwendet Paulus hier Traditionen aus der frühen Gnosis, in der Art w i e er sie aber verwendet, zeigt sich wiederum, daß er „zwischen judenchristlichem Nomismus und gnostischem Antinomismus" (Schlier, Gal S. 119, vgl. auch unsere Analyse oben S. 84 f.) steht. Für den Nomismus, den er bei den Galatern zu bekämpfen hat, ist es kennzeichnend, daß das Gesetz absolute Geltung hat, was sich in der Identifizierung von Gesetz und Verheißung ausspricht. Solchen Anschauungen gegenüber ist die Gnosis i n s o f e r n im Recht, als sie von der Relativität des Gesetzes weiß. Zwar führt nun Paulus auch wiederum das positive jüdische Gesetz nicht in gnostischer Weise auf einen Demiurgen zurück, der als zweite Potenz neben Gott stünde; — hier wirkt wiederum die alttestamentliche Frömmigkeit als Korrektiv der Gnosis — aber Paulus läßt das Gesetz doch nicht d i r e k t und u n m i t t e l b a r auf Gott selbst zurückgeführt sein (wie im rabbinischen Judentum, vgl. Th W IV 1048,27 ff. Gutbrod), sondern führt es indirekt und vermittelt auf Gott zurück: es ist gegeben durch Engel und durch einen „Mittler" (διαταγεὶς δι' ἀγγέλων, ἐν χειρὶ μεσίτου). Dadurch aber wird, wie der nächste Vers zeigt, der den „Mittler" von Gott abhebt, das Gesetz nicht mehr als G o t t e s Gesetz gekennzeichnet, sondern als kosmische, „endliche" Macht, der Struktur nach mit dem heidnischen „Weltgesetz" durchaus einig. Daraus erklärt sich die Dämonie des Gesetzes[136]. Freilich weicht Pau-

---

[135] Die Einsicht in die Vertauschung von Gott und Gesetz (genauer: Von Gotteswille und Gesetzesbuchstabe) ist dem modernen Judentum möglich, vgl. H. J. Schoeps, Paulus. Die Theologie des Apostels im Licht der jüdischen Religionsgeschichte, 1959 S. 302 ff. Aber Schoeps ist der Überzeugung, daß diese Vertauschung vermieden werden kann, während der paulinische Ansatz die Dämonisierung des Gesetzes als eine von der Sache her notwendige Folge der Gesetzlichkeit darstellt.

[136] Daß Paulus durch die ganze Art seiner Argumentation streng genommen in die Gnosis abgetrieben wird und sich eigentlich nur noch m o t i v l i c h vor der gnostischen Konsequenz bewahrt, kann bei Oepke, Gal S. 80—85 studiert werden. Vgl. Schoeps, a. a. O. S. 191: „Von der Gnosis ist sie (scil. unsere Stelle) ... nur noch durch das dürre μὴ γένοιτο von Röm 3,31 getrennt." — Paulus verwendet das theologoumenon von der Vermittlung des Gesetzes durch Engel nicht im positiven Sinn (ad maiorem gloriam legis),

lus dem Dualismus aus, sofern dieses Gesetz nun doch wieder als in Christus erfülltes identisch ist mit dem heiligen Willen Gottes. Die Paradoxie der Stellung des Menschen kehrt also wieder in der paradoxen Stellung des Gesetzes. Es ist das Gesetz Gottes Wille und doch ist Gottes Wille nicht einfach das Gesetz oder gar an das Gesetz gebunden.

So gehört die Tora zu den äonischen Mächten, den στοιχεῖα τοῦ κόσμου (Gal 4,3 Kol 2,8.20). Es gilt daher für sie das gleiche wie für diese: sie sind nicht einfach widergöttliche Mächte, die neben Gott und gegen Gott im Sinne des Dualismus eine eigene dämonische Existenz führen; sie sind vielmehr Mächte, die Gott untertan sind; das „Weltgesetz" strukturiert die von Gott geschaffene Welt, das Gesetz Israels offenbart den Willen Gottes, den er an sein heiliges Volk gerichtet hat. Aber sie können jeden Augenblick vom Menschen dämonisiert werden, dadurch nämlich, daß der Mensch sich ihnen unterwirft. Sie verlieren dann die Mittlerrolle, die ihnen zugewiesen ist und werden selbst zum Gegenstand der Verehrung. Sie, die doch nur Vorletztes sind, werden dann das Letzte, sie, die doch transparent sein sollten auf das, was sie symbolisieren, verlieren ihren symbolischen Charakter: sie werden undurchsichtig, sie verstellen Gott, den sie her-stellen sollten. Aber dann sind sie dämonische Mächte geworden, und in gewissem Sinne freilich auch nicht mehr Gottes Weltgesetz und Gottes Tora. Sie fixieren dann an sich selbst, statt durch sich hindurch den Blick frei zu geben auf den, der — in ihnen — hinter ihnen steht. Die Folge aber ist, daß der Mensch ihnen dann verfällt, daß er ihnen statt Gott hörig ist, wobei solch Hörigkeit ihnen gegenüber wirkliche Hörigkeit ist, während die Hörigkeit Gott gegenüber Freiheit wäre[137]. Diese Hörigkeit

---

sondern im negativen Sinn (um die sekundäre Stellung des Gesetzes verständlich zu machen). Daß er durch das theologoumenon sogar sagen will, das Gesetz sei überhaupt nicht von Gott, sondern stamme von einem Gegenunternehmen wie Oepke S. 82 vermutet, wird man nicht annehmen müssen. Aber ganz ausgeschlossen ist es freilich nicht; wie denn überhaupt dem Apostel in Gal 3,19 f. nicht gelungen ist, seinen Motiven einen klaren, rational faßbaren Ausdruck zu verleihen.

[137] Wird Gottes Freiheit vom Gesetz (Gottes Mächtigkeit über den Mächten) erkannt, dann ergibt sich daraus auch die Freiheit des Menschen dem Gesetz gegenüber. Eben darin aber, darin, daß das Gesetz nicht mehr das Letzte ist, nicht mehr absolut ist, wird es seinem eigentlichen Sinn zurückgegeben (Röm 3,31 8,4). Indem die Dinge entgötzt werden, gewinnen sie ihren eigentlichen Sinn zurück.

den φύσει μὴ ὄντες θεοί (Gal 4,8) gegenüber führt aber auch in den T r u g. Denn sie führt in eine S c h e i n w i r k l i c h k e i t, sofern sie an Götter bindet, die in Wirklichkeit keine sind. Der Verlust echter Hörigkeit Gott gegenüber ist zugleich der Verlust der Wahrheit. Die Knechtschaft unter der dämonischen Macht des Gesetzes ist zugleich die Knechtschaft unter der Scheinwirklichkeit, unter der Lüge. Wer der Sünde und dem Gesetz verfallen ist (und der Mensch i s t ihnen verfallen), weil er eben sich selbst verfallen ist und im Wunsch nach Aseität den Mächten verfällt, der ist auch dem Trug und der Täuschung verfallen, — v e r f a l l e n : weil er die δουλεία nicht selbstmächtig wählt (er würde das ja nicht tun), sondern in aufsässigem Gegensatz zu seiner eigentlichen Intention aufrichtet.

Ist mit alledem die jüdische Religion zur Zeit Jesu und der Apostel nicht grob verzeichnet? Steht die christliche Kritik nicht unter dem Eindruck des Paulus, eines „Konvertiten, der die Fehler des von ihm aufgegebenen Glaubens übertreibt"? (Frederick C. Grant, Antikes Judentum und das Neue Testament, 1962. S. 44, vgl. auch S. 22 ff. u. ö.). Werden hier nicht einzelne Elemente der Torafrömmigkeit aus dem ganzen eines lebendigen Glaubens isoliert — in offenkundig tendenziöser Auswahl? Schoeps (a. a. O. 204 ff.) erhebt gegen den Apostel den Vorwurf, er hätte Teilfunktionen des Gesetzes als Wesen des Gesetzes ausgegeben, nämlich daß die Tora die Sünde manifest macht und daß das Gesetz nicht total zu rechtfertigen vermag. Als Einzelaspekte der Tora hat das auch das Judentum erkannt. „Aber als prinzipiell gemeinte Antwort aus dem Munde eines Juden — auch eines gewesenen — ist das eine Unmöglichkeit" (S. 204). Desgleichen hätte Paulus das Gesetz aus dem übergreifenden Zusammenhang mit dem Bund herausgelöst (S. 224 ff.).

Es ist leicht darauf zu antworten. Schoeps sieht ganz richtig, daß die paulinische Lehre vom Gesetz nur auf dem Hintergrund seiner Eschatologie zu verstehen ist (S. 177 u. ö.). Mit Christus ist für Paulus der neue Äon im Prinzip da und die Zeit des Gesetzes vorbei (Gal 4,3 ff.)[138]. Die Kritik am Gesetz (die ja genaugenommen nicht eine Kritik am Gesetz ist, sondern eine Analyse der Situation unter dem Gesetz) folgt aus der Erfahrung des neuen Seins, welche Christus im Geist schenkt. D a s G e s e t z w i r d a l s o n i c h t v o m S t a n d p u n k t d e s G e s e t z e s a u s b e u r t e i l t , s o n d e r n v o m

---

[138] Das gilt aber kennzeichnenderweise für P a u l u s, und nicht schon für die zeitgenössischen jüdischen Quellen; der Messias ist ja im Judentum keineswegs abrogator, sondern interpretator und propagator des Gesetzes. Vgl. dazu die Kritik an Schoeps bei U. Wilckens, Die Bekehrung des Paulus als religionsgeschichtliches Problem, ZThK 56 (1959) S. 287 ff. 290 f. B e i P a u - l u s w i r d n i c h t d e r G e i s t v o m G e s e t z h e r , s o n d e r n d a s G e s e t z v o m G e i s t h e r i n t e r p r e t i e r t .

neuen Sein ἐν πνεύματι aus. Was Paulus über die Gesetzesknechtschaft sagt, ist daher dem gar nicht zugänglich, der sich der Erfahrung des Geistes versperrt. Weder die „pessimistische" Beurteilung des Status sub lege noch die Einsicht in die Vergötzung des Gesetzes ist ohne jüdische Parallelen. Der Unterschied besteht darin, daß das Judentum den Konflikt nicht mit dieser letzten Schärfe zum Ausdruck bringt (bringen k a n n) wie Paulus, und daß es die Konsequenzen nicht zieht (ziehen k a n n). Dementsprechend hat auch der Aufweis der defekten Formen der jüdischen Frömmigkeit durch die christliche Kritik einen anderen Sinn als in der jüdischen Selbstkritik. Es geht nicht darum, bestimmte (etwa vereinzelte) „dekadente" Formen der Frömmigkeit aufzuzeigen; sondern es geht darum, zu zeigen, daß solche Formen wesentlich dem P r i n z i p der hier sich äußernden Frömmigkeit entsprechen. Auch Paulus leugnet nicht die Entschlossenheit, die Hingabe, den Eifer des frommen Juden. Was er zeigt, ist nicht der mangelnde Eifer oder Ernst, s o n d e r n d e r f a l s c h e W e g : Röm 10,2 ff.! Inzwischen ist ja — nach dem Glauben des Apostels — ein neues Prinzip in die Geschichte der Menschheit eingetreten, das das alte Prinzip antiquiert hat: der Geist ist gekommen, der den Menschen und das Gesetz verwandelt hat (wovon noch die Rede sein wird). Von diesem Prinzip aus erscheint das Bisherige — das Gesetz und die Gesetzesfrommen — in einem neuen Licht. (Daß die Verkündigung des Paulus sich aus einem neuen Prinzip erklärt, sieht richtig auch Leo Baeck, Paulus, die Pharisäer und das Neue Testament, 1961, S. 10).

Was ist dieses neue Prinzip? Jedenfalls hängt es damit zusammen, daß G o t t s e l b s t sich in neuer Weise zeigt. Baeck sieht richtig, daß das Wesen des Prinzipwandels im Glauben an den S o h n liegt, aber er kann das nur so verstehen, daß der Vater dabei durch den Sohn verdrängt wird (a. a. O. S. 13 f.), während die neutestamentliche Theologie gerade das Gegenteil behauptet: erst durch den Sohn ist Gott wirklich Vater. Dem Einwand Baecks entspricht es, wenn Schoeps (a. a. O. S. 163) im Sohn-Glauben des Paulus das einzige, aber nun wesentliche „heidnische" Element der paulinischen Theologie sieht. Für den Juden bleibt es beim Vater, der Sohn gilt als heidnisch — und das heißt: die jüdische Religion besteht der christlichen gegenüber (nur vom Prinzip wird hier geredet) in einer geringeren Bewußtheit. Der Jude hat ein weniger bewußtes, weniger differenziertes Gottesbild. Hier wird verschwiegen, was die Kirche ausspricht. Hier sind die Gegensätze latent, die in Christus offen zu Tage treten — und (wenigstens im Prinzip wiederum) überwunden sind. Gott steht nicht mehr nur dem Menschen gegenüber (wobei die Tora zu vermitteln hat), sondern Gott steht i m Menschen (so daß die Tora ihre Rolle verloren hat). Der Mensch steht nicht mehr nur Gott gegenüber, sondern in Gott — wenn er glaubt, wenn er am neuen Sein teil hat, wenn er vom Geiste Gottes ergriffen ist[139]. Weil

---

[139] Das sieht übrigens Schoeps selbst in der erstaunlichen Stelle S. 221: „Die alte Verbindungsmöglichkeit des Gesetzes, das den Juden v o r Gott stellt

Gesetz-Sünde-Tod dem Äon angehören, der mit Christus wesentlich überwunden ist, darum kann Paulus (und damit macht er nur bewußt, was mit Jesus bereits gesetzt ist) die Knechtschaft unter dem Gesetz im vollen Umfang analysieren. Es ist ja ein Gesetz, welches weder das erste noch das letzte Wort Gottes ist. Seine Zeit ist vorbei.

c) Der Mensch als Knecht der Täuschung und der Lüge

Der Gegensatz „Wahrheit" — „Lüge", der besonders das Johannesevangelium bestimmt, ist nur einmal, nämlich Joh 8,32 und 36 mit dem Begriff Freiheit in Zusammenhang gebracht worden. Wenn Paulus aber Röm 7,11 von dem „Betrug" der Sünde spricht, dann steht auch hier die gleiche Gedankenwelt dahinter. Wahrheit, ἀλήθεια ist im Johannesevangelium die W i r k l i c h k e i t Gottes im Gegensatz zum Trug, ψεῦδος, der die diabolische (8,44) Wirklichkeit darstellt[140]. Ψεῦδος ist die Wirklichkeit der „Welt", d. h. die sich von Gott abwendende Schöpfung. Sünde ist ähnlich bestimmt wie bei Paulus, nur daß das hybride Verlangen nach Aseität hier „k o s m i s c h e" Weite angenommen hat. Die „W e l t" ist es, die sich von ihrem Ursprung abwendet und sich selbst zuwendet, wodurch sie zur Perversion ihrer selbst wird. Da der Mensch zum Kosmos gehört, wird er von dieser Wirklichkeit des ψεῦδος bestimmt.

Der Gegensatz von Gott und „Welt" ist, wie schon der Prolog des Evangeliums ergibt, kein eigentlich dualistischer, wie in der Gnosis; der Kosmos ist nicht eine eigene zweite, neben der Wirklichkeit Gottes, der ἀλήθεια und dem φῶς sich selbst konstituierende eigene Wirklichkeit, sondern nichts anderes als die pervertierte Schöpfung. Auch noch in der Abkehr von Gott, kann die Welt ihren Ursprung von Gott nicht verleugnen, sie kann sich nicht selber einen Ursprung geben. Finsternis, σκοτία, und Trug, ψεῦδος, sind nicht a se, n e b e n dem Licht und der

---

und sich im Tun der Gebote realisierte, ist mit dem i n Christo — hegelisch gesprochen — „aufgehoben", nämlich durch eine neue, engere Verbindung ersetzt, die den Menschen an Gott durch seinen im Fleisch erschienenen Sohn Anteil gibt. Das neue Prinzip dieser Teilhabe ist der Glaube, der das alte Prinzip des Gesetzes, das den Juden an Gott knüpfte, für den Christen aufgehoben hat."

[140] Zu den Begriffen: Wahrheit, Licht, — Finsternis, Lüge; Gott, — „Welt" etc. im Johannesevangelium vgl. R. Bultmann Th W I 245 ff. Joh, passim; Th d. NTs S. 370 ff. u. ö. Dazu kritisch (aber nicht in allem überzeugend) J. Blank, Der johanneische Wahrheitsbegriff, BZ 7 (1963) 163 ff.

Wahrheit, sondern Finsternis gibt es nur, weil es das Licht gibt. Die Welt lebt also nach wie vor aus Gott, aber sie wendet sich von ihm ab und wendet sich nicht nur sich selbst zu, sondern damit auch — gegen sich selbst. Sie verliert ihre Eigentlichkeit. Sie wird überhaupt erst das, was sie ist, sie konstituiert sich überhaupt erst als Welt, indem sie sich zu sich und damit zugleich gegen sich wendet. Die Wirklichkeit der Welt ist die pervertierte Wirklichkeit der Schöpfung und darum nicht reines Nichts (οὐκ ὄν im platonischen Sinn), sondern pervertiertes Sein, σκοτία bzw. eben nicht mehr Wahrheit, sondern Lüge. (Aber auch die Lüge braucht noch die Wahrheit, um sich zu konstituieren!).

Analoges gilt nun für die Freiheit. Denn Freiheit und Wahrheit sind dasselbe von verschiedenen Aspekten[141]. Der Mangel an echter Wirklichkeit, an Gottes Wirklichkeit, an Wahrheit, bringt auch den Mangel an wirklicher, echter Freiheit mit sich. Die Menschen meinen zwar Freie zu sein, aber sie sind („in — Wahrheit"!) nur s c h e i n b a r frei, sie sind n i c h t ὄντως ἐλεύθεροι (Joh 8,36). Ihre vermeintliche Freiheit ist S c h e i n f r e i h e i t, sie ist eben, wie wir schon gesehen haben, Freiheit — zum Verlust der Freiheit[142]. Sofern sie sich aber für Freie halten — und daß sie das tun, zeigt ja der Fortgang des Gesprächs (und schon Vs 33!)[143] — befinden sie sich in einem Mißverständnis ihrer selbst, in einer Verdecktheit ihrer selbst. Sie stehen unter dem Bann des Trugs, der sie meinen läßt, sie kennten sich, um zu verhindern, daß sie zu einer wirklichen Erkenntnis ihrer selbst, zu einem echten und wahren Durchschauen ihrer Existenz gelangen. Der T r u g, unter dem der Mensch steht, ist nach Johannes ganz allgemein der Selbstbetrug, mit dem die Welt sich selbst etwas vormacht. Er ist die Folge der angemaßten Aseität.

Nach Paulus ist der Trug, unter dem der Mensch steht, der Betrug der S ü n d e ; was natürlich kein Gegensatz zu Johannes darstellt; denn Sünde ist es ja eben, auf sich selbst setzen zu wollen und sich dem Schöpfer zu verschließen, Sünde ist das Konstituens der „Welt" im johanneischen Sinn. Der Trug, mit dem die Sünde trügt, besteht nun nach Paulus Röm 7,11 darin, daß die Sünde vorgibt, das Leben zu verschaffen, daß sie in Wahrheit aber in den Tod führt. Im Sündigen hofft der Mensch sein eigentliches Dasein zu gewinnen, er meint etwas, sein Leben,

---
[141] Vgl. Blank, a. a. O. S. 166 und 170.
[142] S. 103, A. 65.
[143] Die „Juden" sind natürlich hier wie im ganzen Evangelium die Vertreter der „Welt".

sich selbst, zu verfehlen, wenn er das Sündigen läßt. Im Sündigen steht er unter dem mächtigen Eindruck einer Täuschung, einer Ver-tausch-ung von Wahrheit und vermeintlicher Wahrheit, Lüge. Nun ist aber auch das Handeln unter dem Gesetz davon nicht befreit! Auch in der Leistung des Gesetzeshorsams verfällt der Mensch dieser Täuschung. Er meint, das Gesetz zu tun, in Wahrheit tut er — mit Hilfe des Gesetzes, das er zum Verbündeten seines Eigenwillens gemacht hat — das Gegenteil[144]. So liegt auf ihm auch in dem Sichabmühen innerhalb der Gesetzesreligion eine Dunkelheit, die Undurchsichtigkeit seiner selbst, johanneisch gesprochen: die σκοτία.

Das Betrogensein des Menschen, der eitle Wahn, die „vana gloria", kommt bei Paulus besonders zum Ausdruck im Begriff des καυχᾶσθαι. Sich rühmen heißt die Wahrheit verkennen. „Was hast du aber, das du nicht empfangen hättest; wenn du es aber empfangen hast, was rühmst du dich, als hättest du es nicht empfangen (nämlich, als hättest du es aus dir selbst)?" (1. Kor 4,7). Ebenso steht Betrug hinter der A n g s t. Die Angst ist ja nur die andere Seite des Ruhmes. Die Angst hat die selbe Struktur wie der Selbstruhm: sie entstehen beide aus der Zuwendung des Menschen zu sich selbst. Gerade in der Angst zeigt sich dann die Unfreiheit. Die Knechtschaft ist gekennzeichnet durch das πνεῦμα δουλείας εἰς φόβον (Röm 8,15). Die Angst ist wie der Ruhm „falsch".

Die durch die Sünde sich je neu konstituierende Knechtschaft des Menschen ist als Abkehr von der Wahrheit Trug, als Abkehr vom Leben Tod.

d) Der Mensch als Knecht des Todes

Das Neue Testament kennt den Tod nicht als ein „natürliches" Phänomen, das sinnvoll im Zusammenhang der Welt steht, das rein biologisch begründet und von der Personalität des Menschen, seinem Subjekt-Sein, seinem Handeln, seinem Schuldigwerden völlig unabhängig ist; der Tod ist hier vielmehr in den großen Zusammenhang Schöpfung-Fall-Erlösung gerückt, in den „eschatologischen" Zusammenhang also. Er ereignet sich nicht unabhängig von der personalen Sphäre des Menschen, sondern steht im Zusammenhang mit Sündhaftigkeit und Gesetz. Die Pervertiertheit der menschlichen Existenz wird offenbar am Zusammen-

---

[144] H. Jonas, Augustin und das paulinische Freiheitsproblem, 1930, S. 28 spricht von der „Eitelkeit, die die Tat von innen her umfälscht und sich für das, was das Gebot der cupiditas versagte, in einem eigentümlichen erschlichenen Selbstgenuß schadlos hält und so den Gehorsamssinn der religiösen Ethik, des ‚Gesetzes', sabotiert und in sein Gegenteil verkehrt. Und eben hierin liegt auch das rätselhafte ἐξαπατᾶν verborgen..."

hang Gesetz-Sünde-Tod. „Der Stachel des Todes ist die Sünde; und die Kraft der Sünde ist das Gesetz" (1. Kor 15,56)[145]. Die Ursache des Todes wird darum nicht einfach in dem natürlichen Abnützungs- und Auflösungsprozeß gesehen, sondern in der Sünde. Die Sünde ist die Ur-sache des Todes. Und sie ist es deshalb, weil sie die Abwendung des Menschen von Gott, dem Urgrund des Lebens ist. Sünde ist die Sonderung von Gott und damit die Sonderung vom Urgrund des Lebens. In der Sonderung vom Urgrund des Lebens vollzieht sich das Leben auf den Tod hin. Ist die Freiheit Voraussetzung der Sünde — als der Abwendung des Menschen von Gott und der Zuwendung zu sich selbst, als die ergriffene Selbst-ständigkeit — so folgt daraus, daß Freiheit zugleich auch die Voraussetzung des Todes ist. Ohne Freiheit gäbe es keinen Tod.

Wer unter die Sünde gerät, gerät unter den Macht-bereich des Todes und der Verwesung. Ἐβασίλευσεν ἡ ἁμαρτία ἐν τῷ θανάτῳ (Röm 5,21). Paulus kann auch sagen: Τὰ γὰρ ὀψώνια τῆς ἁμαρτίας θάνατος (Röm 6,23). Wer unter der Sünde existiert, „verdient" sich als „Lohn" den Tod. Mit dem Tode bezahlt die Sünde ihre Sklaven.

Und wiederum: um der Sünde willen, gilt das auch für die Tätigkeit des Gesetzes. Wie das Gesetz in die Sünde hineinführt[146], so führt es auch in den Tod. Am Ende des Gesetzesweges steht nicht das erhoffte und angestrebte Leben, sondern der Tod. Durch das Kommen des Gesetzes „lebt die Sünde auf" (Röm 7,9), das Ich aber stirbt. „Sterben" ist hier natürlich weniger und mehr als der biologische Vorgang. Sterben ist hier das Zunichtewerden des Ich, das sich dann freilich im biologischen Tod endlich offenbart. In diesem Sinn ver-nicht-et das Gesetz, es führt ins Nichts. Es zerstört die Eigentlichkeit und Selbstheit, die Freiheit des Menschen. In diesem Sinn ist das Gesetz „das Gesetz der Sünde und des Todes" (Röm 8,2). Dabei geschieht wieder das dämonische Sich-durchsetzen der Sünde mit Hilfe des göttlichen Gesetzes, der „Betrug" der Sünde. Die Sünde tötet „durch das Gebot" (Röm 7,11). Das Gesetz ist in der Hand der Sünde, — als der dämonischen Macht —, das Mittel, den Tod herbeizuführen. Die Lebensmacht, das, was εἰς ζωήν ist, wird zum Todesgift, εἰς θάνατον (Röm 7,10). „Im Tode setzt sich die Sünde in einem ganz realen Sinn im Dasein durch[147]."

---

[145] Vgl. auch den νόμος τῆς ἁμαρτίας καὶ τοῦ θανάτου (Röm 8,2).
[146] Siehe oben S. 125 ff.
[147] Th W II 494,21 f. (Schlier).

Die **Macht** des Todes, unter der das Leben steht, um derentwillen das Leben zugleich Sterben ist, wird erfahren an der Destruktion, an dem Zerfall des Lebendigen, an der **Krankheit** (die in der Bibel als vorweggenommener Tod verstanden wird), an der allgemeinen **Vergänglichkeit**, der φθορά. Darum wird auch die Krankheit auf dämonische Mächte zurückgeführt. In ihr zeigt sich das „Reich" des Teufels, sein Imperium, das zu zerstören der Kyrios gekommen ist. Die Vergänglichkeit, die als eine Macht über der ganzen Schöpfung liegt, kommt vor allem in dem Abschnitt Röm 8,18 ff. zur Sprache. Die ganze Schöpfung seufzt unter der δουλεία τῆς φθορᾶς, sie ruft nach Befreiung (Röm 8,21 f.)[148].

Sofern der Mensch zu dieser Schöpfung gehört, hat er Anteil an der Verknechtung durch die Vergänglichkeit. Sofern er aber Subjekt ist, erlebt er diese Vergänglichkeit bewußt, an sich selbst, subjektiv und einmalig im eigenen Tod. Er erlebt die Ohnmacht des Bleibenwollens, er will, aber er kann nicht bleiben: ὁ δὲ δοῦλος οὐ μένει ἐν τῇ οἰκίᾳ εἰς τὸν αἰῶνα (Joh 8,35). Er erkennt zuletzt (oder **kann** es wenigstens erkennen), daß die „Frucht" seines Wirkens, also seiner Existenz als eines handelnden Wesens, der Tod ist. Das, worauf sein Wirken letztlich hinausläuft, ist, ob er es will oder nicht, der Tod. Im Tod erlebt er die Sinnlosigkeit seines Wirkens. Er erlebt die Frustrierung seiner zielstrebigen, subjektiven Existenz (Röm 6,21).

3. Freiheit als Geschenk. Die Erwählung

Ist unter „Unfreiheit des Menschen" die Unfähigkeit zu verstehen, sich selber zu verwirklichen, so ergibt sich auch der eigentliche Sinn und die Intention der Aussagen über die **Erwählung**, bzw. **Praedestination**[149]. Sie werden schlechterdings nur richtig verstanden, wenn sie in **diesem** Zusammenhang zur Sprache kommen. Die Rede von der

---

[148] Mit „κτίσις" ist kaum die Menschenwelt, sondern wohl die Schöpfung überhaupt gemeint. Strittig kann lediglich sein, ob die Menschheit miteingeschlossen ist oder nicht. Vgl. Th W III 1030 f. (Foerster), Kuss, Röm S. 622 ff., Schelkle, a. a. O. 293 ff.

[149] Erwählung und Praedestination werden im Neuen Testament nicht deutlich voneinander geschieden. Die Reihenfolge in Eph. 1,4 f. (zuerst Erwählung, dann Vorbestimmung) darf wohl nicht gepreßt werden. Vgl. Schlier, Der Brief an die Epheser, 1958 (2. A) S. 52. Auch aus Röm 9,11 ἡ κατ' ἐκλογὴν πρόθεσις ist für eine klare Differenzierung nichts zu gewinnen.

Erwählung ist nichts anderes, als die Kehrseite der Rede von des Menschen Knechtschaft[150].

Für das richtige Verständnis der praedestinatianischen Aussagen des Neuen Testaments ist die Einsicht in den Zusammenhang, in den sie gehören, Vorbedingung. Die praedestinatianischen Aussagen haben nichts zu tun mit der stoischen πρόνοια. Religionsgeschichtlich stehen sie dem gnostischen Mythos am nächsten, der ja auch eine Praedestinationslehre kennt. Für die Gnosis ist das Corpus der Pneumatiker von vornherein und physisch zum Heil, zur Gnosis und zur Heimkehr ins Pleroma bestimmt. Die Intention des praedestinatianischen Mythos liegt also in der S i c h e r h e i t des Pneumatikers als eines φύσει σῳζόμενος[151]. Die Rede von der Vorherbestimmung, der Praedestination und Praeexistenz der Pneumatiker dient zur Untermauerung des extremen Freiheitsgefühls. Der Mythos von der Praedestination ist d o r t die Kehrseite des L i b e r t i n i s m u s. Die I n t e n t i o n der neutestamentlichen Aussagen ist eine andere, eine in d e m Maße andere als Libertinismus und Freiheit differieren.

Versuchen wir, die Intention der praedestinatianischen Aussagen des Neuen Testaments zu verstehen. Ausgangspunkt ist der Satz, daß der Mensch unfähig ist, sein gesolltes Sein aus sich selbst zu verwirklichen. Die Eigentlichkeit ist nichts, was der Mensch sich schaffen könnte. Sie kann ihm daher auch gar nicht von sich aus zukommen, sondern — sofern sie ihm überhaupt zukommen soll — allein „von außen", von

---

[150] Zum Ganzen vgl. E. Dinkler, a. a. O. S. 81 ff. Ders. RGG (3. A) Bd 5, Sp 481 ff. Th W IV 176 ff. (Schrenk). Bultmann, Th d NTs S. 330 f. 373 ff. Ders. Joh, passim.

[151] (Clem Alex Strom II 10,2 u. ö., vgl. oben S. 63 f.). — Die Praedestinationslehre der Sekte von Q u m r a n (vgl. oben S. 98 f.) ist doppelt motiviert: Einmal durch das Lebensgefühl der tiefen Entfremdung: der Mensch wird von den Mächten bestimmt. Zum anderen spricht sich das typisch sektiererische E r w ä h l u n g s b e w u ß t s e i n darin aus. Die Glieder der Sekte sind die „Söhne des Wohlgefallens" (1 QH IV 33 f.), die „Erwählten des göttlichen Wohlgefallens" (1 QS VIII 6) u. ö. Die Secession treibt zum Bewußtsein besonderer Erwählung. Dieses ist hier noch eschatologisch bestimmt und entsprechend übersteigert.
Dagegen ist die g n o s t i s c h e Praedestinationslehre lediglich Ausdruck der desperaten Anthropologie und Soteriologie. Der Mensch ist mit Leib und Seele hoffnungslos den Mächten verkauft, aber mit seinem pneumatischen Teil unangreifbar (jenseits aller Entscheidung und daher auch jenseits aller Gefährdung stehend) frei (vgl. oben S. 58 ff.).

Freiheit als Geschenk. Die Erwählung 141

einem Bereich außerhalb des Apriori der Existenz, der zirkelhaften Selbstverfallenheit und Verschlossenheit des Seins; sie kann ihm nur als Geschenk übereignet werden[152].

Zwar muß er auch jetzt noch durch seine freie und verantwortliche Entscheidung den Gehorsam wählen, will er Gottes Freiheit haben[153]; aber diese Wahl ist in Wahrheit G e w ä h l t s e i n von Gott, so wie die Gotteserkenntnis in Wahrheit ein Von-Gott-Erkanntsein (Gal 4,9 1. Kor 8,3 13,12) ist[154]. Der Freie, der wahrhaft Freie, wählt Gott, weil er zuvor von Gott gewählt worden ist. Er deckt in seiner Entscheidung

---

[152] Das ist der Sinn von Röm 8,28 ff. Eph 1,4 f. 11 f. 3,11. Meine Freiheit wird restituiert nicht aus einem innerweltlichen Geschehen, sondern durch ein Geschehen aus der Ewigkeit Gottes, aus dem himmlischen Ort selbst (vgl. Schlier, Eph S. 49 ff.). Aus der alle Zeit überfliegenden Ewigkeit heraus ersteht mir neue Freiheit. Sie ist kein Gemächte meines Willens, sondern „Ausfluß des freien Beliebens" Gottes (ebdt. S. 55). Den selben Sinn haben auch die Aussagen 2. Tim 1,9 1. Ptr 1,2. — Zu den joh Aussagen siehe später.

[153] Die Praedestination hebt die e s s e n t i e l l e Freiheit nicht auf. Denn wozu wird denn praedestiniert? Zu der f r e i e n G e h o r s a m s t a t des Glaubens. Wohl aber widerstreitet die Praedestination der e x i s t e n t i e l l e n Freiheit, bzw. Unfreiheit, nämlich dem hybrid-ängstlichen Wunsch des Menschen nach Selbstverfügung. S i e s c h l i e ß t d i e S e l b s t v e r f ü g u n g a u s u n d d i e E n t s c h e i d u n g e i n; (essentielle) Freiheit haben praedestinati wie „reprobi"; aber die Freiheit der Ungehorsamen ist die g n a d e n l o s e Freiheit, die auf sich selbst besteht und in der Angst vor der Nichtigkeit zu Grunde geht. Die Freiheit der Erwählten dagegen ist die b e g n a d e t e Freiheit, die in der Liebe Grund hat und darum nicht fällt.

[154] Die Rede von der Erwählung oder Praedestination meint also nichts anderes als die Rede von der Gnade, von der Erlösung, von Gottes Erbarmen, von Gottes Hilfe d o r t , wo sich der Mensch nicht helfen kann. Der „Nerv" und das „Anliegen" dieser Lehre liegt nach Karl Barth (Kirchl. Dogmatik II,2 1946 S. 18) darin, „daß sie die G n a d e Gottes in ihrer schlechthinigen F r e i h e i t und eben damit in ihrer G ö t t l i c h k e i t bezeichnet". Die Gnade ist Gottes freie Herablassung, seine wählende Liebe oder liebende Wahl. Vgl. auch a. a. O. S. 19: „Alle ernsthaften Auffassungen der Praedestinationslehre zielen ... auf diese Erkenntnis: auf die F r e i h e i t der Gnade Gottes. Wir können auch noch einfacher sagen: sie zielen darauf, daß die Gnade als G n a d e verstanden werde. Denn was wäre das für eine Gnade, die bedingt und gebunden, die nicht freie, nicht frei wählende Gnade wäre?"

auf, daß Gott seine Wahl vorausgewählt hat[155]. Er kann sich darum auch nicht auf seine Wahl berufen[156].
Gottes Praedestination wird demnach hier als reale Vorwahl Gottes bestimmt. Eine andere Deutung versucht Bultmann (vgl. oben S. 140 A. 150). Praedestination bedeutet für Bultmann gerade nicht ein reales Vorausgehen der göttlichen Wahl. „Nicht h i n t e r der Glaubensentscheidung des Menschen, sondern i n ihr vollzieht

---

[155] Dies ist der Sinn der auf den ersten Blick fast deterministisch wirkenden Aussagen des Joh Evs. An Jesus glauben und somit gerettet werden, das hängt davon ab, ob man zu der Schar derer gehört, die der Vater dem Sohn „gegeben" hat (6,37. 39. 65 17,2. 6. 9. 12. 24). Niemand kann zum Sohn kommen, außer wenn ihn der Vater „zieht" (6,44). Nur wer „aus Gott" ist, hört Gottes Stimme wirklich (8,47), und nur wer „aus der Wahrheit" ist, hört Jesu Wort (18,37). Wenn die „Juden" ihn nicht verstehen, dann hat das seine Ursache darin, daß sie eben nicht „aus Gott", bzw. „aus der Wahrheit", sondern vielmehr aus der Lüge sind, Söhne des Teufels (8.43 f.). Sie gehören eben nicht zu den Seinen, die ihm von Ewigkeit her geschenkt sind, zu seinen Schafen (10,26 ff.), und daraus erklärt sich auch ihr Unglaube. Erscheint so der Unglaube wie ein Verhängnis (12,38—40), so ist gleichwohl die Entscheidung des Einzelnen nicht ausgeschlossen — sowenig wie bei Paulus. Vielmehr ruft der Offenbarer ja dauernd zu dieser Entscheidung auf! Praedestination und Entscheidung sind bei Joh so miteinander verbunden, daß sich in der freien Entscheidung des Einzelnen offenbart, „woher" er ist. In der Entscheidung, die er fällt, deckt er die Tiefe seines Wesens auf. In der z e i t l i c h e n Wahl seiner endlichen Freiheit kommt die e w i g e Wahl der unendlichen Freiheit Gottes ans Licht.

[156] Hier liegt wiederum der Unterschied zur Gnosis. Dem Gnostiker wird seine Herkunft aus dem Pleroma geoffenbart als eine Einsicht in die Homousie mit dem ewigen Geist. Die Homousie ist substantiell gesichert und durch keine Entscheidung bedingt. Im Joh Ev ist dem Einzelnen seine Herkunft v e r b o r g e n ; erst in seiner Entscheidung für oder gegen Christus deckt sich seine Herkunft — sein eigentliches Sein — auf. Weil er sich seines Wesens nicht bewußt ist, bleibt ihm das Wagnis der freien Entscheidung. Er wird sich zwar so entscheiden wie die Wurzel seines Wesens ist (nämlich ob er in der Wahrheit oder im Trug gründet); aber niemals kann er — wie der Gnostiker — sich auf das Wissen seines Wesens verlassen, auf seine Natur hinweisen und sich so das Risiko seiner Entscheidung ersparen. Entsprechend kann er (paulinisch gesprochen) auch nicht sein Praedestiniertsein zum Gegenstand des Ruhmes machen. Denn durch die Praedestination wird er ja gerade von sich und seinem bewußten Bei-sich-selber-Sein w e g gewiesen auf Gott und die Ewigkeit. Er verfügt nicht über seinen eigenen Grund, wie kann er sich seines Grundes rühmen? Sein Grund liegt „außerhalb". Wer sich rühmt, der rühme sich des Herrn (1. Kor 1,31 2. Kor 10,17).

sich das ‚Ziehen' des Vaters" (Joh, S. 172). Durch die Entscheidung wird demnach auch nicht das Sein des Menschen lediglich a u f g e d e c k t, sondern vielmehr k o n s t i t u i e r t (S. 240). Ähnlich urteilt Dinkler (Praedestination bei Paulus, S. 94). Das M o t i v dieser Deutung ist klar: die Freiheit soll geschützt, die „Objektivierung" der Praedestination vermieden werden. Jedoch führt diese Deutung in eine neue Schwierigkeit. Nun liegt alles doch letztlich an der Entscheidung; gewiß an einer Entscheidung paradoxer Art: der Mensch soll mit seiner Freiheit gerade auf seine Freiheit vor Gott verzichten! Aber wie kann er das? Die Kategorie der Entscheidung reicht hier nicht aus. Auf der Ebene der freien Entscheidung kann nicht vermittelt werden, wie der Zirkel der Selbstverfallenheit durchbrochen wird. Der Appell an die bloße Freiheit kann die Entfremdung immer nur vertiefen. Faktisch wird auf diese Weise das Heil doch wiederum der menschlichen Freiheit in ihrer Isoliertheit angelastet.

Gerade diese Isoliertheit aber überwindet die Praedestination. Und zwar dadurch, daß sie die Freiheit vor der Freiheit schützt und in Gottes liebende Wahl „unterbringt". Das Motiv Bultmanns bleibt bei dieser Deutung gewahrt, ohne daß es mit dem praedestinatianischen Motiv konkurriert. Denn die Praedestination bewegt den Menschen ja nicht von außen, wie ein Ding, sondern von innen, über die eigene Wahl.

Fragt man nun w o z u uns die Liebe Gottes praedestiniert hat, so ist die Antwort: wir sind bestimmt zur Partizipation an der Freiheit Christi, und das heißt an seiner Sohnschaft (Röm 8,28—30 Eph 1,4 f.). Hierin wird die Paradoxie des neutestamentlichen Freiheitsbegriffes noch einmal deutlich. Denn Freiheit ist im Neuen Testament ein Gottesprädikat. Es kommt dem Menschen nur insofern zu als er Imago Dei ist. Es kommt dem Menschen zu und kommt ihm nicht zu. Dieses Verhältnis ist die Voraussetzung für den „Fall"; es ist aber auch die Voraussetzung für die Erlösung. „Wahre" Freiheit ist die Freiheit des Sohnes, der nichts aus sich selber und für sich selber hat (und der eben darum Freiheit hat), der mit dem Vater „eins" ist (Joh 10,30). In der Partizipation an der Freiheit des Sohnes ereignet sich das genaue Gegenteil des „Sündenfalls"; es ereignet sich der Übergang von der Unfreiheit in die Freiheit[157].

Der Begriff „F r e i h e i t G o t t e s", der gern im Zusammenhang mit der Erwählungslehre gebraucht wird, bedarf einer Klärung. In der neueren Theologie spielt er besonders bei Karl Barth eine Rolle. Gottes Freiheit bestimmt die

---

[157] Die Freiheit, die Gott das „erste Mal" schenkte, nämlich bei der Schöpfung, war wohl auch die Freiheit des Sohns, nämlich die Freiheit Adams; aber sie fiel in der Angst. Die Freiheit, die Gott j e t z t schenkt (freilich ist sie in Gott so ewig wie die Schöpfungsfreiheit: nie gab es einen Zeitpunkt, da wir in Gott n i c h t geliebt gewesen wären) ist wiederum Freiheit Adams, des zweiten Adams. Ihr Wesen ist die Liebe, darum fällt sie nicht.

Gotteslehre und die Praedestinationslehre Barths. Barth selbst zeigt, daß der Ausdruck „Freiheit Gottes" dasselbe meint, was die traditionelle Theologie mit dem Begriff der A s e i t ä t bezeichnet hat. „Freiheit heißt aber positiv und eigentlich: durch sich selbst und in sich selbst begründet, durch sich selbst bestimmt und bewegt sein. Eben dies ist die Freiheit des göttlichen Lebens und Liebens" (Kirchl. Dogmatik II,1 1946 S. 339). „Wir bezeichnen mit ‚Freiheit' das, was in der altkirchlichen Theologie die a s e i t a s d e i genannt wurde" (ebdt. S. 340). In der Betonung der göttlichen Freiheit hängt Barth stark von den Reformatoren ab, trotz seiner Kritik an Luthers deus abscoditus und Calvins decretum absolutum. Für Luther ist (siehe S. 86 A. 34) Freiheit ausschließlich und wesentlich ein Gottesprädikat; Gott handelt in vollkommener und souveräner Freiheit. Von Gottes Freiheit reden, heißt von seiner Souveränität und Majestät reden; Luther schreibt eben deshalb Gott das liberum arbitrium zu — und ihm allein —, weil Gott absolute Verfügungsgewalt hat. Gottes Freiheit folgt also aus dem Gottesbegriff. Für den Menschen Freiheit annehmen, sei ein Sakrileg.

Das Neue Testament kennt den Begriff einer ἐλευθερία τοῦ θεοῦ nicht. Das ist kein Zufall. Ἐλευθερία ist seiner Wortgeschichte nach (siehe Kap 1) zu einer solchen Formulierung nicht geeignet. Mit ἐλευθερία bezeichnet die griechische Sprache die m e n s c h l i c h e Freiheit, und zwar im Sinne der Selbstverfügung, wie wir oben gesehen haben. Dieser formale Sinn von ἐλευθερία bleibt auch für das Neue Testament erhalten. In ähnlicher Weise kennt das Neue Testament auch keine παρρησία τοῦ θεοῦ. Wohl aber wird die Freiheit Gottes durch den Begriff ἐξουσία mehrere Male gekennzeichnet. Ἐξουσία bezeichnet in diesen Zusammenhängen „die absolute Möglichkeit zum Handeln, die G o t t eignet, der gegenüber jede Frage nach dem Verhältnis von Macht und Recht dieser ἐξουσία gegenstandslos ist, da er die Quelle von beidem selbst ist" (Th W II 563,36 ff. Foerster). Vgl. Lk 12,5 Act 1,7 Jd 25. Der Glaube an die absolute Freiheit Gottes kommt insbesonders in Röm 9 (innerhalb des Zusammenhangs 9—11 „Israels Erwählung") zur Sprache. Röm 9,21 ist direkt von Gottes ἐξουσία die Rede: ἢ οὐκ ἔχει ἐξουσίαν ὁ κεραμεὺς τοῦ πηλοῦ ἐκ τοῦ αὐτοῦ φυράματος ποιῆσαι ὃ μὲν εἰς τιμὴν σκεῦος, ὃ δὲ εἰς ἀτιμίαν; Exousia bezeichnet hier die absolute Verfügungsgewalt des Schöpfers über sein Geschöpf. Freiheit ist die Vollmacht, die Gott eignet, zu tun, was er will. Das Zitat von Ex 9,16 in Röm 9,17, in dem der Begriff der δύναμις τοῦ θεοῦ auftaucht, steht mit diesem Freiheitsbegriff in engstem Zusammenhang. Ἐξουσία und δύναμις erklären sich wechselseitig.

Die Freiheit Gottes wird dargestellt an der Erwählung und Verwerfung des Volkes Israel. Paulus leugnet, daß Gott durch seine Verheißung an Israel als einer völkischen Einheit gebunden sei. Er differenziert zwischen dem Israel κατὰ σάρκα und dem Israel κατὰ πνεῦμα. Οὐ γὰρ πάντες οἱ ἐξ Ἰσραήλ, οὗτοι Ἰσραήλ (9,6). Nachkommen Abrahams und Träger der Verheißung sind nicht die τέκνα τῆς σαρκός, sondern τὰ τέκνα τῆς ἐπαγγελίας (9,8). Damit ist Gottes Wort nicht hinfällig geworden (9,6), sondern es ist sein eigentlicher Sinn geoffenbart. Mit solchen Ausführungen greift der Apostel das Selbstbewußtsein Israel an, genauer: des Israel κατὰ σάρκα, sofern es meint, durch Gottes Verheißung an Abraham seines Heils sicher zu sein. Paulus leugnet das Recht dieser Heilssicherheit. Heilssicherheit ist Fixierung. Gott ist nicht an Israel fixiert. Gott ist frei. Gott wird auch durch seine Zusage und Verheißung niemals „verfügbar", er wird nie Grund oder Gegenstand der menschlichen Sicherheit; bzw. sofern Gottes verheißendes Wort in diesem Sinn mißbraucht wird, wird das Bild Gottes, das er in seiner Offenbarung hinterlassen hat, zu einem dämonischen Bild umgestaltet. Im weiteren Sinn ist mit den Vss 6 ff. die Freiheit Gottes gegenüber seinem Wort dargetan. Das Wort Gottes kann zwar G e w i ß h e i t schenken, es darf aber nicht S i c h e r h e i t verleihen. Auch im Wort hat der Mensch Gott nicht „in der Hand".

Der Glaube an einen an den Buchstaben, an das Wort, an das Gesetz fixierten Gott — genauer, der Glaube an einen solchen von Menschen gemachten Dämon — und das Fixiertsein des Menschen an das Gesetz, an den Buchstaben des Gesetzes — mit all den Folgen einer solchen Gebundenheit, von denen oben die Rede war — sind im Grunde ein und dasselbe. Bei Paulus kommt das dadurch zum Ausdruck, daß er in den Vss 9—13 des gleichen Kapitels die Freiheit Gottes mit der Rechtfertigung aus Glauben in Verbindung bringt. Der fixierte Gott ist der Gott, den der Mensch (für sich) beansprucht. Im scheinbaren Rückbezug auf sein gnädiges, sich offenbarendes, verheißendes Wort, richtet der Mensch in Wahrheit seine eigene Gerechtigkeit (Röm 10,3 f.) auf. Der fixierte Gott ist der Grund der Selbstrechtfertigung, und das heißt des Versuches, sich aus sich selbst zu verwirklichen. Es geschieht im Glauben an einen solchen Gott das gleiche, was in der Rechtfertigung durch das Gesetz mittels der „Werke", das ist der Gebotserfüllung, geschieht (siehe oben S. 122 ff.): hier werden Gott bzw. das Gesetz verkehrt zu einem Gegenstand bzw. Mittel der Selbstherrlichkeit, mit dem Effekt, daß der Mensch ein Knecht der solcher Weise dämonisch gewordenen Mächte wird. Demgegenüber verwendet Paulus die Begriffe: Erwählung, „Vorsatz", Ruf. Am Beispiel der Rebekkasöhne zeigt Paulus, daß Gott nach seinem nach der Erwählung verfahrenden Ratschluß handelt. Jakob ist nicht der Erwählte auf Grund seines T u n s , er ist es auf Grund des R u f e s , der noch v o r allem Tun, ja vor der Geburt die Liebe Gottes zu seinem Erwählten ausgesprochen hat (9,11 ff.). Mit alledem wird — das ist der Tenor — die Ebene menschlichen Handelns, Sich-Entscheidens, Sich-Verwirklichens verlassen, und das Denken auf Gott selbst, seine Wahl, seinen Vorsatz, seinen Ruf gerichtet. Nicht auf Grund der Werke, nicht auf Grund dessen, was der Mensch „aus sich selbst macht", sondern — all dem vorausgehend — ist Gottes R u f es, der über den Menschen entscheidet. Das „Wesen" des Menschen liegt nicht in seinem Wirken, sondern in seiner Bestimmung.

146 Die Gebundenheit des Menschen

Damit begibt sich Paulus allerdings auf einen Denkweg, der in der Aporie endet. Man kann diese Aporie wohl dadurch vermeiden, daß man — nach der Deutung R. Bultmanns — die Praedestination auf das bloße M o t i v beschränkt (siehe oben S. 142 f.) und jede gedankliche Vermittlung verbietet. Praedestination bedeutet m o t i v l i c h : auch die Entscheidung des Gehorsams ist Gottes Geschenk, der Mensch kann sich daher nicht auf sie berufen (vgl. etwa R. Bultmann, Th d NTs S. 331)[158]. Aber ist die Beschränkung auf das bloße Motiv möglich? Wird dabei nicht weniger geleistet als in der — vielleicht noch so widerspruchsvollen — Praedestinationslehre des Apostels? Muß nicht die Frage gestellt werden: was bedeutet es, daß auch der Glaube Geschenk ist? Kann sich das fragende Denken damit zufriedengeben, daß einfach der Geschenkcharakter betont wird, ohne daß sein Sinn und Wesen und sein Verhältnis zur menschlichen Entscheidung bedacht wird? Ist hier Entmythologisierung als existentiale Interpretation mehr oder etwas anderes als R e d u k t i o n   a u f   d a s   M o t i v ? Muß man nicht vielmehr dem Denkweg des Apostels nachgehen, obgleich er ein Holzweg ist, an dessen Ende der d e u s a b s c o n d i t u s sich offenbart?

Paulus macht sich selbst gegenüber den Einwand: ist der frei wählende Gott nicht ungerecht? (9,14). Die Antwort, die er gibt, ist lediglich eine verstärkende Wiederholung dessen, was in 9,6—13 gesagt wurde. Das, worauf es ankommt, ist n i c h t das Wollen und Laufen des Menschen, das ist nur peripher, nicht das tiefste Zentrum. Hinter die Dimension des menschlichen Entscheidens und Handelns wird zurückgestiegen in das Zentrum selbst, in Gottes Wahl. Damit soll gewiß nicht das θέλειν und τρέχειν (Vs 16) desavouiert werden. Aber es wird damit zum Ausdruck gebracht, daß menschliches Wollen und Laufen u m g r i f f e n ist von Gottes Plan. Nicht als ob ihm damit (dem Wollen und Laufen) der Ernst genommen wäre. Aber es ist nicht der letzte Ernst. Letztlich liegt alles — nämlich ob er sich erbarmt oder nicht — bei Gott. (Wie unbedenklich Paulus b e i d e s sagen kann: die menschliche Entscheidung ist ernst zu nehmen — und doch ist es letztlich Gott, der wirkt: das kann man etwa in Phil 2,12 sehen). Nicht unser Wollen und Laufen schafft Gottes Erbarmen, sondern Gottes Erbarmen schafft unser Wollen (also Freiheit im essentiellen Sinn!) und Laufen. Gottes Entscheidung ist die Ursache für unsere Entscheidung, Vs 18.

Aber kann sich der Mensch dann nicht moralisch heraushalten? Kann er sich nicht gleichsam n e b e n seine endliche Freiheit stellen und Gott zur Ver-

---

[158] Für Bultmann bedeuten die praedestinatianischen Aussagen, wenn sie entmythologisiert werden, folgendes: 1. die Gnade, die die menschliche Entscheidung ermöglicht (!) geht dem Glauben voraus. 2. der Glaube kann sich nur als Geschenk „verstehen" (!) 3. die Glaubensentscheidung geht nicht auf innerweltliche Motive zurück. Und (alles zusammenfassend): 4. der Glaube kann sich daher nicht auf sich selbst berufen.

antwortung rufen? (9,19 ff.). Hier erst bricht die Antinomie von Freiheit und Schicksal auf. Sie aufzuheben ist dem Apostel kennzeichnender Weise nicht gelungen. Das Problem wird nicht gelöst, sondern seine Diskussion abrupt abgebrochen. Der Mensch möchte sich auf seine Freiheit zurückziehen und für das andere Gott verantwortlich sein lassen! Aber dabei übersieht er, daß seine Freiheit e n d l i c h , und dadurch der Rückzug auf das Selbst nicht möglich ist! Er wird darum noch einmal vor die u n e n d l i c h e Freiheit Gottes gestellt (Vss 20 f.), vor die Freiheit des Schöpfers. Da die Geschöpfe nicht Gott gegeben sind, sondern er sich selbst die Geschöpfe schafft, hat Gott absolute Verfügungsgewalt über sie und ist an keinerlei Verantwortung gebunden. Gott ist sich selbst seine eigene Antwort. Gottes Freiheit ist selbst ihr eigenes Schicksal. Was Gott frei wählt, ist eo ipso notwendig. Es gibt keinen anderen Grund für Gottes Wahl als eben diese Wahl selbst.

In diesem Sinn ist die Freiheit Gottes abgründig. Und der Gott, der uns hier begegnet, ist der deus absconditus. Darum schließt auch der Abschnitt Röm 9—11 mit einem staunenden Lobpreis des abgründigen und unerforschlichen Gottes (11,33—36).

Man kann also zusammenfassend sagen: die Freiheit Gottes, wie sie in Röm 9 (bzw. 9—11) dargestellt wird, steht im polemischen Gegensatz zu dem „festgelegten" Gott Israels. Paulus ist aus dieser Fixierung (an Abraham, an den Bund, an das Volk, an das Gesetz) befreit worden, herausgerufen worden, er weiß, daß Gott sich — um seiner Gottheit, um seiner Freiheit willen — ständig neu festlegen kann, ohne je endgültig festgelegt zu sein. „Gott ist nicht gebunden an Israel und frei gegenüber den Heiden, sondern er kann sich immer wieder aufs Neue binden und lösen" (Michel, Röm S. 221). Dieser Gott ist der D e u s C r e a t o r , der unverfügbar ist. Und er ist gerade als solcher, unverfügbarer, durch nichts (auch nicht durch das Tun des Gesetzeswerks) erreichbarer Gott, der Gott der Gnade, der uns zur Freiheit ruft. Hier liegt im Grunde der Bruch zwischen Judentum und Christentum, aus dieser Quelle (der Freiheit Gottes, die offenbar wird in der Freiheit Christi) fließt die paulinische Theologie. Israel war nicht offen für ein neues Heilshandeln Gottes, es konnte die Stimme Gottes nicht mehr vernehmen, es konnte den Logos nicht mehr annehmen, es verstand die „neue" Gerechtigkeit (Mt 5—7) nicht, weil es an seine eigene „alte" gebunden war (Röm 10,3). Israel war nicht mehr o f f e n für Gott, nicht mehr frei[159].

---

[159] Der Gedanke der Freiheit Gottes kommt innerhalb des NTs zum ersten Mal in der Verkündigung des Täufers Mt 3,7—10 zum Ausdruck. Gott ist nicht an das Volk fixiert, darum schützt auch die bloße Zugehörigkeit zum Volk nicht vor dem Gericht. „Wohlgemerkt: nicht der Gedanke des Gottesvolkes ist preisgegeben, nicht die Verheißung Gottes abgetan. Aber die selbstverständliche Gleichsetzung des Gottesvolkes mit dem irdisch-sichtbaren Israel ist hier zunichte gemacht. Denn Gott steht nicht unter dem Zwang der Ge-

Die Rede von der Freiheit Gottes steht also im Gegensatz zu allem Starren, Fixierten, Gebundenen, Unlebendigen, Toten: solche Ausdrücke weisen hin auf die Abwesenheit der Schöpfermacht und Lebensmacht Gottes. Der Begriff der Freiheit Gottes ist ein Deckbegriff für Gottes unbegreifliche Schöpfermacht, für Gott als den G r u n d d e s L e b e n s. Hat der Mensch Anteil an der Freiheit, und das heißt im Grunde: hat er Anteil an Gott selbst — denn die Rede von Gottes Freiheit ist zweifellos eine symbolische Rede, Gott „hat" nicht Freiheit, als seine „Eigenschaft", Gott i s t die Freiheit[160] — dann hat er damit zugleich auch Anteil am Leben. Freiheit ist Leben. Verliert er die Freiheit, dann verliert er das Leben. Unfreiheit ist Tod.

---

schichte, unter dem Muß, das ein vermessener Glaube ihm vorhält, er ist frei und steht in Freiheit zu seiner Verheißung". (G. Bornkamm, Jesus von Nazareth, 1959 (3. A.), S. 41).

[160] Es hat zwar einen guten Sinn von Gott „Eigenschaften" auszusagen, z. B. er sei gut, er sei mächtig, er sei frei etc., nur darf man dabei nicht vergessen, daß solche Rede von Gottes Eigenschaften symbolische Rede ist. „Man kann ... streng genommen von der Gottheit nicht sagen, sie sey gut; denn dieß lautet so, als käme das gut zu ihrem Seyn als etwas anderes hinzu; aber es ist ihr Seyn selbst, sie ist wesentlich gut und insofern nicht sowohl gut als die Güte selbst. Ebenso: Gott ist nicht eigentlich ewig, sondern selber seine Ewigkeit. Der lauteren Gottheit kann kein von ihrem Wesen verschiedenes Wirken zugeschrieben werden; ein solches würde sich zum Wesen wie Möglichkeit zur Wirklichkeit verhalten, aber in Gott ist nicht Potentielles, er ist lauterer Actus ... Nach eben dieser Lehre kann man die Gottheit an sich selbst nicht wollend nennen, weil sie der Wille, die l a u t e r e F r e i h e i t selbst ist, obwohl aus eben diesem Grunde auch nicht nichtwollend. Endlich folgt aus dieser Lehre auch jener uralte, nur den ganz Unkundigen befremdliche Satz, daß die Gottheit an sich selbst weder ist noch auch nicht ist, oder in einer anderen, wiewohl minder guten Wendung, daß sie sowohl ist als auch nicht ist. Sie ist nicht, nämlich so, daß ihr das Seyn als etwas von ihrem Wesen Verschiedenes zukäme, denn sie ist selbst ihr Seyn, und doch kann ihr auch das Seyn nicht abgesprochen werden, eben weil in ihr das Seyn das Wesen selber ist" (Schelling, Die Weltalter, Münchner Jubiläumsdruck, IV S. 613; Sperrung von mir). Daß Gott die Freiheit letztlich selber i s t (und um seiner Gottheit willen nicht nur an ihr als einer Eigenschaft partizipiert), sagt selbst Karl Barth: „Gott ist die Liebe. Er ist aber auch die vollkommene Freiheit" (Kirchl. Dogmatik, II, 2 S. 4). Wieder wird deutlich, daß L i e b e, L e b e n, F r e i h e i t und W a h r h e i t im Grunde identisch sind.

Freiheit als Geschenk. Die Erwählung

Der Verlust der Freiheit — und des Lebens — ereignet sich dadurch, daß sich der Mensch selbst zum Grund des Lebens erhebt, und das hat zur Folge, daß er den tödlichen Gebundenheiten verfällt. Wird von Gottes Freiheit geredet, oder von Gott, der die Freiheit ist, dann ist er damit als der lebensschaffende Seinsgrund bezeugt, der dem geschaffenen Leben „vorausgeht" wie das Sein dem Seienden, das Leben dem Lebendigen, der creator der creatura. Nie kann der Mensch sich Leben schaffen, immer ist ihm Gott, der „Rufende", nämlich der das Sein aus dem Nichts „hervor"-rufende (ὁ καλῶν Röm 9,12), der Leben aus dem Tode schafft (Röm 11,15) [161], „voraus"; immer hat der Mensch das, was er hat, als Geschenk Gottes, als von Gott Vorgegebenes, immer ist er schon geliebt, ehe er zur Liebe ansetzt (1. Joh 4,10). Daß das so ist, darin besteht Gottes Freiheit. In der so zu verstehenden, den Lebensgrund bestimmenden göttlichen Freiheit gründet auch die Erneuerung der menschlichen Freiheit durch Christus.

---

[161] Michel, Röm, S. 203 und 242 merkt an, daß es sich bei diesen Aussagen um altertümliche, speziell semitische Glaubenssätze handelt.

DIE ESCHATOLOGISCHE FREIHEIT

I. Die Freiheit der Gottesherrschaft (Jesus)

1. Vorbemerkung

Die Darstellung dessen, was im Neuen Testament positiv Freiheit ist, darf nicht erst bei der paulinischen Theologie einsetzen. Wenn auch das „griechische"[1] Wort ἐλεύθερος und seine Derivate innerhalb der synoptischen Überlieferung einzig in Mt 17,26 zu finden sind, so ist doch die „Sache", oder besser: die neue Wirklichkeit der Freiheit, der von Johannes dann so genannten „wahren" Freiheit, bereits aus der synoptischen Tradition zu erkennen. Paulus und Johannes haben nicht die christliche Freiheit begründet, sondern sie haben sie als Wirklichkeit vorgefunden und versucht, diese Wirklichkeit in Begriffe zu fassen. Die christliche Freiheit ist nicht erst bei dem Übergang des Christentums in die hellenistische Welt geschaffen worden, sondern sie hat von Anfang an das neue Leben bestimmt, das Christus den Seinen eröffnete. Paulus ist nicht der Urheber der christlichen Freiheit (der Urheber ist Christus selbst)[2], Paulus hat vielmehr dem jüdischen Nomismus und dem libertinistischen Antinomismus gegenüber den B e g r i f f der christlichen Freiheit geschaffen. Denn Paulus ist nicht der λόγος τοῦ θεοῦ, wohl aber der erste θεολόγος der Christenheit gewesen. Daraus ergibt sich die Notwendigkeit, den U r s p r u n g der christlichen Freiheit in Jesus selbst aufzuzeigen.

Der Zentralbegriff der Verkündigung Jesu, wie sie uns von der synoptischen Überlieferung dargeboten wird, war der Begriff „Gottesherrschaft". Jesus hat den Advent Gottes, seiner Herrschaft, seines Gerichts, seines Menschensohns verkündigt. Die Freiheit, die er gebracht hat, ist die Freiheit, die aus der Gottesherrschaft entspringt, und kann darum einfach als die Freiheit der Gottesherrschaft bezeichnet werden[3].

---

[1] Siehe S. 1.
[2] Siehe S. 85. Jesus „brachte und lebte die Freiheit der Kinder Gottes, die Kinder und frei bleiben, solange sie im Vater ihren Herrn finden" (E. Käsemann, Das Problem des histor. Jesus, ZThK 51 [1954] S. 151).
[3] Vgl. Mt 17,24—27.

Die synoptische Tradition läßt erkennen, daß auch die Freiheit der Gottesherrschaft in besonderer Weise durch ihr Verhältnis zum Gesetz bestimmt ist. Die Polarität von Freiheit und Gesetz, die den Freiheitsbegriff von Anfang an bestimmt, kehrt auch hier wieder. Die Freiheit Jesu zeigt sich vor allem in seiner Stellung zum Gesetz. Dabei geht man am Besten von den grundsätzlichen „Antithesen" der sogenannten Bergpredigt aus (Mt 5,21 ff.), die das Verhalten Jesu den Reinlichkeitsgeboten, der Tempelsteuer, dem Fasten, Beten, Almosengeben und vor allem dem Sabbat gegenüber begreiflich machen. Die „Praxis" der Freiheit, die der Christus lebt und lehrt, führt zu der Frage nach seiner Vollmacht; sie mündet ein in die Frage nach der Freiheit des Christus selbst[4].

2. Die Freiheit des kommenden Reichs

Die Wirklichkeit der Gottesherrschaft ist die Wirklichkeit des Heils, weil dort, wo Gott herrscht, die „Mächte" ihre Herrschaft verloren haben, und der Mensch ist, was er sein soll. Es läßt sich das Hereinbrechen der Gottesherrschaft als Hereinbrechen der Freiheit verstehen. Mit Gott kommt zum Menschen die Freiheit. Der Advent Gottes ist für den unter die Mächte versklavten Menschen zugleich der Advent seiner Befreiung, die Entmachtung der Mächte. In diesem Sinne sind die W u n - d e r Jesu zu verstehen[5]. Sie signalisieren die Nähe des Reiches Gottes (εἰ δὲ ἐν δακτύλῳ θεοῦ ἐγὼ ἐκβάλλω τὰ δαιμόνια, ἄρα ἔφθασεν ἐφ' ὑμᾶς ἡ βασιλεία τοῦ θεοῦ Lk 11,20), sie bezeichnen das Kommen der Macht Gottes, die stärker ist als die Macht der Dämonen (vgl. z. B. Lk 11,21 f.).

---

[4] Die Frage nach der Freiheit des Christus ist insofern Frage nach dem „historischen Jesus", als sie nach dem historischen Menschen fragt, in dem solche Freiheit sich offenbarte. Sie ist aber nicht die Frage nach einem „historischen Jesus" in d e m Sinn, als wäre es möglich, einen „objektiven Christus an sich" aus der Überlieferung zu erheben. Das ist unmöglich. Auch der „historische" Jesus ist uns immer nur gegeben im Glauben bzw. im Unglauben, d. h. innerhalb einer bestimmten subjektiven „Auffassung", ohne die Jesus für uns überhaupt nicht da wäre. Jedes Jesusbild ist Produkt einer Bewegung vom Objekt her (wie sich das historische Phänomen von sich selbst her zeigt) und vom Subjekt her (wie es sich u n s zeigt, denn es zeigt sich ja nicht „an und für sich"); wobei freilich die Projektion vom Subjekt her stets an der Introjektion vom Gegenstand her korrigiert werden muß.

[5] Die Frage nach der Geschichtlichkeit der Wunder ist in diesem Zusammenhang nicht interessant.

Indem die Blinden sehen, die Lahmen gehen, die Aussätzigen rein werden, die Tauben hören und die Toten auferstehen (Mt 11,5 f.), zeigt sich, daß die Zeit der Satans- und Dämonenherrschaft auf Erden wenigstens im Prinzip bereits vorbei ist. Der Mensch wird — vorerst freilich nur zeichenhaft — frei von Krankheit und Tod. „Freiheit" ist hier überall nichts weiter als Befreitsein von den d ä m o n i s c h e n Mächten. Es ist eschatologische Freiheit in d e m Sinne, daß sie sich aus dem endzeitlichen, wunderbaren Handeln Gottes ergibt, der im Begriffe ist, in die Welt zu kommen und alles zu verwandeln.

Auch die V e r k ü n d i g u n g Jesu kann unter dem Aspekt der Freiheit gesehen werden. Sie ist der Ruf, sich mit ganzem und ungeteiltem Herzen Gott hinzugeben; Jesus ruft heraus aus den B i n d u n g e n , die den Menschen am Gehorsam hindern. Die er zu sich ruft, werden herausgerufen aus den Bindungen und hineingerufen in die Freiheit der Gottesherrschaft; sie folgen ihm „sofort" (Mk 1,16—20 par u. ö.), sie lassen alles liegen und stehen, sie legen nicht die Hand an den Pflug und schauen nicht zurück (Lk 9,62), sie lassen die Toten ihre Toten begraben (Mt 8,22 par), sie streifen die Bindungen an die Familie ab (Lk 14,26), sie sind bereit, das Kreuz zu tragen (Mk 8,34 par). Umgekehrt decken diejenigen, die solche Opfer nicht aufzubringen vermögen, ihre Unfreiheit auf. Das gilt insbesonders von den Reichen, die vom M a m m o n als einer Macht besessen sind. Der reiche Jüngling würde gern Jesu nachfolgen, er vermag es aber nicht, weil ihn sein Reichtum daran hindert. Er kann nicht frei über sich verfügen und ist darum auch nicht berufen zur Freiheit der Gottesherschaft (Mk 10,17—22 par). Die Reichen sind von der Gottesherrschaft am weitesten entfernt, das Eingehen in die Gottesherrschaft ist für sie fast unmöglich (Mk 10,25). Es gilt aber, sich zu entscheiden, ob man entweder dem Reichtum oder Gott dienen will (Mt 6,19 ff.).

Zu den Mächten, die den Menschen beherrschen, gehört auch die S o r g e . Wer als „Sohn" vor dem „Vater" steht, und das heißt, wer in der Freiheit der Gottesherrschaft steht, kennt keine (ängstliche) Sorge. Er lebt wie die Vögel unter dem Himmel und die Lilien auf dem Felde. Weil er seinen Sinn auf das e i n e , die Herrschaft Gottes, ausrichtet, ist er in allem anderen frei (Mt 6,25—34). Er lebt in der πίστις während sich die ὀλιγοπιστία in der Sorge und in der A n g s t offenbart (Mt 6,30 par 8,26 14,31 16,8).

Solche Freiheit ist aber nicht durch besondere Anstrengung zu gewinnen, sie ist nicht Frucht strenger Selbstdisziplin (wie in der Stoa etwa), oder Ergebnis asketischer Anstrengung (wie in den asketischen Richtungen der Gnosis). Sie ist F r u c h t d e r F r e u d e. Und sie wäre ja auch keine Freiheit, wenn sie aus der Leistung des Menschen käme — niemals kann die Freiheit dort entstehen, wo der Mensch erst seine Unfreiheit zu überwinden hat. Vielmehr folgt solche Freiheit wie von selbst aus der Freude über den „Fund" der Gottesherrschaft (Mt 13,44—46). Wer in dieser Weise frei ist, ist unter die Macht der Gottesherrschaft geraten. Er lebt dort, wo Gottes Wille geschieht, er will, was Gott will (Mt 6,10 b). Von daher ist ein Wort zu verstehen wie dieses: „Ihr sollt vollkommen sein wie euer Vater im Himmel vollkommen ist!" (Mt 5,48). Die totale Übereinstimmung des menschlichen Willens mit dem göttlichen, das absolut Gute, das Absolute, das ist es, was Gott fordert, wozu sein Wort den Menschen ruft. Diese Forderung durch nomistische oder asketische Disziplin verwirklichen zu wollen, ist sinnlos. Wird die Forderung Jesu vom Leistungsgehorsam aus betrachtet, dann ist sie absurd, ja vermessen. Wie könnte, wie d ü r f t e (!) das geschehen, daß der Mensch vollkommen wäre wie Gott selbst. Die Forderung Jesu wird dagegen begreiflich, wenn sie im eschatologischen Zusammenhang betrachtet wird. In der von Gott gewandelten Welt, an dem Ort, wo sein Name geheiligt wird, sein Reich ist, sein Wille geschieht, leben die freien Söhne des himmlischen Vaters, die perfecti, die in ihrem Willen den Willen ihres himmlischen Vaters zur Erfüllung bringen und so an der Vollkommenheit, Erfülltheit, an der Verklärung der Endzeit teilhaben.

3. F r e i h e i t u n d G e s e t z

Die entscheidende Frage ist: in welchem Verhältnis steht die Freiheit der Gottesherrschaft zum G e s e t z ? Diese Frage ist vor allem entscheidend gewesen für die Stellung der offiziellen Vertreter der zeitgenössischen Frömmigkeit Jesu gegenüber. Zu den sicheren Zügen des Jesusbildes, das wir heute haben, gehört nun der, daß die Freiheit Jesu sich insbesonders als Freiheit dem Gesetz gegenüber äußerte. An dieser Stelle vor allem unterschied er sich von der Frömmigkeit seiner Zeit und ihren offiziellen Vertretern. Um seiner Freiheit willen wurde er verfolgt und getötet.

Fragt man genauer, worin die Freiheit Jesu dem Gesetz gegenüber besteht, so ist zu antworten: in d e r P o l e m i k gegen das Gesetzesverständnis seiner Zeit kommt zum Ausdruck, daß Jesus von einem Standpunkt außerhalb des Gesetzes, oder besser: ü b e r dem Gesetz

154 Die Freiheit der Gottesherrschaft (Jesus)

den Gesetzesweg als unzureichend bekämpft. Das palästinensische
Judentum seiner Zeit versteht das Gesetz als Rechtsnorm, deren Erfüllung die Gerechtigkeit schafft. Für Jesus ist die Erfüllung einer Rechtsnorm nicht zureichend[6]. Die drohende Ankunft des Gottesreiches verlangt
weniger und mehr, sie verlangt e t w a s   a n d e r e s als die Erfüllung
einer Rechtsnorm. Für Jesus ist Gottes Wille keine Rechtsnorm, oder

---

[6] Mt hat dieses Motiv in den Satz gebracht, die Gerechtigkeit, die Jesus fordert, müsse besser sein als die der Schriftgelehrten und Pharisäer. Aber der Evangelist hat dieses Motiv nicht in seiner ganzen Tiefe aufgenommen, sondern verkürzt. Zu Mt 5,17—20 vgl. Ed. Schweizer, Mt 5,17—20 — Anmerkungen zum Gesetzesverständnis des Matthäus, ThLZ 77 (1952) Sp. 479 ff. G. Bornkamm, G. Barth, H. J. Held, Überlieferung und Auslegung im Matthäusevangelium, 1960, insbes. S. 21 ff. 60 ff. 138 ff. Bultmann, Gesch. d. syn. Trad., S. 146 f. u. ö. G. Bornkamm, Matthäus als Interpret der Herrenworte, ThLZ 79 (1954) Sp. 341 ff. R. Hummel, Die Auseinandersetzung zwischen Kirche und Judentum im Matthäusevangelium, 1963, insbes. S. 34 ff. 64 ff. W. Schmithals, Paulus und Jakobus, 1963, S. 91 f. — Mt 5,17 dürfte eine Bildung des Ev. sein. In Vss 18 f. zitiert der Ev. jüdische (judenchristliche?) Tradition. Vs 20 geht möglicherweise wieder auf den Ev. selbst zurück. Der Versuch, die Stellung des Ev. Mt zum Gesetz zu bestimmen, leidet unter der bloß m o t i v l i c h e n Vermittlung des Ev. (Demgegenüber hat der Apostel Paulus doch wenigstens versucht, die Motive miteinander gedanklich zu verbinden und auszugleichen. Bei Mt aber stehen sie unverbunden nebeneinander). Die Motive des Ev. sind klar: einerseits wehrt er sich gegen die, wie es scheint, antinomistischen Thesen einer Gruppe seiner Kirche (vgl. Barth, a. a. O. S. 152 ff.), und bemüht sich, die Göttlichkeit und Gültigkeit des Gesetzes zum Ausdruck zu bringen. Darum heißt es, daß Jesus das Gesetz erfüllt, darum kann er sich sogar die These von der bleibenden Gültigkeit der einzelnen Toragebote zu eigen machen (Vss 18 f.), was aber in seinem Sinn (man denke doch an die folgenden Antithesen 21 ff.) nur ein paradoxer Ausdruck für die prinzipielle Unantastbarkeit der Tora im Gegensatz zum Antinomismus sein kann. Ähnliches sagt ja auch Paulus (Röm 7,12), nur freilich nicht in so ungeschickter und mißverständlicher Weise wie Mt. A n d e r e r s e i t s ist Mt „gesetzeskritisch" eingestellt (Schmithals, a. a. O. S. 92). Das Gesetz wird ja in der Liebe erfüllt, er proklamiert also in der Tat eine höhere Gerechtigkeit, nicht eine radikale Gesetzlichkeit (Schmithals, ebdt.). Vgl. auch Barth, op. cit passim, anders, aber schwerlich richtig, Hummel, a. a. O. S. 68 und passim. M. a. W.: die I n t e n t i o n des Mt liegt doch in Richtung dessen, was Paulus als Gesetzesfreiheit verstanden hat, nur daß der Ev. diese Intention nicht zu der größeren Klarheit und Bewußtheit gebracht hat, die immerhin bei Paulus vorliegt.

anders gesagt, Jesus differenziert zwischen dem Gesetz auf der einen Seite und der eigentlichen Forderung Gottes auf der anderen. Es kann etwas im buchstäblichen Sinn Gesetz sein und doch muß es nicht — im konkreten Fall — den Willen Gottes darstellen. Die Forderung Gottes kann im konkreten Fall dem Gesetz als geschriebener Norm widersprechen. Das wird vor allem an der Übertretung ritueller Pflichten deutlich gemacht. Es kann aber auch im konkreten Fall etwas Gottes Forderung sein, was sich so im Gesetz gar nicht findet. Dies wird besonders an den Antithesen der sogenannten Bergpredigt gezeigt (Mt 5,21 ff.)[7]. — In beiden Fällen ist zwar an der Autorität des Gesetzes festgehalten — wie denn Jesus einfach auf die Erfüllung des Gesetzes hinweist, um die Frage nach dem ewigen Leben zu beantworten (Mk 10,17—19 par 12,28—34 par) — andererseits ist die Forderung Gottes nicht im Gesetz als einer geschriebenen Norm fixiert, sondern Gott steht mit seiner Forderung frei h i n t e r dem Gesetz. Jesus steht in einer anderen Dimension als die Schriftgelehrten und Pharisäer. In seiner Dimension — der Dimension des neuen Seins, bzw. der Gottesherrschaft — ist das Gesetz seiner Mittlerstellung beraubt[8]. Es ist nicht außer Kraft gesetzt — sofern das, was es wollte, dort, wo Gott herrscht, im Reich Gottes, zur Verwirklichung kommt. Aber wenn es auch nicht außer Kraft gesetzt ist, so ist es doch überboten, und zwar durch die Verkündigung und Praxis dessen, was Gott will, im Munde und im Handeln Jesu.

Von dieser Dimension aus wird das Gesetz hier schon, bei Jesus, in seiner ganzen Unzulänglichkeit gesehen. Dem, „was zu den Alten gesagt ist" wird das „Ich aber sage euch" antithetisch entgegengesetzt. Der S i n n der Antithesen ist der: sie polemisieren gegen die Auffassung der Forderung Gottes als einer fixierten N o r m , die den Willen des Menschen nur in einem bestimmten Bereich beansprucht, jenseits dieses

---

[7] These 1, 2 und 4 verschärfen die Tora; These 3, 5 und 6 heben sie dem Wortlaut nach auf (so Bornkamm, Überlieferung ..., S. 22 f.). Die Tatsache, daß Jesu Wort einmal die Tora verschärft, einmal aufhebt, zeigt, daß er von der Alternative „Toraverschärfung oder Toraerweichung" nicht begriffen werden kann. Jesu Standort ist jenseits dieser Alternative. — Über Ursprünglichkeit und sekundäre Weiterbildung der Antithesen vgl. Bultmann, Gesch. d. syn. Trad. S. 142 ff. u. ö.

[8] „Die wesentliche und grundsätzliche V e r n e i n u n g des Gesetzes liegt bei J e s u s darin, d a ß d e m G e s e t z s e i n e M i t t l e r s t e l l u n g g e n o m m e n w i r d." Th W IV 1051,44 ff. (Gutbrod).

Bereiches aber frei gibt⁹. Nach dem Wort Jesu aber reicht der Anspruch Gottes weit über die schriftlich fixierte Norm hinaus. Nicht bloß Totschlag, Ehebruch und Meineid, sondern auch schon Zorn, Begierde und Unwahrhaftigkeit sind verboten. Es ist nicht so, daß der Mensch jenseits des fixierten Gebotes frei über sich verfügen könnte, bzw. vom Willen Gottes nicht mehr betroffen wäre, als sei der Mensch nur begrenzt von Gott beansprucht, als gäbe es einen Bereich, der nicht mehr unter Gottes Anspruch fällt. Vielmehr soll mit der Verschärfung der Gebote verdeutlicht werden, daß der Anspruch Gottes auf uns ein t o t a l e r ist, es soll die Grenzenlosigkeit des göttlichen Anspruches zum Ausdruck kommen. Man darf also nun die Forderung der Antithesen nicht wiederum zu einer definierten neuen Norm machen. Sie würden dadurch dämonisiert, sofern als N o r m die Forderung der Antithesen absurd und selbstzerstörerisch wären. Zur Norm erhoben partizipierten die Forderungen Jesu an der dämonischen Verkehrtheit der Gesetzlichkeit: sie würden zwar den Bereich dessen, was Gott fordert, erweitern; aber sie würden (als fixe Norm) wiederum eine Grenze aufrichten, über die hinaus der Mensch nicht mehr von Gott beansprucht ist und folglich seine Selbstherrlichkeit genießen kann. In Wirklichkeit aber wollen die Antithesen gerade das Mißverständnis der Forderung Gottes als einer umschreibenden, einengenden, den Menschen einerseits beanspruchenden, andererseits freigebenden, von außen auf ihn zukommenden und ihn daher nie g a n z in Pflicht nehmenden Norm abwehren und statt dessen den totalen und radikalen Gehorsam predigen¹⁰. Sie wollen die eigentliche I n t e n t i o n des Gesetzes laut werden lassen, die durch das Gesetz — durch jedes Gesetz im herkömmlichen Sinn, durch die Gesetzesstruktur des Gesetzes — verdeckt wird¹¹.

---

⁹ Vgl. dazu die rabbinische Unterscheidung von Gebotenem und Erlaubtem (Str Bill III, S. 400. Vgl. auch IV, S. 559 ff.).

¹⁰ Vgl. zum Ganzen Bultmann, Th. d. NTs S. 13 f.; Bornkamm, Jesus von Nazareth, S. 98 f.

¹¹ Siehe auch oben S. 117 ff. Im R a b b i n i s m u s wird nicht die Totalität des Gehorsams gefordert, sondern das Überwiegen der Gebotserfüllungen über den Ungehorsam, die Menge der Werke. Vgl. dazu Braun, Spätjüdischhäretischer und frühchristlicher Radikalismus, I, S. 13. Dagegen ist die Einstellung der Q u m r a n i t e n dem Gesetz gegenüber durch die T o r a v e r s c h ä r f u n g gekennzeichnet. Die radikale Torabeobachtung ist der Hauptgrund für die Trennung der Sektierer von der jüdischen Orthodoxie. Die Radikalität des Sündenbewußtseins, das tiefere Wissen von der mensch-

Daraus ergibt sich aber eine Haltung, die sich frei weiß von dem bloßen Wortlaut des Gesetzes und darum auch frei von aller sich am schriftlichen oder mündlichen Gebote heteronomistisch orientierenden Kasuistik. Diese Art von Kasuistik sucht ja — auf der Ebene der Gesetz-

lichen Entfremdung (vgl. oben S. 109), treibt in eine penible Torabeobachtung. Die g a n z e Tora, in a l l ihren Geboten, soll zur Erfüllung gelangen. Dies geschieht aber lediglich von dem Kreis der Auserwählten, dem יַחַד (Vgl. Braun, I S. 15 ff.). Dabei wird aber die Gesetzlichkeit nicht überwunden, sondern lediglich ins Extrem verschärft. Der Gehorsam bleibt f o r - m a l (er wird geleistet, weil das Gesetz es fordert), seine Struktur bleibt die der H e t e r o n o m i e , die „überschüssigen guten Werke" sind nicht ausgeschlossen (Braun I S. 33).

Auch die Auslegung des Gesetzes durch J e s u s kann als Toraverschärfung angesehen werden, wenn freilich dieser Begriff die wesentliche Differenz zwischen dem, „was zu den Alten gesagt ist" und dem, was E r sagt, noch nicht zum Ausdruck bringt. Die Unterschiede zur qumranitischen Toraverschärfung sind deutlich: Jesus hat die Verschärfung nicht grundsätzlich proklamiert (wie die Sekte!). „Die Verschärfung wird durch Jesus vielmehr von Fall zu Fall verkündet" (Braun II S. 10). In der Aufhebung der Torasatzung (vgl. aber Mt 5,33—48 Mk 7,15 par Mt 19,12) zeigt Jesus eine größere Freiheit als die Qumraniten; und endlich und vor allem: der Toragehorsam ist u. U. gefährlich! Gerade in der buchstäblichen Erfüllung der Tora kann der Mensch den Gehorsam verweigern. A n d i e s e r S t e l l e t r a n s z e n d i e r t J e s u s d i e j ü d i s c h e G e s e t z l i c h k e i t , einschließlich ihrer Radikalisierung im spätjüdischen Sektierertum. Vgl. Braun II, 34 ff. Eben daraus erklärt sich auch, daß Jesus nicht wieder eine N o r m aus seinen Forderungen macht und ebenso, daß der vom Standpunkt des Gesetzesgehorsams aus so unerträgliche Umgang mit dem Am-ha-arez für ihn möglich, ja für seine Verkündigung und sein Werk konstituierend ist. Die Transzendierung der Gesetzlichkeit und die suchende Liebe Gottes, die sich dem Verlorenen zuwendet, die F r e i h e i t f ü r d i e S ü n d e r (!) hängen zusammen.

H. Braun findet (a. a. O. passim) den Hauptunterschied in dem „radikalen Angewiesensein des Menschen auf Gott". Damit ist das Richtige intendiert, aber noch nicht erreicht. Jesu Stellung zum Gesetz wird erst ganz begriffen, wenn sein Standpunkt a u ß e r h a l b der Gesetzlichkeit und ihrer Struktur eingesehen wird. Es ist der Standort s u p r a l e g e m , sed non contra legem. Jesus bringt nicht eine neue Auslegung des Gesetzes, sondern eine neue Wirklichkeit, die vom Gesetz her gar nicht begriffen werden kann. In ihr ist auch die gesetzliche Polarität von Autonomie und Heteronomie überwunden.

lichkeit — Totalität. Auf der Ebene des Gesetzes ist aber Totalität unerreichbar. Sie i s t dagegen erreicht im radikalen Gehorsam dessen, der als „Kind" seines „Vaters" in und unter der Herrschaft Gottes steht. In der ohne die Tora vermittelten Einheit mit Gott, in der Übereinstimmung des Willens, in der daraus resultierenden Gerechtigkeit ist jede vom Buchstaben oder vom mündlich tradierten Wort ausgehende und dadurch begrenzte Kasuistik gegenstandslos geworden. Es ist im Grunde auch das Gesetz — als Gesetz — selber gegenstandslos geworden, sofern es ja durch den unmittelbaren Gotteswillen selbst überboten ist. In diesem Sinn sind die „Söhne" frei (Mt 17,26).

4. Freiheit im Konflikt

Die Freiheit, in der Jesus lebte und zu der er die μαθηταί rief, offenbarte sich in ihrer für gesetzliche Frömmigkeit besonders anstößigen Weise in der Ungebundenheit den kultischen und rituellen Satzungen der Tora und ihrer rabbinischen Auslegung gegenüber[12]. Die synoptische Tradition läßt uns die Freiheit Jesu gegenüber den Reinheitsgesetzen, der Trias Almosen-Beten-Fasten, der Tempelsteuer und dem Sabbat deutlich erkennen. Insbesonders über die Frage des Ritus kam es zum Konflikt zwischen ihm und den Vertretern der gesetzestreuen Frömmigkeit. Die in Frage stehenden Überlieferungen sind zwar stark von der Gemeinde und ihren theologischen Intentionen geprägt; sie ermöglichen aber doch, die eigentliche Position Jesu herauszuarbeiten.

a) R e i n u n d u n r e i n , Mk 7,1—23 par. Die literarischen Verhältnisse dieser Perikope sind verwickelt. Nach der formgeschichtlichen Analyse Bultmanns (Gesch. d. syn. Trad. S. 15 f.) haben wir bei Mk drei Abschnitte zu unterscheiden. Den Grundbestandteil bildet der erste Abschnitt Vss 1—8, ihm ist in den Vss 9—13 ein weiteres Traditionsstück angefügt, Vs 15 ist eine Logion in der Form des zweigliedrigen Maschals (Bultmann, a. a. O. S. 84), das nach Form und Inhalt zu den ursprünglichen Jesusworten zu rechnen ist. Vss 17—18 a ist Überleitung, 18 b—19 ein Kommentar zu dem Logion, 20—23 eine weitere Ausspinnung des Themas. Mt hat die beiden ersten Stücke umgestellt. Der Grundstock der Perikope, Mk 7,1—8 ist nach Bultmann eine künstlich stilisierte Bildung aus der palästinensischen Urgemeinde. Der Abschnitt zeigt, daß für sie die Frage nach dem Verhältnis von Gesetz und Tradition aktuell war. Das gleiche gilt dann auch für Mk 7,9—13. Anders urteilt Lohmeyer (Das Evangelium des

---

[12] Zum Folgenden vgl. Braun, II, 62 ff. W. Beilner, Christus und die Pharisäer, 1959, S. 9 ff.

Markus, 1953, 12. A. S. 139), der es für möglich hält, „daß die Schilderung der Situation in 1—5 nicht den Verhältnissen Palästinas zur Zeit Jesu, sondern etwa denen Roms zur Zeit des Markus entspricht." Einigkeit herrscht darüber, daß eine Frage der Gemeinde durch ein Herrenwort zur Entscheidung gebracht wird. Daraus erklärt sich die Schwierigkeit, daß einmal speziell die Frage nach dem Händewaschen, dann — allgemein — die Frage nach dem Verhältnis von Tora und Tradition (παράδοσις τῶν πρεσβυτέρων Mk 7,3 und 5 Mt 15,2 bzw. παράδοσις τῶν ἀνθρώπων Mk 7,8 bzw. παράδοσις ὑμῶν Mk 7,9 und 13 Mt 15,3; vgl. dazu Str Bill I 691 ff.), endlich — in dem Logion Vs 15 — die Frage nach den Reinheitsgeboten überhaupt gestellt ist.

Sachlich ergibt sich: das Herrenwort Mk 7,15 hat den Sinn, die Bedeutungslosigkeit der Reinheitsgebote darzulegen. Es wird deutlich, daß Jesus die Dimension kultischer Gesetzlichkeit transzendiert. In den Reinheitsgeboten wird „äußerlich" der Reinheit genüge getan, aber nicht „innerlich". Sie überwinden nicht den Zwiespalt im Menschen, sondern richten ihn eher auf. Sie führen zur Heuchelei (das harte Wort gegen die Parisäer Mt 23,25—28 par). Jesus kann sich den Satz des Jesaja (29,13) zu eigen machen, nach dem „dieses" Volk nur äußerlichen Gehorsam bringt, aber das „Herz" ist weit weg von Gott (Mk 7,6 f.). Das Reinheitsgebot führt nicht ins Zentrum, es überwindet nicht des Herzens Härtigkeit, es richtet nicht den Gehorsam von innen auf, auf den es allein ankommt, es verfehlt den ganzen, den radikalen Gehorsam. Die Unbekümmertheit den Reinheitsgeboten gegenüber folgt also nicht aus einer prinzipiellen Verachtung der Tora oder der Überlieferung, sondern aus dem Prinzip des „ganzen Gehorsams". (Vgl. Bultmann, Th. d. NTs S. 17 f.).

Die Frage, mit der die palästinensische Gemeinde ringt, ist eine etwas andere. „Ist die Tradition für uns maßgebend?" Sie wird an Hand der Einstellung Jesu zu den Reinheitsgeboten gelöst, und zwar in der Weise, daß für die Urgemeinde die Verbindlichkeit der Tradition geleugnet wird (ähnlich wenn auch anders motiviert der Standpunkt der Sadduzäer). Die Gemeinde erhebt ihrerseits einen Vorwurf gegen die Pharisäer: sie halten die Tradition und übertreten das Gebot (Mk 7,8 Mt 15,3). Sie setzen mit ihrem Gehorsam gegenüber der Tradition das Gesetz außer Kraft: „Wir übertreten die norma normata, ihr die norma normans!" Das wird dann an einem Beispiel (Mk 7,9—13) verdeutlicht.

b) Die Tempelsteuer, Mt 17,24—27. Auch in dieser Perikope haben wir es mit einer Gemeindebildung zu tun. Ein echtes Jesuswort findet sich in ihr nicht, aber die Haltung der palästinensischen Gemeinde, die sich in dieser Legende ausspricht, geht gewiß auf die Haltung Jesu zurück. (Vgl. oben S. 71.) Die Perikope lehrt, daß sich die Gemeinde dem Tempelkult nicht mehr verpflichtet weiß, daß sie aber die Tempelsteuer zahlt (vgl. Lohmeyer, Das Evangelium des Matthäus, 1956, herausgegeben von W. Schmauch, S. 275 f.). Die Freiheit von der Steuer wird motiviert von der eschatologischen Sohnschaft. Die Glieder der Gemeinde gehören dem neuen Äon, dem neuen Sein an, in dem Tempel und Tempelsteuer hinfällig geworden sind. Die Tempelsteuer gilt nur für die „Fremden": dahinter steht im Grunde: sie gilt nur für die Zeit der Entfremdung. Wir sind nicht mehr fremd (weil uns Gott nicht mehr fremd ist); wir sind Söhne Gottes. Wenn die Gemeinde dennoch die Steuer zahlt, so tut sie es eben aus der Freiheit, die sie nicht dazu verpflichtet. Das veranschaulicht das Wunder: im Grunde zahlt Gott selbst den Preis (K. L. Schmidt, bei J. Schniewind, Das Evangelium nach Matthäus, 1950, 5. A. S. 196).

c) A l m o s e n , B e t e n , F a s t e n. Im Judentum sind diese drei verstanden als Übung der Frömmigkeit im Sinne der Leistungsreligion. Jesus wendet sich nicht gegen Almosen, Beten und Fasten als solche. Aber er wendet sich gegen ihren Mißbrauch: Mt 6,1—18. Der Mißbrauch besteht darin, daß solche Übungen der Frömmigkeit dazu verwendet werden, sich vor den Menschen (und insgeheim vor Gott) zu rühmen. Dazu kann Almosengeben, Beten und Fasten freilich nur führen, wenn sie in ihrem eigentlichen Sinn entfremdet sind und als Leistungen verstanden werden, die der Mensch sich abringt. Demgegenüber sagt Jesus, daß sie gerade unbelohnt bleiben (6,1.2.5.16). Die Gesetzlichkeit führt auch hier zu Heuchelei und halbem Gehorsam. G a n z e n , von „innen" her kommenden Gehorsam predigen die Worte von der „Linken", die nicht wissen soll, was die „Rechte" tut (6,3), bzw. von der „Verborgenheit" der Gabe (6,4) und des Gebetes (6,6). Einer gesonderten Behandlung bedarf die Fa s t e n f r a g e . Das Fasten ist ursprünglich ein apotropäischer Ritus, dessen Sinn es ist, die Infektion durch dämonische Kräfte bei der Nahrungsaufnahme zu vermeiden. Von da aus kann dann das Fasten auch den Sinn bekommen, die nötige Vorbereitung zur Begegnung mit dem Heiligen (Opfer, Vision etc.) zu schaffen. In der alttestamentlichen Frömmigkeit hat das Fasten den Zweck, die Selbstdemütigung des Menschen zu veranschaulichen. In der nachexilischen Zeit werden bestimmte Fasttage ausgebildet, die der Bußstimmung der Frömmigkeit entsprechen. Nun wird das Fasten zum guten Werk. Der Ritus wird seinem eigentlichen Sinn entfremdet. Der Jude fastet nicht, um sich vor den Dämonen zu schützen, sondern um an dieser Leistung seinen Gehorsam und seine Unterwerfung unter Beweis zu stellen. Die Liebe Gottes muß durch die Leistung erworben werden, je mehr Leistung, desto mehr Liebe. Damit ist das Fasten seinem ursprünglichen Sinn entfremdet, es wird zu einem beliebigen (im Grunde austauschbaren Mittel) der Selbstrechtfertigung. Es entsteht die Frage nach der Verdienstlichkeit des Fastens, nach dem obligatorischen und freiwilligen Fasten; im rabbinischen Judentum wird das Fasten endlich ganz zum Selbstzweck. Vgl. zum Ganzen Th W IV 925 f. (Behm). „Die Stellung, die J e s u s zum Fasten einnimmt, ist neu und einzigartig". (Ebdt. S. 932,9 f.). Es gibt zwar keinen Bericht, daß er selbst gefastet hat, wir dürfen das aber erschließen, um so mehr als ihm die Gegner darin keinen Vorwurf gemacht haben. (Mt 11,19 gehört nicht hierher). Dafür hat er den S i n n des Fastens verändert. Mt 6,16 lehrt, daß Fasten eine e c h t e Trauer ausdrücken soll, die sich auf G o t t richtet und keine Nebenzwecke kennt. Selbstverständlich wird auch hier nicht ein bestimmtes Gesetz über die Form vorgeschrieben, in der fortan der Christ zu fasten hätte; vielmehr ist gerade alle äußere Form zum Adiaphoron gemacht, und entscheidend ist lediglich, ob die Trauer, die Buße, die sich im Fasten kundtut, echt ist. Die Perikope Mk 2,18—22 ist eine Gemeindebildung, in der sich die Gemeinde auf ein Herrenwort beruft, um ihre Freiheit dem Fasten gegenüber zu bekräftigen (vgl. Bultmann, Gesch. d. synopt. Trad. S. 17 f.). Das Logion selber 2,19 a war ursprünglich isoliert, trägt den Charakter eines eingliedrigen Maschals und schließt das Fasten für den Hochzeitstag, die Freudenzeit, aus. Das bedeutet: jetzt, da Gottes Herrschaft und mit ihr die große Freude kommt, hat Fasten seinen Sinn verloren. Die christliche Epexegese Vs 20 hat dem Fasten freilich erneuten Sinn verliehen, und zwar für die Zeit nach dem Weggang des Bräutigams. Sie läßt das Fasten „zwischen den Zeiten" (Th W a. a. O. 933,10 ff.) zu. Der Sinn der Verse 21 f. ist umstritten. Vermutlich wollen die Verse zum Ausdruck bringen, daß das Fasten für das neue Sein nicht mehr paßt. Es gehört nicht in den kommenden Äon. Im kommenden Äon ist es abgetan.

Die Freiheit von den rituellen Verpflichtungen ist also doppelt motiviert. Sie ergibt sich einmal aus der Forderung des radikalen Gehorsams. Für die Ganzhingabe des Menschen ist die Frage nach dem Ritus sekundär. Der Gehorsam findet von selbst seinen Ritus, nicht aber findet der (tradierte) Ritus von selbst notwendigerweise seinen Gehorsam. Zwar: radikale Hingabe an Gott steht nicht im Gegensatz zum rituellen Gebot. Aber andererseits kann der Ritus als solcher nicht von sich aus die Hingabe produzieren, oder gar garantieren. Dazu tritt das andere Motiv: die rituellen Forderungen gelten nicht für die kommende Gottesherrschaft. Der Glaube an das kommende Reich führt zum Protest gegen den Ritualismus. — Dabei stehen beide Motive nicht unverbunden nebeneinander. Vielmehr sind sie so verbunden, daß der radikale Gehorsam eben jenes Verhalten darstellt, das der Gottesherrschaft angemessen ist, bzw.: die Gottesherrschaft ist ihrerseits der Ort des radikalen Gehorsams. Als solche aber ist sie der Ort der Freiheit.

d) S a b b a t. Hier ist an die Perikopen zu erinnern, die uns die Sabbatkonflikte schildern. Die Evangelien kennen ihrer sechs: Mk 2,23—28 par (1), Lk 6,5 Cod. D (1 a), Mk 3,1—6 par (2), Lk 13,10—17 (3), Lk 14,1—6 (4), Joh 5,1 ff. (5; dazu 7,19—24), Joh 9,1—41 (6). Vgl. zum Ganzen R. Bultmann, Gesch. d. syn. Trad., S. 9 ff., H. Braun, a. a. O. II, S. 69 ff. Ed. Lohse, Jesu Worte über den Sabbat, in: Judentum, Urchristentum, Kirche, Festschrift für Joachim Jeremias, BZNW 26, 1960, S. 79 ff. Th W VII 21 ff. (Lohse).

Wenn auch die formgeschichtliche Analyse ergibt, daß sämtliche Sabbatperikopen Bildung der Gemeinde sind, so hat doch der Sabbatkonflikt nicht erst in der Gemeinde seinen Ursprung genommen, sondern geht auf den geschichtlichen Jesus selbst zurück, vgl. Th W VII 22 A. 172 (Lohse); Lohse, Jesu Worte über den Sabbat, S. 84. Lohse hält (ebdt.) Mk 2,27 3,4 par Mt 12,11 f. par Lk 14,5 für den ältesten Bestand, der auf den geschichtlichen Jesus zurückgeführt werden kann. Ein „echtes" Jesuswort haben wir wahrscheinlich in Mt 12,11 f. vor uns: „Welcher Mensch ist unter euch, der ein Schaf hat und, wenn es am Sabbat in eine Grube fällt, es nicht ergreift und herauszieht? Wieviel mehr wert ist nun aber ein Mensch als ein Schaf!" (Zum Stil vgl. Mt 6,26 par 30 par). In diesem Wort wird der M e n s c h über den Sabbat gestellt. Das erinnert an Mk 2,27 (ein Wort, das merkwürdigerweise bei Mt und Lk fehlt): „Der Sabbat ist um des Menschen willen gemacht worden und nicht der Mensch um des Sabbats willen!" Die bekannte rabbinische Parallele (Mekilta zu Ex 31,13 109 b) reicht an das synoptische Wort nicht heran. Der rabbinische Satz („Euch ist der Sabbat übergeben, und nicht seid ihr dem Sabbat übergeben") formuliert die Ausnahme zu einer Regel (vgl. Str Bill II 5), die synoptische Tradition formuliert eine Regel ohne Ausnahmen. Jesu Wort formuliert ein neues Prinzip, demzufolge der Mensch g r u n d s ä t z l i c h zum Maßstab des Sabbatgebotes gemacht wird. Er bekämpft damit den heteronomen Ritualismus, der eine göttliche Satzung um ihrer selbst willen befolgt, der ihr in rein formalem Gehorsam nachkommt, ohne zu fragen, ob diese Forderung in einen sinnvollen Zusammenhang mit dem menschlichen Dasein und seiner jeweiligen Situation steht. Durch diese Art von „außengelenktem" Gehorsam wird das göttliche Gebot um seinen Sinn gebracht, es wird geradezu in sein Gegenteil verkehrt, es wird aus einem menschenfreundlichen zu einem menschenfeindlichen Gebot, es schafft nicht echte Menschlichkeit, sondern erzeugt den frommen U n m e n s c h e n. Soll das Sabbatgebot sinnvoll sein, dann muß seine ursprüngliche Absicht wieder ans Licht kommen; es muß herausgestellt werden, daß der Sabbat als heiliger Tag und die mit ihm verbundenen Riten keinen Selbstwert haben, sondern ihren Wert allein vom Menschen empfangen, dem sie dienen.

Die Sabbatfreiheit der Gemeinde hat ihren Urheber also in Jesus selbst. Ursprung der Freiheit ist auch in diesem Fall die Freiheit des geschichtlichen Jesus gewesen (nicht einfach seine „Lehre", oder sein „Verhalten", sondern sein ganzes „freies" Sein). Freilich verraten die Sabbatperikopen, daß der Sabbat und die mit ihm verbundene Observanz der Gemeinde in der ersten Zeit noch eine schwere Frage war. Im sogenannten „Judenchristentum" ist der Sabbat, wie es scheint, gehalten worden (vgl. Mt 24,20, dazu Th W VII 30,1 ff. Lohse). Der Weg von Jesus zum Judenchristentum ist in vieler Hinsicht ein Weg zurück. E. Käsemann will in der Perikope Mk 2,23—28 den letzten Vs als einschränkenden Zusatz der Gemeinde verstehen. „Ihrem Meister konnte die Gemeinde zubilligen, was sie für sich selbst nicht in Anspruch zu nehmen wagte. Ihr einschränkender Zusatz beweist, daß sie vor der durch ihn gegebenen Freiheit erschrak und in ein christianisiertes Judentum zurückflüchtete." (Begründet der neutestamentliche Kanon die Einheit der Kirche? Ev Th 11, 1951/52, S. 18; jetzt in: Exegetische Versuche und Besinnungen, I, 1960 [2. A.], S. 219). Wenn diese Vermutung richtig ist, dann läge ein interessantes Beispiel für die Widerstände vor, auf welche die Freiheit des Christus traf.

Die Perikopen Mk 2,23—28 par und 3,1—6 par haben den Sinn, die Sabbatpraxis der Urgemeinde zu rechtfertigen (vgl. dazu Bultmann, a. a. O. S. 9 f., 14 f.; Th W VII 22,12 ff.; Lohse, Jesu Worte über den Sabbat, S. 81 ff.). Das

Freiheit und Konflikt 163

geschieht mit verschiedenen Mitteln. Am wenigsten sachgemäß ist der Schriftbeweis, der Jesus in den Mund gelegt wird (Mk 2,25 ff. par Mt 12,5 ff.). Die mangelnde Schlüssigkeit der Argumente beweist nur, daß sie selber nicht die eigentlichen, die wirklich treibenden Motive darstellen, sondern lediglich im Nachhinein, „sekundär", theologisch rechtfertigen sollen, was an Sabbatfreiheit von Jesus überliefert war. Ganz anders motiviert wird die Sabbatfreiheit in Lk 6,5 Cod D. Sie ergibt sich hier aus dem „W i s s e n". Wissen ist dabei nicht Kenntnis der Halacha, sondern Einsicht in die Tiefe des neuen Seins. Wer aus dieser tieferen Einsicht heraus den Sabbat bricht, ist gerechtfertigt. Wem dieses Wissen mangelt, der steht noch auf einer anderen, minderen Stufe und ist zum Halten des Sabbats verpflichtet. — Endlich wird auf die souveräne Vollmacht des „Menschensohns" verwiesen (Mk 2,28 par Mt 12,6 Mk 3,1—6 par). Ist der Menschensohn Herr des Sabbats, dann heißt das, daß er weder an das Gebot noch an die Überlieferung gebunden ist.

Die beiden Perikopen aus dem lukanischen Sondergut Lk 13,1—17 und 14,1—6 sind Dubletten von Mk 3,1—6. Die erste mag aus dem Logion Lk 13,15, die zweite aus dem Spruch Lk 14,5 entstanden sein (vgl. Bultmann, a. a. O. S. 10; Th W VII 26,4 ff., Lohse). Durch den Zusammenhang, in den sie Lk stellt, gewinnen die Perikopen einen neuen Sinn: sie veranschaulichen jetzt den Weg des Evangeliums von den Juden zu den Heiden. Die Sabbatfrage als solche ist für ihn nicht mehr aktuell. Die heidenchristliche Kirche hat Jesu Sabbatfreiheit realisiert (Th W a. a. O. 26,27 ff., Lohse). Noch weiter von der ursprünglichen Problematik sind die johanneischen Stellen entfernt. In beiden hat erst der Evangelist durch seine Einfügung das Sabbatmotiv hereingebracht (vgl. Bultmann, Joh, S. 178 und 253; Th W a. a. O. 27 A 208 und 28 A 222). Es dient bei ihm dazu, die Auseinandersetzung des Offenbarers mit der Welt darzustellen. Jesus befiehlt in voller Souveränität die Übertretung des Sabbats, um die Juden — die „Welt" — herauszufordern (Joh 5,1 ff.). Die Erzählung hat den Sinn, Jesus als den Logos vom Anfang zu offenbaren, der als κύριος καὶ θεός sowenig wie Gott selbst unter der Sabbatruhe steht. Für ihn gibt es keinen Sabbat. An diesem Anspruch scheiden sich die Geister. Auch die zweite Perikope, 9,1—41, hat einen ähnlichen Sinn. Die wiederum von Jesus provozierte Sabbatübertretung dient dazu, die Welt der Sehenden von der Welt der Blinden zu trennen. Sie symbolisiert den Satz: das Licht scheint in der Finsternis, aber die Finsternis hat's nicht begriffen (1,5). Das Sabbatmotiv als solches hat also ganz untergeordnete Bedeutung. Der Sabbat als solcher ist abgetan.

Die verschiedenen Schichten der Überlieferung zeigen demnach einigermaßen deutlich das Werden der christlichen Sabbatfreiheit auf. An den „theologischen" Argumenten liegt dabei wenig, denn die Sabbatfreiheit hat ihren Ursprung nicht in einem neuen Argument, sondern in einer neuen Wirklichkeit. In der Wirklichkeit des Christus hat der Sabbat der pharisäischen Kusuistik keinen Platz mehr. — Über die Stellung des Apostels Paulus wird später zu handeln sein.

5. Ursprung der Freiheit

Die Polemik Jesu gegen die jüdische Gesetzlichkeit richtet sich also nicht gegen spezielle Formen der jüdischen Gehorsamethik bzw. ihres Rituals, sondern gegen ihr Prinzip. Entsprechend ist auch Jesu Freiheit vom Gesetz nicht Freiheit von besonderen gesetzlichen Vorschriften im Unterschied zu anderen, die verbindlich bleiben, sodaß seine Polemik als eine partielle Außerkraftsetzung des Gesetzes zu verstehen wäre, als eine Differenzierung zwischen Geboten, die bleiben, und anderen, die aufgehoben werden sollten; sondern seine Freiheit ist eine prinzipielle Freiheit dem ganzen Gesetz gegenüber. Sie wird begründet — negativ — von der Einsicht in die prinzipielle Unzulänglichkeit des Gesetzes als Gesetz. Der Gehorsam gegenüber einer gesetzlichen Norm kann nie totaler Gehorsam sein, desgleichen wird ein zelebrierter Ritus sinnlos, wenn er aus einem ihm selbst fremden Grund („es ist geboten") vollzogen wird. Die prinzipielle Freiheit gründet — positiv — in einem anderen Gottesverhältnis, in einer anderen, nicht durch das Gesetz und den Gesetzesgehorsam strukturierten Bezogenheit von Gott und Mensch. In dieser nicht mehr gesetzlichen und so verstanden gesetzesfreien Gott — Mensch — Beziehung verwirklicht sich der totale Gehorsam. Fragt man, worin diese Beziehung von Gott und Mensch besteht, so darf nicht auf die E n t s c h e i d u n g hingewiesen werden, in der der Mensch vor Gott steht[13]. Denn wenn es auch fraglos ist, daß der Mensch dauernd vor der Entscheidung steht und jede Entscheidung letztlich Entscheidung vor und für bzw. gegen Gott ist, so ist doch mit dem Hinweis auf die Entscheidungssituation des Menschen, die von ihm den ganzen Gehorsam fordert, die Dimension der Gesetzlichkeit noch nicht wirklich verlassen. Der Aufruf zur totalen Entscheidung für Gott und damit zur Überwindung des Leistungsgehorsams fällt letztlich doch wieder in die Dimension der Leistung zurück[14]. Der Aufruf, den Leistungsgehorsam fahren zu lassen, appelliert an die Bereitschaft zur religiösen Leistung, ist also widersinnig und zeigt nur die Auswegslosigkeit der menschlichen Situation im „alten Äon". Demnach haben auch die Imperative Jesu (eingeschlossen die der sog. Bergpredigt) insofern nur n e g a - t i v e n Charakter, als sie wohl den totalen Gehorsam fordern, aber nicht zeigen, wie er möglich und wirklich ist.

---

[13] So Rudolf Bultmann in seinem Jesusbuch, auch in der Theologie des Neuen Testaments.
[14] Vgl. jetzt P. Tillich, Syst. Theol. II S. 116 f.

Statt dessen kann und muß man aber, wie es schon oben geschehen ist, auf die Botschaft von der suchenden Liebe Gottes hinweisen, jenes Gottes, der sich als Vater mit seinem Sohn eint. Die Beziehung von Gott und Mensch, die den neuen Äon, die Gottesherrschaft, ausmacht und die Gesetzlichkeit transzendiert, ist also durch die Begriffe L i e b e , S o h n s c h a f t , E i n u n g gekennzeichnet, dadurch, daß Gott von sich aus jene Gemeinschaft wieder aufrichtet, die der Mensch zerstört hat. Es gehört zur sicheren Jesus-Überlieferung, daß Jesus die Gemeinschaft derer gesucht hat, die durch das Prinzip der Gesetzesfrömmigkeit „außerhalb" standen, daß er Gemeinschaft mit den „Sündern und Zöllnern" aufrichtete. Damit wird die Schranke überschritten, die das Gesetz aufgerichtet hat. Die „große Sünderin", die durch ihre Gesetzesübertretung für den Frommen unannehmbar geworden ist, wird von Jesus angenommen. Sie wird geliebt, damit sie lieben kann. Ihr wird — in der Erfahrung des Angenommenwerdens — die Vergebung zugesprochen (Lk 7, 36—50). Nicht der Mensch sucht Gott, sondern Gott sucht den Menschen; Gott selbst stellt die zerstörte Gemeinschaft wieder her. E r sucht, er findet, er freut sich (Lk 15,1—10). Die Umkehr des verlorenen Sohnes darf nicht als Bedingung der väterlichen Liebe mißverstanden werden. Das, was den Vater treibt, den unannehmbaren Sohn dennoch anzunehmen, ist die kreatürliche Liebe zu seinem Ebenbild (Lk 15,11—32). Und wenn Jesus bei dem Zöllner einkehrt, so ist e r es, der den ersten Schritt tut, um den, der draußen ist, in die Abrahamskindschaft aufzunehmen (Lk 19,2—10). Mit alledem wird freilich die Gerechtigkeit, die aus dem Gesetz kommt, verletzt. Dem Gesetz gegenüber ist die Liebe immer im Unrecht. Darum steht auch der Gesetzesfromme dem Verhalten Jesu fremd und feindlich gegenüber. Er verharrt in der Einsamkeit seiner Rechtschaffenheit, während dem Sünder die Gemeinschaft mit Gott geschenkt wird. Die Verwirklichung der Gemeinschaft vollzieht sich in der Jüngernachfolge. Die Jünger sind das neue Israel und als solches die ἐλεύθεροι. Jesu Jüngerschaft ist die wahrhafte „κοινωνία τῶν ἐλευθέρων". In ihr vollzieht sich die Freiheit vom Gesetz und die Freiheit von der Welt. „Und er sprach zu ihnen: sooft ich euch ausgesandt habe ohne Beutel, ohne Tasche und ohne Schuhe, habt ihr auch je Mangel gehabt? Sie sprachen: nie!" (Lk 22,35).

6. Die Vollmacht Jesu

Die Tatsache, daß die Freiheit Jesu in seiner Person selbst begründet ist, daß er der Ursprung der neuen Freiheit ist, daß er ur-sprüngliche

Freiheit besitzt, ist im Neuen Testament durch den Begriff der „Vollmacht" Jesu, der ἐξουσία gekennzeichnet worden. Solche ursprüngliche Freiheit gerät in Konflikt mit den Traditionen. Die Tradition stellt an die Ursprünglichkeit die Frage nach der Legitimierung. Das geschieht hier in der Frage der jüdischen Autoritäten nach der Vollmacht Jesu.

Das Verhältnis Jesu den religiösen Autoritäten, insbesonders den Schriftgelehrten als den autorisierten Lehrern seiner Zeit gegenüber, ist durch Selbständigkeit und Unabhängigkeit gekennzeichnet. Er ist unabhängig von den γραμματεῖς als Lehrer aufgetreten. Er gehörte keiner Schule an und hat auch keine begründet. Er steht in dieser Hinsicht außerhalb der jüdischen Lehrtradition. Dagegen spricht nicht die Tatsache, daß er Schüler (μαθηταί) hatte, die ihm nachfolgten, daß er zuweilen in rabbinischer Weise argumentierte, bzw. ihm von der Gemeinde solche Weise des Argumentierens in den Mund gelegt wurde, auch nicht, daß er sich als Rabbi bezeichnen ließ. Denn solche traditionellen Formen dienen gerade dazu, den Unterschied zu den „zünftigen" γραμματεῖς hervorzuheben. Er trat als Lehrer auf, und transzendierte alles das, was Lehrer und Lehre sein kann. Das Neue Testament bringt das dadurch zum Ausdruck, daß es das Volk über Jesu Wirksamkeit in Erstaunen geraten läßt: seine Lehre wird als „neue" Lehre empfunden, als διδαχὴ καινὴ κατ' ἐξουσίαν (Mk 1,27), die ihre καινότης und ἐξουσία dadurch beweist, daß sie über die dämonischen Mächte gebietet. Auch seine Lehrweise unterscheidet sich von der traditionellen Lehrweise der Schriftgelehrten: ἦν γὰρ διδάσκων αὐτοὺς ὡς ἐξουσίαν ἔχων, καὶ οὐχ ὡς οἱ γραμματεῖς (Mk 1,22).

Die Rabbinen stehen in einer bestimmten Tradition, die ihren Ursprung in der Vergangenheit hat: es ist die Offenbarung Gottes an sein Volk im Gesetz. Diesem Gesetz beugen sie sich, es ist für sie Autorität, sie sehen ihre Aufgabe darin, das Gesetz weiterzugeben, es zu erläutern, es zu erfüllen. Sofern sie als Vertreter des Gesetzes auftreten, fällt etwas von der Autorität des Gesetzes auf sie selbst; als Sachverwalter des Gesetzes haben sie teil an seiner Autorität. Sie sind selber Autoritäten, freilich in einem abgeleiteten und mittelbaren Sinn. Sie haben Autorität d a d u r c h , daß sie in der ununterbrochenen Kette der Tradition stehen, die in Mose ihren Ursprung hat. Sie sind als ordinierte Toralehrer zu ihrem Amt legitimiert. J e s u s hat die Autorität nicht als Träger der Tradition, sondern als Offenbarer des neuen Seins, er hat u r s p r ü n g l i c h e, nicht abgeleitete, „i n n e r e ", nicht „äußere" Autorität. Eben das bezeichnet das Neue Testament in diesem Zusammenhang mit dem

Die Vollmacht Jesus

Wort ἐξουσία[15]. Solche ἐξουσία wird nicht durch kritisches Prüfen an bestimmten Maßstäben einsichtig, sondern sie wird unmittelbar gewiß[16]. Die synoptischen Berichte sprechen davon, daß das Volk die Vollmacht Jesu erkannte (Mk 1,22 par 1,27 Mt 7,29 9,8 Lk 4,36). Die oben zitierte Stelle, in der Jesu Vollmacht dem Wirken der Schriftgelehrten gegenübergestellt wird, ist besonders kennzeichnend. Es handelt sich hier um den Gegensatz von unmittelbarer Offenbarung und vermittelter Offenbarung durch Tradition. Durch die Lehre der Schriftgelehrten wird das Volk mittelbar mit einer weit zurückliegenden Offenbarung Gottes in Berührung gebracht; durch Jesus unmittelbar, in ihm offenbart sich, jetzt, Gott[17]. D. h. aber, daß in ihm Gott, bzw. die Herrschaft Gottes da ist[18].

---

[15] Vgl. Th W II, 566, 20 ff. (Foerster), anders D. Daube, The New Testament and Rabbinic Judaism, 1956, S. 205 ff. Nach Daube bedeutet ἐξουσία in Mk 1,21 f. ursprünglich reshuth, = rabbinische Autorität (!). Die Leute sind überrascht, daß Jesus wie ein ordinierter Rabbi lehrt. γραμματεῖς dagegen bedeutet „not the learned Rabbi but, on the contrary, ordinary teachers without the right to proclaim decisions" (S. 206). „The teaching with 'authority' is something exceptional and exciting; it is, as the Galilean crowd remarks, quite unlike the everyday instruction of the 'scribes', the 'elementary teachers' — of whom there were certainly more than enough in any Palestinian village" (S. 211). Die διδαχὴ καινὴ κατ' ἐξουσίαν (Vs 27) soll eine neue Interpretation des Gesetzes sein, wie sie dem Rabbi zukommt (S. 206 und 212 ff.). — Schwerlich richtig. Im übrigen muß Daube selber zeigen, (S. 217 ff.) „how easily, according to a person's assessment of Jesus's position, the notion of 'Rabbinic authority' might pass into that of 'divine authority' or 'almightiness'" (S. 217).

[16] Daß Jesus Freiheit dem Gesetz gegenüber letztlich aus dieser seiner Vollmacht, d. h. aus seiner göttlichen Sendung kommt, hat bes. W. Beilner in seiner genannten Untersuchung, Christus und die Pharisäer, 1959, herausgearbeitet. Jesus „steht außerhalb und über der Gesetzesbestimmung, er kann mit Vollmacht erklären, was seinem Auftrag zukommt, und dabei auch mit Macht festsetzen, was der tatsächliche Wille Gottes ist" (S. 35). Mit der Hinwendung zu den Sündern und dem Aussprechen des Vergebungswortes behauptet Jesus „über und außerhalb des Gesetzes zu stehen. Mit all dem hat er den pharisäisch verstandenen Heilsweg verlassen und macht dann konsequent das Heil von der Einstellung zu seiner Person abhängig". (S. 243, im Orig. z. T. gesperrt).

[17] Vgl. Lk 7,16: ἔλαβεν δὲ φόβος πάντας, καὶ ἐδόξαζον τὸν θεὸν λέγοντες ὅτι προφήτης μέγας ἠγέρθη ἐν ἡμῖν, καὶ ὅτι ἐπεσκέψατο ὁ θεὸς τὸν λαὸν αὐτοῦ.

[18] Solche Vollmacht äußert sich dann etwa in der Verfügungsgewalt über die Dämonen (Mk 3,15 6,7 par Lk 10,19) und in dem Recht und der tatsächlichen

Dieses unabhängige Nebeneinander: hier Jesus — hier die Schriftgelehrten, muß von Anfang an ein Widereinander gewesen sein. Die Streitgespräche Jesu — unbeschadet der Tatsache, daß sie formgeschichtlich betrachtet Bildungen der Gemeinde sind — machen das deutlich. Die Polemik Jesu führt zum Konflikt. Nach Mk 11, 27—33 par hat die oberste Körperschaft des Volkes, das Synedrium, das Israel und sein Gesetz vertritt, offiziell die Legitimierung Jesu verlangt. Wie weit hier ein echter biographischer Zug vorliegt, mag im Einzelnen zweifelhaft sein[19]: die Geschichte ist kennzeichnend für das Verhältnis Jesu zur jüdischen Autorität. Das Synedrium versucht Jesus an den Maßstäben zu messen, die ihm, dem Synedrium, gegeben sind. Aber solche Maßstäbe versagen gegenüber der ἐξουσία Jesu. Jesus verweigert die Antwort[20]. Seine Vollmacht kann von den Maßstäben, über die das Synedrium verfügt, nicht mehr begriffen werden. Es ist in dem Schweigen Jesu symbolisch dargestellt, daß seine Vollmacht auf einer anderen Ebene liegt.

II. Die Freiheit im Heiligen Geist (Paulus)

1. Vorbemerkung

Wird die Freiheitslehre des Paulus im Zusammenhang dargestellt, so muß sie folgendermaßen aufgebaut werden. Der Grund der Freiheit ist die Offenbarung des Christus. Die Freiheit gründet sowohl im Sein Jesu als eines freien Daseins, „das Ereignis eines sich für andere radikal

---

Macht, Sünde zu vergeben (Mk 2,10 par). Das ist es dann auch, was Jesus als Lehrer und seine Lehre von den Rabbinen unterscheidet. Der „Inhalt" seiner Lehre ist die Wirklichkeit, die er bringt, ja er selbst. Daher „lernen" die Jünger nicht, sondern sie werden in die neue Wirklichkeit hineingeführt, ihm nachgebildet.

[19] Vgl. dazu Bultmann, Gesch. d. syn. Trad. S. 18 f. Lohmeyer, Mk S. 243.

[20] Jesus will durch seine Gegenfrage die Antwort erzwingen: „Wie Johannes, so hast auch du deine Autorität von Gott selbst!" (Anders, aber schwerlich richtig, Lohmeyer, Mk S. 242). Aber das ist eine bloße Behauptung und kein strenger Beweis für den, der auf dem Boden des Gesetzes steht. Die Autorität Jesu ist nur für den einsichtig, der von der Gottesherrschaft ergriffen ist. Das Synedrium ist das nicht. Darum läßt es sich auch nicht zu dieser Antwort bewegen.

frei gebenden geschichtlichen Lebens" (Schlier)[21], als auch in der T a t
Jesu (1). In der Verwirklichung seines Seins, in der Hingabe seines
Lebens werden wir „losgekauft" von unseren Knechtschaften. Die durch
Christus eröffnete Freiheit wird vermittelt durch den G e i s t. Das geschieht sowohl durch das W o r t, die Botschaft des Evangeliums, als
auch durch das S a k r a m e n t — bei Paulus verbotenus lediglich im
Sakrament der Taufe[22] (2). Endlich ist die V e r w i r k l i c h u n g in
den S e i n s bezügen darzustellen. Der Geist befreit von der Selbstverfallenheit, er befreit von der Sünde, vom Gesetz und vom Tod (3).
Die Freiheitslehre ist demnach in dem Dreischritt: die Befreiung durch
Christus, Vermittlung der Freiheit, Verwirklichung der Freiheit, darzustellen.

2. Die Befreiung durch Christus

Der Apostel hat den Begriff „Freiheit Christi" nicht. Er hat auch
nirgends die Freiheit, zu der Christus uns befreit hat, verbotenus auf
Christi Freiheit zurückgeführt. Gleichwohl liegt der paulinischen Anschauung von der Freiheit dieser Gedanke zugrunde. Die Freiheit Christi
als Gegenbild zur Unfreiheit Adams (und damit unserer Unfreiheit)
ist dargestellt in dem von Paulus zitierten „carmen Christi" Phil.
2,6—11[23]. Das zweistrophige Lied trägt den Charakter eines Mythos,
es symbolisiert das S e i n Jesu in der Weise eines mythologischen Geschehens. Es stellt das Sein dessen dar, der sich aufgab und sich in dem
Sichaufgeben gewann. Wiederum geht es um das rätselhafte Selbst
des Menschen. Der Christus ist ein Selbst, er nimmt es aber nicht für sich
in Anspruch. Mythologisch gesprochen: es ereignet sich kein Sündenfall[24]. Er bleibt das gottgleiche Wesen, der gottgleiche Adam v o r dem

---

[21] Th W II 495,11 f.
[22] Das Herrenmahl ist bei Paulus nicht mit dem Begriffskomplex ἐλεύθερος
in Zusammenhang gebracht worden. Das mag auf einem Zufall beruhen.
[23] Vgl. E. Lohmeyer, Kyrios Jesus, SHAW, Phil.-hist. Kl. 1927/28, 4. Abh.
Ders. Der Brief an die Philipper, 1956, S. 90 ff. E. Käsemann, Kritische Analyse von Phil 2,5—11; jetzt in: Exegetische Versuche und Besinnungen,
Bd. I S. 51 ff.
[24] Käsemann behauptet (a. a. O. S. 70 f.) im Anschluß an Stählin Th W III
354 A. 59, daß die Aussagen im Vs 7 keinen Bezug zur Versuchung hätten.
Nicht vom Sieg über die Versuchung, sondern von der Menschwerdung sei die
Rede. Aber ist das nicht eine falsche Alternative? Das Gotteswesen des Hym-

Fall. Er nimmt seine Gottgleichheit, seine Imago Dei nicht selbstsüchtig für sich. Er will das, was er ist, nicht in der Loslösung von Gott für sich sein. Er gibt es preis. Er bleibt der Sohn, indem er die Sohnschaft preisgibt[25]. Aber eben indem das Gottwesen seine Göttlichkeit preisgibt, gewinnt es sie. Der, der sich zum Knecht erniedrigte, wird zur Gottheit erhoben. Der Mythos stellt das in einer „Geschichte" dar, die von einem präexistenten Gottwesen erzählt, das Knechtsgestalt annahm, sich inkarnierte, um zur Gottheit, zum Pantokrator, zum Herrn des Alls erhoben zu werden, dem das All huldigen muß. Man kann auch sagen: der Christus hat wie „Adam" die Freiheit der Entscheidung, nämlich die Freiheit, sich das zu nehmen, was er ist, sich selbst sein Sein anzueignen, sich selbst aus sich selbst zu verwirklichen, für sich zu sein, was er für Gott ist. Der Christus aber nimmt sich sein Selbstsein nicht; warum er das nicht tut, wie es möglich ist, daß er sein Selbstsein nicht für sich in Anspruch nimmt, wie es zu verstehen ist, daß er trotzdem dadurch nicht sein Sein verliert: darüber spricht der Mythos nicht. Darüber gibt es auch keine Auskunft. Das ist das Geheimnis Christi. Aber die Folge dieser Entscheidung ist wieder zu vermitteln. Während Adam, der sich sein Sein selber aneignet, sein Sein verliert, durch die Verwirklichung seiner Freiheit unfrei wird (siehe oben S. 105 ff.), gewinnt der Christus, der sein Sein preisgibt, der seine Freiheit nicht „adamitisch" verwirklicht, sein Sein und seine Freiheit. Er ist das, was er ist, weil er es preisgegeben hat (und weil auch dieser Akt der Preisgabe nicht wiederum eine heimliche Aneignung im Sinne der sich lossagenden Selbstverwirklichung war). Gerade dadurch, daß er die Freiheit nicht nimmt, sondern aufopfert, gewinnt er sie. Das ist es, was das carmen Christi besingt[26].

nus will Mensch sein (zum Unterschied von Adam, der Gott sein wollte, weil er es meinte, kraft seiner Freiheit, sein zu können); eben dies aber, die Incarnation als „Abstieg" und Preisgabe der Gottgleichheit ist Sieg über die Versuchung.

[25] „Die sprichwörtliche Redensart ἅρπαγμα, εὕρημα, ἕρμαιον, εὐτύχημα ἡγεῖσθαι ‚etwas für ein gefundenes Fressen halten', abgeblaßt ‚etwas für sich ausnützen', die auch in die gehobene Literatur Eingang gefunden hat, wird hier variiert sein" (Käsemann, a. a. O. S. 69 f.).

[26] Vgl. Tillich, Syst. Theol. II S. 132 ff. u. ö. Käsemann hat gezeigt, was unter der κυριότης Christi zu verstehen ist. Christus ist als Herr der Welt an die Stelle der Welt-Mächte getreten. Bis zur Epiphanie des Gotteswesens war Gott des Deus absconditus, der in der absconsio der Weltelemente, der Ananke, regierte. Jetzt hat Christus die Stelle der Ananke eingenommen.

Die Befreiung durch Christus 171

Der Abschnitt dürfte, wie Ernst Lohmeyer gezeigt hat, vorpaulinisch sein. Von Paulus stammt allein die Einfügung θανάτου του σταυροῦ (Vs 8).[27] In dem Lied spricht sich demnach der Christusglaube jener Gemeinde aus, zu der Paulus gerufen wurde und gehörte. Das Lied zeigt ein Stück der „Voraussetzungen" der paulinischen Theologie und muß daher an dieser Stelle unserer Darstellung zur Sprache kommen.

Den gleichen Grundgedanken sprechen — in ihrer Weise — auch die synoptischen Perikopen von der V e r s u c h u n g J e s u aus (Mk 1,12 f., Mt 4,1—11, Lk 4,1—13). Sie stellen in einem mythischen Geschehen, das an den zeitlichen Anfang der öffentlichen Wirksamkeit Jesu gerückt wird, das Sein Jesu dar. Die Versuchungen laufen darauf hinaus, daß Jesus provoziert wird, das zu sein, f ü r s i c h zu sein, was er ist: „bist du Gottes Sohn, dann..." (Mt 4,3; 6; Lk 4,9). Jesus überwindet die Versuchung und mißbraucht seine Macht, seine Vollmacht nicht. Trotz religionsgeschichtlicher und sachlicher Unterschiede haben doch beide Überlieferungen dies gemeinsam, daß sie Jesu Freiheit darstellen. Er ist frei, weil er nicht usurpiert, was ihm gehört. Die Versuchungsgeschichten und Phil 2,6—11 rücken damit in die nächste Nähe zu G e n 3; vgl. auch Lohmeyer, Mt S. 57. Adam, der Mensch, wollte Gott sein; Christus der Gott, wollte Mensch sein. Das Sein Jesu hebt Adams Sein auf.

Mit den Aussagen des Hebräerbriefes über die Versuchlichkeit Jesu, in denen er den Menschen gleich ist, (während er sich von ihnen unterscheidet hinsichtlich des Gehorsams, den er in der Versuchung beweist), vgl. Hebr 2,18 4,15, hängen die synoptischen Versuchsgeschichten wohl nicht zusammen. Die Versuchungen, die Jesus nach dem Hebr.-Brief treffen, bestehen im Leiden und Sterben. Es ist nicht von der Versuchung die Rede, die sich aus seiner Kyriotes ergibt.

Der schon vorpaulinische und von Paulus aufgenommene Christusmythos sieht also die κυριότης Christi gerade darin begründet, daß er sich ihrer entäußert. In dieser Entäußerung der Vollmacht (= Freiheit) besteht die „Freiheit Christi". Die paulinische Einfügung in Phil 2,8 ist für die Theologie des Apostels kennzeichnend. Wenn der Mythos all-

---

Die Irdischen, die ihn anbeten, sind wohl die „Geister in der Luft". Christus „ist jetzt der Pantokrator, dem alle Mächte und Gewalten zu Dienste stehen und der in seiner Allmacht vereinigt, was vordem im Widerspruch der Kräfte und Kraftfelder auseinander und gegeneinander strebte. Als Herr des dreigliedrigen Kosmos ist er wie in Kol 1,20 der Versöhner des Alls." (a. a. O. S. 88).

[27] Käsemann (a. a. O. S. 82) stimmt zu, daß es sich um einen vorpaulinischen Hymnus handelt, der in Vs 8 durch den Apostel interpoliert wurde. Der Ursprung des Hymnus dürfte nicht (mit Lohmeyer) im palästinensischen Christentum, sondern (mit Käsemann) im hellenistischen Milieu zu suchen sein.

gemein von der Kenose des Gotteswesens spricht, die im Descensus, im Menschwerden besteht, ohne daß bestimmte Situationen der menschlichen Existenz des Gottwesens besonders hervorgehoben würden, so streicht Paulus gerade eine solche konkrete Situation, nämlich den Kreuzestod heraus. Der Tod am Kreuz ist für ihn der äußerste und (wie die Paulusbriefe ergeben) der e i g e n t l i c h e Punkt der Kenose. Die Kenose des zweiten Adam, der die Freiheit aufrichtete (Gal 5,1), zeigte sich für Paulus vor allem in der Übernahme des fluchbeladenen Todes am Kreuz. Der gehorsame Tod am Kreuz offenbart die Freiheit Christi. Hier ist der Ort, wo Freiheit in der Welt erschien. Hier ist der Ort der Freiheit in einer Welt der Knechtschaft. Und er ist es deshalb, weil hier der Wille Gottes im echten Gehorsam zur Erfüllung kam, der durch die Menschen (Juden sowohl als Heiden) nicht erfüllt werden kann, sofern im Gehorsam des Menschen dem göttlichen Willen gegenüber immer der menschliche Widerwille mehr oder weniger offenkundig widersteht. Hier aber, im Gehorsam des Herrn, deckte sich der Wille dessen, der Gehorsam forderte, mit dem Willen dessen, der ihn leistete. Eben darum handelt es sich hier nicht mehr eigentlich um einen „geleisteten" Gehorsam, sondern um echten Gehorsam, der nicht „von außen", sondern „von innen" kommt; im Gehorsam Christi ist das erfüllt, was das Gesetz zur Erfüllung bringen w o l l t e , aber nicht v e r m o c h t e (Röm 8,3) und damit zugleich das τέλος des Gesetzes geoffenbart (Röm 10,4). Eben darum aber kann Jesus auch als die εἰκὼν τοῦ θεοῦ bezeichnet werden (Kol 1,15), als die wahre Imago dei, die der Mensch in seiner Selbstsucht zwar nicht verlor, aber völlig pervertierte.

Durch die Offenbarung der Freiheit Christi ist Freiheit auch für uns möglich gemacht, sind wir durch Christus zur Freiheit befreit (Gal 5,1) worden, ist es möglich geworden, daß Christus uns zur Freiheit „ruft" (Gal 5,13). D e r G e h o r s a m C h r i s t i i s t d e r A k t d e r B e f r e i u n g. Er ist als solcher der Wechsel vom νόμος τῆς ἁμαρτίας καὶ τοῦ θανάτου zum νόμος τοῦ πνεύματος τῆς ζωῆς (Röm 8,2). Das Gesetz „des Geistes und des Lebens, das in Jesus Christus ist"[28], b e f r e i t uns von dem „Gesetz der Sünde und des Todes". Das e i n e Gesetz befreit uns von dem a n d e r e n, das neue vom alten. Was unter dem Gesetz der Sünde und des Todes zu verstehen ist, ist klar: es ist das Gesetz Gottes, das uns ins Leben führen will, aber faktisch die Sünde offenbart und damit in den Tod führt (vgl. oben S. 117 ff.). Was aber ist unter

---

[28] So ist der Text zu paraphrasieren, vgl. Michel, Röm, S. 159.

dem „Gesetz des Geistes und des Lebens" zu verstehen? Es ist dasselbe, das Paulus auch das Gesetz des Glaubens (Röm 3,27), oder das Gesetz Christi (Gal 6,2) nennen kann. Es wird mit der Aussage zunächst gezeigt, daß die Existenz des Freien nicht Existenz jenseits des Gesetzes ist, daß sie nicht libertinistische Existenz ist, daß der Christ nicht ein ἄνομος θεοῦ, sondern ein ἔννομος Χριστοῦ ist (1. Kor 9,21). Als das Gesetz Christi ist es „ein im Prinzip durch Christus erneuertes Gesetz" (Schlier)[29]. Es befindet sich nicht auf der selben Ebene wie die Lex Mosis, von der es etwa nur durch bestimmte neue Gebote unterschieden wäre. Es ist auch nicht neue Auslegung des alten Gesetzes, sondern es ist das verwandelte Gesetz, das für die Endzeit verheißen war (Jer 31,31 ff.). Nova lex ist der novus ordo rerum. Νόμος heißt hier zunächst „Ordnung", im Sinne einer neuen Dimension des Seins, die Christus gebracht hat. Die nova lex ist **das neue Sein**[30]. Gemeint ist die neue Ordnung des Seins, in der Freiheit herrscht. Wenn diese neue Ordnung des Seins ausdrücklich Gesetz genannt wird, so soll damit freilich auch zum Ausdruck gebracht werden, daß „Geist" und „Leben" an den Menschen Forderungen stellen, die es zu erfüllen gilt. Indessen: wie wenig solche Forderungen des hl. Geistes mit den Forderungen des Gesetzes, was die Struktur betrifft, zu tun haben, ergibt sich aus dem Geistbegriff[31]. Die Erfüllung dieser Forderung ist die Liebe (Gal 6,2). Das Gesetz des Geistes und des Lebens, oder, wie auch heißen kann, das Gesetz Christi, ist der novus ordo caritatis[32].

[29] Gal S. 200.
[30] Nur in diesem Sinn darf der Begriff „nova lex" verwendet werden. Zum Begriff der neuen Ordnung vgl. auch Michel, Röm, S. 159.
[31] „So ist ‚das Gesetz Christi' mit dem νομος τῶν ἔργων, Röm 3,27, in **d e r** formalen Hinsicht identisch, daß es auch fordert und zwar — ebenfalls im formalen Sinn gemeint: das Gute und Gerechte und die Liebe. Es steht ihm aber darin absolut entgegen, daß es aus dem Geist Geist und Leben schafft, während jenes Gesetz der Werke aus dem Fleisch sarkisches Dasein, wenn auch z. T. unter dem Schein des Gerechten, und Tod erzeugt." (Schlier, ebdt.).
[32] Der Begriff νόμος πίστεως von Röm 3,27 findet bei G. Friedrich, Das Gesetz des Glaubens, Th Z 10 (1954) S. 401 ff. eine andere Deutung. Danach handelt es sich in Röm 3,27 nicht um zwei verschiedene Gesetze (νόμος τῶν ἔργων — νόμος πίστεως), sondern um das selbe Gesetz — die Tora! Νόμος πίστεως ist die Tora, sofern sie das Gesetz ist, welches den Glauben verkündet bzw. bezeugt (so bes. S. 415 ff.). — Schwerlich richtig.
Der Begriff des „**t e r t i u s u s u s l e g i s**" läßt sich also von den paulinischen Aussagen über die Lehre Christi nicht belegen. Das „Gesetz des Geistes

Der Übergang vom Gesetz der Sünde und des Todes zum Gesetz des Geistes und des Lebens ist demnach der Übergang von einer Seinsordnung zur anderen, der Übergang von der hoffnungslosen Unfreiheit in die hoffnungsvolle Freiheit. Dieser Übergang aber hat sich vollzogen im Gehorsam Christi, der sich, „seinen Leib" (Röm 7,4), dargeboten und preisgegeben hat, damit die Mächte zunichte würden, die uns in der alten Seinsordnung und ihrer Herrschaft gefangen hielten. So kann Paulus davon sprechen, daß wir durch den Leib des Christus — nämlich durch die Hingabe seines Leibes — dem Gesetz gegenüber gestorben sind: ὑμεῖς ἐθανατώθητε τῷ νόμῳ διὰ τοῦ σώματος τοῦ Χριστοῦ (Röm 7,4), d. h. — wie der ganze Abschnitt Röm 7,1—6 zeigt — daß wir dem R e c h t s a n s p r u c h und dem M a c h t a n s p r u c h des Gesetzes entnommen sind, daß wir durch den Tod des Christus aus der Macht des Gesetzes gerettet, der Macht des Gesetzes entnommen sind, daß wir nun nicht mehr dem Gesetz angehören. Die Fortsetzung ist kennzeichnend: εἰς τὸ γενέσθαι ὑμᾶς ἑτέρῳ, τῷ ἐκ νεκρῶν ἐγερθέντι ... Sie zeigt, daß solche Befreiung nicht in eine sinnlose Unbestimmtheit führt (die man dann fälschlich als Selbstverfügung ansprechen könnte, obgleich solche

---

und des Lebens" ist (wenn wir dem Motiv der paulinischen Theologie folgen) nicht ein neuer U s u s , ein neuer Gebrauch oder eine neue Verwendungsweise des Gesetzes (oder auch nur ein neuer Aspekt), sondern es ist ein n e u e s , nämlich das durch Christus im Prinzip erneuerte (eschatologisch geheilte) Gesetz. Durch Christus wird nach paulinischer Theologie nicht ein neuer Gebrauch des Gesetzes enthüllt, sondern das Gesetz in seiner Struktur verändert. Pointiert könnte man sagen: das G e s e t z C h r i s t i i s t d a s G e s e t z o h n e G e s e t z l i c h k e i t und zwar deshalb, weil es nicht mehr „diesem" Äon angehört, sondern dem „kommenden", in dem „Geist" und „Leben" herrschen. Der paulinische Ansatz müßte etwa folgendermaßen vermittelt werden: das Gesetz Christi ist insofern neu und nicht mehr das alte Gesetz, sofern es nicht mehr zu einem lediglich gesollten Sein ruft (unter den Bedingungen der Entfremdung, die für den Äon, der vergeht, gelten), sondern es ruft uns, die „Heiligen", die Glieder der endzeitlichen Gemeinde, auf, das schon durch Christus konstituierte und im Geist gegenwärtige Sein zu verwirklichen. Es ruft das Sein Christi in die Existenz. Es ruft daher nicht zu etwas Fremden, das doch nie ganz erreicht wird (oder wie Paulus sogar meint: das die Entfremdung provoziert), sondern es ruft zu dem, was die „Heiligen" im Grunde selber wünschen und wollen — und vermögen! Es ruft die Christen zu sich selbst. Insofern ist es das Gesetz o h n e Gesetzlichkeit! Es appelliert nicht mehr an die ohnmächtige Freiheit, sondern an die -freie Freiheit (sit venia verbo).

absolute Selbstverfügung in Wahrheit gerade an die Mächte bindet); sondern daß die Befreiung des Menschen durch den Tod des Christus in die Bestimmtheit durch den Auferstandenen führt, daß wir durch den Akt der Befreiung — der hier Tod u n d Auferstehung ist — in den Machtbereich des Auferstandenen gebracht, ihm zu eigen wurden. Dieser Machtbereich des Auferstandenen aber ist der Bereich des Geistes und des Lebens, der durch das „Gesetz Christi" strukturiert wird.

Die Preisgabe des Christus hat Paulus an einer Reihe von Stellen (1. Kor 6,20 7,23 Gal 3,13 4,5 vgl. dazu 2. Ptr 2,1 Apk 5,9 14,3) im Bilde des Sklavenloskaufs dargestellt.

Das Bild vom S k l a v e n k a u f bzw. S k l a v e n l o s k a u f ist von Paulus nicht streng verwendet worden. Es ist daher nicht möglich, die Aussagen des Apostels auf einen bestimmten Rechtsgebrauch festzulegen. Folgende Vorschläge sind gemacht worden:

a) Der einfache S k l a v e n k a u f. Büchsel verstand die Ausagen aus dem 1. Korintherbrief als „Schlagworte" des Paulus, zu deren Erklärung der gewöhnliche Sklavenkauf ausreicht. Durch Kauf sind die Christen, die vormals Sklaven der Mächte gewesen waren, nun Sklaven Christi geworden. Die Tatsache, daß sie in der Sklaverei Christi wahrhaft Freie sind, kommt dabei nicht zum Ausdruck (Th W I 126). Dazu paßt am besten 2. Ptr 2,1, wo offenbar vorausgesetzt ist, daß die Christen durch Kauf den δεσπότης gewechselt haben.

b) Die F r e i l a s s u n g , manumissio. 1. Kor 7,22 ist vom ἀπελεύθερος κυρίου die Rede. Mit diesem Ausdruck ist nicht jeder Christ bezeichnet, sondern insbesonders der Sklave im zivilrechtlichen Sinn, der — obgleich er Sklave ist und Sklave bleiben soll — als Freigelassener des Herrn auf gleicher Stufe steht wie der Freie, der ein Sklave ist, nämlich ein Sklave Christi. Das ganze Wortspiel soll also zeigen, daß in Christus die sozialen Unterschiede eingeebnet sind. Der Sklave ist zum Freigelassenen, der Freigelassene zum Sklaven geworden. In Vs 23 wechselt dann Paulus das Bild. Hier spricht er wieder von allen Christen und dem Loskauf — nicht der manumissio! — der Christen durch Christus. Vgl. Th W I 126 A 1; W. Elert, Redemptio ab hostibus. ThLZ 72 (1947) Sp. 266 A 1. H. Lietzmann, An die Korinther I, II 1949, 4. Auflage, ergänzt v. W. G. Kümmel, S. 177 f. Elert hat auch darauf aufmerksam gemacht, daß der Freigelassene (libertus) an seinen patronus, den Freilasser, insofern gebunden bleibt, als er ihm obsequium schuldet.

c) Der s a k r a l e S k l a v e n f r e i k a u f. Das Heiligtum des delphischen Apollon kannte einen durch zahlreiche Inschriften belegten Brauch, nach dem ein Sklave sich unter Hinterlegung des Kaufpreises seine Freiheit selbst erkaufen konnte. Der Mythos stellt die Selbstbefreiung des Sklaven so dar, daß der Gott dem Sklavenbesitzer einen Sklaven abkauft und ihm sodann die Freiheit schenkt. In Wirklichkeit hinterlegt der Sklave den Kaufpreis bei der Priesterschaft, die ihm dem Eigentümer übermittelt. Ad. Deißmann hat die paulinischen Aussagen auf dem Hintergrund des sakralen Sklavenloskaufs, wie er in Delphi betrieben wurde, zu interpretieren versucht (Licht vom Osten, 1923, 4. Auflage, S. 271 ff.). Büchsel ließ diese Deutung wenigstens für die Stellen aus dem Galaterbrief gelten, betonte aber stark den Unterschied (a. a. O. 126,29 ff.). Der Kauf ist hier in den paulinischen Stellen kein fingierter, sondern ein wirklicher, geschichtlicher. Die These Deißmanns ist neuerdings von Elert (a. a. O. Sp. 266 ff.) bestritten worden. Elert weist auf die Differenz gerade in dem entscheidenden Punkt hin: dort Selbstbefreiung der Sklaven und fiktiver Loskauf, hier: Befreiung durch Christus als geschichtliches Geschehen. Dazu kommt, daß die Formulierung in der Terminologie nicht an die delphischen Inschriften erinnert. Elert hat (Sp. 268 ff.) eine eigene Hypothese aufgestellt; er führt die Aussagen des Paulus auf

d) den L o s k a u f a u s d e r K r i e g s g e f a n g e n s c h a f t zurück. Das römische Recht versteht (wie das antike Recht überhaupt) den Kriegsgefangenen als Sklaven fremder Mächte, als Eigentum des Eroberers. Während der Kriegsgefangenschaft geht er seiner Rechte verlustig. Der Rechtsverlust dauert bis zu seiner Rückkehr aus der Gefangenschaft. Von den Fällen gewaltsamer Befreiung abgesehen tritt das aber in der Regel nur ein, wenn er den Feinden abgekauft wird. Dies bezeichnet das römische Recht mit dem Ausdruck redemptio ab hostibus. Elert versucht, den ganzen Komplex der neutestamentlichen Erlösungslehre auf diesem Hintergrund zu sehen, ist sich aber bewußt, daß es sich auch hier nur um einen V e r g l e i c h handelt, der nicht alles erklärt.

Die paulinischen Aussagen vom Sklavenloskauf haben metaphorische Bedeutung. Der befreiende Akt des Todes Christi wird unter dem Bilde des Loskaufs angeschaut; das Bild lag nahe, da nun einmal das „natürliche" Dasein des Menschen als Sklavendasein bezeichnet war und die Befreiung durch Christus zum Ausdruck gebracht werden sollte. Es ist verständlich, daß Paulus zu den alltäglichen Bildern des Sklavenkaufs bzw. -loskaufs griff, ohne daß er sich dabei an eine bestimmte Rechtsform band[33]. Daß er überhaupt zu diesen r e c h t l i c h e n Kategorien griff[34], wird aus dem paränetischen Interesse verständlich, das sich in allen genannten Stellen ausspricht. Mit dem Tode Christi ist die Freiheit rechtmäßig begründet und gesichert. Es sollte dadurch verdeutlicht werden, daß der Anspruch der Mächte, insbesonders der Anspruch des Gesetzes ein für allemal hinfällig geworden ist. Es sollte die Unbedingtheit und Gewißheit der Freiheit, die Unmöglichkeit, ja Rechtswidrigkeit jedes Rückfalls in die Unfreiheit verdeutlicht werden.

---

[33] Der sakrale Loskauf kommt seit der Untersuchung von Elert am wenigsten in Betracht.
[34] Vgl. auch die Heranziehung rechtlicher Kategorien in Gal 4,1—7 Röm 7,1—6 u. ö.

Der sachliche Gehalt der angeführten Stellen ist im Galaterbrief größer als im 1. Korintherbrief. 1. Kor 6,20 und 7,23 schildern mehr den Effekt des Loskaufs — nämlich die Tatsache, daß alle fremden Ansprüche auf uns verwirkt sind — als den A k t der Befreiung. Gal 4,5 spricht von der Sendung des Sohnes, der vom Weib geboren und unter das Gesetz getan wurde, um uns zu befreien. Das Sein Christi unter dem Gesetz als Akt der Befreiung ist zuvor in 3,13 genauer ausgeführt worden. In Gal 3,13 „wird angegeben, aus welcher Vergangenheit heraus der Sklave befreit worden ist, und in welcher Weise das Loskaufen geschah" (Schlier)³⁵. Die Antwort auf die erste Frage lautet: ἐξηγόρασεν ἐκ τῆς κατάρας τοῦ νόμου und damit wird ausgesprochen, daß unser verfluchtes Dasein unter dem Gesetz ein Ende genommen hat. Der Satz γενόμενος ὑπὲρ ἡμῶν κατάρα, der von Christus spricht, versucht den Akt der Befreiung durch die Kategorie des A u s t a u s c h e s (vgl. καταλλαγή!)³⁶ zu vermitteln. Indem Christus den verfluchten Tod am Kreuz gestorben ist, hat sich auf ihm der Fluch, der auf uns lastete ganz und gar ausgewirkt. Er hat sich am Christus ausgewirkt, ausgetobt und erschöpft. Das Gesetz ist zu seinem Recht gekommen. Sein Anspruch ist erfüllt. Wir sind frei. Das ist in hohem Maße symbolische Rede. Aber der Sinn des Symbols ist verstehbar: es soll zum Ausdruck gebracht werden, daß Jesu Gehorsam, sein Sein unter dem Gesetz, sein verfluchter Tod am Kreuz nicht bloß eine Bedeutung für ihn selbst hatte, sondern für uns alle, nicht bloß s e i n e Freiheit, die er an sich hatte, offenbare, sondern die Freiheit offenbarte, die er f ü r u n s hat. Indem Freiheit überhaupt offenbar wurde, wurde sie für u n s offenbar. Mit der Sendung Jesu (Gal 4,4), und seinem vom Gesetz verfluchten Tod (Gal 3,13) kommt die Freiheit in die Welt³⁷. Sein Gehorsam bedeutet daher Eröffnung der Freiheit f ü r u n s. In diesem Sinn ist er auch für uns gestorben. In diesem Sinn ist auch die Rede von Christi stellvertretendem Beladensein mit dem Fluch zu verstehen. Die Offenbarung der Freiheit in einem menschlichen Leben war B e - f r e i u n g für uns. Freiheit ist damit zur Möglichkeit menschlichen Lebens geworden.

---

³⁵ Vgl. S. 93. Schlier merkt ebdt. an, daß gerade zu diesen beiden Punkten die Parallele zum Sklavenloskauf fehlt.
³⁶ 2. Kor 5,18—21.
³⁷ Wobei freilich keinen Augenblick vergessen werden darf, daß der Tod Jesus am Kreuz nur deshalb die Qualität des erlösenden Loskaufs von dem Gesetz hat, weil es der Tod dessen ist, der nicht im Tod blieb, sondern durch die A u f e r s t e h u n g ins Leben trat.

3. Die Vermittlung der Freiheit

Durch die Offenbarung der Freiheit Christi ist Freiheit wieder zur Möglichkeit des menschlichen Lebens geworden: freilich nicht in d e m Sinn, daß dem Menschen eine neue Möglichkeit der gott-losen Selbstverfügung geworden ist; die Versuche des Menschen, sich selbst seine Freiheit zu verwirklichen sind ja zum Scheitern verurteilt. Die Möglichkeit der Freiheit gründet vielmehr eben in der Offenbarung Christi, sie ist dort, w o sich Christus offenbart und sie reicht s o w e i t a l s sich Christus offenbart. Die Freiheit wird nicht erworben, sondern entgegengenommen. Man muß zur Freiheit selbst befreit werden: darum die merkwürdige Formulierung des Paulus: „Zur Freiheit hat euch Christus befreit!" (Gal 5,1). Das bedeutet aber, daß sich der Mensch die Freiheit Christi nicht selbst vermitteln kann. Auch die Vermittlung der Freiheit ist Gnade, über die der Mensch nicht verfügt. Die Vermittlung der Freiheit geschieht ihm. In diesem Sinn kann man sagen, daß sich die Freiheit — nämlich die Freiheit Christi, die Freiheit Gottes, letztlich also Gott selbst[38] — selbst vermittelt. Die Vermittlung der Freiheit an mich geschieht so, daß die Freiheit Christi an mich herangetragen wird, daß sich die Freiheit Christi mir vergegenwärtigt, daß sie sich mir real repräsentiert. Die Freiheit wird vermittelt durch die Repräsentanz der Tat Christi (seines Frei-seins und der Bewahrung seiner Freiheit in der opferbereiten Hingabe seines Lebens, wie wir oben gesehen haben). Die Repräsentanz der Tat Christi aber geschieht im heiligen Geist. Im heiligen Geist wird mir die Freiheit Christi vermittelt, sie wird mir angeeignet. Im heiligen Geist wird die Freiheit Christi m e i n e Freiheit. Für das — paradoxe — Verhältnis, daß Christi Freiheit meine Freiheit ist, verwendet das Neue Testament das Wort πνεῦμα.

Der Geist ist die G e g e n w a r t C h r i s t i. Die Partizipation an Christi Freiheit geschieht indirekt, durch das Immanieren im Geist. Im Geist sein = in Christo sein (das wird etwa besonders in dem Abschnitt Röm 8,9 ff. deutlich, wo der Ausdruck „der Geist wohnt in euch" identisch ist mit dem anderen: „Christus ist in euch"). Deshalb kann Paulus sagen, daß es der Geist ist, der frei macht. „Denn das Gesetz des Geistes und des Lebens in Christus Jesus hat dich frei gemacht..." (Röm 8,2). „Wo aber der Geist des Herrn ist, da ist Freiheit" (2. Kor 3,17). Der Geist ist hier gleichsam „räumlich" vorgestellt, als die Dimension des neuen Seins, (vgl. H. D. Wendland, Das Wirken des Hl. Geistes in den Gläubigen nach Paulus, Th LZ 77 (1952) Sp. 461 u. passim.) als das Wirkungs-

---
[38] Siehe oben S. 148.

feld Christi (Schweizer Th W VI 424,26), als die „S p h ä r e Christi". Dieser Bereich ist aber K r a f t bereich. Wer im Bereiche des Geistes ist, steht unter der Einwirkung der Kraft Christi. Er ist durch Christus bestimmt. Das Sein-In bestimmt die Existenz. Der Geist ist „Kraft, Norm, Macht" (ebdt. 425,17 ff.). „Im Geist Sein" bedeutet, daß der Mensch nicht mehr aus seiner eigenen Kraft und Möglichkeit lebt, daß er nicht mehr sich selbst Grund des Seins sein will, sondern, daß er aus einer fremden Macht lebt, daß er sich von einer fremden Macht bestimmen läßt (ebdt. 426,9 f.). Die Rede vom Geist als einer Kraft gerät leicht in die Gefahr magischer Vorstellungen (vgl. dazu a. a. O. passim; Bultmann, Th d NT's 335 f.). Sie ist aber nicht magisch gemeint. Die räumlichen Kategorien bezeichnen die D i m e n s i o n a l i t ä t des Seins, die Rede von der K r a f t , der N o r m und der M a c h t des Geistes bezeichnet den Seins g r u n d . Das heißt dann aber, daß im heiligen Geist der Mensch in einem neuen Sein ist bzw., daß er aus einem neuen Seinsgrund lebt. Der neue Grund des Seins, aus dem der Mensch lebt, ist Gott, bzw. Gottes Schöpfermacht, wie sie in der Auferstehung Jesu Christi offenbar wurde. Die Freiheit hat demnach in der Schöpfermacht Gottes, die in Christus offenbar wurde, ihren Grund. Und nur was darin seinen Grund hat, darf sich mit Recht Freiheit nennen.

Die Mittel, die selbst im Geist sind und im Geist wirken und die, eben dadurch, daß sie im Geist sind, den Geist vermitteln, sind das W o r t und das S a k r a m e n t der T a u f e . Durch das Wort werden die Menschen zur Freiheit Christi g e r u f e n (Gal 5,13). In dem Ruf der apostolischen Botschaft ist Christus selbst gegenwärtig. Die Apostel rufen gleichsam an Christi statt (2. Kor 5,20)[39]. Predigt ist Ruf zur Freiheit, aber in der Weise, daß im Ruf zur Freiheit die Freiheit „geistlich" offenbar wird. „Das, was ihnen die Freiheit, für die Christus „uns" freigemacht hatte, eröffnete, war der an sie ergangene Ruf Gottes. Indem Gott (vgl. 1,6.15 5,8) rief, und zwar konkret durch das apostolische Evangelium von Jesus Christus, kam die Freiheit, zu der Jesus Christus uns frei gemacht hatte, über die Gemeinde" (Schlier)[40]. Die Vermittlung der Freiheit Christi und damit die konkrete Befreiung (die Aneignung der Freiheit) geschieht zum andern im Sakrament. D i e T a u f e v e r m i t t e l t d i e B e f r e i u n g . Der Abschnitt Röm 6,12—23, der von den Gegensätzen Herrschaft-Knechtschaft, Freiheit und Unfreiheit geprägt ist, steht im Zusammenhang mit den Ausführungen des Apostels über die Taufe Röm 6,1 ff. Er ist eine Interpretation dessen, was die Taufe b e w i r k t , und dessen, was sie f o r d e r t . Das Wort Taufe selbst wird nicht genannt, die Passiva ἐλευθερωθέντες ... ἐδουλώθητε (Vs 18)

---

[39] Das Joh-evg läßt dann Jesus selbst zur Freiheit rufen: Joh 8,31 ff.
[40] Gal S. 174 f.

180   Die Freiheit im Heiligen Geist (Paulus)

weisen aber darauf hin[41]. In der Taufe haben sich nicht die Christen selbst frei gemacht, sondern sie sind frei gemacht worden[42]. In der Taufe sind sie aus der Herrschaft der Mächte befreit worden. In ihr wurde der Anspruch und das Recht der Mächte (allen voran der Anspruch und das Recht des Gesetzes, h i e r der Anspruch und das Recht der S ü n d e) vernichtet. Denn in der Taufe sind sie ja mit dem Tode und der Auferstehung Christi so zusammengebracht worden, daß sie am Tod und an der Auferstehung Christi real teilhaben. Wie der Tod und die Auferstehung Christi die Mächte entmachteten, so sind sie durch das Mitsterben und Mitauferstehen[43] mit Christus in die Vernichtung der Weltmächte und die Aufrichtung der Schöpfmacht Gottes realiter mithineingezogen worden, Röm 6,2 ff. In der Taufe sind sie in tödlicher Weise den alten Bindungen abgerungen worden, sie sind der Knechtschaft abgestorben; und sie sind zugleich der Freiheit übergeben worden, die — paradoxer Weise: ἀνθρώπινον λέγω διὰ τὴν ἀσθένειαν τῆς σαρκὸς ὑμῶν 6,19 — Knechtschaft der Gerechtigkeit ist. Im Mitsterben mit Christus ist ihnen die Welt in ihrer bestimmenden Macht gekreuzigt, getötet und vernichtet worden (Gal 6,14), sie wurden selbst mit ihrem gan-

---

[41] Michel, Röm S. 136 f.

[42] Daß die Freiheit keine Möglichkeit des Menschen ist, auch nicht des frommen Menschen, auch nicht des gläubigen Menschen (der Glaube schafft nicht Freiheit, er nimmt die Freiheit entgegen), daß sie allein Möglichkeit Gottes ist, und nur als Möglichkeit Gottes freilich wiederum Möglichkeit des Menschen, g e s c h e n k t e Möglichkeit, — das kommt zum Ausdruck in den Passiva Röm 6,18. Durch die A k t i o n des Menschen wird die Perversion der Freiheit nur je verstärkt. Gewonnen wird sie allein in der P a s s i o n (in der Taufe). Actio dei est passio nostra (Luther; bei Schlier, Gal S. 143 A. 3).

[43] E. Käsemann bezweifelt, daß Paulus bereits ein Mitauferstandensein mit Christus kennt; das lehrten vielmehr die Enthusiasten und freilich auch des Apostels „Schüler", die Verfasser des Kolosser- und Epheserbriefes (z. B. in: Römer 13,1—7 in unserer Generation, ZThK 56 [1959], S. 371). Die Futura in Röm. 6,5 und 8 weisen in der Tat auf die Parusie. Das bestätigt aber die These Käsemanns m. E. noch nicht. Denn 1. ist das „Hin und Her" zwischen Präsens und Futurum für die Theolgoie des Paulus konstitutiv, vgl. dazu Kuss, Röm S. 303 f. u. ö.; und 2. ist in dem ὡσεὶ ἐκ νεκρῶν ζῶντας von 6,13 jeder Zweifel beseitigt, daß Paulus die Taufe auch als ein Mitauferstehen mit Christus faßt. — Im übrigen fordert das ja auch seine Theologie: das Pneuma ist Gabe der neuen Welt, die eben durch die Auferstehung des Gekreuzigten anbricht. — In welchem Sinn sich Paulus von den Enthusiasten distanziert, siehe S. 200 ff.

zen Sein und Wesen mithineingezogen in den Tod der Welt, sie sind mit der Welt in der Taufe gestorben, das „Fleisch" mit seinen Leidenschaften und Begierden, das heißt also letztlich der Mensch in seiner „irdischen" Existenz mit dem der Existenz eingeborenen Wunsch, sich aus sich selbst zu verwirklichen, ist gekreuzigt worden, Gal 5,24. Das selbe sagt — mit Rücksicht auf das Gesetz — der Abschnitt Röm 7,1—6 aus. Auch hier weisen die Passiva (ἐθανατώθητε und κατηργήθημεν 7,4 und 7,6) auf das Taufsakrament[44]. In der Taufe sind sie mit dem Leib Christi mitgestorben und damit dem Gesetz abgestorben. Für Tote gilt das Gesetz nicht mehr. Für die alte Welt, den alten Äon aber sind die Christen tot. Sie sind dem, was sie gehalten hat, fortgestorben. Über Tote hat das Gesetz keine Macht mehr: ὑμεῖς ἐθανατώθητε τῷ νόμῳ διὰ τοῦ σώματος τοῦ Χριστοῦ, εἰς τὸ γενέσθαι ὑμᾶς ἑτέρῳ, τῷ ἐκ νεκρῶν ἐγερθέντι (7,4). νυνὶ δὲ κατηργήθημεν ἀπὸ τοῦ νόμου ἀποθανόντες ἐν ᾧ κατειχόμεθα (Röm 7,6). Sie leben jetzt ὡσεὶ ἐκ νεκρῶν ζῶντες (6,13), ex virtute resurrectionis, aus dem Geist, der Geist aber ist die „Schöpferkraft des Auferstandenen"[45]. M. a. W.: für Paulus vollzieht sich der Übergang aus der selbstverfallenen und weltverfallenen Existenz zu dem freien, über sich selbst verfügenden Dasein konkret in der Taufe. Was sich als kosmisches Geschehen in Christus ereignet hat, nämlich der Übergang vom alten Äon in den neuen, wird dem Einzelnen in der Taufe zugeeignet, nämlich so, daß er selbst in ontischer Weise in die Katastrophe der Welt und das Hereinbrechen des neuen Äons durch Tod und Auferstehung Christi mithineingezogen wird. Er geht in der Taufe unter in den Tod Christi, wird mit ihm begraben und steht mit Christus auf — zu einem neuen Leben; aber zu einem neuen Leben, das nun eben nicht die Fortsetzung oder Erneuerung des alten ist; vielmehr wirkt nach Paulus die Taufe einen radikalen Abbruch: dem neuen Leben geht der Tod voraus. Als ein Vernichteter, zu Grunde Gegangener, Gestorbener kommt der Mensch aus der Taufe — aus dem Grabe! — herauf. Damit ist prinzipiell (weil sakramental-ontisch) alles, was Welt, Fleisch, Leben im Leib bestimmt, zurückgelassen, im Grabe gelassen, und eine neue Existenz geboren, die vom πνεῦμα bestimmt ist. In diesem Sinn ist der Christ durch die Taufe freigemacht.

---

[44] Michel, Röm, S. 141 f.
[45] Th W VI 418,2 (Schweizer). Alb. Schweitzer, Die Mystik des Apostels Paulus, 1930, S. 165 spricht in Bezug auf das πνεῦμα von der „Erscheinungsform von Auferstehungskräften".

Der Übergang von der alten zur neuen Existenz, vom Status sub lege in den Status sub gratia, ist eine der entscheidenden Stellen der paulinischen Theologie. Der Sache nach drängen alle Aussagen über die menschliche Entfremdung und alle Aussagen über das Heil in Christus auf die Frage, w i e e i g e n t l i c h der Übergang von dem einen zum anderen vollzogen werden kann. Es ist wichtig zu sehen, daß die Kategorie der E n t s c h e i d u n g hier nicht ausreicht.[46] Die Befreiung kann nicht einfach Folge der menschlichen Entscheidung, der gehorsamen Unterwerfung unter das von Gott mir vorgestellte Soll sein. Solange ich nämlich auf der Ebene des göttlichen Gebotes stehe, das meine Entscheidung hervorruft, bin ich ja den Mächten der Destruktion unterworfen, die Paulus analysierte. Ein so konstituierter Gehorsam bleibt auf der Ebene der Leistung, auch (und wahrscheinlich gerade dann), wenn er Gehorsam gegenüber einem paradoxen Gebot ist, nämlich dem, alles Leistenwollen und Geltenwollen vor Gott fahren zu lassen. Denn das Verderbliche und Verlorene der menschlichen Situation besteht, wie wir gesehen haben, gerade darin, daß ich mich in meiner Entscheidung gar nicht in der Hand habe, sondern mitten im freien Mich-Entscheiden von jenen Mächten überrumpelt werde, die zu meinem Ich gehören, und doch nicht Ich sind. Es zeigt sich, daß von der Entscheidung her die Wiederaufrichtung der menschlichen Freiheit nicht zu erwarten ist. Der Apell an die Freiheit provoziert so oder so die Unfreiheit.[47]

Aber nach Paulus wird ja eben der Wandel gar nicht auf der Ebene der bloßen Entscheidung herbeigeführt. Der Entscheidung geht vielmehr etwas anderes voraus, das selbst nicht Entscheidung ist, wohl aber Entscheidung konstituiert: die Offenbarung der neuen Dimension, des neuen Seins, der novus ordo rerum. Zwar bleibt dem Menschen die Entscheidung auferlegt; aber das Wesen dieser neuen Entscheidung, der Glaubensentscheidung, des Glaubensgehorsams, besteht gerade darin, daß hier nicht selbstherrlich und a u ß e r h a l b des neuen Seins entschieden wird, sondern daß hier die Entscheidung bereits i n n e r h a l b des neuen Seins gefällt wird. Der Glaube eignet sich nicht etwas an, was er noch nicht hat (wie der Gesetzesgehorsam). Die Absicht, sich ein neues Sein anzueignen, das man noch nicht hat, ist gewiß der beste Weg, es nie zu gewinnen. Der Glaube nimmt vielmehr etwas entgegen, w a s e r b e r e i t s h a t. Nur wer bereits von der Macht des neuen Seins ergriffen ist, ist überhaupt im Stande hier nicht ängstlich, nicht hybrid sich zu entscheiden. Von der Entscheidung ist des-

---

[46] Vgl. oben S. 143. 164.

[47] Hier liegt die methodische Schwäche der Position Rudolf Bultmanns. Der Wandel vom Status sub lege zum Status sub gratia kann mit Hilfe der Kategorien, „Entscheidung", „Seinsverständnis" nicht vermittelt werden. Das Sakrament fordert ontologische Kategorien. Damit sind wir zwar in neuerliche Verlegenheit gebracht, aber wenigstens, wie es scheint, in die dem ntl. Sachverhalt angemessene Verlegenheit.

halb kein Heil zu erwarten, weil sie ja als solche der Selbstentfremdung unterliegt. Die Entscheidung muß vielmehr zuvor geheilt werden, erst dann, erst innerhalb des neuen Seins, kann sie zu einer echten Verwirklichung gelangen. Dann wird allerdings auch die Entscheidung gefordert. Aber sie steht dann nicht mehr in gott-loser, selbstherrlicher Weise auf sich selbst, sondern sie ist dann bereits umgriffen und getragen vom Geist, der neuen Wirklichkeit. Der Geist ergreift auch die Subjektivität des Menschen und schließt sie für Gott auf.

Durch Wort und Sakrament wird also der Geist vermittelt. Hier ist nun ein Zweifaches zu bedenken: (a) das Sein im Geist schafft Freiheit dadurch, daß der Geist das losgesagte menschliche Selbst in Gottes Selbst zurücknimmt und — prinzipiell — den Konflikt der menschlichen Existenz löst; (b) der Konflikt ist indessen nur im Prinzip aufgehoben, sofern der Geist ja noch nicht alles verwandelt hat, bzw. sofern auch der Christ noch im Leibesleben des alten Äons „wandelt".

a) Das In-sein in Christus bzw. im Geist ist das In-sein in der Freiheit, **und zwar gilt das deshalb, weil für Paulus ἐν πνεύματι der Konflikt der Existenz prinzipiell gelöst ist.** Der Konflikt besteht darin, daß der Mensch zugleich völlig zentriertes Selbst und zugleich Creatura ist, daß er sein eigenes unabhängiges Subjekt und zugleich Gottes Objekt ist (siehe oben S. 104 ff.). Im Geist ist dieser Konflikt zum Stillstand gekommen. Im Geist steht der Mensch ganz unter der Verfügung Gottes und doch zugleich — nicht als Einschränkung dieser Verfügung, sondern als die paradoxe andere Seite dieses Verhältnisses — in der Selbstverfügung. Im Geist verfügt Gott über den Menschen und ebendarin der Mensch über sich selbst. Denn im Geist ist der Mensch **in der Einheit mit Gott.**

Das kommt in den Briefen des Apostels dadurch zum Ausdruck, daß der Geist Gottes als im Geist des Menschen immanierend gedacht ist. Der Geist Gottes ist **in** uns, Christus ist **in** uns, „wohnt" **in** uns (Röm 8,9 ff.), bzw. — was das selbe ist — wir sind **in** Christus, **im** Geist. Es ist zur Einheit gekommen zwischen Gott und uns im Geist[48].

---

[48] Wendland, a. a. O. Sp. 467 spricht von der „Sprengung des bloßen Dualismus. Man scheitert an der Wirklichkeit des Pneuma, wenn man hier mit den theologischen Formeln von Jenseits und Diesseits, Transzendenz und Immanenz hantieren will". „Pneuma ist das **Übergreifende,** die Brücke, vom Dualismus her gesehen die dritte Kategorie einer neuen, die anderen durchschneidenden Dimension." Ähnlich Schweizer, Th W VI 434 A. 698: „Der Dualismus Immanenz-Transzendenz wird gesprengt durch das πνεῦμα als das beides Übergreifende."

Das Verhältnis ist ein paradoxes, sofern der Geist in uns ist, sodaß er unser innerstes Wesen ausmacht, sodaß er unser Geist geworden ist, in dem wir jetzt ganz und gar sind, als ein Geist, der als „unser" Geist nichts Fremdes ist. Dadurch ist ja unser alter Mensch zu Tode gekommen, daß an seine Stelle, an die Stelle des Fleisches, der Geist getreten ist, so daß nicht mehr wir uns selbst regieren, sondern der inwendige Christus uns regiert, der aber wirklich i n wendig ist, nicht ein Christus, der uns nur „von außen" und also letztlich doch wieder gesetzlich aufgezwungen würde. Nun lebt der Christ, aber er lebt nicht mehr als E r , sondern Christus lebt in ihm. Christus ist sein Selbst geworden (Gal 2,20). Andererseits bleibt der Geist Geist G o t t e s , und insofern immer extraneus, die Freiheit bleibt immer eine von G o t t gewirkte Freiheit, sie ist nie meine Freiheit in dem Sinn, daß ich über sie willkürlich verfügen könnte. Sie ist und bleibt l i b e r t a s a l i e n a. Der „inwendige" Christus, der an meine Stelle getreten ist, der mein Selbst bewohnt, der mein Haus bezogen hat — ohne doch mein Ich zu verdrängen! — ist nie der mystische Christus, über den ich Macht habe. Die Einwohnung des Geistes hebt die D i s t a n z zwischen göttlichem und menschlichem Geist nicht auf, sie bezeichnet nicht die V e r g o t t u n g. So bleibt Identität und Differenz, und ist zugleich — eben im Geist — überwunden i n e i n e m J e n s e i t s v o n I d e n t i t ä t u n d D i f f e r e n z. Ich und Pneuma sind dasselbe und nicht dasselbe. Eben das ist die Paradoxie des Seins im heiligen Geist und eben das ist das Charakteristikum der christlichen Existenz und der christlichen Freiheit als einer e s c h a t o - l o g i s c h e n.

Dieser Sachverhalt bestimmt die paulinische Theologie. Ihn auszudrücken ist allein die Kategorie des In-seins-in im Stande. Das Ergriffensein vom Geist, der uns treibt (Röm 8,14 Gal 5,18), ist nicht der Zustand des Selbstverlusts. Der Geist zerstört das Ich und die Freiheit nicht. Darum redet Paulus vom Wohnen des Geistes in uns. In u n s ! Die Personalität bleibt gewahrt. Und auch wenn es heißt: ζῶ δὲ οὐκέτι ἐγώ, ζῇ δὲ ἐν ἐμοὶ Χριστός (Gal 2,20), so bleibt doch das: i c h lebe. Und Christus lebt in m i r ! Das Ich ist nicht ausgelöscht. Dasselbe kommt zum Ausdruck, wenn Paulus zwischen dem heiligen Geist und u n s e - r e m Geist unterscheidet (z. B. Röm 8,16). Der eschatologische Ruf ἀββὰ ὁ πατήρ — in dem sich die Einheit des Sohnes mit dem Vater ausspricht — entringt sich u n s e r e m Geist, aber in ihm spricht G o t t e s Geist! (vgl. Röm 8,15 Gal 4,6 f.). Im Geist ist u n s e r Wille und u n s e r Wirken mit dem Willen und Wirken G o t t e s so einig geworden, daß in unserem Wirken Gott wirkt. Damit aber sind wir „im Geist" in „Christus", denn die Übereinstimmung des menschlichen Willens mit dem Willen Gottes — ohne Paralyse des menschlichen

Willens, ohne Vergewaltigung der menschlichen Freiheit — war das Wesen des Christus. Von hier aus wird also noch einmal deutlich, was es heißt, daß wir im Geist am Sein Christi teilhaben.

Mit anderen Worten: ist das Problem der Freiheit letztlich das Problem des Subjekt-Objekt-Verhältnisses, so läßt sich (wenn wir dem paulinischen Ansatz folgen) sagen, daß „im Geist" dieses Problem prinzipiell gelöst ist. Denn der Geist ist für Paulus zugleich in mir und zugleich außerhalb, er ist zugleich I c h und N i c h t - i c h. „Im Geist" ist der Christ zugleich „a deo" und „a se". Die Freiheit des Heiligen Geistes ist nicht die vermessene Aseität „Adams", sondern die geschenkte Aseität Christi. „Im Geist" sind wir, die „Heiligen", die Glieder der endzeitlichen Gemeinde a u ß e r   u n s. „Im Geist sein" heißt ja Ergriffensein von einer Macht, die nicht unsere eigene Macht ist. I c h lebe nicht mehr, sondern C h r i s t u s lebt in mir. Im Geist tritt der Mensch a u s   s i c h   h e r a u s. Zugleich aber bedeutet dieses „Außersichsein" — das nicht mit den psychischen Phänomenen der Ekstase verwechselt werden darf — gerade das B e i s i c h s e i n. Nie ist der Mensch bei sich, um so weniger, je mehr er es sucht. Er ist bei sich nur im Geist[49]. In diesem Sinn gewinnt der Geist dann die Stellung einer „Macht", so wie Sünde, Gesetz und Tod „Mächte" sind, die über den Menschen herrschen. Die Sünde, als das, was mich beherrscht, und der Geist als das, was mich beherrscht, haben also das gemeinsam, daß sie zugleich in mir sind und zugleich außer mir sind. Hieß es früher: nicht ich lebe, sondern die in mir wohnende Sünde, so heißt es jetzt, nicht ich lebe, sondern der in mir wohnende Christus. Die beiden Sätze: εἰ δὲ ὃ οὐ θέλω ἐγὼ τοῦτο ποιῶ, οὐκέτι ἐγὼ κατεργάζομαι αὐτὸ ἀλλὰ ἡ οἰκοῦσα ἐν ἐμοὶ ἁμαρτία (Röm 7,20) und: ζῶ δὲ οὐκέτι ἐγώ, ζῇ δὲ ἐν ἐμοὶ Χριστός, ὃ δὲ νῦν ζῶ ... κτλ. (Gal 2,20) entsprechen einander genau. Sie haben f o r m a l das gemeinsam, daß in ihnen Mächte so den Menschen beherrschen, daß er durch seine Entscheidung selbst die Übermächtigung aufrichtet (siehe oben S. 114 ff.). Sie unterscheiden sich wesentlich dadurch, daß in der Übermächtigung durch die Sünde (das Gesetz, den Tod), der Mensch seine Freiheit v e r l i e r t, daß er dagegen in der Übermächtigung durch den Geist seine Freiheit g e w i n n t. Die f o r m a l e Analogie bringt Paulus in dem Abschnitt Röm 6,22 ff. zum Ausdruck, indem er

---

[49] „Wie wir nach dem Fleisch „außer uns" „waren", weil wir i n uns selbst Gefangene waren, so „sind" wir auch nach dem Geist „außer" uns, nämlich in Christus, jetzt aber in uns selbst gerade Befreite". (Fuchs, a. a. O., S. 92).

den Wechsel, den die Taufe hervorruft, als Wechsel der Herrschaften beschreibt. Wie der Mensch bisher ein Knecht der S ü n d e war, so wird er jetzt ein Knecht der G e r e c h t i g k e i t. Den Unterschied deutet Paulus dadurch an, daß er sagt: „Ich rede menschlich mit euch, um der Schwachheit eures Fleisches willen!" (6,19). Denn der Wechsel von einer Knechtschaft zur anderen ist ja nun doch nicht einfach der Wechsel von einer Knechtschaft zur anderen (so daß es für die Frage nach der Freiheit gleich bliebe, wessen Knecht man gerade ist), sondern der Wechsel von einer Knechtschaft (der Knechtschaft der Sünde) zur anderen (der Knechtschaft der Gerechtigkeit) ist zugleich der Wechsel von der Knechtschaft zur Freiheit[50]. Während in der Übermächtigung durch die Sünde (das Gesetz, den Tod) das Beisichsein und zugleich Außersichsein dazu führte, daß der Mensch seine Freiheit verlor (durch das Beisichsein außer sich war), so gewinnt er in der Übermächtigung durch den Geist sein Beisichselbersein.

(b) Indessen: bewirkt auch der Geist die Freiheit, so darf doch nicht vergessen werden, daß wir den Geist und seine Freiheit immer noch in einem irdischen Leben tragen, ἔχομεν δὲ τὸν θησαυρὸν τοῦτον ἐν ὀστρακίνοις σκεύεσιν (2. Kor 4,7). Das σῶμα πνευματικόν (1. Kor 15,44 ff.) steht noch aus und wartet erst auf uns, bis dorthin ist der Pneuma-Glanz der neuen christlichen Existenz und mit ihm der pneumatische Glanz seiner Freiheit v e r d e c k t (Röm 8,18 ff.), unser in der Taufe erworbenes Leben ist mit Christus verborgen in Gott (Kol 3,3) und wird erst bei der Parusie aufgedeckt werden (3,4). Bis dorthin tragen wir den Geist als die Kraft des neuen, erst anbrechenden, erst auf die Welt zukommenden Lebens in unserem „Leib", der „irdischen Hütte" (2. Kor 5,1). Der Geist ist Vorwegnahme des Künftigen (ἀπαρχή Röm 8,23; ἀρραβών 2. Kor 1,22 5,5), so ist auch die Freiheit, die erst kommt, uns, die wir das Kommende im Geist vorwegbekommen haben, vorweggegeben. Inso-

---

[50] Interpretiert hieße das: erst der Mensch, dessen Ich in Gottes Selbst, in Christus, ruht, oder: in dessen Ich Gott selbst (der Christus, der Geist) ruht, bzw. „wohnt", erst dieser Mensch ist zu sich selbst gekommen und frei geworden. Erst wenn Christus in mir lebt und mein Ich in sich zentriert, bin ich in Gott zurückgenommen und erhalte ich meine Freiheit. Erst wenn ich in Christus außer mir bin, bin ich bei mir, bin ich ich selbst. I n C h r i s t u s i s t G o t t e r s e l b s t. I n C h r i s t u s b i n i c h s e l b s t. Im Geist (der Dimension und wirksamen Gegenwart Christi) kommen Gott und Ich zur Einheit. In diesem Sinn ist der Geist das Gott und Mensch Umgreifende.

fern war immer nur von der „prinzipiellen" Lösung des Konfliktes der menschlichen Existenz die Rede. Das schließt ein, daß der Konflikt in jedem Augenblick wieder aufbrechen kann (weil ja seine Voraussetzungen, die Endlichkeit und ihre Tendenz zur Entfremdung immer noch gegeben sind).

Ist damit die christliche Freiheit eingeschränkt? Ja und Nein. J a , denn sie ist, um im Bild von Röm 8,18 ff. zu bleiben, „verdeckte" Freiheit. Erst die bevorstehende ἀποκάλυψις wird sie in ihrer Fülle zeigen. N e i n , denn was den Christen jetzt schon geschenkt ist, ist nach dem Verständnis des Paulus bereits die volle Freiheit (wenn auch als ‚Schatz in irdenen Gefäßen'). Mehr als Freiheit kann Gott nicht geben — ist doch Freiheit eschatologisches Heilsgut.

Daraus folgt: das neue und das alte Leben sind nicht statisch, sondern dynamisch miteinander verbunden. Der alte Mensch soll sterben und der neue (im gleichen Maße) hervortreten (2. Kor 4,7—18). Auf die Freiheit angewendet: die verdeckte Freiheit will und soll ans Licht treten! Der Sinn der christlichen Existenz besteht darin, das zum Ek-sistieren zu bringen, was als Sein gegeben ist, d. h. die Freiheit zu verwirklichen. Der Mensch, der befreit wurde und nun real frei ist, soll seine Freiheit auch „ausleben", er soll in der Freiheit „stehen", zu der Christus ihn befreit hat (Gal 5,1). Umgekehrt: es besteht dauernd die Gefahr, die Freiheit wieder zu verlieren, in die Knechtschaft zurückzufallen. Und endlich: ist der Geist einem Dasein gegeben, das immer noch auf Erden, d. h. im irdischen „Leib" lebt, so erübrigt sich von vornherein die enthusiastische Überschätzung und Fehleinschätzung der christlichen Existenz. Wir sind nicht einfach „Geist", sondern wir sind „i m" Geist, bzw. der Geist oder Christus sind „i n" uns, d. h. der Geist ist jetzt noch nicht alles in allem, sein Kommen hat die Endlichkeit und Kreatürlichkeit unseres Daseins zwar von der Entfremdung befreit, aber er hat die Endlichkeit als solche nicht angetastet. Es ist damit für Paulus vom Ansatz her beides gegeben: der Kampf gegen die zögernde, nur langsam sich überwindende Gesetzlichkeit, wie der Kampf gegen die enthusiastisch-gnostische Fehldeutung des christlichen Daseins. Es ist vor allem der Imperativ grundgelegt, der die Pneumatiker aufruft zu sein, was sie sind, der sie aufruft, die geschenkte Freiheit auch im περιπατεῖν durchzusetzen und zu verwirklichen. — Aber damit stehen wir bereits mitten in den Fragen des folgenden Abschnittes.

4. Die Verwirklichung der Freiheit

a) Die Freiheit von der Sünde

Wir haben oben S. 113 ff. gezeigt, in welchem Sinn das Neue Testament von der Sündenknechtschaft des Menschen spricht. Aussagen wie diese, daß der Mensch unter der Macht der Sünde steht, daß er an sie verkauft ist, daß er ihr Sklave ist u. a. sind nicht im Sinne eines moralischen Urteils zu verstehen, das immer nur partielle Geltung hat; vielmehr ist das menschliche Dasein als solches, solang es extra Christum ist, grundsätzlich und zur Gänze der Sünde ausgeliefert. Denn das menschliche Dasein extra Christum ist ja jenes Dasein, das sich auf dem Grunde der endlichen Freiheit selbst zu verwirklichen sucht, und dabei den Mächten anheimfällt. Es ist das Dasein, das sich selbst entfremdet, weil es sich selbst verfallen ist. Es ist das immer schon von der Sünde geknechtete Dasein d e s h a l b , weil es das Dasein ist, das in willkürlichen Akten für sich selbst lebt. Die Freiheit von der Sünde kann darum nur so erreicht werden, daß der Mensch aus seiner Selbstverfallenheit gelöst wird, daß er n i c h t m e h r s i c h s e l b s t l e b t . Im Geist ist das Daseins nicht mehr Dasein für sich selbst. Im Geist ist das Dasein aus seiner Selbstbezogenheit und Verschlossenheit befreit. Im Geist ist das Dasein geöffnet. Der Mensch ist nicht mehr sein eigenes Eigentum. Im Geist ist der Mensch außer sich — in Christus. Darum ist das Sein im Geist das Sein jenseits der Übermächtigung durch die Sünde. Im Außersichsein und In-Christus-Sein ist der Mensch die Sünde los.

Daß der Mensch im Geist nicht mehr sich selbst angehört, sondern Christi Eigentum geworden ist, hat der Apostel in verschiedener Weise zum Ausdruck gebracht. Im Anschluß an die Idee von Sklavenkauf (siehe S. 175 f.) heißt es: οὐκ ἐστὲ ἑαυτῶν (1. Kor 6,19)[51]. Durch die Selbstpreisgabe des Christus sind die Christen erkauft worden. Sie gehören jetzt nicht mehr sich selbst, sondern dem Christus. Sie sind aus ihrer Selbstverfallenheit, d. h. aus ihrer Sünde, losgekauft worden. Sie sind (in der Taufe) getötet worden, damit sie statt der Sünde (und in der Sünde selbst) einem anderen gehören, εἰς τὸ γενέσθαι ὑμᾶς ἑτέρῳ (Röm 7,4), nämlich dem von den Toten Erweckten; oder, wie Paulus auch sagen kann: εἷς ὑπὲρ πάντων ἀπέθανεν· ἄρα οἱ πάντες ἀπέθανον· καὶ ὑπὲρ πάντων ἀπέθανεν, ἵνα οἱ ζῶντες μηκέτι ἑαυτοῖς ζῶσιν ἀλλὰ τῷ

---

[51] Im Zusammenhang des Textes bilden diese Worte eine Frage, — was hier übergangen werden kann.

ὑπὲρ αὐτῶν ἀποθανόντι καὶ ἐγερθέντι (2. Kor 5,14b f.). Damit ist das selbe ausgesagt wie in Gal 2,20. Weil Christus in ihnen lebt, leben sie nicht mehr ihr eigenes Leben, sondern das Leben Christi. Sie sind den Tod Christi gestorben, um das Leben Christi — und das ist das Leben der Freiheit — zu leben: πάντοτε τὴν νέκρωσιν τοῦ Ἰησοῦ ἐν τῷ σώματι περιφέροντες, ἵνα καὶ ἡ ζωὴ τοῦ Ἰησοῦ ἐν τῷ σώματι ἡμῶν φανερωθῇ ἀεὶ γὰρ ἡμεῖς οἱ ζῶντες εἰς θάνατον παραδιδόμεθα διὰ Ἰησοῦν, ἵνα καὶ ἡ ζωὴ τοῦ Ἰησοῦ φανερωθῇ ἐν τῇ θνητῇ σαρκὶ ἡμῶν (2. Kor 4,10 f.)[52]. Indem so in ihrem Leben das Leben Christi zum Vollzug kommt, sind sie davon befreit, ihr Leben selbst leben zu müssen: Οὐδεὶς γὰρ ἡμῶν ἑαυτῷ ζῇ, καὶ οὐδεὶς ἑαυτῷ ἀποθνῄσκει· ἐάν τε γὰρ ζῶμεν, τῷ κυρίῳ ζῶμεν, ἐάν τε ἀποθνῄσκωμεν, τῷ κυρίῳ ἀποθνῄσκομεν, ἐάν τε οὖν ζῶμεν ἐάν τε ἀποθνῄσκωμεν, τοῦ κυρίου ἐσμέν (Röm 14,7 f.). Im Herrn sein heißt des Herrn sein. Des Herrn sein, heißt, nicht mehr sich selbst zu gehören, nicht mehr sich selbst zur Verfügung zu stehen. Indem der Mensch der Verfügungsgewalt über sich selbst entnommen ist, gewinnt er aber paradoxer Weise wiederum die Verfügungsgewalt über sich selbst. Indem er von Gott beschlagnahmt wird, gewinnt er sich zum Eigentum. Indem Gott sich den Menschen aneignet, eignet sich der Mensch sich selbst zu. **Indem der Mensch Gottes Eigentum wird, gewinnt er seine Eigentlichkeit.**

Freiheit von der Sünde liegt also auf einer anderen Ebene als auf der moralischen. Freiheit von der Sünde ist nicht moralische Tadellosigkeit, die aus dem entschlossenen und ausdauernden Befolgen einer Norm folgt. Freiheit von der Sünde ist Freiheit von sich selbst, eine Freiheit, die durch den Gehorsam einer Norm gegenüber grundsätzlich nicht erreicht werden kann. Freiheit von der Sünde bedeutet freilich auch nicht, allen Ansprüchen des Gesetzes enthoben zu sein. Freiheit von der Sünde ist vielmehr etwas, das den Ansprüchen und Imperativen vorausgeht, das aber Ansprüche und Imperative nach sich zieht. Wenn der Apostel in Röm 6 zuerst das Sterben des alten Menschen in der Taufe darstellt, um daraus die Freiheit von der Sünde zu folgern — ἐλευθερωθέντες δὲ ἀπὸ τῆς ἁμαρτίας (Röm 6,18) —, so zieht diese Freiheit den Imperativ nach sich, nun auch im Vollzug des Lebens, die Sünde nicht mehr zur Herrschaft kommen zu lassen (6,12 ff.). Freilich, dieser Imperativ ist jetzt sinnvoll, das heißt, er trifft auf den von der Knechtschaft der Sünde befreiten Menschen, der sich nun — anders als der „natürliche" Mensch —

---

[52] Was hier vom Apostel gilt, gilt (mutatis mutandis) von jedem Christen.

tatsächlich frei entscheiden kann, ohne durch solche freie Entscheidung die Freiheit verlieren zu müssen. Freiheit von der Sünde ist also eine neue Wirklichkcit, die eine neue M ö g l i c h k e i t einschließt, die Möglichkeit, das Dasein wählend zu gewinnen, eine Möglichkeit, die es ante Christum nicht gab und die auf der Wirklichkeit des neuen Seins beruht. Die Befreiung von der Sünde (= der Selbstverfallenheit) gibt dem Menschen sein Selbst zurück. Aus dem „non posse non peccare" ist das „posse non peccare" geworden. „Für Paulus ist es entscheidend, daß dem Getauften die Möglichkeit gegeben ist, in freiem Gehorsam sich seinen Herrn selbst zu wählen" (Michel)[53]. Wählt der Befreite die Freiheit, dann verwirklicht er die Möglichkeit, die ihm Christus gegeben hat. Er verwirklicht sein eigenes Sein. „So stehet nun in der Freiheit, zu der Christus euch befreit hat!" (Gal 5,1). Wählt er die Sünde, dann bleibt die Möglichkeit unverwirklicht. In diesem Sinn hat sich der Mensch jetzt in der Hand; darum kann er auch aufgefordert werden, die Freiheit zu wählen. Solche Forderung ist freilich nicht mehr Forderung auf der Stufe des Gesetzes, aber es kommt in ihr die Intention des Gesetzes zur Erfüllung. Der Christ ist demnach in einer grundsätzlich anderen Lage als der Jude oder Heide. Für den Juden oder Heiden gibt es keine Möglichkeit, sich den Herrn selber zu wählen, weil in jeder Wahl — auch in der Wahl des frommen Gehorsams — die Sünde gewählt wird, sofern der Mensch hier auf seine eigenen Möglichkeiten angewiesen ist. Der Jude oder Heide hat die Freiheit — die Sünde zu wählen. Anders der Getaufte: er hat nach Paulus die volle Möglichkeit, die Freiheit o d e r die Sünde zu wählen; und zwar deshalb, weil er nicht mehr sich selber — und das heißt der Sünde — hoffnungslos verfallen ist[54]. Freiheit ist für ihn Verwirklichung einer geschenkten Möglichkeit (wobei diese Möglichkeit aber in der neuen Wirklichkeit, dem aller Wahl vorgängigen Befreit-Sein ruht), Unfreiheit ist R ü c k f a l l in das Dasein, das sich selbst verfallen war. Deshalb ergeht an die Getauften der Imperativ: „Wenn wir im Geiste leben, so laßt uns auch im Geiste wandeln!"

---

[53] Röm, S. 135, A. 1.
[54] Gerade darin besteht also die Freiheit, daß er nun über sich selbst verfügen und sich in freier Selbstverfügung dem Nächsten unterordnen kann: ἐλεύθερος γὰρ ὢν ἐκ πάντων πᾶσιν ἐμαυτὸν ἐδούλωσα (1. Kor 9,19). Vor der Taufe gab es diese Freiheit nicht. Der Versuch, zu dienen, scheiterte. Der Mensch war an sich selbst fixiert. Jetzt ist die Fixierung gelöst, und er kann s i c h zum Dienst darbieten. Der C r u c i f i x u s hat den F i x i e r t e n frei gemacht.

(Gal 5,25). Dieser Imperativ fordert auf, die Möglichkeit zu verwirklichen, die Christus geschenkt hat. In der Verwirklichung des Lebens im Geist geht es ja nicht um die Verwirklichung der dem Menschen eigenen Möglichkeiten, sondern um die Verwirklichung der Möglichkeit, die ihm von Christus geschenkt wurde. Das heißt aber: in der Verwirklichung s e i n e r Freiheit richtet der Mensch die Freiheit G o t t e s auf, die in Christus offenbar wurde; seine Möglichkeiten sind von der Wirklichkeit Christi gedeckt und darin echte Möglichkeiten. Wenn er sich jetzt entscheidet, steht er nicht mehr allein auf sich vor den unendlichen Möglichkeiten, die dem endlichen Willen Angst machen, sondern, wenn er sich jetzt („im Geist") entscheidet, steht er vor d e n Möglichkeiten, die in Gott (in dem er ist) immer schon wirklich sind. S e i n e Entscheidung wird von der Wirklichkeit G o t t e s getragen. Sie kommt zugleich aus ihm und aus Gott[55]; und eben das ist die eschatologische Freiheit.

Darin scheint mir die Lösung des Problems vom V e r h ä l t n i s v o n I n d i k a t i v u n d I m p e r a t i v b e i P a u l u s zu liegen, das im Einzelnen zu behandeln über den Rahmen der hier vorliegenden Thematik hinausgeht. M. E. nach ist für das Indikativ-Imperativ-Verhältnis Folgendes bestimmend:

1. Der Indikativ redet von dem durch das Sakrament bewirkten Sein, der Imperativ von dem aus dem sakramentalen Sein folgenden Anspruch an die sittliche Existenz. Der Imperativ ist demnach nicht lediglich die andere Seite des Indikativs, sondern setzt den Indikativ voraus. Nur wer ontisch (per sacramenta) „heilig" geworden und der endzeitlichen Gemeinde eingefügt worden ist, nur von dem kann verlangt werden, daß er sich auch dementsprechend verhält.

2. Der Imperativ hat also keinen anderen Sinn als den, das neue durch Christus geschenkte S e i n i n E r s c h e i n u n g zu bringen; das, was sakramental verborgen (aber real da ist), soll in die sichtbare Welt der Lebensführung „herausstehen". Der Imperativ setzt wohl den Indikativ voraus, aber der Indikativ fordert dann auch den Imperativ. Zwar ist auch der Christ, der nicht „heilig" lebt (nach dem Geist wandelt), in den heiligen Leib Christi = in das neue Sein, in den „Anbruch" des Eschaton eingefügt worden. Aber er lebt dann sich selbst zum Gericht.

3. Zu einem Indikativ-Imperativ-Verhältnis kann es überhaupt nur kommen, weil der neue Äon, der Geist = Äon, bereits da ist (I n d i k a t i v), aber vom alten Äon noch verdeckt wird. Der I m p e r a t i v fordert die Christen auf, das, was sie sind, nämlich Glieder am Leib Christi = am Geist-Äon, h i e r , im alten Äon, zum D u r c h b r u c h z u b r i n g e n , das Neue im Bereich des Alten erscheinen zu lassen und damit je und je bereits das Alte durch das

---

[55] Wobei das „und" nicht ganz angemessen ist. I n d e m er sich entscheidet, entscheidet Gott.

Neue zu verdrängen, zu „verklären". Der Imperativ schützt sie vor dem Rückfall und provoziert sie zur Realisierung ihres eigentlichen Selbst.

Zur Literatur vgl. bes. R. Bultmann, Das Problem der Ethik bei Paulus, ZNW 23 (1924) S. 123 ff. Ders, Th d Nts S. 334 f. H. Windisch, Das Problem des paulinischen Imperativs, ZNW 23 (1924) S. 265 ff. H. v. Soden, Sakrament und Ethik bei Paulus, in: Urchristentum und Geschichte, Ges. Vorträge und Aufsätze, Bd. I, 1951, S. 239 ff. Schlier, Gal S. 193 ff., Oepke Gal S. 144 ff. Erich Dinkler, Zum Problem der Ethik bei Paulus. Rechtsnahme und Rechtsverzicht (1. Kor 6,1—11) ZThK 49 (1952) S. 167 ff. H. D. Wendland, Die Briefe an die Korinther, NTD, 1954, S. 76 ff.

b) Die Freiheit vom Gesetz

Wie der Christ frei ist von der Sünde, so ist er auch frei vom Gesetz. Für Paulus steht fest, daß das Gesetz des Geistes und des Lebens uns frei gemacht hat vom Gesetz der Sünde und des Todes (Röm 8,2). Die Getauften stehen nun nicht mehr „unter dem Gesetz" (Röm 6,14 Gal 5,18 1. Kor 9,20), das heißt: das Gesetz ist nun nicht mehr die beherrschende Macht ihres Lebens, an seine Stelle ist die χάρις bzw. das πνεῦμα getreten. Den selben Gedanken hat Paulus in Röm 7,1—6 bildlich so dargestellt, daß durch den Tod Christi die Rechtsansprüche des Gesetzes erloschen sind (vgl. oben S. 174). An die Stelle des Gesetzes ist der Christus getreten. Wie wir früher dem Gesetz „gehörten", so jetzt ihm. In diesem Sinn ist Christus das τέλος des Gesetzes (Röm 10,4). „Paulus will sagen, daß in Jesus Christus das Gesetz als Heilsordnung Gottes seinen Abschluß und seine Grenze gefunden habe, daß also mit ihm eine neue Weltzeit begonnen hat, in der das erfüllte Gesetz und die Erfüllung des Gesetzes regieren" (Michel)[56].

Angesichts dieses „Endes" stehen die neue und die alte Ordnung, der νόμος τῆς πίστεως (Röm 3,27) und der νόμος τῆς ἁμαρτίας καὶ τοῦ θανά-

---

[56] a. a. O. S. 224. Vgl. auch Th W IV 1067,36 ff. (Gutbrod), wo davon die Rede ist, daß das Gesetzesverständnis des Paulus nur zu verstehen ist von der „von Gott ausgehenden Neusetzung des Gottesverhältnisses des Menschen abseits von seiner Leistung, abseits darum vom Gesetz". Die Bedeutung des Gesetzes wird also von Paulus in einem dialektischen Prozeß gefaßt: A) Ohne das Gesetz (Röm 7,9), B) Unter dem Gesetz, C) Nicht mehr unter dem Gesetz, frei vom Gesetz, aber nicht gesetzlos. (1. Kor 9,20 ff). Das entspricht dem Weg von der Urständigkeit über Selbständigkeit (bzw. Gegenständlichkeit) zur Inständigkeit — dem Weg der Heilsgeschichte (siehe oben S. 110 A. 81).

του (Röm 8,2) einander gegenüber. Man kann nur dem einen o d e r dem anderen angehören. Seit dem Kommen des Geistes steht der Mensch vor der Entscheidung zwischen Geist und Gesetz. Diese Entscheidung fordert ein Entweder-Oder (vgl. besonders Gal 3!). Man kann nicht dem Geist u n d dem Gesetz angehören, d a d e r G e i s t d a s G e s e t z e r s e t z t[57]. Der Geist hat das Gesetz „aufgehoben" in d e m Sinn, daß das, was das Gesetz vergebens wollte, in ihm zur Erfüllung gelangt ist. Im Gesetz erfuhr der Mensch immer nur von außen, was er zu tun hatte. Er verfügte daher nicht frei über sich. Im Heiligen Geist braucht er das Gesetz nicht mehr, er verfügt über sich selbst aus dem Zentrum seiner Person her, weil er ja Gott, d e n C h r i s t u s, in s i c h a l s s e i n S e l b s t h a t ! N u n k a n n e r (sofern er sich nur vom πνεῦμα bestimmen läßt) t u n , w a s e r w i l l , o h n e z u f r a g e n , w e i l e r d a s w o l l e n w i r d , w a s G o t t v o n i h m f o r d e r t, weil Gott sein innerstes Selbst bestimmt. Nun braucht er das Gesetz nicht mehr, weil er das, was das Gesetz wollte, v o n s e l b s t, aus freien Stücken tut, während zuvor der im Gesetz sich aussprechende Wille Gottes um der Schwachheit des „Fleisches" willen trotz des Gesetzes und wegen des Gesetzes nicht zur Erfüllung kam. So kann Paulus im Ernst die beiden Sätze vereinigen: Christus ist des Gesetzes Ende (Röm 10,4), und doch heben wir dadurch das Gesetz nicht auf, sondern wir stellen es fest (Röm 3,31).

Das Thema: „Der Geist ersetzt das Gesetz", bzw. „Christus des Gesetzes Ende" hat Paulus in vielfältiger Weise variiert. Im Schema der Apokalyptik stehen einander gegenüber der B u c h s t a b e und der Geist, die παλαιότης γράμματος der καινότης πνεύματος (Röm 7,6)[58]. Der Buchstabe gehört dem alten Äon an, der Geist dem neuen. Im Buchstaben tritt das Gesetz von außen an den Menschen heran, im Geist wird der Mensch aus dem Zentrum seiner Person bewegt. Der Buchstabe tötet

---

[57] Oepke, Gal S. 99 kann sagen, daß für Paulus C h r i s t u s das Gesetz ersetzt (was den selben sachlichen Sinn hat). Oepke interpretiert diesen Satz so, „daß Christus für Paulus genau an der Stelle steht, wo für den Juden die Tora, also diese verdrängt". (ebdt).

[58] Der Gegensatz von Buchstabe und Geist darf also nicht bloß verstanden werden als der Gegensatz von buchstäblicher und freier, geistiger Schriftauslegung (obgleich er diesen Gegensatz freilich miteinschließt); die apokalyptische Begrifflichkeit zeigt vielmehr, daß mit γράμμα hier das Gesetz als Größe des alten Äons gemeint ist.

— damit ist ja nur in konziser Weise zusammengefaßt, was Paulus über die Rolle des Gesetzes sonst zu sagen pflegt[59] — der Geist macht lebendig (2. Kor 3,6)[60]. Das Amt des Apostels gehört nicht zu der alten Weltordnung des Buchstaben, es ist nicht διακονία τοῦ θανάτου (2. Kor 3,7), sondern zu der neuen des Geistes, es ist διακονία τοῦ πνεύματος (3,8). Dieser Gegensatz kann auch verstanden werden als Gegensatz vom altem und neuem Bund. Gewiß kommt auch — wie Paulus in 3,4—18 ausführt — dem alten Bund, dem Buchstaben, der in den Stein gegraben ist, δόξα zu. Aber wieviel mehr kommt dem neuen Bund und seinem Evangelium δόξα zu, da doch der neue über den alten um so viel hinausliegt wie der lebensschaffende Geist über den todschaffenden Buchstaben. Zwischen beiden steht Christus, als das Ende des einen und Anfang des anderen, als τέλος des Gesetzes und — möchte man sagen: als ἀρχή des Geistes. Hierher gehört die Allegorie über die Abrahamssöhne Gal 4,21—31. Der Gegensatz wird an dieser Stelle nicht mit zeitlichen, sondern mit räumlichen Kategorien dargestellt. Es stehen einander gegenüber der Sohn der Magd, der nach dem Fleisch und zur Knechtschaft geboren ist, und der Sohn der Freien, der aus der Verheißung stammt und zur Sohnschaft und Erbschaft bestimmt ist. Dieser Gegensatz wird gedeutet auf das gegenwärtige und — nun nicht auf das zukünftige, kommende, sondern auf das o b e r e Jerusalem, „unsere Mutter". Das „obere" Jerusalem ist dabei das Bild der heiligen Stadt der Freien, aus der die Christen stammen und zu der sie gehören, es ist ihr πολίτευμα ἐν οὐρανοῖς (Phil 3,20). Im Zusammenhang des Briefes stellt der Sohn der Magd Israel unter dem Gesetz dar, der Sohn der Freien das neue Israel unter dem Geist. Und damit sind wir bei dem Begriff S o h n. Paulus hat ihn sowohl Röm 8,14 ff. als auch Gal 3,26—4,7 dazu verwendet, den Gegensatz von Gesetz und Geist (und damit Christus als des Gesetzes Ende) darzustellen. Der Begriff ist an diesen Stellen eschatologisch bestimmt (siehe oben S. 71 f.). Er gehört zusammen mit den beiden Größen der Endzeit, mit πνεῦμα und ζωή (Röm 8,12 ff.). Söhne sind die Christen, sofern sie vom Geist getrieben werden (8,14). Der Geist, den sie empfangen haben, macht sie zu Söhnen und macht ihnen — darüber hinaus — die Sohnschaft bewußt (Röm 8,15 Gal 4,5 f. vgl. auch Ign Röm 7,2). Als Söhne sind sie Erben bzw. Miterben Christi

---

[59] Der Abschnitt Röm 7,7 ff. ist eine Art Exegese zu dem Gegensatz παλαιότης γράμματος — καινότης πνεύματος.

[60] Vgl. Röm 6,4 8,2.

(Röm 8,17 Gal 4,7)[61]. In den genannten Ausführungen im Galaterbrief ist der Begriff Sohn noch direkter als im Römerbrief mit der Frage nach dem Gesetz zusammengebracht worden. Gerade als Söhne sind die Christen frei vom Gesetz. Die Sohnschaft ist ihre Freiheit[62], insbesondere ihre Gesetzesfreiheit. In diesem Zusammenhang hat nun der Apostel den eschatologischen Sohnbegriff erweitert. Er verwendet ein Beispiel aus dem Familien- und Rechtsleben seiner Zeit, um zu zeigen, was Unter-dem-Gesetz-Sein und In-der-Kindschaft-Sein heißt: das Gesetz wird als παιδαγωγὸς εἰς Χριστόν (Gal 3,24) bezeichnet. Das Gesetz wird also verglichen mit jenem — aus dem Sklavenstand stammenden — Aufseher oder Lehrer, dem in griechischen und römischen Familien die Betreuung der unmündigen (6—10jährigen Kinder übertragen war)[63]. Die Tätigkeit des παιδαγωγός ist nicht als Erziehung zu Christus hin, nicht vom Gedanken der Reifung her bestimmt. Die Aufgabe des Pädagogen ist es vielmehr zu bewachen, einzuschließen und zu knechten Gal 3,22.23 4,3)[64]. Die Rede vom Gesetz als dem Pädagogen zeigt die **Unmündigkeit** dessen an, der ὑπὸ νόμον steht. Sie zeigt an, daß der Mensch unter dem Gesetz nicht über sich selbst Herr ist, nicht frei über sich verfügt, sondern unter der Haft des Gesetzes steht[65]. Die Formulierung παιδαγωγὸς εἰς Χριστόν stellt das Gesetz wieder in den heilsgeschichtlichen Zusammenhang. Mit εἰς Χριστόν ist die zeitliche **Grenze** der Wirksamkeit und Verbindlichkeit des Pädagogen angegeben. Christus ist der terminus ad quem des Gesetzes[66]. „Mit Christus ist, heilsgeschichtlich gesehen, die Zeit des Gesetzes abgelaufen"[67]. Nun stehen wir nicht mehr unter der Bewachung der Pädagogen, mittelbar

---

[61] Über die Begriffe Furcht und Hoffnung, die mit der Sohnschaft verbunden sind, siehe später.

[62] Kennzeichnend ist dafür der kleine Satz ὥστε οὐκέτι εἶ δοῦλος ἀλλὰ υἱός (Gal 4,7), aus dem hervorgeht, daß υἱός und ἐλεύθερος synonym sind.

[63] Vgl. Schlier Gal S. 124 ff. Th W V 618,38 ff. (Bertram), Oepke, Gal, S. 86 ff.

[64] ThW V 619,19 f.

[65] „Wenn Paulus vom Pädagogen spricht, so geht es ihm nicht um die Art des Pädagogen, sondern um das Verschlossenwerden unter Sünde und Gesetz und um die Knechtung des Menschen unter Gesetz und Elemente". (ebdt. 28 ff.). Zur Haft vgl. noch Röm 7,6.

[66] So Schlier, Gal S. 126. Der Satz stimmt also sachlich mit Röm 10,4 völlig überein. Vgl. auch Oepke, Gal S. 88.

[67] Th W a. a. O. 4 f (Bertram). Ähnlich Oepke a. a. O.: „Jetzt ist die Periode des Glaubens angebrochen und die des Gesetzes infolgedessen vorbei (Röm 10,4)".

zu Gott und unmündig; sondern wir stehen jenseits des νόμος — παιδαγωγός, unmittelbar vor Gott, als freie, mündige Söhne. Wir stehen in der Freiheit der **Mündigkeit**. In 4,1 ff. hat Paulus das Bild noch dahingehend gewendet, daß der Erbe, solange er unmündig ist und unter dem Pädagogen steht, sich nicht vom **Sklaven** unterscheidet. Aber: das gilt freilich nur bis zu dem vom Vater festgesetzten Termin. Dieser Termin ist die „Fülle der Zeit", das Kommen des Christus. Nun erhielten wir durch ihn (durch seine Selbsthingabe, mit der er uns loskaufte), die υἱοθεσία, d. h. (Paulus wendet das Bild abermals), die Annahme an Sohnes Statt[68]. „So bist du nun nicht mehr Sklave, sondern Sohn. Bist du aber Sohn, so bist du auch Erbe durch Gott!" (4,7).

Solche Freiheit vom Gesetz ist nach alledem nicht **partielle** Freiheit von irgendwelchen Teilbestimmungen[69], sondern **absolute** Freiheit. Nicht in gewissen Teilen hat das Gesetz keinen Anspruch mehr auf uns, sondern das Gesetz als Ganzes liegt hinter uns[70]. Es ist verstehbar, daß von einem solchen Freiheitsbewußtsein aus der Apostel die **extreme** Formel der korinthischen „Gnostiker" πάντα μοι ἔξεστιν (1. Kor 6,12 10,23 f.) aufnehmen konnte. Paulus ist **darin** mit den Korinthern einig, daß die „Pneumatiker" über allem stehen (z. B. 1. Kor

---

[68] Vgl. dazu Schlier, Gal. S. 139; und zum Ganzen das jüdische Gleichnis von dem König, der seines Freundes Sohn aus der Gefangenschaft loskauft — und zwar nicht zur Freiheit, sondern zur Sklaverei (Siphre zu Numeri, § 115 35 a, K. G. Kuhn, in: Rabbinische Texte, 2. Reihe: Tannaitische Midraschim, Bd. 2, 1934, S. 350 f.). Der Sinn des Gleichnisses ist: „Als der Heilige, gepriesen sei er, den Samen Abrahams, seines Freundes, loskaufte, kaufte er sie nicht los als Kinder, sondern als Sklaven" (ebdt. S. 351) — und zwar, um sie unter dem Gehorsamsanspruch des Gesetzes zu haben. — Gewiß sind die Israeliten zugleich auch Gottes Kinder (und umgekehrt die Christen zugleich Gottes Sklaven, Röm 6,22, vgl. Kuhn, a. a. O. S. 351 A. 112); aber die Israeliten sind als Kinder Sklaven des Gesetzes, die Christen sind als Kinder frei vom Gesetz. Sie sind Gottes Knechte gerade dadurch und darin, daß sie nicht mehr Knechte des Gesetzes sind!

[69] Die Freiheit vom Gesetz wäre also gänzlich mißverstanden, wenn sie als Erlaß bestimmter überholter Einzelgebote des Gesetzes gefaßt würde. Freiheit vom Gesetz ist nicht eine Einschränkung des Gebotenen.

[70] Das heißt nun andererseits freilich nicht, daß in linearer Weise das Gesetz aufgehoben würde. Fällt der Christ aus dem durch den Geist bestimmten und von ihm getragenen Dasein zurück in das Dasein, das sich selbst verwirklichen will (das heißt in der Sprache des Paulus, lebt er wieder κατὰ σάρκα), dann taucht sofort das Gesetz als Richter auf und verurteilt ihn.

Die Verwirklichung der Freiheit 197

6,1 ff.) Wie könnte da das Gesetz noch erlauben oder verbieten! Der Pneumatiker „weiß" mehr als das Gesetz, er ist als Sohn Glied der ἐπουράνια bzw. der Endzeit, während das Gesetz der Endzeit nicht angehört. Seine Zeit ist abgelaufen. Die extreme Formel „alles ist mir erlaubt", entspricht der extremen Situation, in der sich der Mensch ἐν πίστει bzw. ἐν πνεύματι befindet. Es ist die Situation des eschatologischen S i c h s e l b s t - V o r w e g - S e i n s , die Situation dessen, der ἐν σαρκί lebt und gleichwohl im Geist entrafft ist in die ἐπουράνια. Die Formel geht aber über das Bisherige insofern hinaus, als sie den Umfang der Freiheit erweitert: die christliche Freiheit umgreift nicht nur das Gesetz von Sinai, sie umgreift alles und jedes, das je bestimmende Macht des Lebens werden könnte. Der ἐλεύθερος ἐκ πάντων (1. Kor 9,19), hat die absolute ἐξουσία über alles — Endliche! — das die Welt bestimmt. Was heißt „alles ist euch erlaubt" (6,12 10,23), „alles ist euer" (3,21)? Es ist die absolute Relativierung des Geschaffenen. Es ist die Auflösung und Zunichtemachung aller und jeder Ansprüche und Werte, es ist die Aufhebung aller Autorität als Autorität. Wenn τὰ πάντα relativiert wird, in der Weise, daß es nicht mehr an sich fixieren kann, daß es nicht mehr den Menschen beanspruchen und an sich binden kann, dann wird alles dem Menschen verfügbar. Das aber hat das Kreuz Christi „geleistet", das ist seine Bedeutung. Als ein mit Christus Gekreuzigter ist „alles mein", als ein mit ihm Auferstandener „ist mir alles erlaubt".

Dieser Gedanke durchzieht die paulinischen Briefe und hat zu einem gewissen Schema geführt, vgl. Röm 8,38 14,7—9 1. Kor 3,21—23 7,29 ff. 12,12 ff. Gal 3,26 ff. Phil 4,12. Der Ausgangspunkt ist das Versinken alles Bestimmenden in der Taufe. Alles, was überhaupt je den Menschen bestimmen kann, wird in der Taufe zunichte. Die Taufe zerstört die Differenz und richtet die Indifferenz auf: „Die auf Christus getauft sind, haben Christus angezogen. Es gibt keinen Juden und keinen Griechen mehr, keinen Sklaven und keinen Freien, nicht Mann noch Weib. Denn ihr seid allesamt e i n e r in Christus Jesus!" (Gal 3,27 ff.). In der Taufe versinkt man in einen neuen Seinsgrund (Schlier Gal, S. 128), dabei gehen die bestimmenden Differenzierungen unter. Was aus der Taufe heraussteigt, ist nur noch d e r e i n e C h r i s t u s selbst. Es heißt nicht bloß „i h r seid e i n s in Christus" sondern ihr seid „e i n e r" — nämlich Christus selbst, bzw. sein Leib, wie der Apostel auch sagen kann. Fortan hat nur noch Christus Anspruch auf euch, weil ja er allein ihr seid (sit venia verbo). Alles andere ist ins Bedeutungslose, in die absolute Indifferenz, ins N i c h t s versunken. D i e W e l t i s t N i c h t s geworden, daraus resultiert die absolute Freiheit. In die gleiche Richtung führen die (nach dem selben Schema gebauten) Verse 1. Kor 12,12 ff: „Denn wie der Leib eins ist und viele Glieder hat, alle diese z a h l -

reichen Glieder des Leibes aber ein Leib sind, so auch der Christus. Denn wir alle sind auch in einem Geist zu einem Leib getauft worden, ob Juden oder Griechen, Sklaven oder Freie, und alle sind wir mit einem Geist getränkt worden." Dadurch, daß die Welt nicht mehr bestimmt, kann sie grundsätzlich die Freiheit nicht mehr gefährden, (wenigstens hat es der Christ jetzt in seiner Hand — weil er in Gottes Hand ist! —, ob er sich von der Welt, in der er ja nach wie vor lebt, seine Freiheit nehmen läßt oder nicht). Da er der Welt abgestorben ist und die Welt ihm (Gal 6,14), kann ihn die Welt nicht mehr binden wie vorher, in der Weise, daß er mit den Werten und Maßstäben der Welt „steht und fällt". Zwar lebt er auch jetzt noch für „eine Weile" in der Welt und er lebt darin als Jude oder Grieche, als Mann oder Frau u. s. f. Aber diese Bestimmungen bestimmen nicht mehr sein eigentliches Sein, sie konstituieren nicht mehr sein Dasein. Er kann sie gelten lassen, weil sie für ihn nicht mehr gelten. Versucht der griechische Nomos Freiheit dadurch zu sichern, daß er bestimmte Gebiete des Daseins aus dem Lebensvollzug ausklammert, so gibt der christliche Nomos des Geistes dem Dasein alle Bereiche wieder zurück. **Weil nichts mehr die Freiheit gefährden kann, darum steht dem Christen auch alles zur Verfügung.** „Alles ist euer, Paulus oder Apollos, oder Kephas oder die Welt, das Leben oder der Tod, das Gegenwärtige oder das Zukünftige, alles ist euer!" (1. Kor 3,22). Wenn hier Paulus auch den Tod in die Indifferenz hineinzieht, so ist schon angedeutet, in welcher Weise die Freiheit vom Tod zu verstehen sein wird (siehe später. Zur Freiheit vom Tod vgl. auch Röm 8,38 14,7—9). Wenn er dabei auch die Apostel mit aufzählt, dann macht er deutlich, daß die christliche Freiheit auch nicht durch die **apostolische** bzw. später **kirchliche Autorität** gebunden ist in dem Sinn, daß solche Autorität an sich fixiert. Ja im Grund wird hier schon deutlich, was dann Johannes ausführen wird, daß der christliche Glaube selbst an **Christus** nicht fixiert (Christus würde ja sonst zum Götzen werden), sofern Christus „Gottes ist" (1. Kor 3,23). Mit anderen Worten: alle Werte und Maßstäbe, alle Autoritäten, alles Bestimmende, die Gesellschaft, das Volk, der Staat, die Religion(!), aber auch Leben und Tod, Vergangenheit und Zukunft, die Strukturen des Seins: sie alle sind ihrer fixierenden, die Freiheit beraubenden Macht entleert worden und stehen darum dem Christen zur Verfügung.

Wie dieses Zur-Verfügung-Stehen aussieht, zeigt 1. Kor 7,29 ff. Der Christ lebt in der Welt als lebte er nicht in ihr. Er vollzieht sein Dasein in der Haltung „als ob nicht" (ὡς μή). Er steht zum Sein in der Distanz. Er ist weder an das Sein distanzlos verfallen (im bloßen Ausleben des Daseins), noch versucht er das Unmögliche, nämlich „außerhalb des Fleisches" zu leben; vielmehr ist er von den Bestimmungen so bestimmt, daß sie keine Gewalt über ihn bekommen. Weil er von ihnen frei ist, kann er sich von ihnen bestimmen lassen. Er kann die Welt „gebrauchen". Derselbe Sachverhalt wird dann bei Johannes so ausgesagt werden, daß die Christen wohl „in" der Welt, aber nicht „von" der Welt sind. Ursache ist die Offenbarung Gottes, die alle Werte relativierte und die Welt in die Auflösung brachte: παράγει γὰρ τὸ σχῆμα τοῦ κόσμου τούτου (1. Kor 7,31 b)[71]. Wie wenig solche extreme Relativierung mit einem allgemeinen und sich selbst aufhebenden Nihilismus zu tun hat — dem die Gnostiker zum Opfer fallen —, zeigt sich etwa darin, daß die Aufzählung alles dessen, was für den Christen nicht mehr bestimmende Macht ist (1. Kor 3,22), mit den Worten schließt: alles ist euer — ja: ihr aber seid Christi! Und Christus ist Gottes (Vs 23). Die Freiheit des Pneumatikers führt also nicht in die Bodenlosigkeit des Nichts (wodurch sie selbst wieder zur absoluten Unfreiheit würde, wie der gnostische Libertinismus zeigt); vielmehr hat sie ihren Grund und ihre Kraft eben darin, daß die Kirche den Christus darstellt, daß der Getaufte im Christus als seinem neuen Dasein versunken und in ihm verschwunden ist, bzw. daß er Christus angezogen hat (Gal 3,27), daß er Christus in sich als sein innerstes Selbst hat (Gal 2,20), daß er Christi Eigentum geworden ist. Die Relativierung hat ihren Grund im Absoluten. **Hier liegt der entscheidende Unterschied gegenüber der Gnosis**, aus der die extremen Formulierungen stammen, die Paulus in 1. Kor aufnimmt. Diesen entscheidenden Unterschied bringt Paulus dadurch zum Ausdruck, daß er die Unfreiheit der nihilistischen Freiheit der Gnostiker aufzeigt. Ja, es ist wahr: alles ist euer: aber **ihr seid Christi!** (1. Kor. 3,22 f.). Ja, es ist wahr: alles ist mir erlaubt, steht in meiner Macht! Aber ich darf mich selbst nicht übermächtigen lassen durch meine Freiheit! (6,12 f.). **Der Christ ist zum Unterschied vom**

---

[71] 1. Kor 7,29 ff ist von einem eigenartigen Pathos bestimmt. Es ist das Pathos der eschatologischen Distanz (vgl. 2. Kor 4,8 ff. 6,9 f). Gott hat die Zeit zusammengedrängt. Wir stehen im „Drang" der Zeit. Die Forderung der Stunde ist das „ὡς μή". Es zerstört nicht (wie die Ataraxia der Stoa) Freude und Leid! Es ist nicht so, daß der Christ sich auf eine Bastion zurückzieht, wo ihn Affekte nicht mehr erreichen. Vielmehr weint er ja mit den Weinenden und freut sich mit den Sich-Freuenden (7,30 a Röm 12,15). Aber das ὡς μή zerstört die Unmittelbarkeit. Weder die Klage noch die irdische Freude können ihn fortan ganz bei sich haben, ganz in Anspruch nehmen. Der Christ kann nie ganz dabei sein. Er ist bei allem nur halb dabei, „als ob nicht". Er kann fortan weder von der Freude noch vom Schmerz ganz bestimmt werden. Der Christ lebt in der Welt, ohne sich ihr hinzugeben, ohne ihr anzugehören. Gerade aus dieser Freiheit folgt aber dann die echte Verfügungsgewalt über die Welt. Aus dem „als ob nicht" folgt das „alles ist euer"! Indem der Christ ἐν πνεύματι der fixierenden Gewalt der Welt entzogen wird, bekommt er die Welt in seine Gewalt.

Gnostiker nicht einmal an seine eigene Freiheit gebunden! Aus Freiheit ist er unter Umständen bereit, sie preiszugeben! Der Christ kann in einer bestimmten Situation seine Freiheit dadurch verwirklichen, daß er auf sie verzichtet[72]. Denn in der Selbstbewahrung der Freiheit, in dem Sich-darauf-berufen, in dem Pochen auf das „Recht", fällt die teuer erkaufte (6,20) Freiheit wieder um. Sie besteht vielmehr darin, daß man sich — auch was die Freiheit betrifft — nicht selbst gehört, sondern dem Herrn (ebdt.). Das aber zeigt sich im Verhalten dem Nächsten gegenüber. Wer seine Freiheit dem Nächsten gegenüber durchsetzt, verliert sie. „Die Indifferenz alles Weltlichen verschwindet in der konkreten Situation der Verantwortung" (Bultmann)[73]. „Alles ist erlaubt, aber nicht alles nützt. Alles ist erlaubt, aber nicht alles baut auf. Keiner aber suche das Seine, sondern das, das des anderen ist!" (10,23 f.)[74].

aa) Der Gegensatz zur gnostischen Exousia wird von Paulus vor allem im ersten Korintherbrief betont[75]. Dabei kommt in der Auseinandersetzung mit den gnostischen Enthusiasten der korinthischen Gemeinde zu Tage, daß enthusiastisch-gnostische Freiheit die Gemeinschaft zerstört, während die sich selbst preisgebende Freiheit, die Paulus fordert, bzw. an seinem eigenen Beispiel darstellt (Kap. 9!), die Gemeinschaft aufrichtet. Oder anders: es kommt der individualistische, gemeinschaftsfeindliche Charakter der Gnosis zu Tage und zugleich, ihm gegenüber, der Gemeinschaft zwischen Gott und Mensch, bzw. unter den Menschen aufrichtende Charakter der christlichen Freiheit, wie Paulus sie versteht. Die gnostische Freiheit als extreme Selbstsucht zerstört die Gemeinschaft, die Einheit. Die christliche Freiheit als Liebe stellt sie wieder her.

Die enthusiastische Freiheit der korinthischen „Pneumatiker" gründet, wie es scheint, in einem mysterienhaft-magischen Mißverständnis der Auferstehung, demzufolge die Auferstehung schon geschehen ist (vgl. 1. Kor 15,12 ff. auch 2. Tim 2,18)[76]. Die eschatologische Hoffnung ist preisgegeben, das neue Sein ist nicht

---

[72] Bultmann spricht davon, „daß die grundsätzliche Freiheit in jedem Augenblick die Gestalt des Verzichtes annehmen kann — des Verzichtes scheinbar auf die Freiheit selbst, der aber vielmehr eine paradoxe Betätigung der Freiheit selbst ist ..." (Th d NTs S. 343).

[73] ebdt.

[74] Das Ziel der stoischen Freiheit ist: nichts kann mich erschüttern, der gnostischen: alles ist mir erlaubt, der christlichen: ich kann leben (= lieben).

[75] Der Abschnitt aa) wird den Gegensatz zur enthusiastisch-gnostischen Position, ein Abschnitt bb) den Gegensatz zur nomistischen Regression behandeln.

[76] Auch für Paulus ist die Auferstehung schon geschehen: in der Taufe sind wir ja mit Ihm auferstanden. Aber unser Auferstehungs-Sein ist noch im Fleisch,

Sein im Glauben, sondern im Schauen. Der Pneumatiker meint, daß die σάρξ überhaupt nicht mehr zu ihm gehört, er ist der Gnosis, der Sophia, des Pneuma sicher, die Gaben des Geistes sind sein unverlierbarer Besitz, dessen er sich rühmen, darauf er pochen kann. Darum mangelt ihm die Einsicht in die besondere Struktur der Freiheit und des Glaubens, er versteht nicht, daß der Glaube immer auch erst Hoffnung ist und er verneint aus diesem Grunde die Zukunft der Auferstehung. Die Auferstehung der Toten „ist nichts" (1. Kor 15,12). Er versteht nicht, daß die Freiheit G a b e ist, ein Geschenk, das das vorwegnimmt, was in der Zukunft erst auf mich zukommt; er versteht nicht, daß (unter den fortbestehenden Bedingungen der Endlichkeit) eine Freiheit, die mein physisch unverlierbarer Besitz geworden ist, in Unfreiheit umschlägt.

Seine vermeintliche Freiheit lebt sich aus in den S p a l t u n g e n (Kap. 1—4), die innerhalb der Gemeinde entstanden sind. Sie gründen in einer Verwechslung von Kerygma und Sophia. Der Pneumatiker rühmt sich seiner Weisheit, mit der er in die Tiefen der Gottheit hineinblickt. In der Tiefe der Erkenntnis, in der daraus entspringenden Auseinandersetzung mit anderen, in der Differenzierung der Gemeinde in verschiedene Gruppen, glaubt der Einzelne seine Freiheit zu gewinnen und zu verwirklichen. Demgegenüber vertritt Paulus die E i n h e i t der Gemeinde, die in der Indifferenz gründet (3,21 ff). Die Torheit des Kreuzes hebt alle Weisheit der Welt auf. Sie zerstört den Selbstruhm des Menschen (1,29 ff. 3,21 4,7 Röm 3,27 u. ö.). Gerade indem sich die Enthusiasten rühmen oder genauer, indem sie etwas anderes als Gott zum Gegenstand ihres Ruhmes machen, erweisen sie den illusionistischen Charakter ihrer Freiheit. Denn der Selbstruhm ist Zeichen der Knechtschaft. (Vgl. oben S. 137).

Ihre Scheinfreiheit erweist sich im P r o z e s s i e r e n vor einem heidnischen Gerichtshof (6,1—11)[77]. Es offenbart sich darin das Maß der Zerstörung der Gemeinschaft, das durch das gnostische Mißverständnis des Evangeliums angerichtet ist. Die Feindschaft innerhalb der Gemeinde wird vor den ἄδικοι, vor dem κόσμος offenbar, die Schande der Gemeinde tritt zu Tage! Paulus verfügt, daß Rechtshändel zwischen den Christen von einem christlichen Richter innerhalb der Gemeinde entschieden werden sollen (6,1 ff.). Aber im Grunde ist das Suchen des Rechts an sich schon eine Niederlage, ἥττημα (6,7); es ist schon der Prozeßverlust. Denn „das eigentliche ‚Recht' der Christen ist das ‚Unrechtleiden'" (6,7 f)[78]. Wer dem Unrechtleiden ausweichen will und sein Recht um seinetwillen sucht, tut Unrecht (vgl. 1. Thess 4,6 Mt 5,39 f Lk 12,13—15). Er zerstört die Gemeinschaft. Hier sucht der Mensch das Recht f ü r s i c h s e l b s t, er will das Recht be-

---

im alten Todesleib verborgen. Darum warten wir zugleich noch auf die Auferstehung als einem Ereignis der Zukunft. Die zukünftige Auferstehung wird unsere δόξα enthüllen und uns in das σῶμα πνευματικόν verklären.

[77] Vgl. E. Dinkler, Zum Problem der Ethik bei Paulus, Rechtsnahme und Rechtsverzicht (1. Kor 6,1—11), ZThK 49 (1952) S. 167 ff.

[78] Dinkler, a. a. O. S. 169.

sitzen, er pocht auf sein Recht, er nimmt sein Recht für sich in Anspruch, auch auf die Gefahr hin, daß er dabei seinen Bruder schädigt! Darin offenbart sich aber nur das Verknechtetsein an die Mächte der im Vergehen begriffenen Welt, das Übermächtigtsein von der Sünde, der Scheinfreiheit[79].

Ihre Scheinfreiheit erweist sich weiters im s e x u e l l e n L i b e r t i n i s - m u s (5,1—13 6,12—20 7,1—16 25—40)[80]. Damit ist kennzeichnender Weise die S k l a v e n f r a g e verbunden (7,20 ff). Der Ausgangspunkt der paulinischen Ermahnung ist der Hinweis auf das Vergehen der Welt (7,31 b). Der Christus hat der alten Weltzeit ein Ende gesetzt, sie schwindet dahin, ihre Macht, ihr Recht und ihr Anspruch sind gebrochen. Paulus hat die Sorge, daß die Christen wieder in die alten weltlichen Bindungen z u r ü c k f a l l e n , daß sie ihr Leben wieder den Maßstäben und Werten „dieser" Welt anvertrauen und überantworten. Der Christ steht über den Ansprüchen der Sexualität und über den Ansprüchen der Gesellschaft. Gewiß bestehen solche Ansprüche noch für ihn, sofern er noch in dieser Welt lebt (die doch zugleich in ihrer Auflösung begriffen ist). Aber sie haben für ihn keine bindende Kraft mehr. Der Christ darf sich von ihnen nicht wieder zur ängstlichen Sorge verleiten lassen (7,32). Er soll die Welt gebrauchen „als ob nicht" (7,32 ff.), er soll die Distanz zur Welt in seinem Wandeln verwirklichen, indem er diesen Fragen keinen sein neues Sein konstituierenden Wert beimißt. Im Grund sind die Ansprüche der Sexualität und des Standes gleichgültig. Man komme ihnen nach, so weit sie einem nicht gefährlich sind. Sie gehören zu dem σχῆμα „dieser Welt", deren Gefüge bereits zerbricht. Der Christ aber gehört zur zukünftigen Welt. Von diesem Standpunkt aus ist Hurerei nicht Demonstration der Freiheit, sondern der Unfreiheit, ein R ü c k f a l l in die Knechtschaft. In der Unzucht hat sich der Mensch wieder von einem grundsätzlich zunichte gewordenen Anspruch, dem sexuellen, überwältigen lassen und seine ἐξουσία darüber verloren; und zwar deshalb, weil er sich in seinem Eigensinn wieder gegen Gott aufrichtet. Der Unzüchtige verneint die Eigentumsrechte

---

[79] Dinkler (S. 180 ff.) weist auf die Spannung hin, die zwischen den Aussagen in Vss 1—6 und 7—8 besteht. Indessen ist die Spannung leicht aufzulösen. Gerade weil Paulus mit der Macht der Sarx auch beim Christen rechnet, verkündet er nicht eine absolutistische Ethik, sondern zeigt für verschiedene Menschen verschiedene, ihnen angemessene Wege. Am besten ist es, wenn es überhaupt keine Händel gibt (a); w e n n es aber einmal zum Streit gekommen ist, so soll man nicht auf seinem Recht bestehen, sondern darauf verzichten Vs 7—8 (b). Weniger gut, aber immerhin noch möglich, ist die innergemeindliche Austragung des Streites Vs 1—6 (c). Unmöglich dagegen ist es, zu einem heidnischen Richter zu laufen (d). Die ethische Weisung des Paulus reicht demnach vom Angemessenen über das noch Mögliche zum Unmöglichen. Eine ähnliche Abstufung finden wir in 7,1 ff. (siehe unten).

[80] Der sexuelle Libertinismus ist ja für die Gnosis kennzeichnend. Vgl. oben S. 63 ff.

Christi, die sich auch auf den Leib erstrecken. Desgleichen wird die Frage der Ehe, bzw. der Ehelosigkeit von **diesem** Standpunkt aus gelöst. Ehelosigkeit ist vorzuziehen (7,1.26 f. 32 ff). In diesem Stand entspricht der Christ besser der faktischen Situation, in der er sich befindet: der Situation der vergehenden Welt und seiner Partizipation an der zukünftigen[81]. Bringt die Ehelosigkeit aber Gefahren mit sich, so wird die Ehe angeraten (7,2 und 5). Die Ehe ist — obgleich nicht das beste — immer noch besser als „Brennen" (7,9). Denn die Ehe bringt Sorge und also Ablenkung vom Herrn. Sie bindet wieder an die Welt. Aber das „Brennen" ist noch schlimmer, weil der Mensch noch mehr sich selbst und der Welt verfällt. Man sieht: hier überall geht es darum, die **Freiheit des Christen vor allen Störungen zu bewahren**.

Das Kriterium der paulinischen Sexualethik ist also die Frage, wie weit ein bestimmtes Verhalten die Freiheit des Christen zu beeinträchtigen imstande ist.[82] Die Sexualität selber wird mit Distanz betrachtet. Sie steht für den Christen unter dem „Als-ob-nicht". Sie ist kein maßgebender Wert. Eine Bindung kann und soll von ihr für die Existenz des Freien nicht mehr ausgehen. Analog ist die Einstellung zu der Frage des **Standes**. Paulus leugnet selbstverständlich nicht, daß es verschiedene Stände gibt, die die Wirklichkeit der Existenz bestimmen. Er leugnet aber, daß die Standesunterschiede jetzt noch einen positiven Wert haben. Darum gilt grundsätzlich die **Regel**, in dem Stand zu bleiben, in dem man sich gerade befindet (in dem man vom Ruf des Evangeliums angetroffen wurde). Hat der Stand keinen Wert mehr, so ist es sinnlos, ihn verlassen zu wollen. Es kann einem gleichgültig sein (μή σοι μελέτω! 7,21), ob man als Sklave oder als Freier Christ geworden ist. Die Christus-Freiheit ist etwas so überschwenglich Großes, daß ihr gegenüber die bürgerliche Freiheit oder Un-

---

[81] Streng genommen bringt Paulus allerdings **drei** Argumente für den Vorzug des ehelosen Standes: (1) das rein asketische (7,1 und 7), das sich für ihn von selbst versteht. (2) ein Argument aus der Beurteilung der Zeit: es ist besser unverheiratet zu bleiben, denn Ehelose haben es angesichts der kommenden Katastrophen besser als solche, die auch noch füreinander zu sorgen haben (7,26 f). (3) das eigentliche, theologische Argument: der Ehelose kann sich dem Kyrios ganz hingeben, der Verheiratete doch nur mit Einschränkungen (7,32 ff.). M. a. W.: der Ehelose ist also freier als der Verheiratete! Freier — für den Herrn! Aber darin auch freier für sich!

[82] Dem „wie weit" entspricht wiederum (siehe oben S. 202 A 79) die Differenziertheit in der ethischen Weisung. Am Besten, dem eschatologischen Stand und seiner Freiheit angemessensten, ist für Paulus die Ehelosigkeit (a). Bringt es einer nicht über sich, ehelos zu leben (die Charismata sind ja verschieden, nicht das Gesetz, sondern die Gnade regiert!), so mag er heiraten. Das ist nicht schlecht, aber weniger gut (vgl. H. D. Wendland, Die Briefe an die Korinther, 1954, S. 49), es ist jedenfalls auch dem Christen noch möglich (b). Unmöglich dagegen ist die Unzucht (c).

freiheit irrelevant geworden ist. Die Gleichgültigkeit geht so weit, daß Paulus den Sklaven zumuten kann, auch dann nicht die Freiheit zu erwerben, wenn die Möglichkeit dazu gegeben ist (7,21)[83]. Für das Verständnis des Paulus handelt es sich dabei nun freilich nicht um eine Zumutung, oder um eine Last, die den Betroffenen beschwert. Der christliche Sklave ist ja ein Freigelassener des Herrn und, gemessen am neuen Äon und seiner Freiheit, bedeuten bürgerliche Freiheit oder Unfreiheit nichts. Der gesellschaftliche Unterschied von Sklaven und Freien ist in Christus geschwunden, weil sie beide (Sklaven wie Freie) Freigelassene des Herrn sind — bzw. seine Sklaven (7,22 f. 12,13 Gal 3,28). Wollte der Sklave sich befreien, dann suchte er die Freiheit dieser Welt, — eine vergängliche, wertlose Freiheit! Er würde damit zeigen, daß er sich abermals an die Maßstäbe und Werte der Welt bindet. Er hätte die wahre Freiheit verraten.

Am deutlichsten wird der Gegensatz von christlicher und gnostischer Freiheit bei der Behandlung der Frage nach dem Genuß des G ö t z e n o p f e r f l e i s c h e s (8—11, vgl. auch den Abschnitt über die „Starken" und „Schwachen" Röm 14, 13 ff.). Paulus folgt den Gnostikern, wenn er die aufgeworfene Frage zu einer grundsätzlichen Erörterung über die ἐξουσία erhebt. Er ist mit den „Starken" einig in der grundsätzlichen Beurteilung der Lage. Das sachliche „Recht" ist auf ihrer Seite. Natürlich sind die rituellen Unterschiede von Rein und Unrein mit Christus hinfällig geworden, und es gilt in der Tat der Grundsatz: πάντα μὲν καθαρά (Röm 14,20). Die rituellen Unterschiede sind Adiaphora geworden. Indessen, sie werden sofort aus ihrer Adiaphorie zur Bedeutsamkeit erhoben, wenn durch Rücksichtslosigkeit und Lieblosigkeit dem Bruder ein Anstoß geboten wird, wenn der Starke den Schwachen mit seiner Freiheit verletzt (wenn also der Starke gegenüber dem Schwachen frei ist, wenn der Starke seine Freiheit für sich gegen seinen Nächsten in Anspruch nimmt). Die rituellen Unterschiede bleiben dann zwar „an sich" immer noch gleichgültig, aber sie sind „um des Bruders willen" bedeutsam geworden. In gleicher Weise anerkennt Paulus die korinthische Gnosis, die die Nichtigkeit der εἴδωλα kennt. Aber er begrenzt die Verwirklichung durch die Rücksicht auf den Nächsten, und zwar insbesonders durch die Rücksichtnahme auf das Gewissen des Nächsten[84]. Die Erkenntnis, die Paulus akzep-

---

[83] In 21 b ist nach μᾶλλον χρῆσαι nicht τῇ ἐλευθερίᾳ (so Luther, Erasmus, Calvin, Beza, Ligthfoot, Zahn, Schlatter, Rengstorff, Robertson-Plummer, Moffatt), sondern wohl τῇ δουλείᾳ (so Chrysostomus, die Peschittha, Theodoret, Bengel, Weizsäcker, Heinrici, Schmiedel, Bachmann, Bousset, J. Weiß, Lietzmann, Wendland) zu ergänzen. Vgl. die Litt. bei Bauer, Wbch, Sp. 1748. Lietzmann übersetzt: „bleibe erst recht dabei!". Zur Sache vgl. auch Ign Pol 4,3.

[84] „Die Stellung des Paulus zu dieser Frage ist so, daß er (a) die Gnosis grundsätzlich bejaht, sie aber (b) durch die Liebe gelenkt wissen will (8,1—3). Diese allgemeine Feststellung wird dann auf das konkrete Problem des Essens von Götzenopferfleisch angewandt. W i r haben zwar das Wissen um die Nichtig-

tiert (und verlangt), ist in ihrer Tiefe Liebe; die Erkenntnis der korinthischen Enthusiasten dagegen zerstört die Gemeinschaft, weil sie zutiefst Selbstbewahrung und Selbstgenuß ist. Für Paulus ist die christliche Freiheit durch den Nächsten begrenzt. D a s M a ß d e r F r e i h e i t i s t d e r N ä c h s t e. Die Liebe fügt dem Nächsten nichts Böses zu (Röm 13,10). Die Freiheit vermeidet es, dem Nächsten anstößig zu sein (πρόσκομμα, σκανδαλίζειν). Daher der Grundsatz: βλέπετε δὲ μή πως ἡ ἐξουσία ὑμῶν αὕτη πρόσκομμα γένηται τοῖς ἀσθενέσιν (1. Kor 8,9). Das darf freilich nicht dazu führen, daß der Nächste über mich herrisch verfügt (ich bin selbstverständlich auch dem Nächsten gegenüber frei); aber ich kann, gerade dann, wenn ich wirklich frei bin, aufgefordert werden, auf die Realisierung meiner befreienden Einsicht (auf die Durchsetzung meiner Freiheit!) um des Unfreien willen zu verzichten. Die korinthischen Gnostiker beanspruchen die gewonnene Freiheit andern gegenüber für sich und entlarven damit ihre Freiheit als Scheinfreiheit, ja Unfreiheit. „Sie sind zwar in ihrer Gotteserkenntnis, in der sie von Gott erkannt sind, vom Anspruch der εἴδωλα befreit. Aber sie machen diese Freiheit wieder zu einem Anspruch, mit dem s i e s i c h gegen die Schwachen durchzusetzen versuchen. Sie beklagen sich, daß ihre ‚Freiheit' der Kritik fremder Gewissen unterworfen sein soll, 1. Kor 10,29 f. Sie wollen über die ihnen in der Gabe der Gotteserkenntnis verliehene Freiheit als über eine eigene verfügen ... Sie verraten den Schein ihrer Freiheit in der Lieblosigkeit dieser Freiheit" (Schlier, Th W II 498,13 ff.).

Demgegenüber weist Paulus auf sein eigenes Beispiel hin. Das 9. Kap., in dem Paulus sich selbst und sein Verhalten als Exempel vorstellt, dient dazu, zu erweisen, d a ß e s d i e A r t e c h t e r F r e i h e i t i s t, a u f i h r R e c h t v e r z i c h t e n z u k ö n n e n[85]. Er demonstriert die Freiheit des Verzichts aus Rücksichtnahme auf den Nächsten. Eben darin unterscheidet sich die christliche von der gnostischen Freiheit: die christliche Freiheit ist, wie oben gesagt wurde, nicht einmal an sich selbst gebunden. 9,1—14 zeigt ausführlich das Recht des Paulus auf, sich von der Gemeinde erhalten zu lassen (9,4 f. und 7 ff.) bzw. eine Schwester als Frau bei seinen Missionsreisen mitzunehmen (9,4). Er erläutert das Recht und den Anspruch, den der Apostel a n s i c h hat und erheben kann[86].

---

keit der Götter, denen das Fleisch geopfert wurde (a) (8,4—6), aber da nicht alle diese Erkenntnis besitzen, müssen wir aus Liebe zu den schwachen Brüdern gegebenenfalls auf unsere Exousia verzichten (b) (8,6—13)." (Schmithals, Die Gnosis in Korinth, 1956, S. 192).

[85] Vgl. Chr. Maurer, Grund und Grenze apostolischer Freiheit, Exegetisch-theologische Studie zu 1. Kor 9, in: Antwort, Karl Barth zum 70. Geburtstag, 1956, S. 630 ff. Käsemann, Eine paulinische Variation des ‚amor fati', ZThK 56 (1959) S. 138 ff.

[86] 9,1—12 weist auf verschiedene Quellen hin, aus denen der Rechtsanspruch des Apostels fließt: Paulus ist ein rechtmäßiger Apostel: 9,1—2. Vgl. Gal

Dennoch verzichtet er auf sein Recht. Er „gebraucht", er konsumiert das nicht, was ihm rechtens zustände: ἀλλ' οὐκ ἐχρησάμεθα τῇ ἐξουσίᾳ ταύτῃ, ἀλλὰ πάντα στέγομεν ἵνα μή τινα ἐγκοπὴν δῶμεν τῷ εὐαγγελίῳ τοῦ Χριστοῦ, 9,12 b ... ἐγὼ δὲ οὐ κέχρημαι οὐδενὶ τουτῶν Vs 15 ... εἰς τὸ μὴ καταχρήσασθαι τῇ ἐξουσίᾳ μου ἐν τῷ εὐαγγελίῳ 18 b. Im Gegensatz zu dem, der auf sein Recht pocht (dem „Pneumatiker"), steht die Haltung dessen, „der alles erträgt, um dem Evangelium kein Hindernis zu bereiten" (9,12)[87]. Also: er konsumiert sein Recht nicht, weil er fürchten müßte, jemandem anstößig zu sein (das ist das erste Motiv). Etwas Analoges muß der Apostel von den korinthischen Gnostikern verlangen! Auch das Recht des Apostels ist durch die mögliche ἐγκοπή begrenzt. Die Rücksichtnahme, die menschliche Gemeinschaft bewahrt, ist Herrin über die Exousia, selbst über die apostolische Exousia! Die Liebe ist das Maß auch der apostolischen Freiheit. Aufgabe des Apostelamtes ist die „Erbauung" des Leibes Christi. Wie könnte der Leib Christi „erbaut" werden, wenn nicht durch die verzichtende Freiheit? Und wodurch wird er zerstört, wenn nicht durch die fordernde Freiheit? Und was ist das für eine Freiheit, die den Leib Christi zerstört, die Gemeinschaft vernichtet? Es ist die selbe a n g e m a ß t e Scheinfreiheit, die weder um die G a b e des neuen Seins weiß (1. Kor 15), noch um die L i e b e als ihren Inhalt (1. Kor 13).

Der Apostel hat aber noch ein zweites Motiv, das ihn zum Rechtsverzicht, zur im Verzicht sich verwirklichenden Freiheit treibt: dieses kommt in dem dunklen Abschnitt 9,15—18 zur Sprache[88]. Das Recht, auf das der Apostel sich berufen könnte, ist im Grunde gar kein Recht oder Anrecht; sein Apostolat ist S c h i c k - s a l. Ἀνάγκη γάρ μοι ἐπίκειται (9,16)[89]. Ananke ist das Schicksal, das über dem menschlichen Leben steht und es so oder so bestimmt. Der Ananke kann man nicht entrinnen, sie steht nicht zur Wahl. Sie erlaubt daher auch keinen Ruhm, sie gibt keinen Anspruch auf Lohn. Paulus hat den Apostolat nicht gewählt, sondern vielmehr ist er dazu erwählt worden (1. Kor 15,8 ff. Gal 1), er ist sein Geschick. Er m u ß missionieren, er kann und darf nicht anders und wehe ihm, wenn er

---

1—2. Er hat — sozusagen nach dem „Naturrecht" — Anspruch auf Lohn für seine Arbeit: 9,7 ff. und 11 ff. Das bestätigt auch der mosaische Nomos: 9,9 ff., es folgt aus dem „heiligen Recht": 9,13 ff. Endlich hat es der Herr selbst erlaubt: 9,14. Die mehrfache Begründung zeigt die Wohlbegründetheit seines Rechtsanspruchs. Um so eindrucksvoller soll sein Rechtsverzicht sein.

[87] Die ἐγκοπή 9,12 nimmt das πρόσκομμα und σκανδαλίζειν von Kap 8 wieder auf.

[88] Daß hier das eigentlich Motiv offenbar wird, behauptet Joh. Weiß, Der erste Korintherbrief, 1910, S. 239. Ebenso Käsemann: „Sachmitte des ganzen Kapitels" (a. a. O. S. 139).

[89] Zum Ausdruck vgl. Bauer Wbch s. v. Käsemann, a. a. O. S. 149. Eine Parallele bietet Hom Ilias VI 458.

seinem Auftrag nicht nachkäme[90]! Paulus hat also in Wahrheit keinen Anspruch auf Lohn, keinen Rechtsanspruch. Es kommt ihm nicht zu, den Rechtsanspruch zu erheben, sondern lediglich das kommt ihm zu, darauf zu verzichten[91]. Denn sein Apostolat, und das heißt auch seine apostolische Exousia, sind Schicksal. Er hat Grund zum Ruhm, wenn er ruft: οὐκ εἰμὶ ἐλεύθερος ; οὐκ εἰμὶ ἀπόστολος ; (9,1) — und doch hat er keinen Ruhm: οἰκονομίαν πεπίστευμαι (9,17). S e i n e F r e i h e i t   i s t   S c h i c k s a l ! D a r u m kann er nicht auf sie pochen, darum kann er nicht auf ihr bestehen und sie für sich gegen andere in Anspruch nehmen. Er hat die Freiheit nicht gewählt, er hat sich seine ἐξουσία nicht willkürlich zu eigen gemacht, sie ist ihm als Gabe und Dienst Christi zugekommen, das ist ihre Eigenart. Diese Eigenart prägt sie und macht ihn, den Freien, fähig, selbst zu geben und zu dienen[92]. Ἐλεύθερος γὰρ ὢν ἐκ πάντων πᾶσιν ἐμαυτὸν ἐδούλωσα (9,19). Paulus gibt s i c h , über den er jetzt verfügt, zum Dienst, weil und sofern er frei ist. Und indem er das tut, tut er, — von sich aus —, was Gott fordert, erfüllt er ohne das Gesetz, das, was das Gesetz intendiert. Er dient dem Nächsten: das rechte Handeln ergibt sich also nicht aus einem starren Gesetz, sondern der Freie urteilt selbst in jedem Moment nach eigenem Ermessen.[93] Aber er beurteilt, was dem Nächsten nützt; so ist Paulus allen alles geworden (9,20 ff.), er hat sich je auf den Nächsten eingestellt und darin seine Freiheit verwirklicht, die sein Schicksal ist. So fordert Paulus auch: jeder suche das, was des andern ist (10,24). Dieses Verhalten kennzeichnet überhaupt sein apostolisches Wirken. Er ermahnt, wo er befehlen könnte, er bittet, wo er Gehorsam fordern könnte,

---

[90] „Wenn er (Pls) ... den griechischen Begriff (scil. ἀνάγκη) verwendet, tut er es, um die Gottesmacht als souverän, unerbittlich und unentrinnbar zu charakterisieren. Wer ihr widerstrebt, erfährt sie wie einen Fluch, der nach antiker Anschauung den Menschen wie eine verzehrende Krankheit überfällt, in ihn eindringt und ihn von innen her zerstört". (Käsemann, a. a. O. S. 150). Paulus „gibt sich selber Rechenschaft über die Wahrheit seines apostolischen Daseins. Zu solcher Wahrheit gehört, daß er als der von Ruf und Kreuz seines Herrn Gezeichnete keinen Lohnanspruch erheben kann. Der stände ihm zu, wenn er aus freien Stücken in seine Arbeit getreten wäre. Von der ἀνάγκη fordert man keinen Lohn. Ihr gegenüber beugt man sich oder rebelliert" (ebdt. S. 151).

[91] Und gerade darin, daß er auf jeden Lohn verzichtet, besteht sein Lohn, wie Paulus absichtlich paradox in Vs 18 formuliert.

[92] Zum Ganzen vgl. Käsemann, a. a. O. passim, bes. S. 152 ff.

[93] In einer anderen Situation kann Paulus sehr wohl Geld annehmen, ohne seinen Grundsatz dadurch zu verletzen, freilich auch wiederum nicht so, daß er sich dabei auf sein Recht beruft. Vgl. Phil 4,10 ff. Und auch hier weist er sofort darauf hin, daß er auch ohne die Unterstützung der Philipper hätte auskommen können und auskommen müssen, eben weil er frei, weil er autark ist.

er vergewaltigt die Menschen nicht, weder dort, wo er für die Kollekte Geld verlangt (2. Kor 8—9), noch dort, wo er für einen entlaufenen Sklaven bei seinem Herrn als Fürsprecher auftritt: Διό, πολλὴν ἐν Χριστῷ παρρησίαν ἔχων ἐπιτάσσειν σοι τὸ ἀνῆκον, διὰ τὴν ἀγάπην μᾶλλον παρακαλῶ (Philem 8 f.). Und es ist besonders kennzeichnend, wenn Paulaus hinzufügt: χωρὶς δὲ τῆς σῆς γνώμης οὐδὲν ἠθέλησα ποιῆσαι, ἵνα μὴ ὡς κατὰ ἀνάγκην τὸ ἀγαθόν σου ᾖ ἀλλὰ κατὰ ἑκούσιον (Vs 14). Er will das Gute nicht aufgezwungen, sondern aus freien Stücken verwirklicht sehen. Er respektiert die Freiheit des Nächsten.

Eine falsche, enthusiastisch-libertinistische Freiheit wird auch in den Ausführungen über die s t a a t l i c h e G e w a l t Röm 13,1 ff. bekämpft. Es ist anzunehmen, daß der Apostel in diesem Abschnitt das gleiche falsche Pneumatikertum zu bekämpfen sucht, das er vorher in 12,3—21 abgewehrt hat. Vgl. dazu Michel, Röm S. 282 und 284. Der Abschnitt steht ganz innerhalb des Zusammenhanges „Gesetz-Freiheit" und mündet daher nicht zufällig in Ausführungen über die Erfüllung des Gesetzes in der Liebe (13,8 ff.). Der Zusammenhang mit der Freiheitsfrage wird außerdem in der Parallelstelle 1. Ptr 2,13—17 deutlich, die wohl von Paulus inspiriert ist[94]. Beide Stellen setzen voraus, daß die Stellung des Christen zu den Trägern der öffentlichen Gewalt von der christlichen Freiheit her bestimmt ist, und es ist deutlich, daß sowohl Paulus wie auch der Verfasser des 1. Ptr diesem Standpunkt g r u n d s ä t z l i c h zustimmen müssen, wenn sie nicht ihrem eigenen theologischen Ansatz untreu werden wollen[95]. In jedem anderen Fall würden sich ja die Christen „dieser Welt gleichstellen" (Röm 12,2), was sie gerade nicht sollen; denn das „Schema" dieser Welt vergeht (1. Kor 7,31), und die Christen gehören einem anderem „Schema" und einer anderen Welt an. Es ist also sinnvoll und notwendig zu sagen, daß die Freiheit des Christen von allen bestimmenden Mächten „dieser Welt", auch den Staat und die Staatsmacht mit einschließt. Christliche Freiheit ist Freiheit auch vom Staat. Die Begründung dieser Freiheit liegt in der Tatsache, daß die Christen der civitas Dei in coelis angehören. Ἡμῶν γὰρ τὸ πολίτευμα ἐν

---

[94] Die folgenden Zeilen wollen selbstverständlich nicht das umfassende Problem der urchristlichen Staatsauffassung lösen, sondern lediglich aufzeigen, wie sich das Verhältnis zur staatlichen Obrigkeit innerhalb der Polarität von Gesetz und Freiheit für die erste Christenheit darstellt. — Zur Geschichte der neueren Auslegung vgl. den kritischen Bericht von E. Käsemann, Röm 13,1—7 in unserer Generation, ZThK 56 (1959) S. 316 ff. Vgl. außerdem: Fr. Neugebauer, Zur Auslegung von Röm 13,1—7, KuD 8 (1962) S. 151 ff. G. Delling, Röm 13,1—7 innerhalb der Briefe des Neuen Testaments, 1962.

[95] Das entspricht der grundsätzlichen Zustimmung des Paulus zur korinthischen Gnosis (vgl. oben S. 204), wie denn überhaupt die Antwort des Paulus auf die Staatsfrage strukturell genau seiner Antwort auf die in Korinth entstandenen Probleme entspricht. Dies ist der Rahmen, innerhalb dessen das NT die Frage nach der irdischen Staatsmacht stellt und zu beantworten sucht.

οὐρανοῖς ὑπάρχει (Phil 3,20). Dem entspricht es, daß die Christen in der irdischen Polis Paröken und Fremdlinge sind (1. Ptr 1,1 2,11 Hebr 11,9—16 u. ö.). Sie haben hier keine bleibende Stadt, sondern suchen die zukünftige (Hebr 13,14), die Heimat (Hebr 11,9 ff.). Diese Einstellung kommt am schönsten in dem berühmten Abschnitt Diogn 5 zum Ausdruck: πατρίδας οἰκοῦσιν ἰδίας, ἀλλ᾿ ὡς πάροικοι· μετέχουσι πάντων ὡς πολῖται, καὶ πάνθ᾿ ὑπομένουσιν ὡς ξένοι· πᾶσα ξένη πατρίς ἐστιν αὐτῶν, καὶ πᾶσα πατρὶς ξένη ... ἐπὶ γῆς διατρίβουσιν, ἀλλ᾿ ἐν οὐρανῷ πολιτεύονται (Diogn 5,5 und 9). Weder die irdische Polis, noch der irdische Kosmos sind der Raum, aus dem der Christ lebt. Er sucht den Grund und das Ziel seines Lebens in der (noch) unsichtbaren Gemeinschaft der civitas Dei und steht daher dem irdischen Staat mit D i s t a n z gegenüber. Auch den Trägern der Gewalt gegenüber gilt die Haltung des ὡς μή, die in Diogn 5 geschildert ist[96]. F r e i l i c h   i s t   d i e   G e f a h r   f a l s c h e r   „g e i s t l i c h e r"   Ü b e r h e b l i c h k e i t   n i r g e n d s   s o   g r o ß   w i e   h i e r ! Es muß davor gewarnt werden, solche Freiheit zum „Deckmantel der Bosheit" zu machen (1. Ptr 2,16). Die Freiheit der Enthusiasten ist leere Freiheit. Sie stammt aus der bloßen Negation der Welt (macht die Schöpfung zu einem Werk des Widergottes), und bleibt daher auch der staatlichen Autorität gegenüber in der bloßen Negation. Für Paulus ist die Welt kein Werk des Demiurgen, die Freiheit keine bloße Negation, das Leben im Geist den Ansprüchen der Welt nicht so entnommen, daß man die Welt nicht mehr wahrzuhaben braucht, sondern so, daß man ihren Ansprüchen nachkommen kann, ohne ihr zu verfallen! Dem Enthusiasmus gegenüber sind die Ausführungen Röm 13,1—7 von einer merkwürdigen Kühle, ja Profaneität. Da wir noch in der Welt leben, tritt die Welt mit ihren Ansprüchen — rechtens — an uns heran. Unsere Freiheit besteht nach Paulus nicht in einem enthusiastischen (und letztlich illusionären) Entrafftsein in die ἐπουράνια, demzufolge der Pneumatiker nur noch Pneuma ist und die σάρξ nicht mehr zu ihm gehört, sondern die Freiheit verwirklicht sich gerade in der noch bestehenden Welt. Die Freiheit von der Welt (einschließlich der staatlichen Gewalt) besteht darin, daß man in ihr lebt, ohne an sie fixiert zu sein. Die Freiheit den Ansprüchen der Gesellschaft und des Staates gegenüber erweist sich gerade darin, den Ansprüchen nachkommen zu können, ohne von ihnen gefangengenommen zu werden, ohne sein Selbst dabei an sie zu verlieren! (Aber auch ohne sein Selbst   d a d u r c h   zu verlieren, daß man es sich in ängstlicher und hybrider Weise vor allem Nicht-Selbst bewahrt!). Der Christ, weil er frei ist, kann dem Staat gehorchen, ohne deshalb ein Knecht staatlicher Gewalt zu werden und ohne seine Ehre, seine verborgene δόξα, seine Freiheit dabei einzubüßen (ohne also sich selbst —   u n d   d e m   S t a a t ! — dabei Unrecht zu tun!). Gerade aus

---

[96] Solche Freiheit erweist sich etwa darin, daß die Gemeinde der Endzeit darauf verzichten kann, die Rechtsprechung des Staates in Anspruch zu nehmen, 1. Kor 6,1—11.

der Distanz heraus, aus der er lebt, kann der Christ dem Staat w i r k l i c h geben, was ihm gebührt. Die Freiheit der staatlichen Gewalt gegenüber erweist sich demnach für Paulus gerade im Gehorsam den Trägern der staatlichen Gewalt gegenüber. Dieser Gehorsam ist nicht eine Einschränkung der Freiheit, sondern ihr Erweis; er kommt aus dem Gewissen der Freien (Röm 13,5), bzw. er wird um Christi willen dargebracht (1. Ptr 2,13). Der Christ, der der staatlichen Autorität gehorcht, tut dies aus freien Stücken, aus dem Zentrum seiner Person heraus, ja, da er — zum Unterschied von den Nichtchristen — der einzig und wahrhaft Freie ist (dies ist die Meinung des Paulus), so kann man sagen: der Christ gehorcht dem Staat in einem t i e f e r e n Sinn und in besserer Weise als der Nichtchrist, besser als die ἐξουσία selbst es versteht!

bb) In all diesen Stellen geht es darum, die Freiheit vor dem Mißverständnis des Antinomismus oder Libertinismus zu bewahren. Sie lassen sich zusammenfassen in den Satz des Paulus: „Ihr seid zur Freiheit gerufen, Brüder; μόνον μὴ τὴν ἐλευθερίαν εἰς ἀφορμὴν τῇ σαρκί!" (Gal 5,13). Es ist die Warnung davor, „im Abweg vom Gesetz sich in Selbstsucht zuzufallen". (Schlier, Gal S. 175). Diese Warnung trägt selbst wiederum nicht gesetzlichen Charakter (so daß sie nur einen natürlichen Wunsch des Menschen verbietet), sondern sie ist Warnung vor dem Verlust der „herrlichen Freiheit der Kinder Gottes" (Röm 8,21)[97]. Mit der gleichen Schärfe und Klarheit warnt Paulus aber auch vor der anderen Möglichkeit des Rückfalls in das vorchristliche Sein, vor der Vermischung der Freiheit mit der Gesetzlichkeit. Sowohl der Antinomismus als auch der Nomismus stellen die Freiheit in Frage. In beiden Fällen wird die Alternative Gesetz-Freiheit aufgerichtet, die eben im Geist überwunden ist. Gegen die nomistische Gefahr wendet sich Paulus insbesonders im G a l a t e r b r i e f.

Der Nomismus stellt das Evangelium selbst in Frage (Gal 1,6 ff.). Er rügt die „hereingebrachten falschen Brüder", „die sich eingeschlichen hatten, unsere Freiheit ... zu belauern (spionieren, auskundschaften, „examinieren" κατασκοπῆσαι!), damit sie uns versklaven!" (2,4). Hier, wo die Freiheit selbst auf dem Spiele steht, bleibt Paulus unbeugsam. „Ihnen haben wir nicht einen Augenblick nachgegeben" (Vs 5), nicht aus Trotz, sondern „damit die Wahrheit des Evangeliums bei euch bliebe" (Vs 5 b). Um der Freiheit willen wagt er es, dem Kephas „ins Angesicht zu widerstehen" (2,11). In der „Rede an Kephas" (2,14—21) und in der folgenden Ermahnung an die Galater (3,1 ff.) zeigt er die Konsequenz einer Vermischung von Freiheit und Gesetzlichkeit auf, nämlich vor allem die, daß die Freiheit, die Wahrheit Gottes, die Gnade dabei aufgehoben wird. Der Rückfall der Galater erscheint ihm dämonisch bewirkt zu sein (3,1),

---

[97] Sie ruft den Menschen nicht zu etwas, was er noch nicht ist (wie das Gesetz), sondern sie ruft ihn zu etwas, was er ja ohne dies bereits ist (!). S i e r u f t i h n z u s i c h s e l b s t! Eben darin ist sie „freiheitlich", nicht „gesetzlich". (Vgl. dazu oben S. 183 ff. insbes. S. 191 f. [über Indikativ und Imperativ]).

die Leiden der Galater verlieren ihren Wert (3,4). In den großen Ausführungen über das Gesetz in Kapitel 3—4 macht er ihnen die Unmöglichkeit eines Rückfalls in die Gesetzlichkeit klar. Und er beschwört sie, in der Freiheit fest zu bestehen, die Christus erworben hat (5,1); in 5,2 ff. zeigt er ihnen noch einmal, daß Christi Werk vergeblich geschehen ist, wenn sie die Freiheit preisgeben; und in der Nachschrift 6,11 ff. bringt er mit energischen und ergreifenden Worten jene Freiheit zum Ausdruck, die jenseits der gesetzlichen Maßstäbe steht, vgl. Vs 15.

Beim galatischen Nomismus geht es (a) um den Gehorsam gegenüber den Weltmächten, die als astrale Mächte eine bestimmte kultische Observanz fordern (4,8—11); und (b) um die Forderung der Circumcisio (2,3 ff. 5,2 ff. 6,12 ff.)[98]. Die kultische Observanz der στοιχεῖα wird abgelehnt, nicht weil Paulus Existenz und Macht der στοιχεῖα leugnet — die Strukturen des Seins sind „übermenschliche" Mächte, die einen kosmischen Anspruch auf uns erheben —, wohl aber, weil in der Verehrung des Weltgesetzes letztlich die Welt selbst, statt Gott verehrt wird, weil die στοιχεῖα in der Forderung der kultischen Observanz an sich binden — in tödlicher Weise —, statt durchsichtig zu sein auf den, der über ihnen steht, an den allein der Christ gebunden ist. Desgleichen wird die Circumcisio sowenig wie das Weltgesetz als solches abgelehnt. Sie ist vielmehr gegenüber der καινὴ κτίσις indifferent (Gal 6,15, vgl. 1. Kor 7,18 Gal 5,6). Indessen verliert sie die Indifferenz, ihr Nichts-sein, sofort, wenn sie zur Bedingung für das Heil gemacht wird. In diesem Augenblick erhält sie dämonischen Charakter. Sie wird von den dämonisierten (Gal 3,1!) Menschen dazu verwendet, die Freiheit zu zerstören. Wenn etwas, das nichts ist, bestimmendes Sein beansprucht, zerstört es die Freiheit. Darum wird die Verbindlichkeit der Circumcisio so energisch abgelehnt.

Beides, die Verwerfung des Nomismus wie die Verwerfung des Antinomismus, haben ihre letzte Ursache darin, daß das Sein in der Freiheit das Sein in der L i e b e ist. Freisein heißt Liebenkönnen[99]. Das kommt

---

[98] W. Schmithals hat in seinem Aufsatz: Die Häretiker in Galatien, ZNW 47 (1956) S. 25 ff. die These vertreten, die galatischen Häretiker seien nicht Judaisten, sondern jüdische Gnostiker gewesen. — Bedenken gegen diese These bei W. G. Kümmel, Einleitung in das Neue Testament, 12. Auflage, 1963, S. 194 f. Man nimmt wohl am besten an, daß die galatischen Häretiker Nomisten waren, aber ihren Nomismus mit gnostischen Elementen verbunden haben. Das weist auf ein heterodoxes Judentum (so urteilt auch G. Stählin, RGG [3. Auflage] II Sp. 1188 und H. Schlier, LThK IV Sp. 487 f.). Aber wie immer das auch sein mag: Paulus jedenfalls nahm die galatische Causa zum Anlaß für eine grundsätzliche theologische Reflexion über die christliche Freiheit im Gegensatz zum Nomismus.

[99] Schlier, Gal S. 178. „Die Freiheit, zu der die Galater gerufen sind, ist ihrem Sinn und rechten Gebrauch nach die Freiheit zur Liebe. Der echte und rechte

besonders in Gal 5,13 f. zum Ausdruck. Paulus erinnert die Galater, daß sie zur Freiheit berufen sind. Er warnt sie — und zeigt damit negativ die Gefahr der Freiheit auf — vor dem Mißbrauch des „Fleisches"; und er setzt, die Freiheit positiv bestimmend, fort: ἀλλὰ διὰ τῆς ἀγάπης δουλεύετε ἀλλήλοις. Sowohl im Nomismus wie im Antinomismus offenbart sich das Dasein des Menschen als ein Dasein, dem Liebe fehlt. Der Nomismus ist der vergebliche, fast tragische Versuch, die Liebe und das Geliebtwerden über den Umweg der Leistung zu erreichen. Der Tora-Fromme leistet den Gehorsam, um Gott zur Liebe zu bewegen. Der Antinomist verzichtet auf das Geliebtwerden, er liebt unverhüllt sich selbst, in der Meinung, das Dasein aus der Selbstliebe konstituieren zu können. Aber diese Art von Selbstliebe beruht gerade auf Mangel an Liebe, sogar auf Mangel an echter Liebe zu sich selbst. Der Mangel an Liebe ist der tiefste Grund für die Unfreiheit des Menschen und umgekehrt das Geliebtwerden durch Gott die Ursache der Befreiung. Die Liebe befreit von der hybriden Verachtung des Gesetzes und der ängstlichen Leistung der Gesetzesforderungen.

So ist die Freiheit vom Gesetz also dadurch konstituiert — und darin vollzieht sie sich zugleich auch — daß die Liebe Gottes ausgegossen ist in unsere Herzen durch den Heiligen Geist (Röm 5,5), daß die, die im Heiligen Geist sind, unter allen anderen Gnadengaben vor allem die größte empfangen haben, die Liebe. Wenn Paulus auffordert, den königlichen Weg der Liebe zu beschreiten (1. Kor 12,31 ff.), so zeigt er zugleich den Weg auf, auf dem sich die Freiheit verwirklicht. Die Freiheit verwirklicht sich in der Liebe. Wer in der Liebe ist, kann tun, was er will — dilige, et quod vis fac (Augustinus)[100] — er wird immer lieben. Aber indem er liebt, erfüllt er das Gesetz (Röm 13,8—10; Gal 5,14).

Vollzug der Freiheit geschieht ja in dem gegenseitigen Dienst der Liebe." (ebdt. S. 176).

[100] Videte quid commendamus, quia non discernuntur facta hominum, nisi de radice charitatis. Nam multa fieri possunt, quae speciem habent bonam, et non procedunt de radice charitatis. Habent enim et spinae flores: quaedam vero videntur aspera, videntur truculenta; sed fiunt ad disciplinam dictante charitate. Semel ergo breve praeceptum tibi praecipitur, Dilige, et quod vis fac: sive taceas, dilectione taceas; sive clames, dilectione clames; sive emendes, dilectione emendes; sive parcas, dilectione parcas; radix sit intus dilectionis, non potest de ista radice nisi bonum existere. (Aug, Tract in 1. Joh 7,8 MPL 35, 2033.)

c) Die Freiheit vom Tod

Die Freiheit von der Sünde und vom Gesetz bringt mit sich die Freiheit vom Tod. Gesetz-Sünde-Tod hängen bei Paulus zusammen. Das Gesetz bringt die „Kenntnis" der Sünde, es bringt das Aufleben der Sünde, durch das Gesetz und gegen die eigentliche Intention des göttlichen Gesetzes lebt die Sünde auf (Röm 7,7 ff.). Das Dasein aber, in dem durch das Gesetz die Sünde bewirkt wird, ist das Dasein zum Tode. Der Tod ist der Sünde Sold (Röm 6,23). Damit rückt auch das Gesetz in die Todesreihe. Es ist die δύναμις τῆς ἁμαρτίας (1. Kor 15,56), es ist das Gesetz der Sünde und des Todes (Röm 8,2). In der Offenbarung des neuen Seins, der καινὴ κτίσις, ist diese Todesreihe aufgehoben. Im Glauben bzw. im Geist hat die Sünde aufgehört, bestimmende Macht des Lebens zu sein. Damit ist die Todesreihe unterbrochen. Mit der Entmächtigung der Sünde ist das Gesetz, als das Gesetz εἰς θάνατον (Röm 7,10) entmächtigt worden, und zwar in der Weise, daß wir nun nicht mehr unter dem Gesetz stehen und darum nicht mehr — um der Schwäche des Fleisches willen — vom Gesetz in die Sünde und in den Tod geführt werden. Wir sind dem Gesetz abgestorben, seiner ledig, wir gehören dem Gesetz nicht mehr. Es ist ein Dasein geoffenbart, das nicht mehr sich selbst in den Tod führt. In diesem Sinn ist die Freiheit vom Tod geoffenbart.

„Freiheit vom Tod" ist bei Paulus im wörtlichen Sinn zu verstehen, als T o d l o s i g k e i t. Wer frei vom Tod ist, braucht nicht mehr zu sterben. Der Einwand, welchen Sinn menschliches Leben haben kann, das nicht mehr auf ein Ende zu ist, hat Paulus nicht angefochten[101]. Wer mit Christus gestorben und auferstanden ist, ist prinzipiell und real aus diesem Todesleib herausgestorben und in den Leib Christi hineinversetzt worden, in dem kein Tod mehr ist. Paulus hat damit die urchristliche Enderwartung verbunden. In 1. Thess 4,15 ff. und 1. Kor 15,51 rechnet er damit, daß seine Generation die Ankunft Christi noch erleben und folglich (ohne zu sterben) unmittelbar in den Herrlichkeitsleib verwandelt wird. Es hat den Anschein, daß Paulus insofern später darüber anders dachte, als die Hoffnung, die Parusie noch zu erleben, schwand (Phil 1,23). Aber die Hoffnung auf die Parusie überhaupt ging nicht verloren und mit ihr blieb die Hoffnung auf ein todloses Leben.

---

[101] Er wäre im Sinn des Paulus etwa so zu beantworten, daß die „Unsterblichen", „Unverweslichen" ja die Ikone des Himmlischen tragen werden, ein σῶμα πνευματικόν (1. Kor 15,35 ff.) und d. h. den Bedingungen der Endlichkeit nicht mehr unterworfen sind.

Schon nach 1. Thess 4,13—18 ist das Sterben der Christen nicht imstande, ihr himmlisches Erbe zu gefährden. Die Generation derer, die die Parusie noch erleben — und folglich nicht sterben — ist den in Christus Verstorbenen um nichts voraus. Diese werden erweckt, jene verwandelt, sie alle aber beim Herrn sein! Die fortbestehende Gewalt des Todes kann also die prinzipielle Freiheit vom Tod nicht aufheben. Aber sie kann und soll die schwärmerische Auffassung ausschließen, derzufolge der Christ als „Pneuma" bereits unsterblich und verklärt, die Sarx zu verachten und auf die Auferstehung nicht mehr zu warten ist (1. Kor 15). Vielmehr gilt: die Freiheit vom Tod ist real da, aber sie wird erst bei der Auferstehung am Ende voll hervortreten. Insofern ist die Freiheit vom Tod gegenwärtiges (gegen die jüdische Hoffnung) und doch erst erwartetes Gut (gegen die Gnosis).

Freiheit vom Tod bedeutet demnach, daß der Christ innerhalb seines dem Tod verfallenen Daseins vom Tod frei ist[102]. Sie b e s t e h t darin, daß dem Tod seine vernichtende Funktion genommen ist, die dazu führte, daß sich das Dasein im Sein gegen sich selbst vollendete. Und sie e r w e i s t sich darin, daß der Christ den Tod übernehmen kann, ohne in ihm unter ihm zu Grunde zu gehen. Wer frei ist vom Tod, ist weder resigniert noch verzweifelt (in der Resignation so gut wie in der Verzweiflung richtet ja der Tod seine Herrschaft über das endliche Wesen auf, macht er den Menschen zu seinem Sklaven): frei vom Tod sein heißt vielmehr gerade s t e r b e n k ö n n e n! D i e F r e i h e i t v o m T o d e r w e i s t s i c h d a r i n, d a ß d e r M e n s c h n u n — g e t r o s t — s t e r b e n k a n n. Bestand die Freiheit von der Sünde im L i e b e n - k ö n n e n, so besteht die Freiheit vom Tod im L e b e n - bzw. (was für die Bedingungen des alten Äons dasselbe ist) im S t e r b e n können. Frei ist, wer sterben kann[103].

---

[102] Vgl. Schlier, ThW II, 499, 38 ff.
[103] Es ist klar, daß die Formulierung nicht im s t o i s c h e n Sinn verstanden werden darf. Zwar weiß auch der Stoiker, daß die wahre Freiheit das Sterbenkönnen miteinschließt und er hat damit den formalen Sinn des Begriffs „Freiheit vom Tod" (als Freiheit z u m Tod) ganz richtig erkannt. Aber gerade der Stoiker zeigt vom Standpunkt des νόμος τοῦ πνεύματος τῆς ζωῆς aus, daß er diese Freiheit nicht besitzt. Seine Ergebenheit in das Schicksal ist nicht Hingabe, sondern heimliche Selbstbehauptung und heimlicher Aufstand gegen Gott, den er im Logos zu verehren vorgibt. Er leistet dem Tod gegenüber passiven Widerstand und das heißt also: gerade e r kann nicht sterben. Siehe oben S. 50 ff.

Die Freiheit vom Tod ist e s c h a t o l o g i s c h e Freiheit. Sie steht zwischen dem Jetzt-schon und dem Noch-nicht, welches die christliche Existenz bestimmt. Die Freiheit vom Tod steht noch aus: Röm 8,12 ff. Paulus stellt dort einander gegenüber den a l t e n Äon (den νῦν καιρός Vs 18), für den die σάρξ als eine Macht, die in den Tod führt (12 ff.), die Knechtschaft (15) und die Angst (ebdt.) kennzeichnend sind, und den n e u e n Äon, der durch den Geist als Prinzip eines neuen Handelns (das die Werke des „Leibes" tötet) gekennzeichnet wird (13 d ff.), durch die Kindschaft (14 ff.), in der die Angst still wird, weil in ihr — im Geist — der Vater laut wird (15 ff.). Dem alten Äon, mit seinem Leiden, steht entgegen der zukünftige Äon, die zukünftige Herrlichkeit, die μέλλουσα δόξα (Vs 18). Und nun entwirft Paulus (Vs 18 ff.) eine gewaltige, leider nur mit wenigen Strichen angedeutete apokalyptische Kosmologie. Die „κτίσις" (gemeint ist wohl die Schöpfung überhaupt, vgl. S. 139 A 148) ist dem Nichts, der ματαιότης, d. h. dem Leerlauf der Vergeblichkeit und der Sinnlosigkeit unterworfen. Diese Unterwerfung ist Folge eines göttlichen Gerichtsaktes, der schicksalshaft (οὐχ ἑκοῦσα), über sie gekommen ist. Aber die Lage der κτίσις ist nicht hoffnungslos. Sie ist vielmehr ἐφ' ἐλπίδι. Die κτίσις ist ausgerichtet auf die endzeitliche Vollendung, „weil sie damit von der Last der Vergänglichkeit befreit wird" (Michel, Röm, S. 172). Sie „sehnt" sich (ἀποκαραδοκία) nach der Offenbarung der Söhne Gottes (Vs 19). Diese Offenbarung der Gottessöhne steht noch aus, sie steht aber bevor. Die Creatura ist ausgerichtet auf diesen Zeitpunkt. Das Offenbarwerden der Söhne als Söhne ist zugleich ein Offenbarwerden ihrer Herrlichkeit. Zu dem gegebenen Zeitpunkt wird die Offenbarung der Herrlichkeit der Gottessöhne wahr werden, sie werden dann gleichsam der übrigen Creatur in ihrem strahlenden, göttlichen Glanz präsentiert. Dieser göttliche Glanz — dahinter steckt die Mythologie der Göttlichkeit der Gottessöhne, im christlichen Sinn die Einheit der Söhne mit Gott, in der sie Gottes Imago, seinen Glanz an sich haben — ist zugleich die Freiheit (Vs 21). Auf diesen Tag wartet die Schöpfung. Und es ist zugleich der Tag, an dem die Verknechtung an die Vergänglichkeit ein Ende hat (ebdt.). Die Welt liegt in den Wehen. Sie seufzt und stöhnt der neuen kosmischen Geburt des zukünftigen Äons entgegen (Vs 22 ff.). Mit der Kreatur seufzen die Söhne, die auf ihre herrliche Freiheit warten. Freilich haben die Söhne eines voraus: die Erstlingsgabe des Geistes (τὴν ἀπαρχὴν τοῦ πνεύματος Vs 23). In dieser Gabe sind sie ihrer Sohnschaft gewiß, die am Tage der Offenbarung a u f g e d e c k t wird vor aller Welt. Darin besteht ihre Hoffnung (Vs 24).

Der ganze Abschnitt ist also dadurch gekennzeichnet, daß die Freiheit mit der Sohnschaft gegeben ist und zugleich noch aussteht. Das kommt insbesonders zum Ausdruck in der Rede vom Geist als der Erstlingsgabe, und in der Rede von der Offenbarung der Sohnschaft, die noch aussteht. Wir s i n d also Söhne, aber unsere Sohnschaft ist noch v e r d e c k t, sie ist noch nicht geoffenbart. Wir s i n d frei (auch frei vom Tod und der Vergänglichkeit), aber unsere Freiheit ist noch v e r b o r g e n , sie ist noch nicht erschienen. Die Offenbarung der Freiheit ist Gegenstand der Hoffnung, — nicht unserer allein. Auf die Offenbarung unserer Sohnschaft, Freiheit, Herrlichkeit, wartet die Welt. Vgl. dazu 1. Joh 3,1—3! Die Freiheit vom Tod ist verborgen im Sterbenmüssen (als Sterbenkönnen!). Sie setzt sich mitten in der Vergänglichkeit durch. F r e i h e i t v o m T o d b e s t e h t d a r i n , d a ß s i c h d a s L e b e n — das Leben des Christus — i m S t e r b e n d u r c h s e t z t (2. Kor 4,7—15).

Solche Freiheit erweist sich im W i r k e n des Menschen, das vom Geist gewirkt ist und daher nicht mehr die Sünde zur Frucht hat, sondern die Heiligung, ein Wirken, dessen τέλος nicht mehr der Tod, sondern das ewige Leben ist (Röm 6,22). Im Geist ist der Mensch ja o f f e n für den Nächsten, weil er aus der Selbstverfallenheit gelöst ist. Der Geist befreit den Menschen aus seiner Selbstverschlossenheit und öffnet ihn für den Nächsten. Die Selbstverschlossenheit des Menschen ist ein Anschlag auf das Geschenk des Lebens, es ist die dauernde Unterbrechung des Lebens. Die Offenheit, zu der der Geist befreit, ist die Entbindung des Lebens, t r o t z des Todes und m i t t e n i m T o d , der gleichwohl — solange „dieser Äon" noch andauert —, gestorben sein muß.

Solche Offenheit gilt vor allem der Zukunft. Der Geist, den die Söhne empfangen haben, ist nicht ein Geist der Knechtschaft zur Furcht[104], sondern ist jener Geist, der die Furcht und die A n g s t[105] ausschließt. Wiederum ist solche F r e i h e i t v o n d e r A n g s t nun nicht absolute Angstlosigkeit. Sondern wie sich die Freiheit vom Tod im Sterben durchsetzt, so setzt sich die Freiheit von der Angst in der Angst durch. Es ist also kein Zweifel, daß der φόβος nach wie vor in der Welt herrscht; er ist Furcht vor den Menschen (z. B. Röm 13,3 f.), er ist Furcht vor Gott (Röm 3,18 2. Kor 5,11 7,1 u. s. f.), menschliches Leben ist Leben „mit Furcht und Zittern" (1. Kor 2,3 2. Kor 7,15 Phil 2,12), von ihm kann zuweilen gelten: ἔξωθεν μάχαι, ἔσωθεν φόβοι (2. Kor 7,5). Die christliche Existenz hat nichts mit der krankhaften Kontaktlosigkeit der gnostischen Existenz zu tun, aus der freilich auch so etwas wie Freiheit aus der Furcht folgt —, aber um welchen Preis! Der Christ verliert nicht den Kontakt mit der Welt, mit den Mitmenschen, mit sich selbst;

---

[104] Man sieht daraus, daß Freiheit bei Paulus wirklich echte Freiheit ist und nicht bloß Knechtschaft unter Gott — obwohl sie δουλεία ist —, daß also Röm 6,19 ff. wirklich nur vergleichsweises Reden ist, bei dem die Bildhälfte sich nicht ganz mit der Sachhälfte deckt.

[105] Die K i e r k e g a a r d s c h e Unterscheidung von Furcht und Angst in „Begriff der Angst" kennt das NT nicht.

und darum sieht er sich und seine Existenz in eine letzte Angst hineingestellt; aber im Geist, der nicht ein Geist der knechtischen Furcht, sondern der kindlichen Liebe ist, überwindet er die Furcht durch die Liebe. Freiheit von der Furcht ist die Freiheit von dem **Ausgeliefertsein** an die Furcht. Der Christ ist nicht in der Weise von der Furcht frei, daß er keine mehr empfände, wohl aber in der Weise, daß er etwas hat, das stärker ist als alle Furcht, das πνεῦμα υἱοθεσίας (Röm 8,14 ff.).

Die Freiheit von der Angst steht in Zusammenhang mit dem **Freimut**, der „**Freidigkeit**", der **Offenheit** Gott gegenüber, die das Neue Testament mit dem Ausdruck ἡ παρρησία bezeichnet. Die Parrhesia ist vor allem eine Eigenschaft der apostolischen Wirksamkeit, sie steht in Zusammenhang mit der apostolischen Verkündigung (2. Kor 3,12 Phil. 1,20 1. Thess 2,2 vgl. auch Eph 3,12 6,19 f. 1. Tim 3,13). Grund der apostolischen Parrhesie ist die Offenheit Gottes. In der παλαιὰ διαθήκη fehlte diese Offenheit, wie Paulus in dem midraschartigen Stück 2. Kor 3,7—18 am Beispiel des Mose (insbes. Ex 34,29 ff.) zeigt. Mose mußte sein Angesicht verdecken, wie Israel heute noch das Wort des alten Bundes verdeckt, unenthüllt liest. Dem entspricht der mangelnde Zugang zu Gott. **Israel hat einen verdeckten Gott. Uns aber ist Gott aufgetan.** Wir haben den offenen Zugang zu Gott wie Paulus Röm 5,2 sagt: δι' οὗ (scil. Ἰησοῦ Χριστοῦ) καὶ τὴν προσαγωγὴν ἐσχήκαμεν τῇ πίστει bzw. ἐν ᾧ (scil. ἐν τῷ Χριστῷ Ἰησοῦ τῷ κυρίῳ ἡμῶν) ἔχομεν τὴν παρρησίαν καὶ προσαγωγὴν ἐν πεποιθήσει διὰ τῆς πίστεως αὐτοῦ (Eph 3,12). Den Abschnitt 2. Kor 3 schließt er mit den Sätzen: „Wir alle aber schauen mit hüllenlosem Antlitz die Herrlichkeit des Herrn im Spiegel, und werden dadurch zu dem selben Bild verwandelt von einer Herrlichkeit zur anderen..." (3,18). Wir vermögen also mit unverhülltem Antlitz Gott entgegenzusehen und daraus folgt unser Freimut auch dem Mitmenschen gegenüber (der Gegensatz zu παρρησία wäre die Schande, das Zuschandenwerden, das Versagen und Verzagen vor Gott und den Menschen). Wir können unsern Blick erheben und Gott ins Angesicht sehen. Wir können offen vor ihn hintreten, und wir können auch dem Nächsten gegenüber den Blick erheben und offen vor ihn hintreten. Solcher Freimut dem Nächsten gegenüber steht hinter den Ausführungen 2. Kor 3, in denen Paulus seine παρρησία verteidigt und apologetisch begründet. Es ist die entschiedene Offenheit (vgl. 7,4), es ist die **Freiheit von Menschenfurcht** (1. Thess 2,2; vgl. Eph 6,20 1. Tim 3,13), es ist die apostolische Vollmacht, das (Vor-)recht des Paulus, auf das er, sofern mit dieser παρρησία auch ein provozierender Mut und ein Anspruch verbunden ist, freilich auch verzichten kann (Philem 8). Vgl. im Übrigen noch Hebr. 3,6 4,16 10,19.35. Schlier, ThW V 881 f. Zu den johanneischen Stellen vgl. S. 232 A. 137.

Die Offenheit der Zukunft gegenüber äußert sich endlich in der **Freiheit von der Sorge**. Auch die Freiheit von der Sorge darf nicht als absolute Sorglosigkeit verstanden werden[106]. Vielmehr gehört die Sorge selbstverständlich zur endlichen Existenz. Die Sorge ist das Verhältnis des Menschen zu den unendlichen Möglichkeiten, die die Zukunft für ihn bringt. Absolute Sorglosigkeit wäre dagegen Verschlossenheit der Zukunft gegenüber. Paulus setzt voraus, daß Sorgen zur menschlichen Existenz in diesem Äon gehört. Wenn er zur Sorglosigkeit mahnt (1. Kor 7,32 ff. Phil 4,6), dann ruft er dazu auf, die ä n g s t l i c h e Sorge fahren zu lassen, in der der Mensch meint, sich aus sich selbst verwirklichen zu können[107]. Er kann das tun, weil diejenigen, die er dazu aufruft, nicht mehr in der alten Existenz leben — oder leben müssen —, in der der Mensch meint, sein Leben sichern zu können und zu sollen. Die Christen leben vielmehr in dem neuen Dasein des Glaubens und des Geistes, in dem der Mensch Gott gehört, und das ängstliche Sich-sichern-müssen sinnlos geworden ist[108]. Freiheit von der Sorge ist Freiheit von dem ängstlichen Sich-sichern-müssen, das den „natürlichen" Menschen bestimmt. In diesem Sinn sind die Christen offen für die Zukunft. „Was geschehen wird, wird von Gott gefügt sein" (Bultmann)[109]. Oder, wie Paulus es in Röm 8,28 ausdrückt: οἴδαμεν δὲ ὅτι τοῖς ἀγαπῶσιν τὸν θεὸν πάντα συνεργεῖ [ὁ θεός] εἰς ἀγαθόν[110]. Die Stillung der Sorge geschieht im — geistgewirkten — Gebet. In ihm wird die Macht des Geistes, der den Seinsgrund der Christen erfüllt, offenbar und zum Bewußtsein gebracht. Der Geist ruft im Christen „Abba" und macht ihn so der liebenden Fürsorge des Vaters, der Kindschaft bewußt (Röm 8,15 ff. Gal 4,5 f.). Im Bittgebet, das der Christ vor Gott bringt, bringt er, weil es zugleich ein Dankgebet ist (Phil 4,6!), seine ängstliche Sorge zum Schweigen. Er macht sich seine Distanz zur Welt im Stehen vor

---

[106] Absolute Sorglosigkeit wäre — hier im „irdischen" Leben — ein Merkmal einer seelischen oder geistigen Krankheit, d. h. ein Anzeichen der Zerstörung der menschlichen Existenz, nicht ihrer Erlösung.

[107] ThW IV 595 (Bultmann).

[108] Lohmeyer läßt auch diesen Abschnitt des Philipperbriefes von der Situation des Martyriums bestimmt sein (Phil S. 169 f.). Man kann fragen, ob das notwendig ist. Im Übrigen würde die Ableitung aus der Situation des Martyriums die Aussage des Textes nicht wesentlich ändern. Das Martyrium ist nur ein Extremfall der eschatologischen Existenz.

[109] a. a. O. S. 597,9 f. Die paulinische Aussage Phil 4,6 ist mit Mt 6,25—34 verwandt. Anders Lohmeyer a. a. O ebdt.

[110] Paulus scheint einen traditionellen jüdischen Lehrsatz zu zitieren; vgl. Michel, Röm S. 180 f.

dem Herrn, der ἐγγύς ist (4,4 ff.), bewußt. Er distanziert sich letztlich von seinen eigenen Wünschen. Vor Gott versinken auch seine Wünsche und Sorgen in die Indifferenz und sie können das, weil er sich geborgen weiß in der Fürsorge Gottes (vgl. 1. Ptr 5,7). So zerstört das Gebet die Sorge. „Curare et orare plus inter se pugnant quam aqua et ignis" (Bengel)[111]. Dieses Stillewerden der Hoffnungen, Wünsche und Sorgen ist die εἰρήνη. Es ist nicht ein Friede, der jenseits aller Anfechtungen steht, der durch nichts mehr gefährdet werden kann[112], sondern der Friede, der alles ängstliche Trachten je übertrifft: ἡ εἰρήνη τοῦ θεοῦ ἡ ὑπερέχουσα πάντα νοῦν (Phil 4,7). Es ist der eschatologische Friede, der aus der Freiheit von der Welt folgt.

Die Freiheit von der Welt, die sich in der Distanz des Christen zur Welt, in der Haltung des ὡς μή äußert, macht den Christen sorglos. Er sorgt sich um τὰ τοῦ κυρίου (1. Kor 7,32), und kann darum alle Sorge um die Lebensmittel fahren lassen (vgl. Mt 6,33!). Paulus warnt darum vor der Bindung an die Welt — in 1. Kor 7,32—34 ist von der Ehe die Rede — weil sie dazu führt, daß der Mensch im Sorgen um τὰ τοῦ κόσμου die eine, wahre Sorge vergißt und ein Knecht der Sorge und der Welt wird. Gemessen am Hereinbrechen des neuen Äons und dem Todeskampf, in dem der alte Äon liegt (1. Kor 7,31 b), kommt es darauf an, „dem Herrn zu gefallen" (7,32—34)[113].

Wiederum wird aber deutlich, daß solche Indifferenz den Werten und Maßstäben der Welt gegenüber sofort aufhört, wo der Christ berufen ist, die Liebe am Nächsten zu verwirklichen. Die Freiheit von der Sorge zeigt sich gerade in der **Fürsorge** für den Nächsten (1. Kor 12,25 2. Kor 11,28 Phil 2,20). In der Fürsorge für den Nächsten wird τοῖς τοῦ κόσμου jene Beachtung geschenkt, die nötig ist, ohne daß der Mensch sich dabei in die ängstliche Sorge verliert[114].

---

[111] Albr. Bengel, Gnomon Novi Testamenti, 1860 zu Phil 4,6 (S. 506).

[112] Der christliche Friede unterscheidet sich also von der „Meeresstille des Gemütes", dem Ideal der Stoiker. Der Stoiker sucht einen Ort, wo er seine Selbstherrlichkeit ungefährdet besitzen kann. Der Christ erlebt aus dem Geist den Frieden, der sich gegen alle Sorgen durchsetzt.

[113] Vgl. oben S. 203 A. 81.

[114] Der Welt wird das zugemessen, was ihr wirklich zukommt (und nicht überwältigt die Welt das Ich) und das Ich wendet sich dem Nicht-Ich zu (und nicht ist es selbstverschlossen-weltfeindlich). Welt und Selbst sind in der fürsorgenden Liebe am Nächsten geeint. Darin besteht die Freiheit.

Zusammenfassend läßt sich sagen: die Freiheit vom T o d , von der
A n g s t , von der S o r g e — die Offenheit zur Zukunft, die Freiheit
innerhalb der Zeit! — ist bei Paulus der Struktur nach keine andere als
die Freiheit vom Gesetz bzw. von all dem, was beherrschende Macht des
Daseins sein kann. Tod, Angst und Sorge bestehen, sie werden weder
stoisch ignoriert, noch gnostisch-ekstatisch negiert. Sie bleiben die
Mächte, die das menschliche Dasein aus der Tiefe gefährden und unter-
höhlen. Aber auch ihnen gegenüber ist der Christ frei. Sie sind für ihn
i n s o f e r n in die Indifferenz versunken, als sie die Gabe des neuen
Lebens, die καινὴ κτίσις, nicht zu vernichten im Stande sind. Das neue
Sein setzt sich gegen das Nichts siegreich durch:

„Ich bin gewiß, daß weder Tod noch Leben,
weder Engel noch Gewalten,
weder Bestehendes noch Zukünftiges,
noch Mächte,
weder Höhe noch Tiefe,
noch irgendeine andere Kreatur,
im Stande ist, uns zu trennen
von der Liebe Gottes,
die in Jesus Christus ist,
unserem Herrn!" (Röm 8, 38 f).
„Keiner von uns lebt sich selber
und keiner stirbt sich selber.
Leben wir, so leben wir dem Herrn,
sterben wir, so sterben wir dem Herrn.
Ob wir nun leben, oder ob wir sterben:
wir sind des Herrn." (Röm 14, 7 f).

III. Die „wahre" Freiheit (Johannes)

1. V o r b e m e r k u n g

Die Frage nach der Freiheit findet sich im Corpus Johanneum verbotenus nur in dem Abschnitt Joh 8, 30—40. Hier kommen die Worte
ἐλευθεροῦν (Vs 32 und 36) und ἐλεύθερος (Vs 33 und 36) je zweimal
vor. Der Begriff „Freiheit" ist demnach selten, wenn man ihn am Vor-
kommen anderer johanneischer Begriffe mißt, z. B. an den Begriffen
Wahrheit und Lüge, Finsternis und Licht, Leben und Tod. Dennoch ist
8,30—40 keine isolierte Stelle in d e m Sinn, daß hier ein Gedanke

zum Ausdruck käme, der nur am Rande der johanneischen Theologie stünde. Innerhalb des Ganzen der johanneischen Theologie hat er seinen besonderen Platz und er gewinnt von daher auch seine besondere Färbung. Johannes fragt nicht nach dem Heils w e g — wie Paulus —, sondern nach dem H e i l selbst[115]. Es ist klar, daß dabei auch die Frage nach der Freiheit gestellt werden muß. Sie findet, der Konzeption der johanneischen Theologie entsprechend, ihre Antwort in dem Hinweis auf das Verhältnis von Wahrheit und Trug. Mit der Offenbarung der Wahrheit, als der Wirklichkeit Gottes, die im λόγος σὰρξ γενόμενος erschienen ist und die κρίσις hervorruft, ist auch die Freiheit gegeben. Der Freiheitsbegriff ist bei Johannes am Wahrheitsbegriff orientiert.

Darin unterscheidet sich der johanneische vom paulinischen Freiheitsbegriff. Der paulinische Freiheitsbegriff war orientiert negativ am Begriff des G e s e t z e s, positiv am Begriff G e i s t. Bei Johannes wird der Begriff νόμος nirgends mit der Freiheitsfrage in Zusammenhang gebracht, wenn man von 1, 17 absieht: ὅτι ὁ νόμος διὰ Μωϋσέως ἐδόθη, ἡ χάρις καὶ ἡ ἀλήθεια διὰ Ἰησοῦ Χριστοῦ ἐγένετο. Hier könnte statt χάρις und ἀλήθεια natürlich auch ἐλευθερία stehen[116]. Aber auch dann würde sich der Satz deutlich von der paulinischen Ausdrucksweise unterscheiden[117]. Bei Johannes wird Freiheit auch nicht aus dem πνεῦμα abgeleitet. Freiheit ist nicht Gabe des Geistes, sondern sie folgt aus der E r -

---

[115] Vgl. Bultmann, Th d NTs S. 427 und schon 357 ff.
[116] Der Begriff ἐλευθερία fehlt aber bei Johannes ganz.
[117] Die Antithetik ist fein durchgeführt:
Moses — Jesus Christus
Gesetz — Gnade und Wahrheit
gegeben — geworden.
Der Gegensatz ist natürlich kein absoluter, sondern auch bei Joh ist das Verhältnis von Gesetz und neuem Sein („Gnade und Wahrheit") dialektisch zu verstehen. Jesus Christus, die wahre Wirklichkeit, ü b e r b i e t e t Mose und sein Gesetz. Wahrheit ist mehr als Gesetz! Daß das Gesetz zur Wahrheit führen will, betont auch Paulus (Röm 2,20). Aber das Gesetz ist nicht die Wahrheit selbst. Denn in Jesus Christus ist die Wahrheit selbst erschienen und darum die Zeit des Gesetzes vorbei. 1,17 steht bereits unter dem Thema (das dann 2,1—4,42 ausgeführt wird): das „Alte" und das „Neue". Das „Alte" ist das Gesetz, das „Neue" ist Gnade und Wahrheit. Gegenüber der Wahrheit ist das Gesetz doch nur Symbol und Andeutung. „... in Christ we have not symbol but substance, not the shadow of bliss but its *reality*". (G. H. C. Macgregor, The Gospel of John, 1928, S. 21). Man kann etwa an die Frage nach dem rechten Kultort erinnern, 4,19—24. Das Eschaton, das kommt,

kenntnis der Wahrheit (8, 32). Die Differenz zur Begrifflichkeit des Paulus ist hier offenbar. Sie ist aber keine absolute. Das zeigt sich einmal darin, daß auch für Paulus — wenigstens in Röm 7, 11 — die Gesetzesfrömmigkeit der dämonischen Täuschung erliegt, Freiheit aus dem Gesetzesgehorsam ableiten zu können[118]. Auch Paulus deutet an, daß es scheinbare und echte Freiheit gibt, das heißt innerhalb seines Denkens, daß der Weg des Gesetzesgehorsams in die Scheinfreiheit führt. Aber er deutet das nur an und er hat nirgends positiv aufgezeigt, wie der Geist wahre Freiheit vermittelt. Gerade das aber ist das Thema des Johannes (8, 36 ὄντως ἐλεύθεροι ἔσεσθε). Daß die Differenz zwischen Paulus und Johannes keine absolute ist, zeigt sich endlich darin, daß auch für Johannes Freiheit aus der Sohnschaft folgt — freilich in einer höchst charakteristischen Variante dieses Gedankens. Und auch für Johannes ist Knechtschaft Knechtschaft unter der Sünde; der Satz „Jeder, der die Sünde tut, ist ein Knecht der Sünde" (8, 34) kann geradezu als knappe Zusammenfassung der paulinischen Rede von der Sündenknechtschaft gelten[119]. Aber nirgends führt Johannes aus, daß solche Knechtschaft unter der Sünde im Leistungsgehorsam als Knechtschaft unter dem Gesetz ihre Radikalisierung empfängt, — was gerade das Besondere an den paulinischen Aussagen war. Die „Juden" pochen bei Johannes nicht auf ihren Gesetzesgehorsam, sondern auf ihre Abrahamskindschaft; und darum ist der Gedanke der Knechtschaft anders geprägt[120]. Gerade hier aber, in der Verurteilung des menschlichen Pochens auf sich selbst, in der Verurteilung des Wahns, etwas aus sich selbst sein zu wollen, treffen Paulus und Johannes zusammen, und das heißt, Paulus und Johannes stimmen im Grundsatz überein[121]. Die Differenz ergibt sich aus der Differenz der Herkunft. Paulus stammt aus dem Diaspora-

---

und in Christus schon da ist, bringt eine neue Gottesverehrung, die alle bisherige zur vorläufigen und uneigentlichen macht, dergegenüber auch alle Fragen nach dem rechten Kultort gleichgültig werden. — Nicht um Tora und Tora-erfüllung geht es, sondern um einen neuen Seinursprung, um eine neue Geburt, nämlich aus dem Ursprung des Hl. Geistes (3,1 ff.).

[118] Vgl. S. 127 oben.
[119] Vgl. oben S. 114.
[120] Das würde noch deutlicher sein, wenn τῆς ἁμαρτίας in Vs 34 Zusatz wäre (so Bultmann, Joh S. 335 A. 7). In der zugrunde liegenden Offenbarungsrede hätte es dann nur geheißen: πᾶς ὁ ποιῶν τὴν ἁμαρτίαν δοῦλός ἐστιν.
[121] Auch für Johannes gilt: Christus ersetzt das Gesetz, weil er es überbietet (siehe oben S. 192 ff.).

judentum, ist im Geist der apokalyptischen Tradition heimisch und durch die Frage nach der G e r e c h t i g k e i t bestimmt, die aus dem Toragehorsam folgen soll. Johannes scheint dagegen Palästinenser gewesen zu sein. Evangelium und Briefe verraten eine Geisteswelt, die auf das heterodoxe Judentum weist, für das esoterische Spekulationen und eine Tendenz zum dualistisch-gnostischen Gottesbegriff kennzeichnend sind. Die andere Herkunft bestimmt die andere Fragestellung. So haben Paulus und Johannes das Geschenk der Freiheit in Christus auch je nach einer anderen Richtung hin entfaltet. Erscheint die Freiheit bei Paulus als die durch den Geist gewirkte Freiheit — wobei das Gesetz als Weg dazu ausgeschlossen ist —, so erscheint sie bei Johannes als die wahre Freiheit, die im Gegensatz zu aller Scheinfreiheit steht.

2. Die Unfreiheit der „Welt"

Der Abschnitt 8, 30—40 stellt ein Gespräch zwischen dem Offenbarer und den „Juden" dar, bei dem die Juden wie gewöhnlich den κόσμος überhaupt repräsentieren. Die behandelte Frage ist die, ob die „Welt" bereit ist, das Heil, das ihr angeboten wird, anzunehmen, oder ob sie diese Bereitschaft nicht aufbringt, in dem Wahn, sich selbst das Heil verschaffen zu können, bzw. das schon zu besitzen, was der Offenbarer schenken will. Das Heil wird dabei konkretisiert als die F r e i h e i t und die Juden symbolisieren in ihrer Ablehnung der geschenkten Freiheit — wir brauchen nicht frei zu werden, wir s i n d frei — die Welt, zu der das Licht gekommen ist, die das Licht aber ablehnt, weil sie sich selbst für das Licht hält[122]. Auch dieser Abschnitt ist also eine Entfaltung des im

---

[122] Nach Bultmann, Joh S. 321 u. 332 folgt der Abschnitt auf 12,20—33. Bultmann meint, daß auch hier der Evangelist die „Offenbarungsreden" genannte Quelle zitiert. Den Offenbarungsreden weist er zu Vs 31 b f. 34—36 38. Das Übrige, also insbesondere der Bezug der Rede auf die Frage der Abrahamskindschaft, stamme vom Evangelisten selbst. — Bultmanns Analyse scheint mir hier, wie sonst, nicht Quellen, sondern literarische Formen, vielleicht (so etwa der Stoff, den Bultmann auf eine gnostische Offenbarungsschrift zurückführt) religionsgeschichtliche Traditionen, voneinander zu scheiden. Zur Kritik vgl. E. Ruckstuhl, Die literarische Einheit des Johannesevangeliums, 1951. C. K. Barrett, The Gospel according to St. John. 1955, S. 14 ff. und passim. S. Schulz, Untersuchungen zur Menschensohn-Christologie im Johannesevangelium, 1957, 62 ff. — Für die Deutung unserer Stelle ist die Quellenfrage ohne Belang.

Prolog ausgesprochenen Gedankens: das Licht scheint in der Finsternis, aber die Finsternis hats nicht begriffen (1, 5)[123], das wahre Licht kommt in die Welt — in die Welt, die durch ihn, den Logos, geschaffen ist — aber die Welt erkennt es nicht (1, 9 f). Er kommt in das Seine, aber die Seinen nehmen ihn nicht auf (1, 11). Was der Offenbarer anbietet, wird nicht als das Geschenk der Eigentlichkeit verstanden, sondern als etwas Fremdes, dessen man nicht bedarf. Die Juden als Vertreter der Welt nehmen Anstoß an dem Wort Jesu. Und so vollzieht sich die Scheidung, die κρίσις, das Gericht. Was der Offenbarer denen verheißt, die dagegen in seinem Wort „bleiben", d. h. die sich seinem Wort nicht nur einmal erschlossen haben, sondern immer wieder im bleibenden Gehorsam aufschließen, ist ein Doppeltes: es ist die Erkenntnis der Wahrheit (a) und es ist die Freiheit (b). Die Inhalte der beiden Verheißungen sind dabei so miteinander in Verbindung gesetzt, daß die zweite aus der ersten folgt. Aus der Erkenntnis der Wahrheit folgt die Freiheit: ἐὰν ὑμεῖς μείνητε ἐν τῷ λόγῳ τῷ ἐμῷ, ἀληθῶς μαθηταί μού ἐστε, καὶ γνώσεσθε τὴν ἀλήθειαν, καὶ ἡ ἀλήθεια ἐλευθερώσει ὑμᾶς (8, 31 b f).

Wahrheit ist die **göttliche Wirklichkeit**, oder die **Wirklichkeit Gottes**, die polar zur widergöttlichen, teuflischen Wirklichkeit dieser Welt steht[124]. Wahrheit und Wahn verhalten sich zueinander wie Gott und der Teufel (Joh 8, 44). Damit ist die irdische Welt als die Welt des Trugs und der Lüge gekennzeichnet, der die Wirklichkeit Gottes, die Wahrheit fehlt. Die Wahrheit kann dem Menschen nur durch Offenbarung der überirdischen Welt zukommen. Wahrheit ist demnach die Wirklichkeit Gottes (a) und zugleich ihre eigene Offenbarung (b). Die Wahrheit sagen (8,40.45 ff), bzw. bezeugen (5,33 18,37), heißt die Wahrheit als die wahre Wirklichkeit des Seins übermitteln, herbeibringen, offenbaren. Solche Wahrheit erschließt sich nicht dem menschlichen Unternehmen — etwa dem methodischen Fragen, Forschen, Denken, dem Logos oder dem Nous —, sondern wird geschenkt. Sie wird nicht aus freier Selbstverfügung gewonnen, sondern sie ist Schicksal: πᾶς ὁ ὢν ἐκ τῆς ἀληθείας ἀκούει μου τῆς φωνῆς (18,37)[125]. In alldem trägt noch der johanneische Wahrheitsbegriff die strukturelle Form des dualistischen Gegensatzes von Gott und Welt. **Inhaltlich** aber ist der Begriff völ-

---

[123] καταλαμβάνειν kann natürlich auch heißen: „überwältigen", „unterdrücken", vgl. W. Nagel, ZNW 50 (1959) S. 132 ff.
[124] Vgl. oben S. 135 f.
[125] Über den Sinn der praedestinatianischen Aussagen im Corpus Johanneum vgl. oben S. 142 A. 155.

lig anders geprägt (und dabei der heidnische bzw. spätjüdische Dualismus überwunden). Der Gegensatz von ϑεός und κόσμος ist, wie schon der Prolog zeigt, kein dualistischer, wie in der Gnosis. Die „Welt" ist keine eigene, zweite, neben der Wirklichkeit Gottes existierende und so sich selbst konstituierende, a se existente und mit der Wirklichkeit Gottes konkurrierende Wirklichkeit, sondern sie ist nichts anderes als die p e r v e r t i e r t e S c h ö p f u n g. Der Gegensatz von Gott und Welt ist also nicht der geläufige, dualistische, nach dem die „Finsternis" a se neben dem „Licht" existiert, so daß Finsternis und Licht als zwei konkurrierende Mächte einander gegenüberstünden, sondern die Finsternis leitet sich vom Licht her, sie ist nur, weil das Licht ist, ist nicht a se, sondern die Negation des Lichts[126]. Die Finsternis setzt das Licht, die Lüge die Wahrheit,

---

[126] Es gilt zwar von jedem Dualismus, daß er die Tendenz hat, sich durch einen letztlichen Monismus zu überhöhen. Das gilt für den iranischen ebenso wie für den spätjüdischen, den gnostischen ebenso wie (da erst recht) für den philosophischen (Platon, Plotin, Schelling). Unsere Vernunft (im Grunde Kants „transzendentale Ideen") läßt die unvermittelte und übergangslose Polarität nicht zu. Jeder Dualismus muß erklären, wie die polaren Gegensätze aus einer letzten Einheit oder Indifferenz entstanden sind, bzw. er muß wenigstens diese Indifferenz als der dualistischen Differenz logisch vorgeordnet annehmen. Die Gnosis spricht vom Riß im Pleroma, vom Fall der Äonen in die „untere" Welt und von der Heimkehr des Abgetrennten in die ehemalige Einheit. Nun ist aber für den echten und eigentlichen Dualismus eben dies kennzeichnend, daß er n a c h vollzogener Trennung, nach der Emanation, nach dem Fall, die beiden Prinzipien absolut trennt. Im Dualismus sensu stricto hat die „Welt" ihren eigenen, gottfernen, unabhängigen, selbständigen Bereich, eben ihren eigenen, zweiten Gott(!), den Satan (so Qumran), oder den Demiurgen (so die spätere Gnosis). Die Trennung ist absolut, man denke an die Rolle, die der Horos in bestimmten gnostischen Systemen spielt. Und gerade hier unterscheidet sich die johanneische Konzeption vom Dualismus im strengen Sinn. Die Welt hat bei Johannes keinen selbständigen Bereich, sie stellt kein eigenes Prinzip neben Gott dar, sondern sie entsteht dadurch, daß sich die Schöpfung je und je von Gott, der einzigen Wirklichkeit, dem einzigen Prinzip, abkehrt und so Gottes Wirklichkeit v e r kehrt. Sie hat darum auch nicht ihren eigenen Gott oder ihren eigenen Stoff (etwa die Materie), sondern sie bleibt auch in der Abkehr von Gott in Wahrheit in dem Einen, Einzigen, in der Wirklichkeit Gottes, der ἀλήθεια; freilich bleibt sie jetzt so in dieser Wirklichkeit, daß sie im Trug, in der Lüge, in der Finsternis ist. Die Welt ist nicht eine eigene Wirklichkeit n e b e n Gott, sondern sie ist die pervertierte Wirklichkeit Gottes. So betrachtet zeigt sich auch

die Welt (die creatura) Gott (den creator) voraus — nicht „zeitlich", aber logisch[127]. Die „Welt" entsteht nicht aus sich selbst, lebt darum auch nicht aus sich selbst, hat gar keine eigene Wirklichkeit — Gott ist die einzige Wirklichkeit, die Wahrheit! —, sondern sie setzt Gott voraus, sie lebt auch als Welt von Gott. Aber sie wendet sich von Gott ab und sich selbst zu und wird so — also nicht dualistisch — zu dem feindlichen Gegenüber Gottes. Und noch indem sie sich feindlich gegen Gott wendet und sich selbst zuwendet, lebt sie von Gott und ist sie, was sie ist, von Gott, i s t sie überhaupt nur, weil Gott sie sein läßt[128]. D i e „W e l t" ist in diesem Sinn d i e b l o ß e N e g a t i o n, sie hat keine selbständige Position als Konkurrent Gottes. Sie hört auch in ihrem „Weltsein" nicht auf, Gottes Schöpfung zu sein, auch in ihrem Sein gegen Gott nicht auf, Gottes zu sein, die „Welt" ist und bleibt „Schöpfung". Sie kann sich nicht von Gott ablösen, sie hat keinen eigenen Ursprung außerhalb Gottes. Sondern Sie ist als „Welt" die von Gott abgewendete Schöp-

---

hier wiederum die Übereinstimmung mit der paulinischen Theologie. Was Paulus vom M e n s c h e n sagt, nämlich, daß er sich von Gott abwendet und unfrei wird, das sagt Johannes von der W e l t.

Für den iranischen, spätjüdischen, vorchristlichen und nachchristlich gnostischen Dualismus ist die i n n e r e P o l a r i t ä t und A m b i v a l e n z in der G o t t h e i t kennzeichnend. Er ist der Ausdruck einer tragischen Deutung des Lebens, welche die polaren Gegensätze, die unversöhnt unser Dasein bestimmen, in die Gottheit projiziert. Gott ist beides, Licht u n d Finsternis, und dort, wo eine solche von der nachchristlichen Gnosis unverhohlen ausgesprochene Lehre undenkbar ist (wie vom AT her im Spätjudentum), da kommt diese Polarität doch wenigstens dadurch zum Ausdruck, daß dem Teufel als Widerpart Gottes eine selbständige Rolle eingeräumt wird. Aber so oder so: der Teufel als überirdisches, göttliches Wesen gehört der Sphäre der Gottheit an und der scheinbare Monotheismus kann den heidnischen Dualismus nur schlecht verdecken. Vgl. dazu S. Schulz, Komposition und Herkunft der johanneischen Reden, 1960, S. 160 A. 64: „Allerdings fällt auf, daß in Qumran Licht und Finsternis unterhalb von G o t t stehen, d e r i n s i c h b e i d e s u m f a ß t und beides regiert, während in den johanneischen Ego-eimi-Worten Jesus das Licht ist und die Welt die Finsternis. Jesus zieht Menschen in seine Lichtsphäre, in Qumran weist Gott die einzelnen Menschen ein" (Sperrung von mir).

[127] Zum Ganzen vgl. Bultmann, Th d NTs S. 367 ff.

[128] „Perverse te imitantur omnes, qui longe se a te faciunt et extollunt se adversum te. Sed etiam sic te imitando indicant creatorem te esse omnis creaturae et ideo non esse, quo a te omnino recedatur." Aug Conf II 6.

fung, die Schöpfung, die sich selbständig machen will, die zwar nicht a se ist, aber a se sein will. Und indem sie das will, konstituiert sie sich als „Welt". Sie konstituiert sich in der Negation, sie wird zu dem, was sie ist, in der Ablehnung Gottes und damit zugleich ihrer selbst. Sie wird Welt indem sie sich gegen ihren eigenen Ursprung richtet. Welt ist die Schöpfung, die sich in Frage stellt, die Schöpfung, die nicht mehr Schöpfung sein will. So kann man mit Recht von der „Verkehrung der Schöpfung zur ‚Welt'" (Bultmann)[129] sprechen[130].

Daraus folgt nun ein Dreifaches:

a) Da Gott die eigentliche Wirklichkeit ist, so wendet sich die Schöpfung, indem sie sich von Gott abwendet, von der eigentlichen Wirklichkeit ab, sie verschließt sich der eigentlichen Wirklichkeit und damit der Wahrheit. Ihre Wirklichkeit ist nicht mehr eigentliche und echte Wirklichkeit, sondern s o w i e s i e s e l b s t, so wie die Welt als Welt, p e r v e r t i e r t e Wirklichkeit oder Wahrheit, und d. h. L ü g e. Die Wirklichkeit der Welt ist Lüge in dem doppelten Sinn: sie ist Verlogenheit, indem sie etwas tun will, was man nicht kann, — nämlich als Geschöpf Schöpfer sein —, sie lebt also in der I l l u s i o n und alle ihre Werte tragen den Charakter der Illusion an sich. Und sie ist Lüge, indem sie täuscht, indem sie ihre Scheinwirklichkeit, oder eigentlich U n w i r k l i c h k e i t , als Wahrheit ausgibt. So ist das Kommen des Offenbarers die K r i s e d e r I l l u s i o n e n , sofern das, was er bringt, „wahr" ist, im Gegensatz zu dem, was sich die Welt — nimmt (vgl. 1,9 1. Joh 2,8, Joh 6,32 15,1 auch 10,11). Wiederum wird deutlich: diese Wahrheit steht nicht so zur Wirklichkeit der Welt, daß die Wirklichkeit der Welt ohne Wahrheit wäre, das absolute Gegenteil der Wahrheit wäre; vielmehr ist die Wirklichkeit der Welt d i e z u r L ü g e verkehrte W a h r h e i t , aber sie ist auch Lüge, das, was sie ist, nur weil sie verkehrte Wahrheit ist. Auch die Lüge lebt von der Wahrheit, wie die Finsternis

---

[129] Th d NTs S. 378 ff. „Der aus dem Selbst-sein-wollen erwachsende Wahn verkehrt die Wahrheit zur Lüge, verkehrt die Schöpfung zur ‚Welt'" (S. 379, im Orig. z. T. gesperrt).

[130] Auch hinter der johanneischen Theologie steht also die christliche Interpretation von G e n 3. (Vgl. Röm 7,7 ff.!). Das wird gerade in dem Zusammenhang mit der Freiheitsfrage wieder deutlich. In 8,44 ff. ist von dem Teufel die Rede, der von Anfang an lügt und tötet, schwerlich ohne Anspielung an die atl. Geschichte. Paulus und Johannes stimmen also dem sachlichen Gehalt nach auch in dieser Frage überein. Vielleicht, daß Johannes das Problem noch klarer sieht und die Motive noch deutlicher vermittelt.

vom Licht, wie die Verneinung von der Bejahung, wie das Nichts vom Sein.

b) In der Abwendung vom Ursprung, von der Wirklichkeit und in der Zuwendung zu sich selbst, im Wahn angemaßter Aseität, wird die Welt zunichte. Sie wird eigentlich Nichts. Die angemaßte Aseität führt ins Nichts. „In der Abwendung von der ἀλήθεια wendet sich die Welt zugleich von der ζωή und macht dadurch sich zu einer Scheinwirklichkeit, die, indem sie Lüge ist, zugleich Tod ist. S i e i s t d a s N i c h t s , d a s e t w a s s e i n w i l l , und das den, der es für Wahrheit hält, um sein Leben bringt; sie ist ein Mörder (8,44) . . . d. h. der Mensch kann nur eine Scheinwirklichkeit, die in Wahrheit Lüge, ein Nichts ist, produzieren. Denn er lebt als Geschöpf nicht wie Gott aus sich selbst, sondern immer nur aus einem unverfügbaren Ursprung, der Macht über ihn hat." (Bultmann)[131].

c) In dieser Verfallenheit an Lüge, an den Tod, an den Schein, an das Nichts, gründet auch die U n f r e i h e i t . Die Unfreiheit folgt aus dem Verlust an Wirklichkeit, aus dem Verlust an Wahrheit. Die Welt ist unfrei, weil sie in der Lüge ist, in der Illusion. Wer von der Illusion gebannt ist, verfügt nicht über sich selbst. Das veranschaulicht das Gespräch Jesu mit den Juden 8,30—40. „Darin besteht also d i e K n e c h t s c h a f t , in die sich die Welt begeben hat, daß sie, indem sie Gott den Schöpfer als ihren Ursprung verleugnet, dem Nichts verfällt. Und das ist d i e F r e i h e i t , daß sie sich, indem sie die Wahrheit erkennt, der Wirklichkeit öffnet, aus der sie allein leben kann." (Bultmann)[132].

3. Die Freiheit aus der Wahrheit

In diese Welt der Lüge ist die Wahrheit eingedrungen, in die Welt des Todes das Leben, in die Finsternis das Licht. Das ganze Evangelium schildert im Grunde nur diesen Vorgang: die Offenbarung der wahren und einzig-eigentlichen Wirklichkeit in einer Welt, die sich von ihrem Ursprung abgekehrt und die Wirklichkeit verloren hat. Die Offenbarung der Wirklichkeit Gottes geschieht im λόγος σάρξ γενόμενος. Die Wirklichkeit Gottes wird geoffenbart in den Z e i c h e n (die 7 „Wunder") und sie wird geoffenbart in dem W o r t , das Jesus spricht (die „Reden"). Aber in Zeichen und Wort offenbart sich Gott nur uneigentlich. Die

---

[131] Th d NTs S. 372. Sperrung von mir.
[132] ebdt.

Zeichen zeigen auf Jesus hin, sie enthüllen seine δόξα; und der Inhalt der Reden ist nicht Lehre über überirdische Dinge, sondern die Enthüllung dessen, wer der ist, der da spricht. Die Offenbarung der Wirklichkeit Gottes geschieht also in Jesus selbst, in seiner P e r s o n[133]. Er zeigt nicht nur die Wahrheit und er redet nicht nur von ihr, sondern er ist sie. Diesen Sinn haben die „Ich-bin"-Worte. Sie folgen der Struktur des johanneischen Wahrheitsbegriffes: er bringt die Wahrheit indem er sie ist. Er ist „Brot des Lebens" (6,35), weil er das eigentliche Leben in einer dem Ursprung des Lebens entfremdeten Welt repräsentiert und weil ihn gewinnen heißt das Leben gewinnen. Er ist „Licht der Welt" (8,12), weil er — nicht bloß in seinen Worten und Taten, sondern in Person die unverfälschte Wirklichkeit darstellt. Er ist die „Tür" (10,9), weil er den Zugang zu dem verlorenen Ursprung öffnet, er ist der „gute (rechte, „wahre") Hirte" (10,11 und 14), weil er w i r k l i c h den Menschen führen und geleiten kann, während alle Führung, mit der sich diese Welt selbst führt, Weg in die Finsternis ist. Er ist der „wahre Weinstock" (15,1 und 5), weil er in Person mit der Fruchtbarkeit des Lebens verbindet. Er ist Auferstehung und Leben (11,25), nicht deshalb, weil er solches verspricht oder weil er zeigen würde, welches Verhalten gesetzt werden muß, um Auferstehung und Leben zu gewinnen; vielmehr ist er es selbst. Er vergegenwärtigt das Leben. Wo er ist, ist das Leben, denn er selbst ist es. Endlich heißt er „Weg, Wahrheit und Leben" (14,6): eine Aussage, die zeigt, wie wenig hier der klassische (und moderne) Wahrheitsbegriff vorliegt. Er i s t die Wahrheit, weil er in seiner Person die Wirklichkeit selbst repräsentiert[134]. Bringt er aber in seinem Sein die Wahrheit in die

---

[133] „Nun ist aber das Erstaunliche, daß Jesu Worte nie etwas Spezielles und Konkretes mitteilen, was er beim Vater gesehen oder gehört hat. Nirgends teilt er Dinge oder Vorgänge mit, deren Augen- oder Ohrenzeuge er gewesen wäre. Nirgends ist Thema seiner Rede die himmlische Welt; er teilt auch keine kosmogonischen und soteriologischen Mysterien mit wie der gnostische Erlöser. Thema seiner Rede ist immer nur das Eine, daß der Vater ihn gesandt hat, daß er gekommen ist als das Licht, das Lebensbrot, als Zeuge für die Wahrheit usw., daß er wieder gehen wird, und daß man an ihn glauben muß" (Bultmann, a. a. O. S. 414). „Seine Worte sind Selbstaussagen; denn s e i n W o r t   i s t   e r   s e l b s t" (416). „So zeigt sich schließlich, daß Jesus als der Offenbarer Gottes n i c h t s   o f f e n b a r t ,   a l s   d a ß   e r   d e r O f f e n b a r e r   i s t ..." (418).

[134] „Wenn Jesus sagt ,Ich bin die Wahrheit', so verkündigt er damit, daß in ihm die wahre, unverfälschte, unbedingte Wirklichkeit gegenwärtig ist, ... daß

Welt, so bringt er damit zugleich die Freiheit. Denn dem κόσμος fehlt ja nicht Freiheit überhaupt, aber w a h r e Freiheit, die Juden sind nicht ὄντως ἐλεύθεροι (8,36). Sie verschließen sich in ihrer „nichtigen Freiheit" vor der wahrhaft seienden Freiheit, die Christus bringt, weil er sie ist. So könnte es ebenso gut heißen: ἐγώ εἰμι ἡ ἐλευθερία oder: ἐγώ εἰμι ἡ ἐλευθερία ἡ ἀληθινή.

In alledem stimmt Johannes — trotz abweichender Formulierung — sachlich mit den Synoptikern und Paulus überein. Freiheit ist für die synoptische Tradition die Freiheit der Gottesherrschaft, die dort ist, wo Jesus ist. Er bringt die Freiheit, weil er die Gottesherrschaft bringt (vgl. oben S. 151 ff.). In der synoptischen Überlieferung ist dieser Gedanke durch den Begriff „Vollmacht" wiedergegeben worden (siehe oben S. 165 ff.). Der gleiche Gedanke kommt bei Johannes durch den Begriff der Offenbarung zum Ausdruck. Jesus ist der Offenbarer, d. h. in ihm ist Gott gegenwärtig, in ihm ist Gott da. Im Wirken Jesu, im Reden Jesu, in der Person Jesu begegnet Gott. Er r e p r ä s e n t i e r t Gott, das heißt die Wahrheit, das heißt die eigentliche Wirklichkeit und damit eingeschlossen die Freiheit. Diese Repräsentation kommt zum Ausdruck in Worten wie diese: „Ich und der Vater sind eins" (10,30), „wer mich sieht, der sieht den, der mich gesandt hat" (12,45); auf die Frage des Philippus „zeige uns den Vater" antwortet Jesus „wer mich gesehen hat, hat den Vater gesehen ... glaubst du denn nicht, daß ich im Vater bin und der Vater in mir ist ..." (14,8 ff.), und das Ziel seines Wirkens (und der Gegenstand seiner Bitte) ist, daß die Welt e i n s würde, so wie er mit dem Vater eins ist, weil der Vater in ihm und er im Vater ist (17,21 ff.). Vgl. noch 8,16. 29 10,14 f. 38 u. ö. Diese Repräsentation hat aber — ihrer Struktur entsprechend — zwei Seiten. Sie ist paradox. Das kommt dadurch zum Ausdruck, daß er Gott ist, den er darstellt, und zugleich doch nicht Gott ist, weil er ihn ja nur darstellt. Wer ihn sieht, sieht wohl den Vater; aber er selber ist nicht der Vater, sondern der Sohn, der den Vater offenbart. Er kann also für sich absolute Autorität beanspruchen und wie sich die Welt ihm gegenüber verhält, so verhält sie sich Gott gegenüber, denn er stellt Gott dar, er ist mit ihm eins, er ist es selbst. Zugleich steht er selbst unter dem Vater, im Gehorsam — wie das Gotteswesen nach Phil 2,6—11 — er tut nur, was der Vater will, er sagt nur, was er vom Vater gehört hat, er gehorcht. Das Verhältnis vom Vater und Sohn ist also nicht ein lineares, sondern ein dialektisches, es ist ein Ineinander und Miteinander von Ja und Nein. Jesus hat einerseits „alle Vollmacht" (13,3), er handelt wie er will (5,21); und er beansprucht mit Recht göttliche Verehrung (5,23). Andererseits ist er dazu

---

in ihm Gott gegenwärtig ist, unverhüllt, ohne Entstellung, in seiner unendlichen Tiefe, in seinem unnahbaren Geheimnis... Die Wahrheit, die uns frei macht, ist weder Jesu Lehre noch die Lehre über Jesus." Die Wahrheit ist er selbst (P. Tillich, Das neue Sein, 1957 S. 73).

da, nicht seinen Willen zu tun, sondern den Willen des, der ihn gesandt hat (6,38). Er redet nicht aus eigener Vollmacht und handelt nicht von sich aus — also eben gerade nicht aus angemaßter Aseität — sondern er handelt im Gehorsam. E r h a t s e i n e F r e i h e i t (sein Recht, seine Stellung, seine Vollmacht, sein Sein, johanneisch gesprochen: seine ἐξουσία) g e r a d e d a r i n , d a ß e r n i c h t a u s s i c h h a n d e l t u n d i s t , s o n d e r n a u s G o t t. Gerade weil er Gott nur repräsentiert, ohne Gott sein zu wollen, gerade deshalb repräsentiert er Gott wirklich, und ist er Gott. In geradezu klassischer Formulierung kommt dieses paradoxe Verhältnis zum Ausdruck in dem Satz: „Wer an mich glaubt, glaubt nicht an mich(!), sondern an den, der mich gesandt hat" (12,44). In diesem Satz kommt auch zum Ausdruck, daß der Glaube an Christus nicht an Christus fixiert, sondern daß der Offenbarer t r a n s p a r e n t ist auf den, den er offenbart. Daß der Christusglaube nicht den Gottesglauben verdunkelt, sondern im Gegenteil: daß eben der Christusglaube Gottesglaube ist, daß, wer an Chritus glaubt, an Gott glaubt. Wer an ihn glaubt, wird nicht wiederum — wie es in der „Welt" der Fall ist — an einen Schein gebunden; wer an ihn glaubt, verliert nicht seine Freiheit, sondern er gewinnt sie. Und darum ist er die wahre Freiheit für die Welt. Alles in der Welt will an sich fixieren, will den Menschen bei sich fest halten zur eigenen Ehre. Denn alles sucht — darin liegt ja die Knechtschaft und der Bann, der auf der Welt liegt — die eigene, nichtige Ehre. Er aber, der Christus, sucht nicht seine eigene Ehre (7,18 8,49 f. 11,4), er ist o f f e n auf Gott und durch ihn ist Gott da. So eröffnet er Gott und die Wirklichkeit. Wer an ihn glaubt, glaubt an Gott, verliert die Bindungen an die Welt und wird frei. Er wird durch Christus offen auf Gott hin.

In diesem Sinn kann der Offenbarer einer Welt, die meint, frei zu sein (und deren Unfreiheit eben darin beruht, daß sie meint, frei zu sein, daß sie meint, des Befreiers nicht zu bedürfen), zuzurufen: ἐὰν οὖν ὁ υἱὸς ὑμᾶς ἐλευθερώσῃ, ὄντως ἐλεύθεροι ἔσεσθε (8,36); d. h. in ihm liegt die Möglichkeit und Wirklichkeit „echter Freiheit".

Aus alledem ergibt sich der Sinn des Satzes: ihr werdet die Wahrheit erkennen und die Wahrheit wird euch frei machen (8,32). Die Wahrheit erkennen, heißt ihn, den „Sohn" (Vs 35 b) erkennen, weil er die Wahrheit ist (14,6). Beziehungsweise: die Wahrheit erkennen, heißt erkennen, wer er ist, nämlich, daß er der von Gott Gesandte ist, daß der σὰρξ γενόμενος der ewige Logos ist, der Ursprung des Daseins, heißt Jesus als den Christus a n erkennen. Die Erkenntnis Christi ist nicht e i n beliebiger Erkenntnisakt innerhalb der menschlichen Erkenntnis, es wird dabei nicht irgend etwas Seiendes so erkannt wie es ist (im griechischen Sinn des Wortes „Wahrheit"), sondern es wird der Grund des Seins selbst erkannt; Christus erkennen, heißt nicht irgend etwas Geschaffenes erkennen als das, was es ist, sondern heißt den Schöpfer erkennen. Ist Christus aber die Offenbarung der Wirklichkeit Gottes, das heißt jene Stelle in der Geschichte, in der „Welt", wo Gott offen ist, so ist die Erkenntnis Christi als des Gesandten, als des Sohnes, als dessen, der den Vater vergegenwärtigt und mit ihm eins ist, zugleich die Erkenntnis der eigentlichen Wirklichkeit, die Erkenntnis der Wahrheit. Solche Erkenntnis ist als A n - erkennung G l a u b e[135]. Die Wahrheit erkennen ist soviel wie der Wahrheit Glauben schenken, bzw. konkret, Jesus Glauben schenken, daß er der von Gott Gesandte ist. Der Akt der Erkenntnis der eigentlichen Wirklichkeit ist ein Akt des Glaubens[136]. Die gläubige Erkenntnis Jesu bringt die Befreiung aus dem Trug der eingebildeten, der „nichtigen" Freiheit.

Solche Befreiung ist Befreiung von der Sünde[137]. Freilich nicht im sokratischen Sinn. Denn Befreiung von der Sünde ist im sokratischen und

---

[135] Die Glaubenserkenntnis, von der hier die Rede ist, hat also eine andere Struktur als die Erkenntnis des Seienden im gewöhnlichen Erkenntnisakt, und zwar insofern, als das Subjekt-Objekt-Verhältnis, das den Erkenntnisakt bestimmt, umgekehrt ist. Gott erkennen heißt im Grunde von ihm Erkanntwerden (vgl. auch Gal 4,9 1. Kor 8,3 und 13,12). Im gläubigen Erkennen bin ich, der Erkannte, paradoxerweise der Gegenstand des Erkanntwerdens, oder genauer: Subjekt und Objekt fallen hier zusammen: ich erkenne das, was mich erkennen will. Ich erkenne Gott, weil und sofern ich i n G o t t bin (Joh 15,3 ff. 17,21).

[136] Glauben und Erkennen korrespondieren bekanntlich im ganzen Evangelium.

[137] Daß Freiheit bei Johannes Freiheit von der S ü n d e ist, geht aus 8,30—36 deutlich hervor. Es findet seinen Ausdruck auch darin, daß die Jünger als „rein" bezeichnet werden (13,10 15,3), daß sie geheiligt sind in der und durch die Wahrheit (17,19), am schärfsten aber in den bekannten Formulierungen des 1. Joh-briefes: πᾶς ὁ γεγεννημένος ἐκ τοῦ θεοῦ ἁμαρτίαν οὐ ποιεῖ, ὅτι σπέρμα αὐτοῦ ἐν αὐτῷ μένει· καὶ οὐ δύναται ἁμαρτάνειν, ὅτι ἐκ τοῦ θεοῦ γεγέννηται (3,9); οἴδαμεν, ὅτι πᾶς ὁ γεγεννημένος ἐκ τοῦ θεοῦ οὐχ ἁμαρτάνει, ἀλλ' ὁ γεννηθεὶς (oder vielleicht γέννησις?) ἐκ τοῦ θεοῦ τηρεῖ αὐτόν (oder vielleicht ἑαυτόν?), καὶ ὁ πονηρὸς οὐχ ἅπτεται αὐτοῦ (5,18; vgl. 3,6 u. ö.). Die Unfähigkeit zu sündigen, das „non posse peccare" — nach der Formel Augustins, das hier aber anders als bei Augustinus nicht den vollendeten Heiligen, sondern den aus Gott geborenen Christen zugesagt wird — ist eine ähnlich paradoxe Formulierung wie die des Paulus: „alles ist erlaubt" (1. Kor 6,12 10,23), und es mag die johanneische Formulierung so gut wie die paulinische eine „gnostische" Formel aufnehmen. Ihr Sinn ist jedenfalls nicht die S i c h e r h e i t des gnostischen Pneumati-

dann im idealistischen Sinn überhaupt die Frucht der vom Nous gewirkten Einsicht in den wahren Sachverhalt, die — grundsätzlich mögliche und vom Menschen aus zu bewerkstelligende — Aufdeckung der menschlichen Eigentlichkeit. Sie setzt voraus, daß dem Menschen kraft der Logosstruktur seines Bewußtseins g r u n d s ä t z l i c h der Erwerb der Wahrheit und der Freiheit offensteht. Gerade das wird aber hier verneint. Die Wahrheit, die der Mensch von sich aus erkennen kann, ist immer mehr oder weniger Schein und Lüge, und die Freiheit, deren er sich rühmt, ist Scheinfreiheit. Johannes stimmt mit der sokratischen Konzeption darin überein, daß Freiheit aus der Wahrheit folgt. Aber er verneint die Möglichkeit, solche Wahrheit von der Welt her gewinnen zu können. Dem griechischen Denken geht es immer um die Aufdeckung der Stelle, wo der Mensch wirklich frei ist. Er soll erkennen, d a ß er frei ist und w o r i n diese Freiheit besteht. Diese griechische Konzeption haben im Grunde der Idealismus, der Marxismus, der Existentialismus übernommen. Sie differieren in der Angabe des O r t e s der Freiheit, sind aber eins in der Meinung, daß Freiheit dem Menschen grundsätzlich zur Hand ist. Sie fragen nicht, o b es Freiheit gibt, sondern wie der Weg aussieht, diese Freiheit zu erwerben: Erkenntnis der Unsterblichkeit der Seele (Sokrates, Platon), Einsicht in die Unüberwindlichkeit des menschlichen Selbst (Stoa), Erkenntnis der Gesetze, denen man sich beugen muß, Freiheit als Frucht der Erkenntnis und Ausnützung der Naturgesetze, der Notwendigkeit (Marxismus), endlich: Übernahme der absoluten Freiheit, zu der der Mensch als Mensch verdammt ist (Existentialismus). Sie weisen den Menschen auf etwas hin, daß er seiner „Natur" nach in potentia hat und

---

kers, der κατὰ φύσιν gerettet ist. Vielmehr ist es die johanneische Weise, einem Gedanken Ausdruck zu verleihen, der auch bei Paulus zu finden ist: der Mensch, der seinen Ursprung in Gott selbst hat — Paulus sagt, der „im Geist" ist —, kann tun, was er will: er wird Gottes Willen wollen und tun. Insofern kann er nicht sündigen. Vgl. oben S. 212. Die Freiheit von der Sünde schafft dem Menschen Freiheit G o t t g e g e n ü b e r, sie schafft ihm die παρρησία. Die Parrhesie ist gegenwärtig im G e b e t. Der Christ hat „das Recht und die Macht, Gott alles zu sagen" (Th W V 879,29 f. Schlier), vgl. 1. Joh 3,21 ff. und 5,14 f. Sie ist zukünftig: der, der solche Freiheit hat, braucht sich vor dem kommenden Gericht nicht zu scheuen (1. Joh 2,28 4,17). Die paulinische Parallele dazu bieten die Stellen, in denen von dem Geist die Rede ist, der uns der Kindschaft versichert und den φόβος nimmt (Röm 8,14 ff. Gal 4,6 f. Siehe auch 2. Kor 3,12 ff. und oben S. 216 ff.). Vgl. zum Ganzen Th W V 877 ff.

das er aktualisieren soll[138]. Sie stehen also im Grunde auf dem Standpunkt der „Juden" im Johannesevangelium, die die Verheißung der Freiheit durch den Offenbarer empört zurückweisen. Und sie meinen darum auch die „Sünde" von sich aus überwinden zu können. Gerade das aber ist Sünde und enthüllt ihre dämonisch-verknechtende Macht[139].

In alledem herrscht nämlich die Meinung vor, der Mensch vermöchte die Freiheit zu erwerben, um sie dann zu besitzen; und es enthüllt sich dieses Freiheitsverständnis als die adamitische Hybris, die haben will, was sie hat, die sein will, was sie nicht aus Gnaden, sondern von Natur aus, was sie „an und für sich" ist, eben jene Hybris, durch die jede Freiheit in Unfreiheit übergeht. Spricht dagegen der Offenbarer von Freiheit, so redet er in der Weise des futurum promissionis, d. h. er redet von der Freiheit, die dem Menschen v e r h e i ß e n wird, von einer Freiheit also, die in keiner Weise durch einen willkürlichen Entschluß des Menschen oder durch ein geplantes, methodisches Verhalten in seine Macht gebracht werden kann (was auf diese Weise dem Menschen eigen wird, ist ja immer nur die Illusion der Freiheit, nicht die Freiheit selbst); vielmehr bringt das futurum promissionis zum Ausdruck, daß die wahre Freiheit nur als ein Geschenk des Offenbarers erfahren und angenommen werden kann[140]. Der Sinn des Futurums ἐλευθερώσει ist es, auf den gnadenhaften Charakter der Freiheit hinzuweisen, darauf also, daß Freiheit dem Menschen geschenkt wird ohne sein Verdienst, ohne die bewußte und absichtsvolle Handlung oder Haltung seines bewußten Bei-sich-selber-Seins, zwar unter Einschluß seines Bewußtseins, aber aus einem Bereich, der tiefer liegt als sein reflektiertes Bewußtsein, aus der Tiefe des Geistes, aus dem er wiedergeboren wird.

---

[138] Bultmann hat (Joh, S. 334, A. 4) darauf hingewiesen, daß es bei Johannes nicht heißen könnte: γνώσεσθε, ὅτι ἐλεύθεροί ἐστε. Gerade das aber ist der Imperativ, den das jenseits der Offenbarung stehende Denken von Sokrates bis in die Gegenwart an den Menschen richtet.

[139] Vgl. dazu S. Kierkegaard, Die Krankheit zum Tode, Kap. 2: Die sokratische Definition der Sünde.

[140] Das Futurum wird von Bultmann natürlich anders gedeutet. Seinem methodischen Ansatz folgend, muß das Futurum zum Ausdruck bringen, daß der Mensch Freiheit nie als Frei-S e i n, sondern nur als Frei-w e r d e n hat (Bultmann, Joh, S. 335). Aber für Johannes gilt im Prinzip der selbe eschatologische Ansatz wie für Paulus: es kommt die Freiheit (nämlich am Ende der Zeiten) und sie ist schon jetzt (nämlich in Christus ist sie Gegenwart, — in Christus ist bereits vorweggenommen, ver-gegen-wärtigt(!), was in seiner Fülle erst kommt).

LITERATURVERZEICHNIS

Eva A l e i t h, Paulusverständnis in der alten Kirche, in: Beiheft zur ZNW, Nr. 18 (1937).
Paul A l t h a u s, Die christliche Wahrheit, I (1947), II (1948).
— Der Brief an die Römer, (Neues Testament Deutsch) 1954 (8. Auflage), (zitiert: Althaus, Röm).
Hans v o n A r n i m, Die stoische Lehre von Fatum und Willensfreiheit, in: Wissenschaftliche Beiträge zum 18. Jahresbericht der philosophischen Gesellschaft an der Universität Wien, 1905, S. 1 ff.
Karl B a r t h, Kirchliche Dogmatik, 1932 ff.
— Das Geschenk der Freiheit, Grundlegung evangelischer Ethik, Theol. Stud. Nr. 39 (1953).
Heinrich B a r t h, Die Bedeutung der Freiheit bei Epiktet und Augustin, in: Das Menschenbild im Lichte des Evangeliums, Festschrift zum 60. Geburtstag von E. Brunner, 1950. S. 49—64.
Ernst B e n z, Das Todesproblem in der stoischen Philosophie, 1929.
Adolf B o n h ö f f e r, Epiktet und das Neue Testament, 1911.
Günther B o r n k a m m, Matthäus als Interpret der Herrenworte, ThLZ 79 (1954) Sp. 341 ff.
— Jesus von Nazareth, 1959, 3. Auflage.
— Sünde, Gesetz, Tod. Exegetische Studie zu Röm 7, in: Das Ende des Gesetzes, Gesammelte Aufsätze I 1958, 2. Auflage, S. 51 ff.
— Die christliche Freiheit, ebdt. S. 133 ff.
— Die Häresie des Kolosserbriefes, ebdt. S. 139 ff.
Günter B o r n k a m m — Gerhard B a r t h — Heinz Joachim H e l d, Überlieferung und Auslegung im Matthäus — Evangelium, 1960.
Wilhelm B o u s s e t — Hugo G r e s s m a n n, Die Religion des Judentums im späthellenistischen Zeitalter, 1926, 3. Auflage.
Herbert B r a u n, Röm 7,7—25 und das Selbstverständnis des Qumran-Frommen, ZThK 56, (1959) S. 1 ff. Jetzt in: Gesammelte Studien zum NT und seiner Umwelt, 1962, S. 100 ff.
— Spätjüdisch häretischer und frühchristlicher Radikalismus I u. II, 1957.
— Die Indifferenz gegenüber der Welt bei Paulus und bei Epiktet, in: Gesammelte Studien, 1962, S. 159 ff.
Wilhelm B r a n d t, Freiheit im Neuen Testament, 1932.
— Dienst und Dienen im Neuen Testament, 1931.

Emil B r u n n e r , Der Mensch im Widerspruch, 1941, 3. Auflage.
— Dogmatik, I (1946), II (1950), III (1960).
Rudolf B u l t m a n n , Das religiöse Moment in der ethischen Unterweisung des Epiktet und das Neue Testament, ZNW 13 (1912) S. 97 ff. und 177 ff.
— Röm 7 und die Anthropologie des Paulus, in: Festschrift für G. Krüger, (Imago Dei), 1932, S. 53 ff.
— Geschichte der synoptischen Tradition, 1957, 3. Auflage.
— Jesus, 1951.
— Theologie des Neuen Testaments, 1961, 4. Auflage, (zitiert: Th d NTs).
— Das Evangelium des Johannes, Krit. exeg. Komm. üb. d. NT. begr. von H. A. W. Meyer, 1950 11. Auflage, (zitiert: Joh).
— Gnade und Freiheit, in: Glauben und Verstehen, Bd. II (1952) S. 149 ff.
— Die Bedeutung des Gedankens der Freiheit für die abendländische Kultur, in: Glauben und Verstehen, Bd. II S. 274 ff.
Fritz B u r i , Clemens Alexandrinus und der paulinische Freiheitsbegriff, o. Z.
Hans von C a m p e n h a u s e n — Heinrich B o r n k a m m , Bindung und Freiheit in der Ordnung der Kirche, in: Sammlung gemeinverständlicher Vorträge, Nr. 222/223 (1959).
Kurt D e i ß n e r , Das Idealbild des stoischen Weisen, 1930.
— Autorität und Freiheit im ältesten Christentum, 1931.
Martin D i b e l i u s , Der Brief des Jakobus, Krit. exeg. Komm über das NT., begr. von H. A. W. Meyer, 1959, 10. Auflage, herausgeg. von H. Greeven.
Erich D i n k l e r , Zum Problem der Ethik bei Paulus, ZThK 49 (1952) S. 167 ff.
— Prädestination bei Paulus, Exegetische Bemerkungen zum Römerbrief. Festschrift für Günter Dehn, 1957, S. 81 ff.
Walther E i c h r o d t, Theologie des Alten Testaments I 1957 5. Auflage, II und III 1948 2. Auflage.
Werner E l e r t , Redemptio ab hostibus, ThLZ 72 (1947) Sp. 265 ff.
— Das christliche Ethos, 1949.
— Der christliche Glaube, Grundlinien der lutherischen Dogmatik, 1956, 3. Auflage.
Erik E s k i n g , Fri och Frigjord, 1956.
Paul F e i n e , Theologie des Alten Testaments, 1953, 9. Auflage.
Gerhard F r i e d r i c h , Das Gesetz des Glaubens Röm 3,27, ThZ 10 (1954) S. 401 ff.
Ernst F u c h s , Die Freiheit des Glaubens, 1949.
— Freiheit im NT, RGG 3. Auflage, Bd. II Sp. 1101 ff.
Roger G a r a u d y , Die Freiheit als philosophische und historische Kategorie, 1959.
E. G. G u l i n , Die Freiheit in der Verkündigung des Paulus, ZsTh 18 (1941) S. 458 ff.
Ernst H a e n c h e n , Gab es eine vorchristliche Gnosis? ZThK 49 (1952) S. 316 ff.

Georg Wilhelm Friedrich H e g e l , Werke, vollständige Ausgabe. Vorlesungen über die Philosophie der Geschichte, Werke, Bd. IX, Berlin 1837.
— Die Vernunft in der Geschichte, Sämtliche Werke, neue kritische Ausgabe, Bd. XVIII a, herausg. v. Joh. Hoffmeister, 5. Auflage 1955.
Martin H e i d e g g e r , Sein und Zeit, 1960, 9. Auflage.
Heinrich Julius H o l t z m a n n , Lehrbuch der neutestamentlichen Theologie, 2 Bde, 1911, 2. Auflage.
Jakob H o m m e s , Krise der Freiheit, Hegel-Marx-Heidegger, 1957.
Reinhart H u m m e l , Die Auseinandersetzung zwischen Kirche und Judentum im Matthäusevangelium, 1963.
Wilfried J o e s t , Gesetz und Freiheit, Zum Problem des Tertius usus legis bei Luther und die neutestamentliche Parainese, 1951.
Hans J o n a s , Augustin und das paulinische Freiheitsproblem, 1930.
— Gnosis und spätantiker Geist, I (1934) II (1954).
— The Gnostic Religion, 1958.
Ernst K ä s e m a n n , Kritische Analyse von Phil. 2,5—11, in: Exegetische Versuche und Besinnungen, Bd. I (1960) S. 51 ff.
— Eine paulinische Variation des „amor fati", ZThK 56 (1959) S. 138 ff.
Immanuel K a n t , Kritik der reinen Vernunft, 1781 1. Auflage, 1787 2. Auflage.
— Grundlegung zur Metaphysik der Sitten, 1785.
— Die Religion innerhalb der Grenzen der bloßen Vernunft, 1793.
Sören K i e r k e g a a r d , Der Begriff der Angst, in: Philosophisch-theologische Schriften, herausgegeben von Hermann Diem und Walter Rest, 1956.
Walter K l a a s , Der moderne Mensch in der Theolgie Rudolf Bultmanns, Th Stud. 24, (1947).
Johannes K ö r n e r , Freiheit im eschatologischen Geschehen, Ev Th 13 (1953) S. 267 ff.
Georg K r e t s c h m a r , Zur religionsgeschichtlichen Einordnung der Gnosis, Ev Th (1953) S. 354 ff.
Karl Georg K u h n , Peirasmos, Hamartia, Sarx im Neuen Testament und die damit zusammenhängenden Vorstellungen, ZThK 49 (1952) S. 200 ff.
Werner Georg K ü m m e l , Röm 7 und die Bekehrung des Paulus, 1929.
— Jesus und der jüdische Traditionsgedanke, ZNW 33 (1934), S. 105 ff.
— Das Bild des Menschen im Neuen Testament, 1948.
Albin L e s k y , Die griechische Tragödie, 1938.
— Die tragische Dichtung der Hellenen, 1956.
Rudolf L i c h t e n h a n , Die göttliche Vorherbestimmung bei Paulus und in der Posidonianischen Philosophie, 1922.
Hans L i e t z m a n n , An die Römer, 4. Auflage, 1933, Handbuch zum Neuen Testament.
— An die Galater, 3. Auflage, 1932, ebdt.
Ernst L o h m e y e r , Kyrios Jesus, Sitzber. der Akad. Wiss. Heid. 1928, Heft 4.

— Das Evangelium des Markus, Krit. exeg. Komm. üb. d. NT. begr. von H. A. W. Meyer, 1953 12. Auflage (zitiert: Lohmeyer, Mk).
— Das Evangelium des Matthäus, Krit. exeg. Komm. üb. d. NT. begr. von H. A. W. Meyer, 1956, herausgegeben von Werner Schmauch. (zitiert: Lohmeyer, Mt).
— Die Briefe an die Philipper, an die Kolosser und an Philemon, Krit. exeg. Komm. üb. d. NT. begr. von H. A. W. Meyer, 1959 11. Auflage (zitiert: Lohmeyer, Phil).
Wilhelm L ü t g e r t , Freiheitspredigt und Schwarmgeister in Korinth, 1908.
Christian M a u r e r , Grund und Grenze apostolischer Freiheit, Exegetisch-theologische Studie zu 1. Kor 9, in: Antwort, Karl Barth zum 70. Geburtstag 1956. S. 630 ff.
Theo M a y e r - M a l y , Zur Rechtsgeschichte der Freiheitsidee in Antike und Mittelalter, in: Österr. Zeitschr. für öff. Recht, Bd. VI, 3 (1954), Sonderdruck.
Franz M a y r , Das Freiheitsproblem in Platons Staatsschriften, Diss. Wien, 1960.
Otto M i c h e l , Der Brief an die Römer, Krit. exeg. Komm. üb. d. NT. begr. von H. A. W. Meyer, 1957, 11. Auflage (zitiert: Michel, Röm).
Michael M ü l l e r , Freiheit, ZNW 25 (1926) S. 177 ff.
Wolfgang N a u c k , Lex insculpta (חוק חרוּת) in der Sektenschrift, ZNW 46 (1955). S. 138 ff.
Friedrich N ö t s c h e r , „Gesetz der Freiheit" im Neuen Testament und in der Mönchsgemeinde am Toten Meer, Biblica 34 (1953). S. 193 ff.
Albrecht O e p k e , Der Brief des Paulus an die Galater, 1957, 2. Auflage, Theologischer Handkommentar zum Neuen Testament (zitiert: Oepke, Gal).
Max P o h l e n z , Die Stoa, Geschichte einer geistigen Bewegung, I (1959), II (1955), 2. Auflage (zitiert: Pohlenz, Stoa).
— Paulus und die Stoa, ZNW 40 (1949) S. 69 ff.
— Griechische Freiheit, Wesen und Werden eines Lebensideals, 1955 (zitiert: Pohlenz, Freiheit).
Gilles Q u i s p e l , Gnosis als Weltreligion, 1951.
Gerhard v o n R a d , Theologie des Alten Testaments, I (1957) II (1960).
Karl Heinrich R e n g s t o r f , Zu Gal 5, 1. ThLZ 76 (1951) Sp. 659 ff.
Michael R o s t o v t z e f f , Die hellenistische Welt, Gesellschaft und Wirtschaft. Bd. I, II (1955), III (1956).
Jean Paul S a r t r e , Das Sein und das Nichts, Versuch einer phänomenologischen Ontologie, deutsch von Justus Streller, 1952.
— Ist der Existenzialismus ein Humanismus? in: Drei Essays, 1960.
Karl Hermann S c h e l k l e , Paulus, Lehrer der Väter. Die altkirchliche Auslegung von Römer 1—11, 1956.
Friedrich Wilhelm Josef v o n S c h e l l i n g , Schriften zur Philosophie der Freiheit (1804—1815), Münchner Jubiläumsdruck, Bd. IV. 1927.

Adolf S c h l a t t e r , Der Glaube im Neuen Testament, 1927, 4. Auflage.
— Theologie des Neuen Testaments, 1909/10 2 Bde.
Heinrich S c h l i e r , ἐλευθερία Th W II 484 ff.
— Über das vollkommene Gesetz der Freiheit, Bultmann-Festschrift 1949, Jetzt in: Die Zeit der Kirche, 1955, S. 193 ff.
— Der Brief an die Galater, Krit. exeg. Komm. üb. d. NT. begr. von H. A. W. Meyer, 1949 10. Auflage (zitiert: Schlier, Gal).
— Der Brief an die Epheser, 1958 (2. Auflage).
Walter S c h m i t h a l s , Die Gnosis in Korinth. Eine Untersuchung zu den Korintherbriefen, 1956.
— Die Häretiker in Galatien, ZNW 47 (1957) S. 25 ff.
— Paulus und Jakobus, 1963.
Otto S c h m i t z , Der Freiheitsgedanke bei Epiktet und das Freiheitszeugnis bei Paulus, 1923.
Hans Joachim S c h o e p s , Urgemeinde, Judenchristentum, Gnosis, 1956.
— Zur Standortbestimmung der Gnosis, ThLZ 1956 Sp. 411 ff.
Siegfried S c h u l z , Zur Rechtfertigung aus Gnaden in Qumran und bei Paulus, ZThK 56 (1959) S. 155 ff.
— Komposition und Herkunft der johanneischen Reden, 1960.
Erik S j ö b e r g , Gott und die Sünder im palästinischen Judentum nach dem Zeugnis der Tannaiten und der apokryphisch-pseudepigraphischen Literatur, 1939.
Ethelbert S t a u f f e r , Die Theologie des Neuen Testaments, 1948 4. Auflage.
— Das „Gesetz der Freiheit" in der Ordensregel von Jericho, ThLZ 77 (1952) Sp. 527 ff.
Hermann L. S t r a c k - Paul B i l l e r b e c k , Kommentar zum Neuen Testament aus Talmud und Midrasch, 4. Bd. 1922 ff.
Helmuth T h i e l i c k e , Theologische Ethik, Bd. 1, Dogmatische, philosophische und kontroverstheologische Grundlegung, 1951.
Paul T i l l i c h , Systematische Theologie, Bd. I (1956 2. Auflage), Bd. II (1958). (zitiert: Syst. Theol. I bzw. II).
U e b e r w e g - H e i n z e , Geschichte der Philosophie, 1. Teil, Die Philosophie des Altertums, herausgegeben von K. Praechter, 12. Auflage, 1926.
Alfred V e r d r o ß - D r o ß b e r g , Grundlinien der antiken Rechts- und Staatsphilosophie, 1946.
Friedrich W a r n c k e , Die demokratische Staatsidee in der Verfassung von Athen, 1951.
Heinrich W e i n e l , Biblische Theologie des Neuen Testaments, 1928, 4. Auflage.
Heinz-Dietrich W e n d l a n d , Das Wirken des Heiligen Geistes in den Gläubigen nach Paulus, ThLZ 77 (1952) Sp. 457 ff.

Paul Wendland, Die hellenistisch-römische Kultur in ihren Beziehungen zu Judentum und Christentum, 1912.

J. Widengren, Der iranische Hintergrund der Gnosis, Zeitschr. f. Rel. und Geistesgeschichte 1952. S. 97 ff.

Windelband-Heimsoeth, Lehrbuch der Geschichte der Philosophie, 1957 15. Auflage.

Erik Wolf, Griechisches Rechtsdenken, I Vorsokratiker und frühe Dichter, 1950.

THEOLOGISCHE BIBLIOTHEK TÖPELMANN

CHRISTA TECKLENBURG-JOHNS
Luthers Konzilsidee in ihrer historischen Bedingtheit und ihrem reformatorischen Neuansatz
Bd. 10. Oktav. Etwa 220 Seiten. 1966. Etwa DM 28,—

CARL HEINZ RATSCHOW
Gott existiert
Eine dogmatische Studie
Heft 12. Oktav. IV, 87 Seiten. 1966. DM 12,—

WOLFGANG TRILLHAAS
Das Evangelium und der Zwang der Wohlstandskultur
Heft 13. Oktav. XIII, 82 Seiten. 1966. DM 12,—

KURT ALAND
Über den Glaubenswechsel in der Geschichte des Christentums
Heft 5. Oktav. 147 Seiten. 1961. DM 12,—

BO REICKE
Neutestamentliche Zeitgeschichte
Die biblische Welt 500 v. — 100 n. Chr.
Groß-Oktav. Mit 5 Karten. VIII, 257 Seiten. 1965. Ganzleinen DM 28,—
(Sammlung Töpelmann II, 2)

VERLAG ALFRED TÖPELMANN · BERLIN

EMANUEL HIRSCH
Ethos und Evangelium
Oktav. X, 443 Seiten. 1966. Ganzleinen DM 38,—

EMANUEL HIRSCH
Hauptfragen christlicher Religionsphilosophie
Oktav. VII, 405 Seiten. 1964. Ganzleinen DM 19,80
(Die kleinen de-Gruyter-Bände 5)

EMANUEL HIRSCH
Das Wesen des reformatorischen Christentums
Oktav. VII, 270 Seiten. 1963. Ganzleinen DM 18,—

WOLFGANG TRILLHAAS
Dogmatik
Groß-Oktav. XVI, 582 Seiten. 1962. Ganzleinen DM 36,—
(Sammlung Töpelmann I, 3)
(Verlag Alfred Töpelmann, Berlin)

WOLFGANG TRILLHAAS
Ethik
Groß-Oktav. 2., neubearbeitete Auflage. XVI, 498 Seiten. 1965.
Ganzleinen DM 32,—
(Sammlung Töpelmann I, 4)
(Verlag Alfred Töpelmann, Berlin)

WALTER DE GRUYTER & CO · BERLIN